馬尼拉的誕生

大航海時代西班牙、中國、日本的交會

Spain, China and Japan in Manila 1571-1644

Local Comparisons and Global Connections

Birgit Tremml-Werner

碧兒姬・特倫—威納 ———著 堯嘉寧 ———譯

名家推薦

如果今天東亞的國際關係複雜到難以解釋，那麼十七世紀的國際關係也是同樣複雜難以理喻。本地的行動者很近似，都是中國，日本和東南亞國家，在它們各自轉型的過程中，必須和外來的西方國家與利益相交涉，特別是葡萄牙人、西班牙人、荷蘭人。碧兒姬．特倫－威納教授從樞紐城市馬尼拉的視角切入這個議題，馬尼拉由於和美洲的關係，在當時是東亞最重要的文化和經濟轉口港之一。這本書的翻譯對臺灣讀者而言是大好消息，不只因為書中綜合了過去幾十年來在這個主題上產生的無數學術研究，更是因為這本書策略性地將臺灣放回了這個脈絡當中。

——鮑曉鷗，臺大外文系教授

本書是敘述近代早期馬尼拉市的發展史。作者特倫－威納教授應用了全球史寫作的「聯動歷史（connected history）」範式，以層次分明、條理清楚的方式向讀者展示馬尼拉市的誕生與興起，是如何在全球、區域、在地的各自的歷史脈絡中，以一種風雲際會的方式發展起來。她不但應用了英語、漢語、日語、西語、葡語世界的最新歷史研究成果，與各國史家對話，還深入採用第一手史料來支持並申論其發現，並以生花妙筆細緻地描寫了馬尼拉市作為近代早期全球化城市的特殊風貌。

——鄭維中，中研院臺史所副研究員

奧地利學者特倫－威納教授的《馬尼拉的誕生》，書名點出了馬尼拉的歷史地位。歐洲在大航海時代最富強的西班牙帝國，其船隊在一四九二年橫渡大西洋到了美洲，一五二一年橫渡太平洋抵達東南亞的菲律賓，一五七〇年代已在馬尼拉建立勢力，試圖以此基地前進東亞，打開中國與日本貿易與傳教的門戶，並以美洲殖民地的白銀（西班牙銀幣），吸引中國人和日本人前來馬尼拉交易。當年的馬尼拉街道上有教堂、學校、市集、商店、旅館、酒館等，成為一座具有西班牙風味的東南亞熱帶城市。這本書是學術研究，引用很多史料，其中有關於西班牙人在艾爾摩沙（臺灣）雞籠（基隆和平島）、淡水建城的記載，其歷史背景、經濟動機，以及與中國、日本、荷蘭之間的國際情勢。當年西班牙人懷著雄心大志，在一六二六年從馬尼拉前進雞籠，建立西班牙帝國最遙遠的殖民地，希望對中國、日本貿易和傳教，但沒有預期順利，後來菲律賓總督已無心經營，最終在一六四二年遭荷蘭人驅逐。西班牙人在，臺灣被荷蘭人打敗，同一時間在歐洲戰場也告失利，西班牙帝國從黃金時代開始走下坡，但在菲律賓仍保有勢力，直到一八九八年敗給美國。

——曹銘宗，臺灣文史作家、《艾爾摩沙的瑪利亞》作者

目次

推薦導讀

風雲際會下萌生的全球都市馬尼拉

鄭維中

本書是敘述近代早期馬尼拉市的發展史。作者特倫—威納（Birgit Tremml-Werner）教授應用了全球史寫作的「聯動歷史」（connected history）範式，以層次分明、條理清楚的方式向讀者展示馬尼拉市的誕生與興起，是如何在全球、區域、在地的各自的歷史脈絡中，以一種風雲際會的方式發展起來。她不但應用了英語、漢語、日語、西語、葡語世界的最新歷史研究成果，與各國史家對話，還深入採用第一手史料來支持並申論其發現，並以生花妙筆細緻地描寫了馬尼拉市作為近代早期全球化城市的特殊風貌。

本書第一部敘述其研究的基本架構並做文獻回顧、第二部探討近代早期於菲律賓所發生的多族群互動、第三部探討地緣政治的角力、第四部探討馬尼拉的族群關係。在每一部之下，又容納若干章節以探討專題。首先特倫—威納由中國、日本、西班牙各自的歷史發展脈絡說起，由最基本的異文化制度背景開始探討，逐步逼近三者向東亞海域輻射而出的種種影響力。其次則解說西班牙人抵達菲律賓前後，設立殖民地的種種在地發展，凸顯菲律賓在西班牙海外帝國當中的邊陲地位及特殊性。作者拆解了過去歷史書寫以國家—領土治理為主的侷限，點出「區域商業邏輯」才是馬尼拉發展的基礎。不過，「區域性的商業邏輯」也不免受限於地緣政治所造成框框架架的侷限，所以商業與外交實質上你儂我儂的交纏關係，也勢必要納入解釋。在這當中，實務交流層面上的主角們如菲律賓的西班牙修會、日本九州各大名、中國福建的鄭氏集團與馬尼拉當局等「行動者」，在這數十年間你來我往的過招情況，也由作者娓娓道來，詳解複數玩家間經常發生的「聯動」關係。然後，作者才解釋馬尼拉的快速發展實在根源於群集馬尼拉多族群人口（「代理人」）之間，臨機應變式的協商安排。她以市民的生活情狀，在此為本書畫龍點睛、貫串首尾。最後，在結論當中，特倫—威納教授也不避諱談及馬尼拉飛躍式的發展，仰賴外界因素甚多，而內部人口結構的特殊性，造成多族裔不平衡發展的缺陷。制度上的歧視乃為內建，當時無法透過司法工具公平解決，始終釀成一再重複的暴力衝突，為馬尼拉持續發展的隱憂。而只有當前述那些「行動者」的地位因應「區域經濟邏輯」各自消沉後，馬尼拉作為全球化城市的地位也才消逝、轉型。

身為近代早期臺灣史的研究者，我以為此書無論在寫作方式、內容呈現與科學發現各個方面，都頗有新意，又帶來啟發。例如，書中引用海洋史大家魏思韓（John E Wills Jr.）的觀點指出：「呂宋和臺灣作為貿易集散地的吸引力有限，某些礦產和其他天然產物的資源也不豐（否則就會因為可收穫稻米和蔗糖而遭到殖民），但是卻需要經濟和軍事強權的實質關注，帶來殖民地的開拓者，並保護他們免受原住民的侵擾」。此一將臺灣與呂宋並舉的陳述，清楚地標示了馬尼拉與大員早期歷史的相似性。臺灣與呂宋相同，在十六、十七世紀分別前後因世界歷史的特殊機緣，作為歐洲人的殖民地，遂發生急遽變化。如前所述，造成其變動的因素實多依附「區域性商業邏輯」而來，並使城市發展受制於地緣政治的影響。倘若將書中「西班牙、中國、日本」在「馬尼拉」置換為「荷蘭、中國、日本」在「大員（安平）」，讀者當發現兩者相似之處，頗堪玩味。十七世紀臺灣多族群社會的發展，其「風雲際會」的「權宜」性質，不亞於馬尼拉。而其人口結構不均等與外界角力影響下導致的族群衝突（如「郭懷一事件」）也如與馬尼拉所發生血腥屠殺華人的事件如出一轍。臺灣與呂宋兩島的歷史分歧點先在中國、西班牙兩國的「領土化治理」下分離，又在日本、美國兩國的「殖民地治理」下平行發展，乃演變成今日的殊異樣貌。但兩者這樣不斷演變的起始點，其原本樣態卻非常的接近。

從學術史的立場來論，本書在臺翻譯出版也饒富意義。特倫—威納教授在奧地利師承皮爾・弗里斯（Peer H. H. Vries）教授，是著名的全球史研究的先驅之一。她因此曾接受相當正統的社會經濟史訓練，亦很早即進行全球史導向的研究。她於日本修業期間，指導教師村井章介教授，是戰後將日本歷史敘述重新置入亞洲史脈絡的重要推手，為當代日本「海域史」學界所看重。[1]而她在東京大學研修時的接待導師羽田正教授，更是受到國際重視的海洋史大家。因此機緣，本書也適切地探討了日本學界的最新研究成果與理論觀點，幾乎不會有研究上的「時差」問題。另一方面，特倫—威納教授亦承接了日本「海域史」研究領域前身——臺北帝國大學南洋史講座，在二次大戰前所獲致的許多研究成果。例如讀者當能發現，本書引用了不少村上直次郎、岩生成一教授所編校的史料與研究論文。綜觀本書之內涵，巧妙地將臺北帝大前輩學者們研究區域歷史的志向，與當前學界全球史書寫的研究實踐融為一爐。可見學術研究的發展，無法限於一國，而如臺灣與菲律賓這樣乘載了全球歷史軌跡的場所，其知識積累更應廣納多國相關學者的業績。對於臺灣的專業讀者而言，本書既滿足了我們追蹤臺北帝大研究傳統延伸線的好奇心，又能向我們展現當代全球史研究寫作的範式與問題意識，真是不能不參考的佳作。又對於一般讀者來說，因其深入淺出、扎實客觀的寫作風格，則是非常適合作為入門讀物的基礎書籍。實在是不可多得、值得珍藏。

第一部分

時代背景

緒論

隨著貿易日漸增加，許多滿載貨物的「常來人」（Sangley）[i] 商船也來到這個城市。他們載來各式各樣的亞麻布和絹絲、彈藥、食物（例如小麥、麵粉、糖）和各種水果（雖然都是一些我不常在西班牙看到的水果）。而且這座城市極盡妝點之繁華，因為它不曾遭受來自陸上或海上的砲火或災難，它是陛下治下最繁榮和富足的城市。在我寫給陛下的其他信中也有提到，這個城市具有絕佳的地理位置，有助於它達到世俗和心靈的安康，也能夠達到其他各方面的利益。它的東面有新西班牙總督轄區（Nueva España），（譯者按：西班牙殖民地轄區，包含北美洲和菲律賓，首府位於墨西哥城）和祕魯——雖然

i Sangley這個帶有貶義的詞是西班牙對福建商船成員的稱呼，該詞的來源在歷史學者之間仍無定論。它的起源可能是對chang lai（常來，意為經常來的人）或shang lai（商來，來做生意來的人）的偏差發音。（編按：Shangley在臺灣也經常譯為「生理人」或「生意人」，有學者認為Shangley起源自漳泉語的「生理」，也就是「生意」。）

距離頗遠，但是無礙於行旅之人順利航行到這裡；北方有大約三百個盟邦，其中最大的就是日本群島；西北邊則有重要而廣袤的中國帝國，兩地相距很近，如果凌晨從本島出發而且天候良好，隔天就可以看到中國了。[1]

實證背景

上文的引用內容已經總結近代馬尼拉的所有重要面向：這個城市具有跨文化的特徵、具有無窮的商業潛力，而它面臨的挑戰將決定殖民地的發展。馬尼拉的第一任主教——多明哥・德・薩拉薩爾（Domingo de Salazar，一五一二年—一五九四年）在寫信給哈布斯堡王朝的國王腓力二世（Philip II，一五二七年—一五九八年）時，為馬尼拉發聲。他指出馬尼拉在歷史進程之初，已經有多層的相遇在此發生，足以構成「聯動歷史」（connected histories）的分析架構。西班牙殖民統治的前幾十年（一五六五年—一八九八年），造成幾種政治經濟體在各方面廣泛接觸，並帶來前現代的「區域全球化」[2]，而這同時具有正面和負面的特徵。[3]

麥哲倫（Ferdinand Magellan；葡萄牙語為Fernão de Magalhães；西班牙語為Fernando de Magallanes，一四八〇年—一五二一年）在距今五百年前來到宿霧（Cebu）。他到來之後不久，就因為發現這裡沒有香料和貴重金屬而大失所望。雖然西班牙在這裡建立永久殖民地，但菲律賓仍然不是西班牙帝國主要感興趣的地方——很少西班牙人住在這裡，即使有，他們也多是獨立行事。[4]儘管菲律賓的發展不符合西班牙國王期望，西屬菲律賓的首都——馬尼拉——卻剛好位於西班牙人與中國人和日本人，和他們所屬的政治經濟體互動的特定地區。[5]因此，全球經濟史學家認為，真正以全球為範圍的長距離貿易是以一五七一年為起點，在日後也未曾中斷。丹尼斯・歐文・弗林（Dennis O. Flynn）和阿圖羅・吉拉德茲（Arturo Giráldez）寫到洲際的白銀流動對全球活動造成的影響，其文章中提到：「馬尼拉首度成為歷史重要的轉口中心，連接起美洲和亞洲之間大量、直接且持續的貿易」。[6]在十六世紀的後三分之一時間，馬尼拉被建立為一個永久的貿易基地，提供美洲（主要是墨西哥）[7]的白銀和中國的絹絲在此交易。隨著各區域被日漸整合進新興的全球經濟體，這個經濟區也日見成長。本書就是以馬尼拉為根據地的三邊貿易為起點。[8]雖然通常經濟史學家會關注貿易交流與它對長期經濟發展的影響，[9]但他們卻沒看出馬尼拉貿易所具備的迷人本質——它是由三個各自有不同政治概念和思想體系的強大近代國家互相作用而生的模糊產物。[10]如果沒有中國、日本和海外西班牙在文化及經濟領域直接或間接的貢獻，馬尼拉的經濟和城市發展將會有截然不同的面貌。[11]

像馬尼拉這種近代的「歐亞」港口城市，無疑像安東尼・瑞德（Anthony Reid）所說，是商業時代全盛時期歷史交錯（histoire croisée）下的產物。[12]有些史學家認為以美洲白銀交換中國絹絲的馬尼拉蓋倫帆船貿易（the Manila Galleon trade）[ii]，與該種貿易對西班牙經濟的影響，以及菲律賓發展遲緩的經濟，都要歸因於當地經濟無法自給自足，以及內陸地區沒有發展為一個整體。[13]真正有價值的評論當然不會輕率地將經濟發展歸因於人性的懶惰或貪婪。確實，有許多人認為菲律賓的經濟發展不佳多肇因於卡斯提亞（Castilian）王朝統治效率不彰，而較少源於該地區多元的文化特質。西班牙過於遙遠——雖然它設法用自身在亞洲脆弱的政治權力結構來統治馬尼拉，但亞洲每年至少有十萬公斤的白銀流通，而西班牙也面對來自其他近代強權國家的強烈競爭。事實上，西班牙的遠距問題還沒獲得足夠正視。[14]因此，我們不僅不能再持續認定馬尼拉這個城市只不過是西班牙和中國的貿易據點，[15]任何對這類特殊情況的嘗試性解釋，也必須考量到兩種不同面向。標榜描述有關馬尼拉歷史抱負與態度的研究，都需要考慮到環境的作用，包括在宏觀層面上既存的海上網絡，還有在微觀層面上行動者（actors）與「母國」代理人（agencies 'at home'）的對抗。[16]

南中國海為長距離的貿易發展提供特別有利的條件。[17]不過不同國家的行為，或各種語言、宗教和傳統所代表的文化角色都有相當可觀的差異，政治經濟體之間的差異也不遑多讓，這些都決定了全球化連結的原型。[18]在一五七〇年和一六四〇年之間，貿易的擴張不僅源自於統治者對涉外貿易直接帶來的利益感興趣，也是出於被動的連結和互動。維克多・李伯曼（Victor Lieberman）指出，西班牙、中國和日本可能在「領土統一、行政集權、文化／

民族整合和商業集約化」有一段相似的時期。[19]而在歐洲與亞洲連結開始轉趨緊密時（中島樂章在近期將這段時期稱為「一五七〇年代體制」[20]），這三個近代國家在某部分都已達到高度的文化素養和文明程度，也已經「有高度發展的社會政治組織與物質文化」。[21]

在這片廣大海域進行的商業交換，從西元一千年開始就刺激區域網絡的興起，而在一五七〇年之後，這片海域具有的交叉點特性又創造流動的環境，反過來促使我在後文所稱的「馬尼拉體系」的出現。[22]這裡所謂的「體系」（system），強調相互的作用力和持久的結構，與聯動歷史的概念有所重疊。馬尼拉體系的特徵包括以談判形成的多邊交流、在保護主義和自由貿易之間拉扯的複雜市場、某幾個近代國家的三邊循環和雙邊（或多邊）貿易，其中包括明朝中國、安土桃山時代及之後的德川日本、以及西班牙海外帝國。[23]接觸其實也不只限於馬尼拉：像是中國福建的泉州、日本九州的長崎、還有周圍可以一路通到墨西哥的海洋空間，也都屬於整體網絡的一部分。理解本研究時，至關重要的是了解在這段形成時期，許多關係其實都是隨機應變而來的。白銀和絹絲的交換由國家控制，但是同時又有走私及貪污持續造成緊張關係。兩者交互作用之後的後果，又勢必與其他體系或網絡產生連結，包括日本在一六〇四年至一六三五年之間，以特許方式進行的國際貿易體系「朱印船」、大西洋體系

ii 編按：馬尼拉蓋倫帆船貿易是指一五六五年到一八一五年之間，西班牙殖民地墨西哥與菲律賓之間的壟斷貿易，又被稱為馬尼拉—阿卡普科貿易，主要以西班牙白銀交易中國絹絲。

和中國的朝貢貿易體系。[24]塞繆爾．阿德里安．M．艾茲赫德（S.A.M. Adshead）在一九八八年提出了「馬尼拉體系」一詞，當時他是為了將帝國、政府和國家的概念整合在一起。[25]我在巨觀層面分析上述國家**之間**的複雜牽連和競爭形式時（這種牽連和競爭也存在於那些國家**內部**的地方和中央之間），會用馬尼拉體系的概念作為微觀模型。然而，限於中央和地方的因素或許的確太過狹隘，因此有時候我也必須修改範圍，加進區域性和全球這樣的分類。本書還會指出某些行動者同時代表地方和全球的利益，這是馬尼拉體系的特徵。

此處討論的三個近代國家認為商業關係是一種「談判協商」，外交和貿易之間的確有密不可分的連結。馬尼拉體系的重要特徵就是外交扮演的強大角色。緊密的外交紐帶只是東亞間互相連結的其中一個面向，它使得利益導向的商業和政治交流之間沒有清楚的區分。[26]人們比較沒有意識到菲律賓的最大島——馬尼拉所在的呂宋島——也是東亞外交網絡中的一環，其重要程度並不遜於菲律賓群島。菲律賓群島當然是廣大的東南亞海上世界的一分子，也是西屬美洲殖民文化圈的一部分。

對南中國海的歷史研究顯示，這個區域主要會鼓勵私人商船到來。這有部分是因為明朝中國對國際貿易採取限制政策。在伊比利人（Iberian）到來之前，私營商人主要聚集在重要的馬來轉口港，例如麻六甲（Melaka）和中國沿岸的集散中心。[27]私人商船上會有各種背景的人：穆斯林、馬來人、[28]主要來自福建南部的華僑、琉球人和來自印度次大陸的商人。

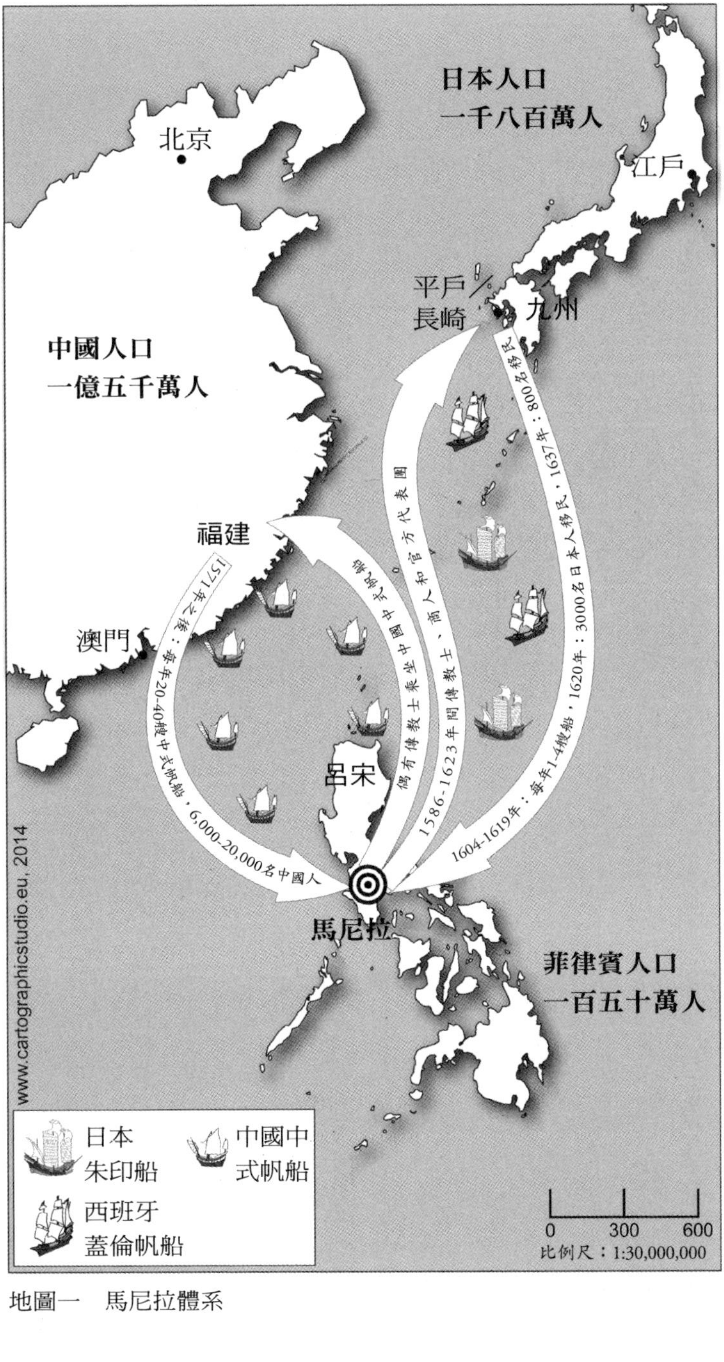
日本人口
一千八百萬人
北京
江戶
平戶
長崎
九州
中國人口
一億五千萬人
福建
澳門
呂宋
馬尼拉
菲律賓人口
一百五十萬人
1571年之後：每年20-40艘中式帆船，6,000-20,000名中國人
偶有傳教士乘坐中國中式帆船
1586-1623年間傳教士、商人和官方代表團
1604-1619年：每年1-4艘船，1620年：3000名日本人移民，1637年：800名移民
www.cartographicstudio.eu, 2014
日本朱印船
中國中式帆船
西班牙蓋倫帆船
0 300 600
比例尺：1:30,000,000

地圖一　馬尼拉體系

這樣自由的環境促使日本人和中國人互相結盟、組成結構鬆散的商業團體，包括所謂的「倭寇」。[29]後者的海上活動明顯是在約十六世紀中期達到頂峰，而同時來到東亞的伊比利人也似乎是很值得期待的商業夥伴。[30]非法的商業投機者與來自福建的商人，一起成為馬尼拉貿易的先鋒。馬尼拉灣（Manila Bay）在日後幾十年的興盛發展，就有他們的實質貢獻。[31]

馬尼拉在十八和十九世紀的經濟「失能」，與它在早幾十年的發展形成強烈對比。有關近代馬尼拉的大部分研究，都沒有看到中國、日本和歐洲對馬尼拉在地方或準國家（proto-national）方面帶來的影響，因此這個主題需要更深入和系統性的探究。[32]為什麼馬尼拉的貿易（蓋倫帆船具有的生產性角色）[33]似乎只帶動了短期利益，這讓我們有必要仔細檢討國家在決定外交關係時扮演了什麼角色，以及官方決策是如何影響經濟的可能性。當西班牙、中國和日本這三個政治實體首度相遇時，中央政府並沒有試著壟斷在馬尼拉的權力。[34]事實上，在十六世紀之前，都不曾有國家想要掌控亞洲的貿易。[35]

本研究橫跨許多主題，例如近代馬尼拉的統治本質、君權在這些國家各自的意義、其概念如何套用到呂宋，以及馬尼拉體系對海洋政策和中國、日本、西班牙的地緣政治戰略有多大程度的影響。我的研究使用與先前研究不同的分析方法，並指出國家對於私人貿易形態的重要性。我的主要論述主題是關於地方與中央行動者和代理人之間的互動關係，這決定了全球化過程的原型。馬尼拉體系有多層結構，彼此也互相影響，還有相遇與互動帶來其他動態與混合的過程。我認為除了這些相遇的文化面向之外，中國、日本和西班牙海外帝國的國家與地方之爭，更造成了馬尼拉這個歐亞港口城市的不同發展。這些相遇在三個近代國家中，也對各自的外交與國內政策帶來持續的影響，這表示低階的行動者（例如商人），擁有不可小覷的被動力量，不論是在東亞或伊比利半島都是如此。

值得注意的研究成果

大部分歷史書寫都把菲律賓視為單獨的個體，長期以來，人們對近代菲律賓史的錯誤觀念也一再重複。如果要提出替代性論述，那麼讓歷史進程脫離國家史書寫是必要的。上文已經指出，如果要在世界史中加入對馬尼拉的關注，就得檢視鑲嵌在多層結構中的「大範圍歷程」(large processes)。包括(a)探討這個城市對原初全球化發展和社會經濟現象的貢獻，將理解擴及實證層面；(b)提供不同敘事和論述的平衡觀點，以增進對史學層面的理解。馬尼拉這座城市為本研究的三邊關係提供一種架構，也因此成為一個方便的起點。不過這不是一項簡單的工程，因為近代的菲律賓歷史研究很分散。乍看之下，有關菲律賓的大部分史學都缺乏客觀性。通常讀起來像是有極端觀點的故事、歷史或史學，並且都是依據背後對發展的積極或消極偏見。作者會有隱藏或明顯的意圖，偏差地認為菲律賓在殖民時期一定過得很貧窮。[36]這類充滿偏見的觀點可以回溯到天主教編年史，並且延續到十九世紀晚期和二十世紀前半葉的帝國主義及民族主義書寫。菲律賓於一九四六年獨立後，要在後殖民脈絡中尋求新認同時，這種觀點又重生了。提出三邊關係的案例十分罕見，而且大部分研究都只有間接提到。[37]

威廉・萊特爾・舒茲（William Lytle Schurz）的著作《馬尼拉蓋倫帆船》（*The Manila Galleon*，一九三九年初版）一書，可謂傑出地指出馬尼拉是多民族薈萃的港口城市。[38]該書深刻解析了一五六五年和一八一五年之間那段令人激動的歷史，代表西班牙國王的船隻在那段時間穿梭於墨西哥的阿卡普科（Acapulco）[iii]和馬尼拉之間。不久後，墨西哥就脫離西班牙獨立了。法國經濟史學家皮埃爾・肖努（Pierre Chaunu）的《菲律賓和伊比利的太平洋》（*Les Philippines et le Pacifique des Iberiques*）一書也十分值得一提，書中收集西班牙檔案中關於跨太平洋貿易的大量統計資料，並發現在十九世紀早期之前，有超過三分之一的美洲白銀流向亞洲。[39]肖努認為西班牙在太平洋的貿易主要還是配合大西洋體系，這個論點後來經常受到挑戰。[40]

也有數位菲律賓史學家作出的研究得到國際承認，不過他們的品質參差不齊。貝尼托・萊加達（Benito Legarda Jr.）在一九六〇年代晚期開啟對該國複雜經濟史趨勢的研究，後來有萊斯里・保森（Leslie Bauzon）等人在一九八〇年代跟隨。[41]從一九七〇年代開始，威廉・

亨利・斯科特（William Henry Scott）的著作為菲律賓的社會政治組織提出一組泛區域的模型，他為菲律賓史的學習者提供描述性的細節和在分析上的洞見。[42] 雖然地理、經濟史和社會科學的研究嘗試把西屬菲律賓放進一個更大的圖像中，不過這些研究在提及馬尼拉的事件時，還是不會認真探討它與中國和日本的關係。[43] 菲律賓在初期有關三邊關係的大眾史學也很有問題。[44] 儘管墨西哥史學家很強調馬尼拉蓋倫帆船貿易在墨西哥留下的遺緒，他們很少從大規模概論中添寫特定議題；而菲律賓史學家則很難中立討論他們國家被西班牙統治的過去。[45] 新一代的學者則希望對殖民的遺跡發展出比較細膩和客觀的研究觀點，以探討東南亞脈絡中菲律賓獨立的特徵。[46]

如果採用宏觀層面，例如平行或比較歷史的觀點，學者通常會不加批判地接受「黑色傳奇」(leyenda negra）所描繪的圖像，逕自認為西班牙國王無法落實有效的經濟政策。[47] 直到今天，史學中都還留有反西班牙的宣傳。而認真的學者反而會過分強調墨西哥的遺緒，認為在太平洋兩岸的相互作用中，菲律賓是殖民地的殖民地、是依賴的一方。[48] 菲律賓到底要被放在哪裡，在地理上是否屬於東南亞，或是在文化政治上是否隸屬於西班牙帝國，這個問題實際上對所有研究都設下了限制。大部分學術著作都把菲律賓視為一個過度擴張的大帝

iii 編按：阿卡普科為墨西哥太平洋岸的港口，為蓋倫帆船貿易在美洲的端點。

國的邊陲殖民地，而忽略它在東南亞歷史中的角色。拉美研究者便是用這個脈絡探討跨太平洋的連結。維拉・瓦爾德斯・拉科夫斯基（Vera Valdes Lakowsky）的研究對象是中國與墨西哥的關係，以及墨西哥白銀的流向。費爾南多・岩崎・考蒂（Fernando Iwasaki Cauti）則研究亞洲和祕魯的早期連結，上述兩者都屬於這個類型。[49]有另外兩本專著在討論西班牙帝國和日本的連結時，已經把視線移往菲律賓。其中一位是德國歷史學家洛薩・諾斯（Lothar Knauth）（一九七二年），另一人則是前耶穌會修士安東尼奧・卡貝薩斯（Antonio Cabezas）（一九九五年）。兩人都是當今研究的重要先驅，[50]但是他們對文獻的批判和詮釋仍有缺陷。

除了前述菲律賓和墨西哥研究之外，西班牙學者在這個領域也不乏優秀的研究成果。其中值得記上一筆的，是瑪麗亞・盧爾德・迪亞茲・特雷丘埃洛（Maria Lourdes Diaz Trechuelo）和瑪麗亞・多洛雷斯・埃利薩爾德・佩雷斯—格魯埃索（Maria Dolores Elizalde Perez-Grueso）對西班牙時期社會經濟發展所作的研究。還有路易斯・阿隆索・阿爾瓦雷斯（Luis Alonso Álvarez）對「西班牙計畫」（the "Spanish project"）在亞洲的原住民稅和其他金融面向的研究。[51]若翰・吉爾（Juan Gil）對西班牙與東亞強權間的關係研究、埃米利奧・索拉（Emilio Sola）對西班牙與日本關係的探討、以及弗洛倫蒂諾・羅道（Florentino Rodao）出版的研討會紀錄，都有助於我們對亞洲脈絡有更多了解。[52]讓人遺憾的是，西班牙和英語世界研究者之間的學術交流依然有限，這表示在研究西班牙帝國的英語文獻中，菲律賓群島仍然經常只作為一個註腳。[53]

前文的回顧也指出，主要在英語研究中才會討論到菲律賓與新興世界貿易的連結。[54]儘管馬尼拉貿易有很大部分進入中國，但馬尼拉在該區域近代經濟中扮演的整體角色，卻沒有受到足夠關注。西班牙學者在處理這個議題時，是根據傳統的經濟史論述，再加上對既有研究進行深度量化分析。[55]直到近幾年，才有學者提出比較細膩的跨國合作觀點。這個令人耳目一新的洞見，彰顯出菲律賓群島其實在一個比較整體的圖像中扮演重要的角色。[56]東南亞史的學者長期以來被批評沒有在研究中加入比較方法，但由於他們之中的確有出現對這類方法的嘗試，相關批評因而轉趨沉寂。[57]近期人們對跨太平洋白銀與絹絲交換帶來的極大利益的興趣，也引發學者開始研究東南亞在早期全球化過程扮演的角色。[58]但嚴格來說，這些作品大多只是增加人們對西屬菲律賓在世界史中原先已有的偏見觀點。

想當然爾，中國史和日本史領域的研究又有不同發展。它們對國際互動提出不同問題和政治經濟議題，並認為在逐漸升溫的跨邊界交換活動中，一六三九年以前只算一段較不重要的插曲。研究德川時代日本的歷史學家，經常過於強調「鎖國命題」。這個命題也不乏具有影響力的學者在國際提倡，例如英國歷史學家查爾斯・拉爾夫・博克瑟（Charles R. Boxer）。[59]有些日本歷史學家主張要把日本放在亞洲的脈絡底下看，這些人從一九七〇年代開始挑戰鎖國的觀點。也有日本的歷史學家建議把具爭議性的「鎖國」一詞，以較正確的「海禁」一詞替代。但是隆納·托比（Ronald Toby）批評抱持這種論點的學者，他認為這些學者忽略德川日本與亞洲的關係，並把日本與歐洲強權在一六三九年之後破裂的關係看得太重要。博克瑟主張日本與天主教的相遇帶來變革性影響，但是其他德川時代外交關係的專家，包括荒野泰典和田中健夫，則認為博克瑟過分強調歐洲人在外交關係的角色，因此對這個論點提出反駁。不過，托比的作法尤其低估歐洲在整體圖像中的重要性，並誇大近代日本在東亞國際體系的位置。[60]此外，也有愈來愈多研究強調中世紀晚期和近代的日本史具有航海特徵，因而帶動沿海互動與國際貿易的研究潮。[61]

永積洋子對日本港口（例如平戶）的外國商，與德川政府在東南亞的官方貿易的調查，是過去數十年學術研究中重要的一筆。在日本以外的地方，包樂史（Leonard Blussé）大規模且廣泛的研究議題，則開啟聚焦於中國海域，與荷蘭東印度公司有關的外交與貿易連結的眾多研究。[62]有一群學者逐漸清楚意識到他們應該摒棄外交關係史研究中的日本中心主義，把日本放進世界史中。[63]不過由於語言的差異，日本的研究在世界其他區域的新興研究中，才剛開始發揮一定作用。

雖然日本的國家史研究領域很有影響力，但對日本外交關係的重要意識，其實可追溯到一九〇〇年代。近代的日菲關係研究也一直存在這樣的傳統。在二十世紀頭幾十年間，就有村上直次郎、奈良静間和岩生成一完成眾多書籍與編譯原始資料，並將這些經過編纂的歐洲編年史和近代的日本史料提供給學生或有興趣的讀者。[64]到了較近期，還有平山敦子和菅谷成子的學術研究可作為背景知識。[65]也有一些研究是聚焦在來日本的歐洲人——這些歐洲人是以耶穌會修士和葡萄牙商人為先鋒——和天主教對日本的影響。[66]這些研究的共通點，是都有堪稱驚人的準確性，也能確實掌握多語的資料素材。但它們確實較常缺乏完整的理論架構，並缺少用這些實證結論回答更大問題的企圖心，或不願意與其他學科共享研究成果。年輕一代的學者受益於這種根本的史料教育，同時他們與國際學術社群日漸增加的交流，與對跨國研究的參與，促使他們將日本與外部世界的交流置放在更大背景下。日本史的研究領域原本幾乎不講外交關係，對「南蠻」（nambam; Southern Barbarias）的研究也止步於西洋史，直到年輕一代的研究才較成功替這種人為的斷裂搭起橋樑，[67]其中包括中島樂章、清水有子和伊川健二。這些人對入侵的歐洲人和東亞舊政權之間的交流的研究，對現今學術界應該頗有價值。除此之外，島田龍登考察在日本的荷蘭東印度公司於亞洲的貿易，岡美穗子研究長崎、澳門的葡萄牙商人網絡，亞當・克拉洛（Adam Clulow）研究荷蘭東印度公司在日本及周邊海域的活動，彼得・沙平斯基（Peter Shapinsky）則調查倭寇的網絡。而雅保多（Ubaldo Iaccarino）有關德川初期的日西關係的著作也極具啟發性。[68]清水有子研究在一六二五年之前，日本與呂宋島上的西班牙人的關係造成的影響，這個關係最終在一六二五年破裂，日西雙方終止貿易。清水的研究處理了一項課題：歐洲軍隊和傳教士的入侵，在多大程度上帶動了日本從「中世紀」到「近代」的轉變。這本書還對西班牙與日本的貿易模式提供重要的分析，解釋呂宋和日本在政治現代化背景中的複雜關係。

有關中國在新興貿易關係中扮演角色的歷史專著略有不同，但其中的複雜性絕對不遑多讓。現今的中國史學，在全球連結比較性研究（comparative studies）中代表性仍然不足，而以馬尼拉為基礎的研究也不例外，雖然張維華已在二十世紀前半葉提出重要的研究成果。[69]儘管我理所當然認為費正清（John K. Fairbank）所提出的「西方衝擊、亞洲回應」觀點已經過時，必須加以捨棄，但我也對潛在的新誤解保持警覺。[70]例如濱下武志將華勒斯坦（Immanuel Wallerstein）的世界體系理論搬到東亞，指出世界其他地方必須適應中國。[71]濱下作為提倡亞洲與全球進行整合的先驅，推翻馬克斯主義觀點和反海洋論述，這些論述長期以來將亞洲描繪成靜止不動的圖像。他強調中國已被整合入近代的世界經濟，而不是一個封閉的經濟體。雖然當今歷史學家的普遍共識，是贊成明朝中國在這個大區域中作為推動經濟的主要驅力，但若今天討論的問題牽涉到晚明社會經濟轉型過程中，儒家思想隱含的經濟精神與實際擔任的角色，諸多歷史學家的立場仍會產生分歧。過去幾年來，以類似形式提出的中國中心主義都曾遭到挑戰。儘管許多非中國學者已經放棄對東方專制主義（oriental despotism）進行冗長辯論，但中國歷史學界仍分裂為兩派，無法取得定論。其中一派堅持那種舊式靜止圖像的論述，強調中國中心主義價值觀；另一派則對中國傳統朝貢體制的整合動力投入新關注。[72]

正統的中國歷史一向把航海和沿海的相關主題貶抑為不重要，不過近期歷史學家已開始關注區域和海洋的發展，並對中國的經濟整合發展出比較細膩的觀點。[73]魏思韓（John E. Wills）的研究是聚焦於中國與歐洲在海上的貿易及接觸，他以此為題展開廣泛調查，包括對晚明／清初與西方外交接觸的研究。還有包樂史致力於闡述廈門、巴達維亞（Batavia）和長崎之間整個區域的動態，包含商人社群的社交、荷蘭東印度公司人員的外交等，這些都改變我們過去幾十年來的理解。黃仁宇、林仁川、蕭婷（Angela Schottenhammer）和曼努埃爾・奧萊（Manuel Ollé）的研究，尤其對馬尼拉體系提供相關的洞見。[74]現在有許多研究，則更進一步討論明帝國的邊緣和周遭，包括卜正民（Timothy Brook）和鄭維中的研究，還有歐陽泰（Tonio Andrade）和鮑曉鷗（José Eugenio Borao）以臺灣為題的新研究。[75]

各語言的主要史料

本研究所使用的資料，包括西班牙國王與菲律賓殖民政府間的通信、十七世紀的日本外交紀錄和明朝官方紀錄。對於西方和東方史料在數量上的落差，我們不應以歐洲中心主義予以解釋，而應該說是相關史料在本質上難免有不完整處。西班牙收集的菲律賓紀錄自然遠多於其他國家，雖然中國和日本的官僚傳統也會留下大量歷史資料，但通常不包含對海上冒險和外部世界的紀錄。[76]而且中國與日本的互動和交易，多建立在非官方與半合法基礎上。私人商賈在種種貿易行為中的活躍性，也加劇這個領域的學術研究困境。他們通常都只在文書紀錄裡留下極淡的痕跡。

位於西班牙塞維亞（Seville）的西印度群島綜合檔案館（Archivo General de Indias，AGI）收藏了大量來自「東方亞洲」（Asia Oriental）的菲律賓統治政令、商業政策、官方機構之間與其他個人間的通信，以及西班牙國王與其領導團隊的回憶錄與命令。[77]西曼卡斯綜合檔案館（Archivo General de Simancas，AGS）、西班牙國家歷史檔案館（Archivo Histórico Nacional，AHN）、西班牙皇室歷史學院（Real Academia de Historia，RAH）的收藏品，和羅馬社會檔案館（Archivum Romanum Societatis Iesu，ARSI）也都提供許多珍貴的史料。中國和日本的外交關係官方紀錄則多侷限於國防政策。

日本在這個時期外交關係的第一手資料十分稀少，但還是構成本研究的第二重要支柱。其中最主要的資料是德川早期收集到的外國世界資訊，內容包含剛抵達的歐洲人。在近代日本有關外交關係的文獻中，最重要的首推《異國日記》和《通航一覽》。[78]《外蕃通所》收集了德川時代的外交文件，《大日本史料》則收集幕府的官方日記，兩者都提供日本與呂宋關係的細節。[79]還有一份更值得注意的文件，是在一六七〇年代草擬的《呂宋覺書》，這份文件的撰寫時間是在日本與西班牙人關係停頓四十年後。[80]在利用這些史料時，我們不能忘記這些資料原本都是銜政權之命收集和編纂的，在編輯時也都受到政權監督。[81]從歷史角度來說，保存紀錄可說是禪宗僧侶的專責，尤其在外交事務領域，因為他們掌控日本與亞洲鄰國的通信。在本書研究的時代只有一小群人負責起草授權文書（包括國際貿易的許可），其中最有名的當屬豐臣秀吉的外交智囊西笑承兌（一五四八年—一六〇八年）、德川家康的外交幕僚、円光寺出身的三要元佶（一五四八年—一六一二年），[82]以及禪宗的臨濟宗僧侶以心崇傳（一五六九年—一六三三年，他是元佶的門徒）。[83]所有官方文書都是使用古日文。日本在十七世紀的法律語言還是使用漢文，行政紀錄則漸漸開始用假名，有時在日本境外起草的資料也會使用假名。

在中國方面的資料，有關外國貿易和朝貢貿易的相關文件，則包含印刷版的帝國史，例如《明史》和《明實錄》。多達三百三十二冊的《明史》是在清朝（一六四四年—一九一一年）首個世紀寫的，屬於中國官方二十四史之一；而《明實錄》則是明朝對皇帝的紀錄。在皇帝死後，朝廷史官會利用各種歷史資料（例如每日的紀錄）把皇帝在位時的事蹟寫下來。[84]《明史》和《明實錄》都是在朝廷掌控下保留的歷史知識，因此在一個政府管控和限制都十分嚴格的時代，沒有什麼外交貿易紀錄留下來也是很自然的事。[85]《東西洋考》初版於一六一七年，它是明朝對海上事務最重要的第一手紀錄。[86]全書共十二卷，是前現代學者張燮（一五七六年—一六四〇年）對海外各國經濟狀況所做的描述。這份研究的重要性之一，在於它闡述了海上貿易徵得的稅收。書中內容包括對東洋和西洋的研究，還有對東亞各區域以及它們對中關係、海上航線等的描述。[87]除此之外，也有某些章節是福建和廣東省的編年史和紀錄，書中有關社會與經濟事務的細節，有助於描繪一幅更大的外交政策和海上貿易圖像。[88]不同於西班牙文、葡萄牙文與義大利文的原稿，本書對中國與日本史料做了大量編輯和重印，讓史料較易識讀、原檔也更容易維護。

西班牙編年史的可靠性、普及性和實用性也必須經過檢驗。早期天主教修會成員出版的文字紀錄是他們自身的所見所聞，或他們認為值得廣傳的事。[89]他們對菲律賓的寫作，都與可能的傳教工作與計畫密切相關。因此，對於「東方亞洲」的紀實包含了對十六世紀和十七世紀國家及人民的大量描述。誠然，這些內容十分有益於我們的研究目的，但既然已經有若翰・岡薩雷斯・德・門多薩（Juan González de Mendoza）《大中華帝國史》（*Historia de China*）這個著名的案例，這些文獻的可信賴度還是會受到挑戰。[90]它們之中有些書的原版印刷散落在全球各地，而有些書則在這些年經過重新編纂，現在幾乎可在所有學術性圖書館找到。安東尼奥・德・莫伽（Antonio de Morga）的《菲律賓群島事件史》（*Sucesos de las Islas Filipinas*）也值得被記上一筆，它是由馬尼拉高階政府官員寫成的編年史，最早是在一六〇九年於墨西哥出版。德・莫伽是首批書寫菲律賓歷史的非神職西班牙作者之一。[91]德・莫伽大人——當時的史料中習慣如此稱呼他——於一五九五年到一六〇二年之間在馬尼拉擔任法官，他是一個充滿爭議但是也見多識廣的殖民地人物。他的著作對政治議題、原住民、日本和中國的移民及對外政治提供詳細描述，許多評論家與崇拜者都會引用他的書。與德・莫伽同時代的還有埃爾南多・德・洛斯・里奧斯・科羅內爾（Hernando de los Ríos Coronel），他也寫下詳細的報導留傳後世。[92]另外一名士兵米格爾・德・洛阿爾卡（Miguel de Loarca）則代表了西班牙早期平民現身說法。[93]

如果要研究西屬菲律賓，我們絕對無法漏掉艾瑪・海倫・布萊爾（Emma Helen Blair）和詹姆斯・亞歷山大・羅伯遜（James A. Robertson）翻譯的五十五冊西班牙及菲律賓檔案資料。[94]這些資料是在美帝國主義（American imperialism）全盛時期收集的，這也成為這份鉅作的問題之一。儘管它非常具有選擇性的內容反映了一八九八年美西戰爭（Spanish-American War）後幾年的反西班牙偏見，但它匯集的內容依然具有史無前例的價值。[95]

比較與連結

本研究的目的不是用歷史證據對近代的世界作出一個表面、「扁平」的概括性敘述。本書在書寫全球歷史時，試圖結合傳統歷史與晚近全球史研究中更廣泛的關懷。[96]我會避免打高空跟沒有根據的理論，同時我也想證明第一手資料並非只寫得出微觀歷史。[97]結合傳統歷史與全球史研究兩者，將有助於我們評估十六世紀和十七世紀既變動又互相牽連的世界。[98]從方法上來說，這表示閱讀史料時要「跳脫常規」。[99]這是人類學的方法，主要是指閱讀文本時必須超出作者的意圖，並鼓勵讀者尋找隱藏的觀點、找出「言外之意」、作者沒有說的觀點，最後則要考慮為什麼有些資訊被忽略了。[100]本書特定的案例需要研究者高度的語言敏銳度，從多語的文獻中取得資訊，會產生資料錯譯的巨大風險。除了語言的挑戰外，也可能因為某種語言存在一些其他語言缺少的概念，而在特定的政治用詞和語義上發生問題。當一種語言轉換成另一種語言時，有些觀念會發生語彙上的轉換，導致不對稱視角的歷史發展。

學者靠著比較研究理解結構的相似及相異之處，也能在個案和全體之間做出區隔。我們在馬尼拉看到的是直至十八世紀末之前，中國、日本和歐洲的國際貿易有多大程度的類似條件。[101]伊懋可（Mark Elvin）是研究全球經濟史的早期代表性人物，他在一九七三年以傳統中國紡織業的技術衰退為題，寫了一份著名的研究。那份研究並成為他那極具開創性的「高度平衡陷阱理論」（high-level equilibrium trap theory）的基礎論點。「高度平衡陷阱理論」解釋工業革命為何不是發生在中國。伊懋可明確談到跨文化的差異，他說：「現在我們的分析變得益發複雜，基本上是因為我們原本是在解釋發生了什麼事，而現在變成要解釋什麼事情沒有發生。」[102]因此，為了釐清在馬尼拉或是三個近代國家的政治經濟體中，有什麼制度、思想體系和結構是不存在的，我也要先畫出一幅概述的圖像。[103]我的研究會綜合外部和內部解釋，比較性地分析則會重視差異與「相似之處」——這是借用維克多・李伯曼的用語。[104]本書在理解馬尼拉的相關文化和經濟發展時，將之視為聯動的歷史，[105]並帶著懷疑的態度作出詮釋。我試著挑戰對於近代世界地理可能性做出的片面解釋、或是過分強調制度面的闡述。[106]

「聯動歷史」的研究方法，提供了一個分析歷史進程的架構。[107]以近代的馬尼拉為例，我們看到它第一個全球市場的發展，也就是全球化的過程，它的發展勢必是要跨區域的合作才能維持。有了中國、日本和西班牙等多方的貢獻，才能創造出馬尼拉貿易的特徵。與馬尼拉市場的固定往來帶來大範圍的跨區接觸，最後觸發這三個近代國家的經濟、文化和政治改變。為了回應一九八〇年代的後殖民批評，聯動歷史的研究方法開始注意到歷史進程裡的各種對象。強調他們的共存、類似和互相連結，有助於彰顯全球和地方，或整體和個別聯動中的互惠過程。本書用的不是歐洲人、中國人或日本人對歷史路徑採取的「例外論」（exceptionalist）詮釋，而是採取一種涵蓋式的架構，這是受到韋伯（Max Weber）的影響。韋伯在闡釋社會過程的歷史發展時，也是立於巨觀層級，兼具結合地方的特性。[108]派屈克・奧布萊恩（Patrick O’Brien）呼籲歷史的書寫不應該再陷於「多個歐洲國家和城市以武力作為後盾、爭奪經濟霸權（而它們也有各自的興衰和復興循環）這種地緣政治競爭的框架」，他這樣的主張的確有強力理由。[109]國家史的敘述方式造成了障礙，過去一直視歐洲競爭為促進改變的「引擎」的概念形成一種阻礙。要克服這些阻礙的唯一方法，就是改變人的觀點，把港口城市視為商業的流動中心，了解它是如何讓各種想法的交換成為可能。連結和比較的歷史都顯示人口學與經濟力當然與文化有關，因此這些方法適合用來檢視馬尼拉。在馬尼拉，天主教和新儒學的道德都在日常生活中被運用與發揮影響。[110]

有一段很長的時間，港口城市的研究主要是置於城市史架構下；但是到了近幾年，港口城市經常被當作解釋創新或特例發展的救援萬靈丹。港口城市通常是由外來的代理人建立，它們在自己的框架內成為發生改變的連結點、樞紐和馬達。港口城市不會被整合進一個國家或區域，它們反而靠著自由來往的商人，與其他港口城市，而不是該地的首府，取得較強的連結。[111]雖然「港口城市」這個術語頗為流行，但是令人滿意的定義竟然十分罕見。對港口城市的歷史研究主要集中在一六〇〇年之後的歷程和發展，而且是由全球貿易占據核心舞臺；但是還有其他很多值得注意的點。歷史學家認為人們如果以港口城市為核心，會發現其擁有大範圍的自治和民族多樣性，並且有令人驚異的組織需求與特異的後勤要求，因此會帶來專家族群。[112]馬尼拉具有羽田正總結的港口城市特徵——「重要的政治中心」、「區域經濟的樞紐」、「提供新藝術、想法及技術發展的」地方。[113]它們周圍的海洋與航行路線就是它們最堅固的文化、結構與經濟單位，這也就是為什麼港口城市的社群發展通常不同於國家史的描述。[114]

本書的理論架構不只受到社會科學的文化、語言及空間轉換的啟發，還有政治鞏固、國家形成與帝國建立的理論，以及用順應（accommodation）及挪用（appropriation）等後現代方法的研究。本計畫會用這些觀點來推翻一些保守的論調，例如堅持東亞國家是落後的、西班牙在東方建立了牢固的殖民事業、十六世紀的亞洲海上世界可以只用侵略和回擊的故事加以解釋。幾種並存的互動網絡會有複雜的聯動，以行動者為中心的方法會對這些聯動更為敏銳，並對研究「三邊關係」更有助益。[115] 使用網絡方法的研究者會強調海上商人的特定性質，還有因商人的特殊與非階級性關係，而衍生的各種合作與合夥類型。[116]

進入第一章之前，本書必須先釐清一些論點。「東南亞」這個詞同時包括東亞和東南亞區域。[117] 例如菲律賓就是一個特殊的例子。呂宋被認為是邊陲之地或是「邊緣地帶」（rimland），它與國際強權中國、日本和西班牙定義的核心區域形成明顯對比。「菲律賓」本身又是一個更不確定的概念，它只是十六世紀的西班牙帝國構建出來的。嚴格來說，在西班牙人到來之前，根本沒有所謂的菲律賓和菲律賓人。[118]

至於「近代」或是「前現代」國家的概念，有西班牙、中國和日本作為例子，它們代表比較進化、有行政能力和支配權的實體，有明確的中央集權核心，並包括韋伯所謂現代國家的要素。[119] 理論上，暴力是政治組織必不可少的手段。其他特質還包括領土權、對居民的審判權、國家主權、法律上的人格，由統治菁英壟斷外交關係、有共同臣服的意識形態。當時帝國和國家的界線十分模糊，因此我們對這件事的確該有敏感度，可以把西班牙的海外帝國看作多國組成的複合君主國（composite monarchy），它的領土分散各地，各自有財政軍事的改革和強制性剝削。[120]農業立國的明朝中國計畫把權力延伸到廣大的領土疆界之外，後戰國時期的日本則在積極建立一個近代國家。[121]

菲律賓的某些地方因為東南亞的變化，而開始進入全球化時代。這些變化包括歐洲貿易國家的到來、日本出現在全球舞臺、明朝轉換成清朝。且很有意義的是，它與「十七世紀中期的東南亞危機」具有時間重疊性。[122]對於一五六〇年代到一六四〇年代這段期間的關注，一開始是重新檢討「前現代性」的概念建構，這個概念在每個區域都不盡相同。[123]它的歐洲中心內涵也遭到批評。[124]例如傑克・戈德斯通（Jack Goldstone）雖然對這個概念提出批評，但是他也承認有一個「轉換時期」存在——在中央集權、官僚政治的君主制之下，出現了經濟和社會政治的二元論。[125]「近代」的概念包括變化、轉型和日益增加的流動性，這些不只在馬尼拉的相遇中明顯可見，也反映在西班牙對「近代」的翻譯：edad moderna（一四九二／一五〇〇年—一八〇〇年）。中國和日本開始適用這個概念是在二十世紀。當中國的史學還忠於自己的傳統朝代分期時，現代日本學術研究已經不再用舊式的歷史分期來紀年，而是改用西方曆法，也開始適用西方的歷史分期。[126]一般來說，中國的近代通常是與清朝（一六四四年—一九一一年）一起展開，在日本則大致是指德川建立統治的一六〇〇年。[127]「西班牙」

這個概念也有類似的歧義，語義上的挑戰完全不遑多讓。就連在那段時間，到底能不能夠說是「西班牙」政權在統治馬尼拉，就我所知都存有爭議，因為所有對新大陸的擴張政策和殖民主義事宜，都聽命於卡斯提亞王國（Crown of Castile）。但是當代文獻中又通常是用「西班牙」(España或Hispaña)。為了簡便起見，本研究會交替使用「西班牙」、「卡斯提亞」或「海外西班牙」等語。

本書分成四個部分，包括導論和八個章節。第一部分的導論介紹整體背景，然後第一章是以比較架構為讀者解析西班牙、中國和日本在馬尼拉的聯動歷史以及相關要素。第二部分的第一章建構起本研究的舞臺，講述西班牙統治菲律賓和馬尼拉早期的政治及經濟發展；第二章則評論各層次的馬尼拉貿易，以對近代的複雜國家關係有更佳的理解。第三部分第一章討論統治和主權的移轉，有多大程度改變中國和日本的自我概念，這同時也是中國和日本人與「外國人」接觸日益增加的結果。當東亞尋求身分與國體建立時，外交和海上貿易又扮演何種重要的角色。第三部分也有具體的案例研究，分別在第二章和第三章。用案例來說明地方與中央在全球的代表性上，兩者間的協商究竟具有何種重要性。這兩章顯示全球、中央與地方的因素是並存的，且「控制」了經濟、政治和社會的發展。第四部分的兩個章節，則追問馬尼拉日常生活的樣貌，檢驗這些聯動歷史如何影響馬尼拉當地的歷史。這裡是透過以行為人為主的研究方法來建構全球的社會史，要剝開近代「全球性」那不為人知的面紗。轉向全球化其實大致上是現地協商後的結果，我們可以將它理解為對陌生局勢所做出的回應，也是多民族環境中努力整合和找出的和平解決方案。

對人名與地名之說明

本研究提到一些人名和地名的轉譯或許會引發一些問題。一般來說，人名都是依他／她們自己的文化習慣排列順序。歐洲人就是名字在前，姓氏在後。中國、日本和韓國的人名大概都是姓氏在前，名字在後。地名是用英文拼寫，例如「呂宋」是Luzon而不是Luzón，東京則是Tokyo而不是Tōkyō。我也會提供中文與日文漢字，以免同音異字造成的混淆。其他名字會選用與原文盡可能接近的中文翻譯，如果有產生疑義之虞，就會直接引用原文。

第一章

比較十六、十七世紀的西班牙、中國與日本

0. 各政治經濟體的比較

在中國海域展開的三邊貿易，這種相遇可以被流傳為神話故事，也可以被說成恐怖故事：前者是描述一群貧窮的中國商人和日本浪人來到這個豐饒之地，從此過著幸福快樂的日子；恐怖故事的劇情則是殘酷的西班牙海外征服者（conquistadores）殺了無辜的原住民，天不怕地不怕的日本人則趁著頹廢的明朝皇帝將偉大的中華帝國帶向衰落之際，侵襲中國沿海地帶。本章想探討西班牙、中國和日本剛開始同時出現在馬尼拉時，三者各自在政治和經濟上的相似及相異處，以直擊這些論述的缺陷。國際貿易政策和思想形態必須進行系統性的比較，才有助於釐清這三個近代國家對廣大世界的參與。十六世紀晚期的西班牙、中國和日本

代表了高度進展但存在多樣性的實體，也都有取得霸權的渴望。它們之間的經濟和政治差距沒有像後來的幾世紀那麼明顯。[1]這三個國家的世襲統治者都對光榮的誘惑無法抗拒，也都信任官僚政治，對自己的優越也深信不疑。[2]在政治經濟領域中，他們都為了擴大利益而主張國家有介入的權利，而且堅持貿易保護主義。[3]

這幾個迥然不同的國家在接觸之初，就有這些相似點存在，使本研究必須解決一些更大的爭論。回顧它們十六世紀在馬尼拉的相遇，不禁讓我們開始思考「明顯的相似」這個命題是不是站得住腳；或者我們應該說，馬尼拉經驗是由「明顯的相異」所組成。[4]為了更加理解各種互補與反向的動態，本章會考察西班牙哈布斯堡王朝、[5]晚明中國和安土桃山／德川早期的日本相遇時的背景。由於西班牙海外帝國握有菲律賓的官方統治權力，並且在本書討論的時代最積極投入聯繫，因此本章會從對西班牙海外帝國的權力結構分析開始進行比較。

1. 西班牙海外帝國

腓力二世想在十六世紀把西班牙塑造成全球強權，為了實現這個光榮的計畫，他很需要仰賴祖先——天主教雙王（Catholic Monarchs）[i]和西班牙國王卡洛斯一世（Charles I，同時是神聖羅馬帝國的查理五世）——留下來的遺產。十五世紀末期後，想在歐洲內與外實現政治企圖，都必須與羅馬教宗達成互利協議、與德國銀行家作出商業交易，還要有資金充足的外交經營。[6]卡斯提亞王國的伊莎貝拉一世（Isabella I）和亞拉岡（Aragon）的斐迪南二世（Ferdinand II）在一四六九年於瓦拉多利德（Valladolid）聯姻，誕生了複合君主國，把伊比利半島的強權結合在一起。這個「複合君主國」（monarquía compuesta）包括伊比利半島的卡斯提亞和亞拉岡領域內的眾王國、封建領主的領地；還有義大利的附庸國，例如拿坡里、西西里、米蘭和南尼德蘭；海上的前哨基地休達（Ceuta）、的黎波里和加納利群島（Canary Islands），在一四九二年之後，還要加上大西洋和太平洋新發現的殖民地。[7]這個複合君主國由於官僚結構和錯綜的分級治理網絡，常被認為是歐洲最有組織的君主政體。複雜的組織有助於西班牙帝國這個龐大的實體維持運作。卡斯提亞和亞拉岡為了適應新的行政模式，制定了部分領土政策，這種模式後來也被推行到殖民地。[8]約翰・赫克斯特・埃利奧特（John. H. Elliott）等人都強調西班牙和殖民地的政治參與者存在異質性：國王和皇室之下是各個議會、城市、貴族和其他臣民，他們活躍於海外帝國的統治事務，也透過談判交涉，達到複雜且日益靈活的統治模式。[9]

一四九二年就預示了西班牙海外帝國的高峰，在那一年，摩洛人（moro）在格拉那達（Granada）的最後一座堡壘被征服，猶太人遭到驅逐。熱那亞的航海家克里斯多福・哥倫布

i 編按：天主教雙王為卡斯提亞女王伊拉貝拉一世與亞拉岡國王費爾南多二世夫妻兩人共同的頭銜。

打著天主教雙王的旗幟，為歐洲「發現」了加勒比海地區。不久之後，西班牙就靠著軍事力量，讓美洲大陸的大部分，包括阿茲特克和印加帝國成為西班牙的殖民領土。繼一五二一年墨西哥的新西班牙總督轄區、一五四二年的祕魯總督轄區相繼成立之後，一五六五年西班牙又在亞洲建立了永久性政權，使得西班牙海外帝國達到領土頂峰，也反過來造成無法避免的經濟困局。不久之後，十六世紀的卡斯提亞王國決策者已經必須在殖民地和歐洲的利益之間拉扯。他們也起心動念，要用美洲的白銀投入宗教和王國的戰爭。腓力二世延續了他父親[ii]對掌握霸權的豪賭，要與法國爭奪對義大利的控制權、鎮壓荷蘭的新教徒，還要延續王朝的傳統繼續與穆斯林對抗。與穆斯林對抗被認為是「天主教君王的主要任務」，西班牙還與威尼斯和教宗聯手組成「神聖同盟」（Holy League）打擊鄂圖曼帝國，將對抗推上高峰。一五七一年十月的勒班陀戰役（Battle of Lepanto）打敗了鄂圖曼帝國的常勝海軍，這次勝利是歷史性的，但也只是暫時的。[10]

腓力二世的王朝在一五八〇年與葡萄牙合併（直至一六四〇年），這為他的戰略提供更重要的動能。不過，一五八一年四月在葡萄牙托馬爾議會（Cortes of Tomar）的宣誓之後，腓力二世便打算把對海外領土的統治，與對卡斯提亞領土的統治分開來。再加上後來根據一四九四年的《托德西利亞斯條約》（Treaties of Tordesillas）[iii]和一五二九年的《薩拉戈薩條約》（Treaty of Zaragoza）[iv]的幾個協議，最終使得西班牙在亞洲的政治活動，和它想讓西班牙成為日不落帝國的大部分努力受到阻礙。[11]也因此哈布斯堡王朝想要同時成為歐洲和世界強權的渴望，足以作為這六十年伊比利聯盟（Iberian Union）[v]的標記。詹姆斯・馬霍尼（James Mahoney）指出，「建立帝國需要堅定的重商主義政策，這讓西班牙政權取得勝利，但是也諷刺地危及卡斯提亞長期以來的經濟累積」。[12]許多歷史學家都認為西班牙衰落了，過度的霸權野心造成它的經濟虧損，在奧地利王朝（Casa de Austria）[vi]統治期間，和十七世紀美洲白銀輸入開始衰退的時候，國家已經面臨多次破產。[13]衰退這個概念當然一定是觀點的問題。腓力二世死後，嚴重的社會經濟困境讓帝國政策面臨更多挑戰，皇室權力也被削弱。後來幾位繼任者在奧地利王朝期間的統治，都因權臣（validos）而顯得黯然失色，並構成十七世紀的危機。寵臣的例子有萊爾馬公爵（Duke of Lerma）弗朗西斯科・戈麥斯・德・桑多瓦爾・

---

ii 編按：腓力二世的父親是前述西班牙國王卡洛斯一世，也是神聖羅馬帝國皇帝查理五世。

iii 編按：《托德西利亞斯條約》簽訂於一四九四年六月七日，在教宗亞歷山大六世調解下，劃定新版的教皇子午線為西經四十六度三十七分附近，教皇子午線以西歸西班牙，以東歸葡萄牙。

iv 編按：《薩拉戈薩條約》由西班牙與葡萄牙兩國，於一五九二年四月二十二日簽訂。該條約以東經一百四十二度附近，作為兩國在亞洲勢力範圍的界線。以東歸西班牙，以西歸葡萄牙。

v 編按：伊比利聯盟是在一五八〇年，哈布斯堡西班牙國王腓力二世兼任葡萄牙王國國王形成的西班牙—葡萄牙共主邦聯。該聯盟作為當時世界上擁有最大海權、最廣領土的國家，直到一六四〇年瓦解。

vi 編按：西班牙哈布斯堡王朝在西班牙當地又被稱為「奧地利王朝」。該王朝與奧地利哈布斯堡王朝同宗，於一五一六至一七〇〇年統治西班牙。

伊・羅哈斯（Francisco Gómez de Sandoval y Rojas，一五五二／五三年—一六一八年），或奧利瓦雷斯伯公爵（Count-Duke of Olivares）加斯帕・德・古茲曼・伊・皮門特爾（Gaspar de Guzman y Pimental，一五八七年—一六四五年）。[14]亨利・凱曼（Henry Kamen）認為西班牙的衰落是因為沒有真正統合的經濟結構，一切要靠外部供應，這個主張頗為著名，[15]不過近期的學術成果強調各個區域多樣性的發展，很具說服力地駁斥了這種衰退的論點。伊比利人在海外的表現相對穩定，西班牙也的確在馬尼拉體系中發揮了功能。如果把西班牙哈布斯堡王朝的衰落，看作是專制主義、干涉主義和過度官僚主義的統治造成的結果，那麼它在海外的統治則應該可以提供一種反面的敘述。[16]

西班牙在海外事務中做出政治與經濟決策時，其機制是根據一五三六年成立的「[母國]印度最高統管政府」(Gobierno Supremo y Universal de las Indias)。[17]在帝國統治逐步建立的過程中，西班牙法官和學者起草了一些文件，說明西班牙領有新領地和擁有宗主權的合法性。一五二四年成立的[母國]印度議會（Council of the Indies）——其正式名稱為「皇家最高[母國]印度議會」(Real y Supremo Consejo de Indias)——在海外事務中享有巨大的影響力。[18]它是殖民地政府組織的諮詢委員會，不屬於國王轄下，國王的體制特權則可以駁回議會成員的倡議。[19]選舉新官員也屬於議會的權利，美洲的大部分法律也是議會制定的，議會掌有政治權力，是因其幾乎獨占了母國與遙遠的其他領地之間的聯絡通道。在一六〇九年，印度議會有八名成員，雖然其成員幾乎不曾踏足殖民地領土，但是在有關行政和法院的司法陳述事項上，他們還是代表殖民地的發言人。[20]可以想像這個體系最大的敵人是聯絡溝通，因為能在殖民地當地較為自主地執行皇室管轄權的機構，和最高階的當權者之間仍然存在許多中間人。[21]研究成果也顯示，發展了幾世紀的制度和法律通常會抗拒創新。[22]西班牙的行政制度被認為是有效率的，它在其後幾年最顯著的特點就是創立特有的「評議會」（juntas），同時還有所謂的letrados正在興起。letrados是指擁有珍貴的知識或技術、具有影響力的顧問群，有他們的工作，讓之前的行政制度似乎顯得過時了。[23]雖然西班牙的殖民政府具有競爭本質，不過亨利．凱曼的結論認為西班牙不存在直接控制，他們必須透過一連串妥協才能維持控制：「這個十六世紀世界上最偉大的帝國，結果也是靠著實質上並不存在的直接控制在維持生存」。[24]

印度群島的整體統治概念，與基督教義和天主教的詮釋有密切關聯。這從「收復失地運動」（Reconquista，譯者按：指伊比利半島北部的天主教各國，逐漸戰勝南部穆斯林摩洛人政權的運動）的想法在新領地快速擴張就可以看出來。在教宗頒布的教令中，教宗也對開拓殖民地和傳播福音的雙重努力加以認可。教令是有拘束力的，可以確保其他帝國事務的努力受到支持、並可以使用宗教稅。這種出於宗教動機的統治概念常被稱為「皇家支援」（Patronato Real），可以往回追溯到天主教雙王。教宗西斯篤四世（Sixtus IV）在一四七六年以宗教裁判（Inquisition）的方式，委由雙王保衛其領土內的天主教教義和組織等。後來的教宗亞歷山大六世（Alexander VI）又於一四九三年頒布教宗詔書《使徒捐贈》（*Donación Apostólica*）和《奉獻者》（*Eximiae Devotionis*），把國王的這些職權擴展到新大陸。亞歷山大六世是西班牙人，他頒布的一連串詔書目的，在於擴大天主教雙王的權力。著名的詔書《其餘之中》（*Inter Caetera*）和《不久之前》（*Dudum Siquidem*），或是一四九三年的幾道捐獻詔書，將西班牙的影響力擴張到想像中分隔線以西的所有新領地。該分隔線位於亞速群島（Azores）和維德角（Cape Verde）諸島以西一百里格（league）。[25]葡萄牙人怕西班牙會入侵南大西洋，於是要求改寫這些詔書的條款，最後的成果便是著名的一四九四年《托德西利亞斯條約》。該條約在理論上將世界一分為二，分隔線畫在維德角諸島以西的三七〇里格（一七七〇公里）。[26]在一四九二年發現美洲大陸後，葡萄牙便嘗試以那份條約創造兩個可分別發揮影響力的領域。它確保葡萄牙國王可由「直接的」航線通往印度，還可取道巴西，積極經營美洲。佩德羅·阿爾瓦雷斯·卡布拉爾（Pedro Álvares Cabral）[vii]於一五〇〇年發現巴西，將巴西獻給國王瑪奴爾一世（Manuel I）[viii]，這鼓勵了卡斯提亞王國經由安地列斯群島（Antilles）擴張至美洲大陸。其實西班牙的所有海外屬地幾乎都經過教宗承認為合法。[27]因此在社會問題和權力的執行中，教會和宗教組織都扮演了重要角色。[28]教會和世俗政權有時候會為了彼此的利益而合作，有時候則是激烈的抗爭對手，但也會相互矯正。在菲律賓，後者是比較常見的狀況。

過度擴張的西班牙海外帝國在政治經濟上的特徵就是制度的多樣性。[29]哈布斯堡王朝統治者把中央集權的體制架構搬到殖民地，這個架構之前已經在複合君主國的各個政治單位中被試驗過了。為了最新的行政需求，統治者一直需要訓練有素的純熟技術人員。[30]總督是殖民地最大部門的首長。這個職位最初於一五三五年在新西班牙（今天的中美洲）設立；接下來則是在一五四二年設立於祕魯的轄區。理論上，總督的職責包括監督殖民地的行政事務、管理國庫和分配皇室的資助。[31]巴托洛梅．雲（Bartolomé Yun-Casalilla）指出，要在殖民地擔任官僚或軍職，社會出身或民族背景都是次要的，而這種職涯路徑會創造出前所未見的知識價值。[32]

回到西班牙本土，西班牙的殖民和海上事務組織是由「貿易廳」（Casa de Contratación）扮演關鍵角色。它依皇室命令在一五〇三年成立，負責管理所有新領地的商業和跨洲貿易。不久之後，貿易廳就被併入印度議會，這使得一六五〇年代之前，西班牙和美洲之間的貿易差不多是由印度議會獨占。這表示西班牙國王在海上貿易的角色接近監督，而不是自己扮演什麼積極角色。[33]同時，這種壟斷阻礙了私人的行動。如果有人想用什麼方法，增加海外貿易的收益或反應需求的改變，那將會變得愈來愈有挑戰性。[34]

vii 編按：佩德羅．阿爾瓦雷斯．卡布拉爾（一四六七年—約一五二〇年），葡萄牙航海家。一般認為他是最早到達巴西的歐洲人。

viii 編按：瑪奴爾一世，或譯為曼紐一世（一四六九年—一五二一年），葡萄牙國王（一四九五年—一五二一年在位）。他在位期間，達伽馬繞過好望角到達印度（一四九八年）、卡布拉爾到達巴西（一五〇〇年），葡萄牙軍隊在今香港屯門登陸，並與明朝軍隊發生屯門海戰（一五二一年）。葡萄牙在他在位期間，成為東方海上貿易王國。

西班牙的殖民概念具有例外特徵，其中一個關鍵點就是其海外政治依循的領地模型帶來結構性問題。[35]西班牙將大片領土征服後納入宗主國，獲得的主要利益是收稅，同時可以對原住民族傳福音，接著則是掠奪資源和推行西班牙的文化價值。在今天，我們會將英國和荷蘭在十七世紀的海外事業，形容成貿易口岸帝國。但是西班牙與這兩國不同，它想要建立政治性的統治。[36]然而西班牙帝國的幅員甚廣，而且相距遙遠，它到底要如何把權力延伸到像是菲律賓或拉布拉他河（Rio de la Plata）這類地方，當然就引來好幾代研究者的關注。而答案是，在決策中我們會看見高度的妥協。而且那通常也是幾個不同的殖民當權機構展現良好交涉技巧、或是西班牙母國與殖民地代表／移民長期協商之後的結果。[37]在過去幾年中，有許多學者激烈地辯論、詳細說明在去中心化的西班牙帝國中，妥協勝過專制主義。[38]在十七世紀的西班牙，國內和歐洲的事務當然比幾千浬之外的殖民地事務更具有急迫性。[39]海外帝國的政治經濟結構也主要是根據類似的模式：母國利益優先。

海外殖民地與西班牙的政治經濟結構

伊比利人的策略——不計手段地把新領地資源吃乾抹淨——讓西班牙和葡萄牙殖民貿易被不光彩地形容成「剝削的貿易體制」。[40]從本質上來說，征服者、殖民官員和商人會搶走一切看似有利可圖、適合當作「皇家五分之一稅」（quinto real）的東西，載上船運回皇室。一五四五年，墨西哥礦山（薩卡特卡斯〔Zacatecas〕和瓜納華托〔Guanajuato〕）被發現有極為豐富的銀礦，而且新卡斯提亞（New Castile）總督轄區玻利維亞的波托西（Potosí）也被發現有礦脈，再加上一五六〇年代，人們使用輸入的水銀施行汞齊法集礦，大幅提升西班牙生產白銀的速度和利潤。[41]銀的大量生產，更進一步實現西班牙與菲律賓的海上貿易。[42]不到幾十年時間，祕魯和墨西哥鑄造的硬幣——「八里耳比索」（peso de ocho reales）——已經成為全球承認的貨幣，並帶來快速的商業擴張。[43]不過，西班牙的海上貿易還是遵循一種簡單的互惠模式，每年會有船隻載送美洲白銀到西班牙大陸，並把歐洲製造的商品輸出到海外殖民地（這是壟斷性的）。[44]用商船船隊制度與西印度群島進行有組織的貿易——這被稱為「印地安斯商運」（carrera de Indias）——有助於維持控制的假象。[45]其中規定還包括無論母國是否能完全滿足海外帝國廣大的消費需求，外國船隻都不能進入殖民地港口。[46]定期的商業往來只能在加勒比海、墨西哥灣和塞維亞[ix]之間幾個固定港口進行，而且要在貿易廳的監督之下。貿易廳的代理商會負責確保商業交易、從富饒的西班牙內陸運來農產品、為瓜達幾維河（Guadalquivir）[x]上的船隻提供足夠服務，還有金融方面的服務。[47]其實不論在規模上或是金

ix 編按：塞維亞維安達魯西亞首府，一五〇三年西班牙在此設置貿易廳，使得此地成為西班牙遠洋貿易的門戶。

x 編按：瓜達幾維河為流經塞維亞的河流。

額上，西班牙的跨大西洋貿易都已經超過葡萄牙與印度群島的貿易，但是他們仍然排除外國商人，即使他們自己一直很難滿足殖民地市場日漸成長的需求。[48]

因此，消費行為無法自由發展，商人階級也不總是能夠回應市場的變化。從西班牙的反應中，就可以明顯看出重商主義的國家採取干涉主義的漏洞。卡斯提亞的貿易保護主義運動在一六二〇年代如火如荼進行，他們的訴求是排除葡萄牙商人的優勢位置。葡萄牙商人在西屬美洲（包括祕魯和菲律賓），以及伊比利半島的經濟活動中都贏得優勢位置。[49]這些葡萄牙商人與同樣參與大西洋貿易的其他私營外國商人（起先在塞維亞，後來則在加的斯〔Cadiz〕[xi]）一起控制了網絡。在十八世紀商人領事館（consulado de cargadores）[xii]成立之後，這些外國商人的人數更大幅增加。商人領事館是專為註冊商人成立的組織，這些商人擁有授權，可以將貨物裝運上船載到西屬美洲。[50]為了確保皇室以及在殖民地有影響力的海外西班牙居民的收益，以有力的行會遊說進行對抗或是串謀，其實都是不可避免的。[51]

前文描述的衰落在海軍的發展中更是可見一斑，西班牙享有海上國家的盛名超過一個世紀，然後才因停滯和海戰的落敗招來不堪的批評。[52]西班牙遭逢困境最明顯的例子，是西班牙艦隊在一五八八年被英國海軍擊潰。歷史學家在近幾年對這次海戰的原因和結果作了重新檢討，現在有些人對一般接受的衰退描述提出反論，因為西班牙海上勢力在戰敗之後的一年內就恢復了。[53]此外，皇室政府也投入運輸船的競爭，在一六〇七年、一六一三年和一六一八年皇室「對船隻的大小和配置作出規定，並對西班牙與美洲之間的航行制定準則」。[54]不過，成功還是要仰賴許多個人族群的努力，例如船員、礦工和趕騾人。他們的工作是往返於美洲的主要港口——墨西哥的維拉克魯茲（Veracruz）和巴拿馬的波托韋洛（Portobelo），及殖民地的核心區域之間。船運還更進一步取決於天氣，在採銀礦的過程中，降雨占有決定性因素。如果要安全的航行回歐洲，順風也絕對不可少。[55]在亞洲如果輕忽了季風或颱風，就很容易陷入災厄。

一旦美洲流出的白銀流向歐洲其他部分，國家破產又重新上演了。此外還有原本比較富饒地區勞動力的減少（例如中卡斯提亞和安達盧西亞〔Andalusia〕），也使得原先的商業冒險因為經濟衰退而受到負面影響。[56]這段時期通常被稱為「十七世紀危機」，它的特徵是經濟和人口的停滯（因為軍隊阻礙了王權）、叛亂和專制主義危機。[57]那個時代身處在西班牙的人都意識到衰退的存在。在腓力二世當政後的前幾十年間，「擘畫者」（arbitristas）——一群學者或「經濟策士與道德家」[58]——提出了幾項改革建議，詳細描述如何解決西班牙的整體危機。[59]不過，不論是他們的建議、還是一九二三年成立的「改革委員會」（Junta de

xi 編按：加的斯為西班牙南部的濱海城市，屬於安達魯西亞加的斯省。

xii 編按：consulado de cargadores應源自"Consulado de Cargadores a Indias"，為一五四三年創立於塞維亞，專門為了解決當時與印地亞斯（泛指西印度群島、美洲大陸及菲律賓等地區）經貿上法律問題的機構。

Reformacíon）的勸告，都沒能撼動當時的特權社會。當時的稅賦日漸提高，更進一步削弱了農村社會，最終危及半島的整體經濟。[60]同時，整個西班牙的領地都害怕失敗，但是也都感受到失敗，一小群富商階級和其他人口間的差距也愈拉愈大，在整個海外帝國都是如此。[61]

在新興的全球世界中重新定位：海外脈絡中的歐洲衝突

除了爭奪霸權所需的高額支出讓皇室經濟狀況惡化，更雪上加霜的是伊比利半島上未解決的問題導致國內衝突。例如一五七八年對加泰隆尼亞人（Catalan）的鎮壓，以及與巴塞隆納權貴之間不曾稍歇的爭執。安達魯西亞也有社會問題造成的衝突——畢竟這個在前格拉納達酋長國（Emirate of Granada）中經濟表現良好的區域，幾十年前才剛併入天主教的君主政體。在宗教上缺乏的包容性可回溯到「收復失地運動」之後的天主教法律，這進一步危及國內的穩定。[62]人們認為改宗的穆斯林會對國家安全帶來巨大威脅。一般人都相信他們是會從內部搞破壞的「第五縱隊」，而且很可能成為鄂圖曼帝國的盟友。雖然東地中海地區的壓力在一五七一年暫時獲得解消，但是信仰天主教的西班牙才剛在跟低地諸國（Low Countries）新教徒的對抗中，輸掉意識形態與政治的鬥爭，而且還賠上很大一筆錢。帝國勢力在一五八〇年之後達於頂峰，腓力二世從此得維持整個帝國的安全，並且與穆斯林和新教徒的意識形態、政治相對抗，這使他的對外政策趨向慎重和守勢。[63]

到了十六世紀末期，英國、法國和荷蘭開始攻擊西班牙在美洲的領地。尤其是同屬新教的荷蘭和英國，更下定決心要打破伊比利人在大西洋貿易的壟斷地位。如果有必要，他們還會把計畫性的攻擊延伸到太平洋，最後則是到亞洲戰場。[64]加勒比海本來就難以抵抗外國入侵，北歐的私掠船又會對經過那裡的所有船隻構成潛在威脅。[65]就算歐洲的衝突已經因為分別簽訂的幾個和平協議和休戰協定而正式落幕，這裡的侵犯行為還是不曾稍歇。[66]法蘭西斯・德瑞克（Francis Drake，一五四〇年—一五九六年）在大西洋航程的途中，分別於一五七二年和一五八六年劫掠了迦太赫那（Cartagena de India）的西班牙殖民地——載運白銀的艦隊通常是從那裡啟航，穿越大西洋。在隔年一五八七年，托馬斯・卡文迪什（Thomas Cavendish，一五五五年—一五九二年）從下加利福尼亞／墨西哥的卡波聖盧卡斯（Cabo San Lucas）劫走了馬尼拉蓋倫帆船聖塔安娜號（Santa Ana）。[67]海上的攻擊在一六二〇年代有所增加，荷蘭西印度公司（Dutch West India Company）當時在安地列斯群島創立，其他歐洲強權也在加勒比海邊緣和北美的廣大領域建立霸權。[68]中國海域也有類似的發展，在後文的章節將會討論。

2. 明朝中國

如果要簡單說明什麼因素影響當今被認為是中華帝國強權最後一個階段——明朝中國——的對外政策，將是一件困難的事。因為帝國神話和冷戰時期的史觀，都只提供太過簡化的失敗描述。幅員廣大的中國在戰國時期結束、建立秦朝（西元前二二一年—二〇六年）之後，就開始一體適用一套金字塔式的官僚組織，一直以來沒有太大改變。歷史上長期的政治穩定，讓人覺得帝國在民族和文化上具有同質性。十九世紀之後，人們普遍認為全境統治和經濟獨立的衰退始於明朝（一三六八年—一六四四年），最後在清朝（一六四四年—一九一一年）統治時跌到谷底。較近期的研究對這個觀點提出挑戰，近期學者強調中國存在多樣的身分認同，社會的相對穩定性其實是各色各樣的行動者共存互動之後的結果。[69]從十七世紀初期開始，晚期的帝國——指皇帝與官僚政治中的宮廷太監、官員——與沿海城市的仕紳菁英間的複雜關係，創造了協商與妥協的公共領域。這種朝廷與仕紳之間獨特的政治與社會妥協，目的是為了達到某個程度的地方自治，這其實可以回溯到遠至宋朝（九六〇年—一二七九年）。[70]

受到地理影響深遠的經濟、外交關係和文化準則，都與保守、專制、缺乏彈性的農業國家觀念形成強烈對比。農業國家的經濟採用貿易保護主義、不會認真推動海外事業，對於模糊國界外的世界也興趣缺缺。[71]我們對明朝中國的敘述也要和對哈布斯堡的西班牙一樣，套用馬尼拉體系的觀點。私人海上貿易在東南亞廣大區域中益發成長，到了明朝末期已經對傳統中國的國際貿易模式提出挑戰。亞洲的商業集團建立新市場時，某些歐洲地區和日本已經被整合進全球體系，但是中國官方仍只作出緩慢的回應，或者稱不上有任何回應。[72]

明朝統治者繼承前朝的政治制度，例如元朝已經有高度發展的行政體制。明朝也沿用蒙古族的地理劃分單位，但是配合自己的需求：地方政府會在階層體系中區分出省、府和州，接著再往下劃分成縣，由各自的知縣管轄。[73]前朝的另一項遺緒是新儒學的價值觀，社會階層是由四種職業（或謂等級）決定。[74]這種國家的思想形態也不是沒有矛盾——雖然所有社會成員都應該平等，但是社會階級結構卻區分等級，不同階級適用不同的規則。社會對某些職業團體也存有偏見，例如商人階級就被認為不事生產。[75]最高階級是擔任國家官員的知識分子（士），他們是朝廷官僚政治的幕後決策者，也以大地主的身分享有經濟優勢，這使他們與「官」和「民」有所區隔。在傳統的菁英文化架構之外，還有來自各區域的不同行動者嘗試成功地控制海上航道、沿海與海上的貿易網絡，這通常體現為地方／中央、官方／非官方或海上／國內之間的矛盾。相反的，皇帝則希望堅守舊的統治概念、保持絕對的王權，不像歐洲的君主會與統治對象作某程度的妥協。

歷史學家一直在思考既然中國在技術上堪稱先進，對海域也有相當控制，為什麼伊比利

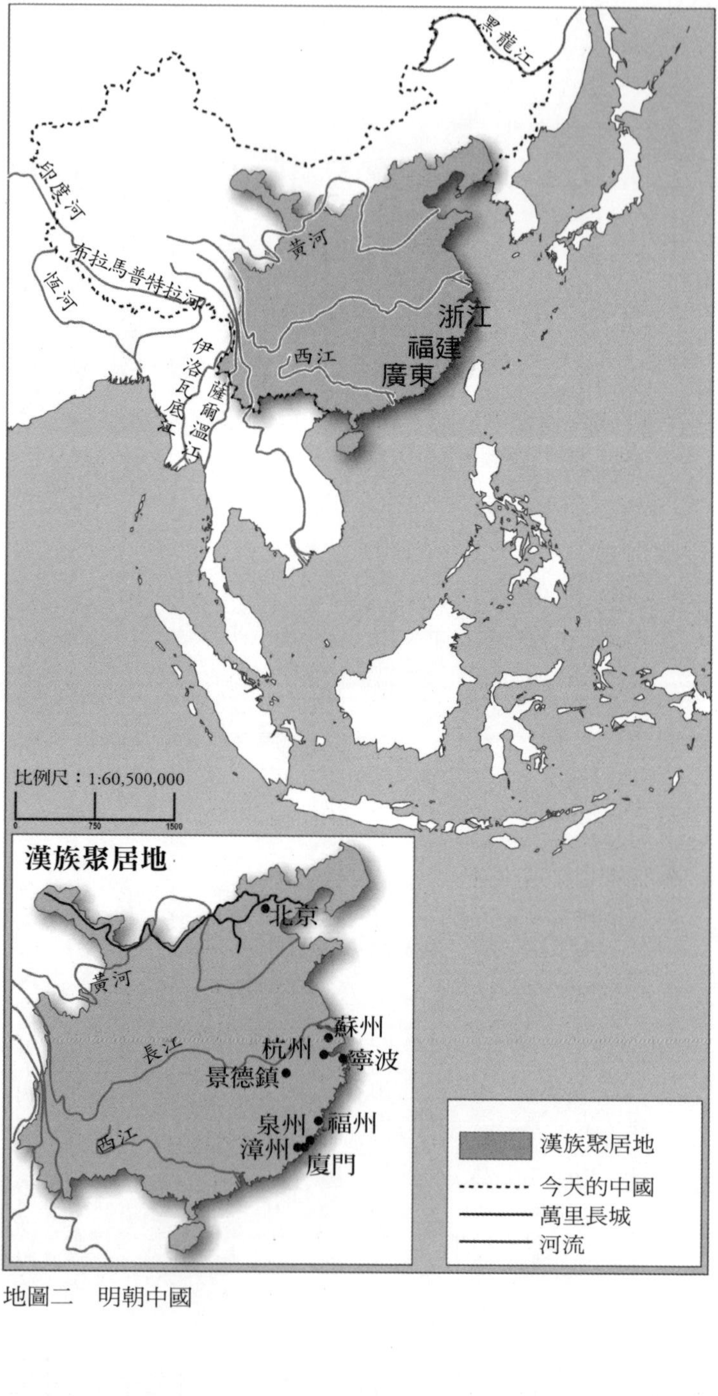
黑龍江
印度河
黃河
布拉馬普特拉河
恆河
浙江
福建
廣東
西江
伊洛瓦底江
薩爾溫江
比例尺：1:60,500,000
0
750
1500
漢族聚居地
北京
黃河
蘇州
杭州
寧波
長江
景德鎮
泉州
福州
漳州
廈門
西江
漢族聚居地
今天的中國
萬里長城
河流

地圖二　明朝中國

人可以探索美洲，技術上先進的中國卻沒有。中國的創新發明（包括羅盤和火藥）甚至成為伊比利擴張主義的象徵，[76]但明朝卻決定在一四〇五年到一四三三年之間，中國探險家鄭和進行七次偉大的航行之後退出海上事業。在永樂皇帝在位期間（一三九八年—一四二四年），中國海上事業取得大幅進展，所謂的「寶船艦隊」成功航行了與伊比利水手差不多的距離，他們的物流成就甚至還超過歐洲當時的航海計畫。[77]不過這幾次探險獲得的利益卻很難維持，新招來朝貢的貿易夥伴無法達到預期成果。[78]為什麼技術上足夠進步的中國。卻沒發生自己的工業革命，在明朝時各地可見的停滯應該可以提供說明。雖然許多學者認為中國突然退出海上具有抑制的效果，但是第二種解釋則採用伊懋可的「高度平衡陷阱理論」。伊懋可認為正是中國的富庶和穩定，阻礙中國在南宋時期（一一二七年—一二七九年）經濟革命之後，又進一步取得商業、經濟與科技的發展，這個說法的確也很有說服力。[79]

當紫禁城興建（一四〇六年—一四二〇年）完工之後，明朝就退回中國的領土界線內，從這一點也可看出中國官方反對海上擴張的態度。中國的邊界定義很不明確，而且一直在變更，國防力量為了回擊蒙古人和越南人而一直疲於奔命，這也加速朝廷完全退出海上擴張的決定。緬甸和撣國（Shan）在一四四九年爆發了最後一次邊界之爭，外部干擾在那之後畫下句點。一般認為該年是南方對外政策的轉捩點。在那之後，明朝轉向內部發展，下令由朝廷壟斷國際貿易，禁止所有私人的海上交易。雖然多數人主張這樣嚴厲的措施是海盜劫掠導致的，但明朝開國皇帝拉開序幕的新政治思想，可能也在這件事中扮演同樣決定性的角色。[80]私人的海外貿易會對國內穩定帶來重大風險，考量及此，明朝官方的對外政策極為看重安全性。[81]中國在地緣政治上只採取消極作為，把國家安全看得比海上貿易的獲利更加重要。[82]既然從安全觀點來看，海洋帶來的與其說是機會，倒不如說是問題，因此國家會對海上事務採取嚴格限制。他們對外邦人的處理則是認為能離中央越遠越好。[83]而對邊界紛爭的快速回應，與將國外問題排除於中國政務之外，這兩點對朝廷來說都十分重要。

萬曆統治年間（一五七二年－一六二〇年）中國發生某種意義的衰退。帝國領導虛弱、農村收入降低、朝廷宦官恣意胡為，都被認為對帝國末期統治帶來負面影響。[84]從意識型態上看，明末對佛教的支持應該也影響到經濟和政治上的決策。[85]雖然從新大陸輸入的農作物刺激人口增長，讓中國的人口在一六五〇年達到一億人至一億五千萬人之間，這或許可以看作是繁榮的象徵。但這基本上也表示，帝國的官僚政治很快就要落在其後了。[86]朝廷引進一種比較有效率的徵稅制度，讓朝廷逐漸退出地方事務，改由一群既不停滯，也不頹廢的中間人——仕紳地主型菁英——接手。

明朝中國依然認為自己居於世界中心，浸淫於綿延好幾世紀的儒家思想傳統。[87]「中土世界與蠻夷之邦」的概念、中國對自身作為天下萬物霸主的宣稱，以及對外部貿易的消極參與，是中國外交事務的主要梁柱。[88]國境以外的世界對中國而言，只能以儒學背景下的朝貢關係來理解。朝廷給予的正式承認對明朝初期的統治者而言，具有絕對的重要性。研究海外華人史的學者王賡武認為上述的意識形態建構，解釋了明朝政權何以在地理上自我設限。[89]理想上進貢使節團必須遵循傳統模式，鄰近國家每三年要派一次使節團，遙遠國家則是每換一次君主派一次使節團。外交關係只存在於與進貢國的交流，交流次數日增，而且成為政治互動的常規作法。在十五世紀期間，東南亞愈來愈吸引中國的興趣，也與東南亞幾個國家建立起新的朝貢關係。[90]有兩個重要教條決定了明朝的歷史：第一條是不進攻海外的國家，第二條是朝貢貿易並非用來榨取經濟收益。[91]

明朝中國的政治經濟結構

明朝的政策反對海上發展，這與幾代前朝形成強烈對比。以蒙古人的元朝為例，他們允許私營商人在中國沿海自由移動，等人數愈來愈多之後，才強制納管，並派遣外交使節團邀請外國商人。像是泉州這樣的沿海港口（馬可・波羅在報告中稱其為「刺桐」〔Zaitun〕）——有時候它被稱為海上絲路的起點——在十三世紀有香料貿易在此熱絡進行，最後並成為東南亞貿易的活躍中心。[92]洪武帝（一三六八年—一三九八年在位）在治理期間頒布海禁政策，反映出中國在一三七一年首次想以官方控制的朝貢貿易，全面取代私人的國際貿易。在一四三六年，朝廷發布命令禁止建造遠洋船隻，也規定禁止進行有死亡風險的海上活動，鄭和寶船艦隊留下的檔案在一四七七年也遭到銷毀。[93]想與中國進行貿易的外邦，都必須派出朝貢使節團前往明朝，表示他們願意以臣屬國身分向明朝皇帝納貢。

朝貢貿易是最重要的外交行為，納貢被看作歸順的行動。明朝皇帝會對納貢的統治者授予正式官銜，這個舉動彰顯出納貢在意識形態上的重要性。儀式本身就反映雙方關係在原則上具有「以上對下」的特徵。[94]除此之外，這些表達忠心的藩屬國在日後遭受外來攻擊時，可以仰賴中國保護。因此昂貴的朝貢貿易就成為長期投資。中國與外國的所有接觸都已被制度化，不會有什麼偶發之事。朝廷會有許多監督機構，在管理和「蠻夷」之邦的接觸頻率、使節團人數和行進路線——包括市舶司和六部之一的禮部，還有一些地方官員負責確保《大明律》的朝貢規定。到了十六世紀末，管理名單中還增加一個稅務監督機構。[95]

儘管朝貢貿易只正式容許某些商品貿易，但是這個體制的確提供比較少限制的交易選項。朝貢的貨物區分為「進獻給皇帝的貢品」和「私貨」，私貨可以在北京禮堂進行商業交換。支付完佣金之後，私貨也可以在輸入的港口出售。依照慣例，這些貨物有百分之六十都會由市舶司進行交易。市舶司在宋朝就已經存在於泉州，[96]只要該機構在監管之下，而且遵守朝廷當局訂出的規定和慣例，就得以從事國際貿易。明朝統治期間，這類官衙在反覆關閉後又被重啟，有時還被宦官加以掌控。根據《東西洋考》記載，十七世紀初期經過朝貢貿易路線進入中國的官方商品，包括犀牛角和水牛角、燕窩、龜殼、芳香植物、裝飾品、硫磺、珍貴木材、罕見礦物、草藥和織品。[97]

中國國際貿易政策在整個十六世紀逐漸發生改變。魏思韓（John E. Wills）指出，在十六世紀的前二十年間，東南亞藩屬國船隻可以依其意願經常前來中國，不必受到朝貢貿易對時間和人數的限制，並且他們進行交易也會被課稅。他們受到宦官的指揮，宦官特別有興趣為宮廷取得稀有進口貨。[98]在一五三〇年代之後，除了進貢船之外，其他貿易船也可以和私營商人，例如葡萄牙人進行交易。其中會有部分貨物被徵收為進口關稅。[99]明朝引進貿易許可制度，貿易需要取得被稱為「勘合符」的許可證。[100]這些許可證為一式兩份，一份由中國的市舶司保有，另一份則交給獲得許可的外國船隻。[101]經過修改的許可制與之前的朝貢貿易相同，繼續將日本排除在官方交易之外，這套體制一直運作到大約一六二〇年。[102]它有助於朝廷壟斷某些物品的銷售和分配，還可以對貿易及運輸進行某程度的徵稅。同時，因為地方層級越趨複雜，中國的對外經濟逐漸出現不以北京為中心的趨勢。[103]不同針對中國內部動態的研究，都強調地方的生產和分配中心已經漸漸被整合進較大的市場。研究焦點特別集中在長江三角洲。[104]可以說是因為歐洲人的到來，才使得中國沿岸的海上貿易鬆綁，雖然這當然不是在短時間內發生的。

到了十六世紀初期，中國傳統的朝貢貿易架構已變得無法維持，因此我們在為馬尼拉體系下結論時，要十分小心看待貿易的關係。學者們同樣也對朝貢貿易在中國經濟發展中扮演的角色，持續保持懷疑態度。濱下武志認為直到進入十七世紀，很長一段時間這種貿易在中國海上領域依然占有重要性。[105]鄧鋼研究國家和商人在中國的模糊關係，他強調其實有大量走私和其他形式的非國家貿易在進行，充滿啟發性地說這才是中國「偽裝下的常態貿易」，[106]康燦雄（David Kang）甚至懷疑是否有朝貢貿易的存在，但諷刺的是他仍相信朝貢貿易有穩定效果。[107]卜正民則認為「朝貢和貿易長久以來互相支持，這才使得國家的外交和國際貿易不至於發生齟齬」。[108]

在新興的全球世界中重新定位

一四五〇年代後，明朝以紙幣為基底的貨幣體制，反覆發生通貨膨脹和不穩定情況，讓土地所有權發生轉移。銅幣不斷外流，整個國家對白銀的需求日增。[109]國內有限的資源引發輸入更多白銀的需要，因此在一五六七年，明朝的皇帝隆慶帝（一五六七年—一五七二年在位）終於廢除官方對國外實施的海上貿易禁令。隆慶帝延續殘酷的嘉靖帝（一五二一年—一五六七年在位）不堪的統治（據聞嘉靖帝無心於國政），從一五六〇年代開始，在新的財政制度中要求所有土地稅都要以白銀支付。納稅制在一五七〇年代則改為只繳交白銀的「一條鞭法」。[110]在一五五〇年和一六四五年之間，有大約七千三百公噸的白銀從新大陸和日本輸入中國。看見這種發展的學者，把中國前幾十年間這段大量輸入白銀的年代，稱為「白銀世紀」，[111]當時的貨幣交易以白銀為主，使中國與全球整合在一起。[112]

後來，福建省的海禁也被取消了，改採「開海」政策。[113]明朝除卻朝貢貿易還另外開放互訪式貿易的主要原因，除了包含難以應付的海盜襲擊、西北邊境一直遭遇的外敵壓力，甚至還有俺答汗（Altan Khan）率領蒙古族人的侵襲。蒙古最後真的在一五五〇年兵臨北京近郊。明朝政府轉向國際貿易，每年會發放五十份許可證給私人商販，讓他們到東南亞進行海外貿易。一五七五年明朝發出一百份許可證，到了一五八九年則變成限發八十八份，發放對象為是有大約兩萬噸載貨空間的船艦。[114]

自此之後，過去在南中國海和東海的非法貿易活動，就有一小部分在法律上獲得官方許可。走私者過去都窩藏在福建漳州附近的海澄，也就是月港。那裡也在一五六七年開放給海上貿易。[115]走私貿易與雙桅杆式中式帆船（junk）[xiii]的建造，在這種沿海邊陲地帶興旺了幾十年。私營商人懂得如何規避嚴格限制，因此中國與暹羅、日本的海上交易十分繁盛。朝廷也知道有這種經常性的私人交易存在，但對此睜一隻眼閉一隻眼。只要這種私營的外國商人不

xiii 編按：原文為junk，漢語除譯為「中式帆船」外，另一種常見的譯法是以外來語方式音譯為「戎克船」。本書採用「中式帆船」(junk)、「中式帆船貿易」(junk trade)的譯法。

進入內陸、不破壞社會和平就好了。[116] 在一五四七年出現過一次例外，北京朝廷下令封鎖福建一樁非法貿易，因為許多卸任高官與私營貿易牽連過深。[117] 然而，福建沿海的防禦力很弱，軍隊作戰技巧糟糕，也沒有堪用的軍用中式帆船。[118]

長達一世紀中國在國際貿易上採取的準拒絕狀態，也反映在明朝無法將南中國海海盜轉換為商人的事實。這在其他區域的國家建設過程，其實是一個常見的策略。[119] 非法貿易網絡中的行動者，會針對複雜性比較低的體系，試圖用他們的技能獲利。這些人包括流亡者、商人和海員。[120] 既然國際貿易的合法和非法界線一直都很模糊，有些人可能就會為了逃避嚴格的社會體制負擔而姑且一試。[121] 魏思韓曾指出：「對中國來說，這些人都算是『海盜』」。[122] 這些私營網絡內的互動、合作和連結很難追蹤，因為文字紀錄極少，而且做生意、走私和打劫等行動其實有一定程度的重疊。其中的打劫還包括依靠中國政權大患——日本倭寇的輔助——攻擊中國城鎮。[123] 有關中國貿易社群何以有外人滲透，並和日本倭寇合併為中日合營企業的問題，將會貫穿本書。這些人的網絡結構加速了運輸和通訊，這尤其要歸功於綿密的中式帆船貿易串連起船隻的合作。[124] 在一五七八年，儘管各種噸位和貨物的船隻受到的國外貿易禁令被解除，國際貿易課稅也受到規範，不過官方還是禁止輸出硝酸鹽、硫磺、銅和鐵。[125] 十六世紀末期的海上貿易還是受到貿易規範和審查的嚴格控制，也要有貨物的報告和保證人。[126]

中國經濟透過亞洲的港口城市和全球整合在一起，在這個無法抵擋的過程中，白銀與絲間的相互作用具有絕對重要性。我甚至敢說中國絹絲扮演的重要角色，並不遜於那些從美洲和日本流向中國並蒙受惡名的白銀。據說外國人對絲的穩固需求，還鼓勵中國農人放棄種稻，改種桑樹。也有人將稻米生產改為商業化，供應食物給那些投入養蠶業的人。[127]在明朝時期，養蠶業的質和量都達到前所未見的水準。絲的編織、輸出和品質都增加了，尤其是技巧高超的刺繡、絲錦和緞袍都變得極受歡迎。[128]

在十六世紀中期左右，組織化的走私在中國東南沿海顯得格外惡名昭彰。因為沿海地區的大型走私販（例如廣東、福建和浙江），都加入中國海域的興盛貿易關係，並轉向與政府官員作對。[129]在那段期間，中國的亡命之徒王直（伊比利人稱他為「徽王」）控制了龐大的商業網絡，包括中國和日本之間的海域，還在一五五五年攻打朝鮮半島。[130]不是只有在海上流竄的人或海盜會挑戰貿易限制。直到十六世紀之前，中國的地方政府都會公開表達對朝廷的不滿。例如兩廣總督張瀚，就認為與東南亞進行自由貿易才是互蒙其利的作法。他認為那或許可以取代拿白銀和絲與蒙古交換馬匹的方式。[131]在明朝最後三分之一時期，官方對東南沿海貿易的態度有時是嚴格控管占了上風，有時則是被忽略的漏洞取得先機，最終這讓中國海域其他邊緣團體也蒙受利益。葡萄牙人在澳門建立了一個永久性貿易前哨站，每年的租金是五百兩，又進一步加速區域經濟的自由化。[132]雖然這個葡萄牙租界區很小，只有幾百名歐洲人居住，其他居民則是當地中國人和歐洲人的奴隸，並且政治和經濟菁英都受到中國當局嚴密監管；同時，商業限制（例如一六三一年）也常對貿易造成阻礙。不過葡萄牙人在廣東貿易被整合進中國東海這件事上，扮演了關鍵的角色。[133] 相較之下，福建的私營商人則掌控東南亞市場，並部分控制東南亞市場的商業。日益增加的貿易活動催生了著名的華僑，[134] 這裡的華僑指的是第一波遷往東南亞的中國移民。[135] 華僑最初的聚居地都在主要的貿易中心，例如阿瑜陀耶（Ayutthaya）、麻六甲和馬尼拉，這裡都是歐洲航海家的必經停靠點。[136]

這裡我們還必須談談福建在馬尼拉體系中，相當於中國地方／邊陲的這一點。福建的巡撫與高階官員負有恢復沿海和平的任務，因此擁有在省層級前所未見的軍事和財政自治權。鄭維中描述他們會與當地人合作，賦予當地逐利的人一些權利，讓他們在北京之外獨立徵收新稅，並進行再投資。雖然福建有比較獨特的文化和社會政治特徵，但是福建社會並沒有想要規避國家事務，或與國家分道揚鑣。[137] 吳振強的研究顯示，在十六世紀晚期和十七世紀初期，由於技術的改革和逐漸引進經濟作物（例如靛藍植物和煙草），讓屬於山區地形的福建農村增加農業生產。接下來在十七世紀中期，市場關係的發展，讓福建經濟在能進行國際貿易後一飛衝天，然而這也只是一時的。[138] 由於缺乏對土地的認真投資，又要與中國其他地方的製造業競爭，這兩項因素限制了能夠從村落內的商業性農業獲得的利益。再者，中國能否在海外取得成功，取決於國內絲貿易、供應，和華東養蠶中心的運輸能否整合。

3. 安土桃山／德川時代的日本

近代國家的形成（這是馬尼拉體系的主要概念之一）也發生在日本。雖然許多學者質疑德川時代（一六〇三年－一八六八年），更不要說是安土桃山時代（一五七三年－一六〇三年）的日本到底能不能算是一個國家，因為它缺乏全國性的司法系統。[139]直到十六世紀晚期，日本都還在進行權力的鞏固，所以日本的確和其他兩國都不相同。不過到了該世紀末，日本各地的經濟和政治轉變過程終於走向全國統一，亞洲和西方統治者也都承認日本的中央政權就是其軍事領導者。[140]

之前一個世紀日本算是沒什麼變化。當時是戰國時期，內戰在整個半島肆虐。[141]在應仁之亂期間（一四六七年－一四七七年），兩名足利家的成員互相爭奪繼承將軍的頭銜，足利家是室町幕府（一三三六年－一五七三年）的領導者。於是日本中央便出現兩個掌握治安的「守護大名」陣營。傳統上「守護」都在京都，但是這時有許多守護離開首都，回到他們所在的地方，加入戰鬥，以增加他們個人的影響力。在政治分裂和社會動盪的時候，許多小型的「大名」（地方藩主）和地方性組織都強大起來。將軍和帝國的勢力在十六世紀初面臨崩潰，日本有一大部分都納入幾個戰國大名的控制之下，他們還試著讓龐大的武士隊伍對其臣服。[142]這些政治轉變進一步的副產物，是有一些區域（例如本州西部的畿內地區）取得了經濟上的發展。在政治變遷下，有影響力的利害相關者、跨區域的商業組織、[143]還有佛教的軍事菁英一起集結成充滿異質性的網絡。[144]

在十六世紀下半葉，織田信長（一五三四年—一五八二年）、豐臣秀吉（一五三六年—一五九八年）和德川家康（一五四二年—一六一六年）靠著優秀的軍事策略和其領地的經濟力量，終於平息軍事封建體制的權力爭奪。[145]織田和豐臣的霸權、還有德川幕府的形成都推翻舊日的統治原則，讓國家重新統一。[146]不過嚴格來說，內戰一直持續到一六一五年的「大阪夏之陣」才結束（雖然和平的時期還是比較長）。大阪夏之陣開啟了隨後兩百多年的「天下太平」，一般認為這替近代的成長奠定了基石。[147]

織田信長在一五六〇年擊敗了東海道地區的領主今川義元，將勢力從尾張國（今天的愛知縣）的斯波向外擴張。[148]他向足利將軍表達效忠之後，就前進京都，並於一五七六年在安土築城。[149]他從安土展開統一國家的戰役，一五八二年，他遭到下屬暗殺。在那之前，他已經削弱好戰的佛教勢力一向宗的部分權力。[150]在統一全國絕大部分地區之後，他在一五八二年宣稱自己的目標是征服唐土中國，達到「天下統一」。他也是第一個與歐洲人交流、並與天主教傳教士談判的中央統治者。這很可能是因為他對歐洲武器感到著迷，歐洲武器已經被證明對他的軍事活動有助益。[151]除此之外，歷史學家指出歐洲傳教士之所以受到歡迎，還有藉由他們來制衡勢力龐大的佛教一向宗的緣故。[152]

織田信長早在一五六七年就發布命令，允許自由市場和自組行會，這等於是在法律上承認強力大名之前的商業作法。[153] 除此之外，他還引進穀物的統一測量法，那被認為是全國經濟成長的第一步。[154] 重量和尺寸的標準化程序只是織田信長的創新之一，後來由其繼任者豐臣秀吉（一五八二年—一五九八年在位）完成。豐臣秀吉替信長被殺一事復仇之後，接連擊敗了自己在日本列島各地的敵手。秀吉於一五八四年制服德川家康，家康當時正打算把勢力擴展到三河國（也是今天的愛知縣）以外的地方。在一五八五年擊潰四國的長宗我部，一五八七年則是九州的島津，一五九〇年還有小田原（神奈川）的後北條。[155] 秀吉在一五八五年坐上關白之位，從此以後就可以依恃京都皇室的恩寵了。他的行為都是以天皇的名義（即「內裏」，許多伊比利人文獻中是以「內裏」稱呼京都的皇室宮殿），最後還在一五九二年被指派為「太閤」，這彰顯出他的軍事力量。雖然這些職銜並沒有賦予他以中央統治者自居的合法位置，不過他從一五八二年到一五九八年之間發布許多法令，主要都是以經濟和社會改革為目標。秀吉獲得武士階級的幫助，再加上他強化新儒學認為的四種社會階級（士農工商）——後來簡化成武士和農民的二分——對階級化社會建立起牢固的控制。只有最高一級的武士階級有權使用武器，而且他在一五八八年頒布《刀狩令》，禁止私人間的爭鬥。[156] 豐臣秀吉在一五九八年去世，他終生的敵手，同時也是織田信長的另一名下屬德川家康把握機會崛起掌權，家康接替秀吉，成為統一的日本中絕大部分領土的主要領導人。[157]

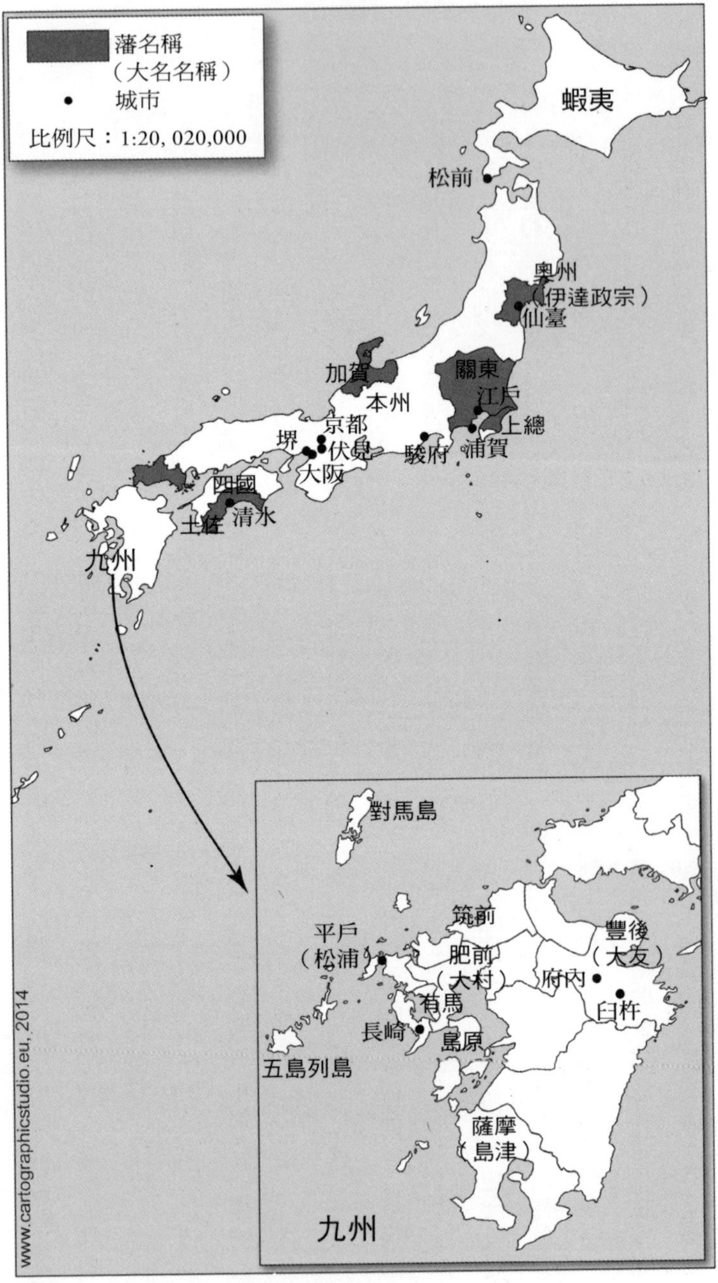

地圖三　安土桃山／德川時期的日本

政治經濟結構——德川政權

豐臣和德川政權的長期規畫是消滅幾個敵對區域中心，並從本州中部的根據地進行嚴密控制。雖然秀吉和家康一向被描述為對立的兩方，不過他們的政治操作透露出極驚人的相似性：他們的重點都是把日本帶往海上活動，都要壟斷國外貿易，而且急切地想重新定義日本與中國的關係。而且，秀吉有幾項未竟的國家建設計畫，後來都是在德川幕府時期完成的。例如一五九〇年代的「石高制」（根據土地的大小對農地徵稅）和財政改革，以及「身分」制度中的兵（武士）農（農民）分離。[158]

德川家康是在幕藩體制的基礎上，在全國通行法律和命令，並建立起他的政治威權。[159]在這個體制下，個別大名的權利和政治自由會遭到縮減，並由將軍居於主導地位。這幾年中，天皇的無上權威（天皇和中國的皇帝一樣屬於神的後裔）正式超越全國各地所有想分一杯羹的人。即使有各種因素會削弱天皇的勢力，但家康若想提升在國內的勢力，天皇其實會是重要的因素。在一六〇三年，也就是關原之戰後的三年，德川的武士和聯軍在該次戰役中，打敗由石田三成領導的西軍對手，天皇授予德川家康「征夷大將軍」的名號。[160]

被認可為具有將軍的獨立地位，有助於建構一個可支持其權力的政治架構。馬里烏斯・詹森（Marius Jansen）指出要讓京都的朝廷遠離所有軍事事務，這件事具有其重要性。[161]理論上，家康代表天皇管理皇室直轄的土地（「天領」），其面積占日本的五分之一，並包括日本的主要城市。[162]後來，江戶被選為將軍的居所和新的軍事重鎮。它與日本列島上其他築城市鎮一樣，有很多新興商人階級居住於此，並帶動起國內經濟。這是受益於其他改革對國內經濟帶來的好處，例如鑄造通行全國的貨幣。[163]接下來，家康讓將軍成為世襲職位。他擔任那個職位兩年之後，便把將軍名銜傳給三子秀忠。[164]不過，家康還是以退位將軍身分（「大御所」），從他位於駿府（今靜岡縣）的住所在幕後垂簾聽政。到了一六一三年，他與朝廷的關係已經有一套法令加以規範，包括如何對朝廷官員下指示和限制天皇干涉軍隊。[165]天皇的許多政治權力都遭到剝奪，職責只限於象徵性和儀式性的任務，例如指定年號以及文化上的職責。[166]在一六一五年之前，秀吉的未成年兒子和他母親一直聲稱他們對國家有統治權，讓德川政權被蒙上一層陰影，兩人也因此一直被扣押在大阪城。最後，德川軍終於在上文所述的大阪之役（一六一四年—一六一五年）中擊敗效忠豐臣家的人，那之前德川可以運用的權力還都一直受到限制。[167]

德川政權帶來全國一體的經濟結構，一方面對政治機構進行重組，同時也強化了大致上以關東到京都為主軸的國內經濟。[168]後續改革則進一步以新儒學的道德原則為依歸。[169]家康奪取先前反對他的，或在關原之戰中與他敵對的九十一位大名的土地，因此到了一六〇〇年，家康這一派已經控制了全日本超過四分之一的農產量。[170]礦業成為將軍的另外一個收益來源。秀吉徵用整個日本的金／銀礦，作為他強化經濟的一部分，到了德川時代，礦產又遭到進一步開發。在一六一〇年代，能夠開採的共計有五十個金礦和三十個銀礦，其中尤以石見、生野和佐渡的產量最豐。[171] 德川還能控制在長崎冶煉的銀和銅。[172] 這些商品幫助他在十七世紀初期成為亞洲市場中的重要角色。待德川成為無人質疑的天下霸主，並在封建帝國握有最多土地之後，他便要求其他兩百五十多位各自領有土地的大名向德川宣誓結盟。[173] 那些大名不只在藩屬地大小和每年的收入上有差異，他們的威望和影響力也各自不同。「譜代大名」是指在關原之戰前就歸順家康的大名後代，還有血脈相承的德川氏成員，分別位於尾張（愛知縣西部）、紀伊（大概是今天的和歌山及三重縣）和水戶（茨城），他們比其他普通藩國（外樣大名）擁有更多的政治影響力。

如果掌權的德川想在中央推行有效統治，限制地方權力自然是最重要的步驟，畢竟德川家的領主也**只不過是**天下（這裡是指整個國家）最有權勢的領導者、封建國家裡最大的地主而已。限制地方權力的方法，包括不准大名與外國勢力交涉，如果他們要建築新城池或採取軍事行動，也必須得到准許。大名還必須提供資源給幕府，包括資助工程的興建或提供訊息。[174] 大部分大名都同意新制度對他們的政治和經濟安全有好處，所以也都願意接受協議，再找方法保持足夠的自治。[175] 所有大名在一六三四年之後，還要交替執勤（稱之為「參勤交代」），這更進一步體現幕藩秩序的本質性原則。參勤交代這個作法要求所有大名每隔幾年就要前往江戶，而當他在自己的領地上時，他的家人也必須留在江戶充當人質。一般認為這個做法是經濟、制度和知識都在全國層級上獲得提升的進一步理由。[176]

從這些描述看來，幕藩體制並不適用「中央集權的封建制度」或靜態的專制主義這種常見的標籤。歷史學家約翰·惠特尼·霍爾（John Whitney Hall）強調德川統治下的社會、經濟和宗教事務具有明顯一致性，他以此作為日本是一個國家實體的證據。[177]相反的，近期的學術成果——以馬克·拉維娜（Mark Ravina）的研究為例——則挑戰德川時代的日本是中央集權的說法。中央集權表示由中央制定整個國家的宗教、賦稅和商業政策。拉維娜的反駁理由是各個地方的領土都有獨立的發展，並強調封建結構要奠基於政治經濟的結合。[178]雖然拉維娜沒有質疑幕府獨占了外交關係，但羅伯特·赫勒（Robert Hellyer）卻把地方分權的討論延伸到德川的外交關係。[179]中央與地方動態的雙重性是日本的特色，並在日本被整合進馬尼拉貿易時，一樣占有核心的位置。

在兩個世界之間重新定位

雖然中國對日本的貿易和外交有間接影響，同時隨著中國稻米、文字、統治制度和宗教流派的傳入，日本的漢化已經推行數個世紀，也的確產生深遠影響。但過去日本普遍被認為是中國小老弟的想法，在近代亞洲已不復存在，日本人的認同也不再依靠中國。[180] 足利義滿固然在一四〇二年後接受了「日本國王」這個象徵性的稱號，而且接下來直到十六世紀中期，足利幕府也派出十一次官方使節團，搭乘授權船隻前往中國。[181] 但在政治上，日本從來都沒辦法輕易接納中國在東亞各個儒家社會居於領導地位，而且在本書所討論的這整段時期，日本都不願意接受中國聲稱擁有的優越性。日本一向認為自己可與中國皇帝平起平坐，這個習慣可以往回追溯到第七世紀。[182] 在大部分的歷史時期，中日關係都保持矛盾的心態。[183] 喬巴・奧拉（Csaba Oláh）認為這種「外交的齟齬」在足利時代就已經存在，當時的武士階級在與外國的貿易中，發展出一種「中日外交文化」。[184] 日本在籌備和派遣使節到明朝時，適用一套特定的程序，他們會同時擁有外交文書和勘合符。[185] 而喬巴・奧拉的傑出研究則顯示在十六世紀初期，日本使節對中國官員對待他們的態度感到愈來愈惱怒。[186]

在日本因為內戰而動盪的時期，有實力的大內氏爭取到足利發出的勘合符，隨之壟斷日本與中國的朝貢貿易，並於一五一六年獲得幕府承認。[187] 在日本要重新定位並脫離中國朝貢體制的過程中，所謂的「寧波之亂」堪稱是一個重要的時刻。[188] 有兩個朝貢使節團（分屬不同日本貴族家庭——細川和大內），在一五二三年抵達浙江的寧波，寧波是明朝官府開放給日本人的進口港。這兩個互相競爭的團體爆發爭執，因而被拒絕入境，有幾個日本商人和船員在一時情急之下，搶劫了附近地區。明朝朝廷得知這起暴力事件之後，下令全面中止與日本的貿易。這次事件對官方關係帶來久遠的影響：中國於一五四七年至一五四九年接待了最後一次使節團之後，就對朝貢貿易畫下了句點。[189]

在接下來幾十年中，隨著將軍成功地讓日本成為中央集權國家，日本在外交關係上也出現自我意識的新覺醒。那表現在日本與明朝關係的進步，與日本在東南亞愈演愈烈的全新外交冒險上。[190]在一五九二年和一五九八年，豐臣秀吉分別入侵朝鮮。這兩場戰役在日文文獻中被稱為「文禄の役」、「慶長の役」，在韓文和西方文獻中則被稱為「임진왜란／壬辰倭亂」(Chouyu War)，本書將於後文討論。豐臣此舉招來惡名，也激怒了中國。比這更早之前，海盜劫掠也又再盛行(日本歷史上被稱為晚期的倭寇活動)，決定了明朝的官方貿易。在一五六〇年代和一五七〇年代，失去所屬的武士在中國海域展開掠劫，使海盜活動達於高峰。這群武士受過良好訓練，懂得使用武器，織田信長在幾場海戰中取得的成功，也讓他們擁有海上經驗。[191]因此我們或許可以說，這些團體和西班牙的「伊達爾戈」(hidalgos，譯按：指無采邑、封號的貴族子弟)有重疊特徵。他們一樣有高度獨立性、強烈的意志，即使面對不熟悉的環境和預期外情況也能適應。惡名昭彰的倭寇在幾十年間，一直是近代日本主要在海上進行整合的代理人，直到秀吉在一五八八年頒布法令(永積洋子將其稱為《海の刀狩り》)，倭寇在南中國海的私掠才被禁止。[192]

日本才剛在近代海上貿易初試啼聲，就離把外國商人迎到日本國土只剩一步之遙。先是葡萄牙商人在一五四二／四三年在南九州種子島登陸——直到現在，那裡每年還會舉辦慶典，慶祝這次在歷史上與歐洲人及他們獨特的武器別具意義的相遇。接下來到一五四九年，第一批充滿雄心壯志的耶穌會傳教士從葡屬印度前來。他們其中包括巴斯克（Basque）的聖方濟·沙勿略（Francisco Xavier，一五〇六年—一五五二年。俗名為弗朗西斯科·德·亞索·伊阿斯皮利奎塔〔Francisco de Jasso y Azpilicueta〕）。[193]這些決意獻身的傳教士在經歷最初挫折後，計畫在日本列島取得一個立足點。[194]他們得益於政治上的不穩定，獲得九州分裂的大名的支持，也和亞洲其他葡萄牙貿易港商人保有密切聯繫。對於當地領主而言（例如薩摩藩的島津氏），與外國進行貿易變得十分有吸引力。有些領主在過去幾十年還會援助倭寇貿易。[195]在接下來的和平貿易中，倭寇活動的主要港口（例如平戶）也扮演了重要角色，這件事反映私人的商業結構十分靈活，而且具有連續性。因此，我們要再度強調不是所有九州和福建的私營商人都是惡霸海盜，[196]他們更像是老練的企業主。例如聖方濟·沙勿略和同行的耶穌會修士去日本時，就是搭乘一艘中國倭寇的中式帆船。[197]

在歐洲人和九州大名的參與下，九州這種具有靈活適應性的海上交易，開始出現與「南蠻」的貿易。[198]「南蠻」是指葡萄牙和西班牙商人，因為他們來自南方。[199]九州產銀，因此一些重要人物，例如島原藩的有馬氏、豐後國的大友氏和肥前國的大村氏，能夠與倭寇和葡萄牙人合作。到了該世紀末，還要加上來自呂宋的西班牙人。幾年之內，山口、京都（歐洲的托缽會修士稱之為「府」（Miaco）和府內都出現了傳教據點，後來該教會的神父更是散布到九州大部分地方，還有幾位大名紛紛受洗。例如一五六二／六三年的大村氏，而豐後「國王」大友義鎮則接著在一五七八年改宗受洗。有馬的大名春信為了與澳門葡萄牙人進行貿易、賺取利潤，也受洗為天主教徒。[200]這反映耶穌會的策略，是根據「教隨君定」（cuius regio, eius religio）的原則，先在統治階層中尋找願意改變信仰的改宗者。這些地方領主之間的競爭，讓歐洲人在最初十年中漁翁得利。九州的領主希望能與中國有常態貿易，因此他們對來自果亞（Goa）和澳門的傳教士保持支持態度。大村純忠於一五八〇年讓耶穌會在長崎建立永久據點。純忠是第一個改信天主教的貴族，他在歐洲文獻中被稱為「巴爾多祿茂閣下」（Dom Bartolomeu）。[201]

豐臣秀吉在一五八七年擊敗薩摩藩的島津氏，島津氏是南九州的大領主，而且在技術上可以控制整個九州島。秀吉因此變得與歐洲事務更為接近，而且漸漸意識到天主教傳教士和改宗者會阻礙他的政治進展。諷刺的是，秀吉容許葡萄牙商人自由貿易，隨後卻頒布對天主教的禁令，並在該年七月提出《伴天連追放令》，驅逐托缽會修士。[202]從年代上來看，這些舉動背後的動機首推政治經濟，然後才是反對天主教。此外，由於外國商人並沒有受到影響，所以大部分耶穌會修士還是可以找到留在日本的方法。九州被整合進中央集權的日本之後，耶穌會原本的據點長崎便成為「直轄領」，是由豐臣政權直接統轄。長崎在一六〇〇年之後被移交給德川幕府，並且在一五八八年被分配給鍋島氏。在日益成長的海外貿易中，長崎仍然是一個重要的地點。[203]

雖然日本擁有島嶼的特徵和特殊地緣位置，不過日本在海上的發展卻開始得很晚。更別說早就有個別航海家在日本周圍海域活動。這些航海家對航行的風向等知識知之甚詳，中國的羅盤也被廣泛使用。中國是個明顯內部導向的國家，不論是在航海上或是從政治角度來看，統治菁英都沒有興趣鼓勵人民出海、或試圖掌控周圍海域。這解釋了為什麼中國的航海都只限於沿海運輸，直到歐洲人到來才發生改變。

德川對海上貿易原本是抱持開放的心態，認為只要海上貿易能由幕府壟斷就好。[204]在這種考量下，德川祭出的最重要手段，是只有拿到「朱印狀」的人才獲准進行貿易。「朱印狀」是秀吉開始試行的制度，它是一種許可證，上面蓋有德川幕府的印信。[205]除去它的外交性質不談，發行這份許可證的目的，是將日本的國際貿易限制在獲准的商船當中。[206]從一六〇四年到一六三五年這段活躍時期，幕府總共發出三百五十六份許可證給日本、中國和歐洲的商人與船長，准許他們在日本和東南亞的據點之間進行貿易。[207]家康時期許可證的分配相對比較簡單：大名、私營個人和寺廟都會被分配到朱印狀。又過了幾年，朱印狀貿易最終限於對幕府效忠的一小群商人之間。從總數來看，有四十三份朱印狀是發給中國船長，三十八份發給歐洲人，日本人則得到兩百五十九份。這些船長各自帶領的船員（包括商人）平均人數為兩百二十五人。[208]這種方法不只能確保統治貴族在有利可圖的國際交易中分到一杯羹，也能保護日本的海洋貿易不至於陷入不公平的海上競爭。直到一六一三年之前，馬尼拉都是最受歡迎的據點之一。[209]在最早發出的二十九份朱印狀中，有四份是發給馬尼拉的貿易。[210]在一六一五年後，日本和歐洲人間的貿易活動呈現增加趨勢，這點很值得注意，當時西班牙人的角色其實已經變得很邊緣了。在接下來二十年間，英國和荷蘭在平戶建立永久性貿易公司，與澳門的貿易額也增加了。[211]

幕府的進一步商業措施是所謂的「糸割符」，這項措施和中國人與伊比利人的歷史連結鼓舞了幕府。德川幕府為了把控制延伸到絹絲進口，在一六〇三年至一六〇四年之間要求京都、堺和長崎的大商人組成絹絲行會。又過了幾年，大阪和江戶的商人也加入了。那之後就只有經過挑選的日本絲商，可以向葡萄牙或中國的中間人購買絲，他們要以事先決定的價錢買進大量的絲，然後再分配給當地商人。這個制度防止外國商人討價還價，也讓他們不可能與當地人有太密切連繫，[212]其結果便是在批發時的議價創造出一個新的日本中間人階級，和一群強大的仲介。

直到一六二〇年代，日本的海上貿易終於朝向標準化，而且逐漸被幕府官員納入國家的控制之下。在中間幾十年間，日本與幾個貿易國的交易都有所增長，也實驗過不同商業作法。一六三〇年代晚期，日本開啟一個全新的貿易時期，他們不再實施臨時性措施，而且還將伊比利商人排除在外。[213]葡萄牙商船被禁止在日本靠岸，在一六三六年所有葡萄牙居民（一共兩百八十七名葡萄牙人和他們的妻子）被驅逐到澳門，只剩下荷蘭東印度公司的商人。荷蘭是唯一留在日本的歐洲貿易國。然而到了一六四一年，荷蘭人在平戶的貿易也被關閉，他們並和中國商人一樣被規定要集中住在長崎。不過，中國、歐洲和暹羅等貿易對象還是定期航向日本，這表示在幾十年時間中，日本仍一直是「東亞重要的戰略現實」。[214]直到十七世紀末期，日本國外貿易的輸出品和貿易額才真正發生改變，當時的幕府很擔心白銀、金和銅一直流往中國。最後，幕府在一六六八年決定禁止白銀輸出，[215]並引進進口替代的作法，其中最重要的就是國內的養蠶業。[216]

4. 與他者相遇

十六世紀的中國海域緊臨一個發展蓬勃的商業區，因此提供了與「他者」相遇、對「他者」進行研究和分析、克服刻板印象和拓展視野的機會。不過歷史告訴我們：如同文化熔爐一般的地區通常也會產生反效果。西班牙人對「他者」的感覺有許多面向，並將其轉化為一些政治作法。在海外，這種感覺更因為他們對宗教對手刻意的異化，或對文化、政治與道德上明顯的差異感到不安，而更加助長。亞洲的「他者」包括當地原住民（在西文中被稱為indios或

naturales）、屬於穆斯林的摩洛人、中國人（chinos，也被稱為常來人），還有荷蘭海盜（corsarios）或其他異教徒。另外還有差異沒那麼大的猶太商人和來自其他歐洲國家的商人，以及在菲律賓人數超乎預期的巴斯克人——後者依刻板印象來分類，也被歸為邊緣團體。[217]

個人感受通常反映的是更大範圍的政治趨勢。卡洛斯一世（查理五世）的政治格言是「向更高的地方邁進」（plus ultra），這句話直到十六世紀末依然足以標示西班牙帝國的對外政策。西班牙所有海外經營的最終目標就是要取得控制，[218]他們在面對「他者」時，經常流露出強烈的天主教優越感，和以歐洲為中心的自我膨脹意識。西班牙的侵略擴張之所以可能，得益於他們早期的情報收集，這點從殖民主義在前幾十年出版的大量編年史就可看出端倪。[219]不論是羅馬帝國或中國，帝國的思想體系都是奠基於「文明」，而對西班牙人來說，文明就是天主教信仰。[220]雖然中國和日本在西班牙的帝國主義中不是主要角色，但它們當然也受到極大關注。這兩國都不是西班牙人初次聽聞的國家——馬可・波羅已經在筆下以契丹（Cathay）和日本國（Zipangu）描述這兩國，葡萄牙人也在亞洲出現幾十年了。[221]在考慮繼續傳播天主教的地域時，這兩國都是西班牙想到的重要首選。兩國高度發展的文明經常被強調，而且它們也馬上被選為遠東地區的永久貿易夥伴。[222]因此，菲律賓群島加入天主教世界具有戰略上的本質：西班牙傳教士是要以呂宋作為前往中國和日本的跳板。[223]

在明朝中國的例子中，政府的倭寇政策顯示政權可能利用不合法的對手支撐王權。「他者」的形象實際上是被建構出來的。像「蠻夷」就是一個深入人心的概括性用語，泛指非漢族出身的人，這個彈性概念可以包含幾種細微的差別，其中不一定有輕蔑的意涵。「中華」代表位居中心的概念，也就是從自己的視角詮釋他人的活動。[224]「中國」的思想觀念認為世界可依「華夷」來區分，並以此畫出一個又一個同心圓。[225]歷史學家韋杰夫（Geoff Wade）研究了中國菁英表述外在世界時所使用的修辭及形象，以及這些修辭與形象所造成的影響，而他的結論是這其中展現出極大程度的一致性。[226]

毋庸置疑，鄭和的航程拓展中國人對外在世界的認識。例如我們可以看到一五二〇年代早期，出現了黃省曾的《西洋朝貢典錄》（那本書的草稿出現在一五二〇年代早期，但是當時沒有立即付印）。這本書是根據鄭和下西洋的同行夥伴（例如馬歡）的遊記所寫。[227]他的描述以西洋為重點，最西的地方遠至荷姆茲（Hormuz）海峽。傳統上，印度洋被稱為「西」，任何在印度洋以東的地方都被稱為「東」，而呂宋明顯不在他描述的範圍內。[228]根據中國的地理觀念，呂宋和邦阿西楠（Pangasinan）位於「東洋」，那裡偶爾會有領了許可證的朝貢貿易使節團被派往中國。[229]在明代，「南」或「南洋」這個新分類出現，它大致上是指我們今天所理解的南中國海和東南亞列嶼。[230]因此從更大角度來看，菲律賓的領導地位對中國皇帝而言其實沒有太大意義。[231]在十六世紀，寬鬆的邊界政策和來意不善的歐洲人無預警的抵達，都挑戰了中國人對外國人的傳統概念。中國與「佛郎機」（folangji，中國文獻對葡萄牙人的稱呼）和荷蘭人（他們依外表被稱為「紅毛番」）的接觸帶來改變性效果。[232]雖然官方有收集情報的政策，但明朝中國與外國人的交涉是地方的事務，主要還是發生在沿海省分的港口（例如泉州和廣州）。值得一提的是，中國對於「他者」的知識（尤其是對歐洲人），比在西班牙或是日本更不容易獲得。這種知識流通的差異源於幾個理由：沒有什麼外國人住在中國國境內，而當時的中國人也極少發表他們在國外的經歷。[233]

中國與歐洲人相遇的特徵就是充滿矛盾還有反覆出現的限制，這些特徵一直到清朝時期都是如此。雖然相較於前朝，滿族已經對外國貿易比較友善，但他們依然充滿不信任。[234]儘管澳門已經開放給葡萄牙人，但「海禁」依然被當成有效的措施。在一五七〇年代西班牙人抵達馬尼拉後，數名中國船長拒絕將西班牙托缽會的修士以使節身分載回福建，因為當時邊境管制很嚴格，而且他們家鄉的人普遍對基督徒抱持懷疑態度。[235]《東西洋考》探討中國人如何看待「佛郎機」和來自南洋的人（「夷」或「番」）的部分格外有趣。該書的起草人假設有一種普世文明，在提到菲律賓當地中國人的聚落時，提供了很有用的記載。[236]「佛郎機人」的外觀被描述為帶有明顯動物特徵，他們作為修士的重要角色也被特別強調。修道士被描述成統治階級的高級顧問。[237]從麻六甲葡萄牙人提供的資料來說，我們會知道明朝官方的觀點其實大部分是錯的。

日本的決策者如何看待外部世界，其實取決於新的統治菁英如何建構政治認同。他們原本是透過中國視角觀察外在世界，有時候也會參考印度，因為印度是佛教的源頭。在日本與歐洲人首次接觸之前，就是這種三國論主導了日本人的世界觀，包括日本（「我朝」），中國、朝鮮與東南亞（「震旦」或「唐」），以及印度（「天竺」）。[238]以豐臣秀吉為例，他從之前收集到的資訊就能很清楚掌握中國的大小事務和海上事務。他也了解在堺與兵庫，都有倭寇與中國商人定期接觸。[239]到了十六世紀中期，日本的地理知識越發開闊，中國在文化政策中的角色就變小了。但在政治層面，中國這個典範則變得愈發有吸引力。雖然歐洲人在地理上被錯誤歸類為「南蠻」，但日本人的確知道他們來自很遠的地方。「黑船」抵達日本後，中央的統治者和地方大名都很想對這些潛在的協議對象有更多了解。[240]日本人原本是將歐洲人放進一個他們熟悉的分類中，將他們歸類成從印度來的，不過日本人的世界觀也漸漸從「三國」轉變成「多國」視野。[241]在德川統治下，日本對外在世界的理解和對他者的分類進入新的紀元。德川政府積極收集外國資訊，尤其是可能的外交和商業夥伴。此外，也有政府官員（例如以心崇傳）一直在記錄與外國和外國人民交流的觀感。[242]

在本章討論的這段轉變時期，日本在政治上的同質文化既是其統一的要素，也是權力取得正統的元素。[243]因此，如果根據民族主義原型對外在世界的描述，日本與西方的陌生人交手應該會將它帶往近代的國族構建之路。這方面最重要的工具，當屬「神國土地」這個塑造出來的國家意識，還有想建立以日本為中心的模式，這很類似於「中國」的概念。[244]理論上，這個意識形態可以往回追溯到九世紀，在當時這種意識形態是為了保護日本的獨立性，並確保日本與中國、朝鮮有別。[245]德川幕府將帝王的「天命」或是「天子」這類想法加以制度化，然而在那之前，足利幕府和秀吉在與外國交流時，就已經用這些概念當作有力的宣傳。[246]這個概念的基本想法是把國家依照等級排列，日本位於最頂端。此外，它也可以制衡天主教的迅速傳播。

雖然日本在一六一二年和一六一四年頒布了天主教禁令（後文將詳述），並且還有「神國」的宣傳，但他們依然無法削弱外國勢力的影響，這也讓日本統治者感到憂心不已。最後，日本終於在一六三三年展開貿易限制，幕府在一六三三年引進對海上的限制令海禁。[247]我們在史料中看到反外國的宣傳，加上嚴格的海上控制，最後發展出「鎖國」觀點。[248]在一六三三年和一六三九年之間，日本接連頒布了五道法令，形成這些限制，當然「鎖國」這個詞並不是當時的用語。這些規定包括禁止離開日本、禁止日本人和外國人通婚、禁止天主教，最後也終止與葡萄牙、西班牙和英國的商業互動。日本與外在世界的經濟和文化交換只准許在出島進行。出島是著名的荷蘭據點，它是長崎港邊的一個人工島，最初是在一六三六年間為了葡萄牙人興建，也提供德川時代定期到訪日本的中國、朝鮮和琉球人使用，這些訪客都受到幕府嚴格規範。[249]日本與外在世界的互動也和中國採取類似模式，變成嚴格限制在特定港口。薩摩成為琉球商人的門戶，中國和荷蘭商人是經由長崎，朝鮮商人會經由對馬，而若是要與北海道的阿伊努（Ainu）人進行交易，則要透過松前。[250]隆納．托比檢視了近代日本對外國人的印象，發現他們在十七世紀刻意將東亞人描述為外國人，說他們是外來者。[251]

5. 結語

如果把統治權理解成中央政府發揮影響力的範圍，包括政治經濟結構、資訊蒐集和統治者依照自身意志動員人民的權力，西班牙、中國和日本之間既有類似點，也有相異處。西班牙的積極擴張和統治者以權力推動人民的行為，尤其與中國迥異。[252]日本至少在表面上看起來和西班牙相似。如果我們把焦點放在馬尼拉發生三邊接觸的前幾年，近代的西班牙、日本和中國的對外政策的確有相似之處，也與各自統治的利害所在有密切相關。這三個近代國家都想控制國外貿易——不論他們的目的是充實國庫或是確保領土疆界。不過，強大的國家不會只想著避免麻煩；它最終成功地與社會建立合作關係，並對其進行改造與統一，以便從國外貿易中獲得利潤。各種形式的國家介入都應該看作管理和控制的手段，而不是限制或純粹的禁止。[253]

雖然西班牙、中國和日本有巨大的文化差異，不過它們也有幾個共同政治特徵。其中一個就是興建外國飛地的政策。西班牙人在馬尼拉城牆外設立種族的聚居地，日本將長崎海灣內的出島封閉，中國也封鎖了廣東省近岸的澳門，這些都出於同一個理由：確保外國商人不會對社會秩序造成威脅。不過，雖然這三個近代國家都試著限制本國人與外國商人的自由互動，但是潛在的經濟利益實在太大了，也很難完全放棄。全球化的過程才剛起步，完全切斷經濟或人的連結也是不可能的。國外貿易的領域還有更驚人的相似處，就是最好能由中央機構掌控。控管、限制和禁令無所不在，但偶爾也會有鬆綁的時候，尤其西班牙君主常會為他們臣民提供有益的商業機會。有關國家為他們的商人做了什麼，以及中央政府是否應該被視為締造成功連結的助力或阻礙，下文將進行討論。

宗教這種政治工具有助於把國家組織起來。雖然統治的概念是基於理性，但是西班牙、中國和日本三個國家的統治者，都聲稱他們與神聖力量有特殊關係。這對他們想以普世統治者自居作為一個有用的工具。信仰的支持、宗教以及哲學成就帝國的架構，使其合法化，但其中也不乏被濫用者。日本根植於道德儒學、神學神道教和形而上學佛教三位一體，這三者在功能主義上構成天皇的神性和帝國的傳統。中國的思想體系架構也是三位一體：佛教、地方傳統和強大的儒學觀，形成著名的「天子」信條。十七世紀早期的西班牙在宗教信仰方面沒有那麼複雜，因為唯一被接受的信仰是羅馬天主教。西班牙人出於政治原因而想宣揚聖言的願望，得到教宗以及與羅馬有密切連結的政治和宗教力量支持。儘管如此，西班牙國王明白他的角色只是信仰的守護者，而不是在扮演神。

254

第二部分

在菲律賓發生的跨文化相遇

第一章
全球舞臺的建立

而這片土地如此年輕，如同一株蓓蕾[1]

1. 近代的菲律賓

上文的引用是出自聖地亞哥・德・維拉總督（Santiago de Vera，一五八四年—一五九〇年在職）的說法，菲律賓就如同他所說的，像花苞一樣脆弱。德・維拉的這番話在西班牙殖民時期前幾十年，都被奉為圭臬。菲律賓的殖民與美洲狀況乍看很類似，但其實在很多方面都不相同。西班牙的殖民比較沒有對亞洲造成人口和生態的劇烈影響。儘管如此，亞洲也適用與新大陸類似的治理模式，創造一幅偏向「高壓密集型國家」的圖景。[2]在米格爾・萊加斯皮（Miguel López de Legazpi）和屬下的占領初期，菲律賓的確和美洲的狀況沒什麼兩樣。如同奧古斯丁修會的修士馬丁・德・拉達（Martín de Rada）和迪亞哥・德・埃雷拉（Diego de Herrera）所批評的，士兵燒殺搶掠樣樣都來，還會剝削當地原住民。[3]不過，相較於研究著作中描述的「黑色傳奇」，菲律賓當地人經歷的西班牙殖民還是比較人道。約翰・克羅斯利（John Crossley）強調腓力二世把巴托洛梅・德・拉斯・卡薩斯（Bartolomé de las Casas）的教誨牢記在心，決心要防止墨西哥的血腥占領重蹈覆轍。[4]西屬菲律賓的相關歷史書籍會提到教會的重要影響，這也是另一個不同特點。許多研究指出，菲律賓群島首先是作為天主教的任務，因為殖民者的宗教遠比他們的語言、制度、甚至食物對當地人口帶來更大影響。[5]事實上，菲律賓群島並不如美洲某些地區那樣西班牙化。西班牙帝國有許多目標從未被達成，這使西班牙放棄以這個殖民地作為各個管理單位的永久選擇。腓力四世（Philip IV，一六四一年—一六六五年在位）在一六四七年作出總結，當時殖民已經持續將近一百年。他認為西班牙在菲律賓的殖民努力效率低下，而他們想讓遠東皈依天主教的努力也令人失望。[6]菲律賓還在西班牙統治之下，只因為它從來不是純粹的西班牙計畫。

菲律賓群島在敵友中都獲得良好聲譽，無論這些評論者是否真正踏上這塊土地，或只聽過傳聞，這源於馬尼拉作為跨文化舞臺的特徵。總是會有足夠影響力的支持者，贊成要讓這塊殖民地成為未來西班牙領土一部分。例如里奧斯・科羅內爾（Rios Coronel）指出，不能放棄亞洲殖民的重要理由，包含福音的傳播、與中日貿易有關的政治理由，以及保衛葡屬印度的需要。[7]由於西班牙政治圈廣泛認為投入菲律賓的殖民活動會造成重大財政負擔，因此持續進行這類公開宣傳有其必要性。在此同時，白銀持續外流中國的背景，讓西班牙國王收到許多要求放棄殖民地的請願，因為殖民菲律賓只會造成皇家財庫不斷損失。[8]

前殖民時期的菲律賓群島

在一五五〇年，大約一、兩百萬名擁有不同語言、生活方式、習俗、傳統和生理特徵的人住在菲律賓群島。西班牙人在與當地的原住民初次接觸後，把他們分成兩個群體：原住民（*indios*）和摩洛人（*moros*）。然而這種分類其實忽略他們的異質出身。[9]原住民與摩洛人的區別是根據宗教信仰：摩洛人是穆斯林，而原住民則是當地屬於玻里尼西亞（Polynesian）種族的成員，他們信仰當地神祇。[10]提到語言的多樣性，那幾年菲律賓群島總共存在一百七十種語言和方言。其中有許多語言都可看見南島語系的重要影響，包括宿霧語（Cebuano）、他加祿語（Tagalog）、希利蓋農語（Hiligaynon）、瓦瑞語（Waray）、伊洛卡諾語（Ilocono）、邦阿西楠語（Pangasinan）、比科拉諾語（Bicolano）和邦板牙語（Kapampangan）等八種語言。被殖民的馬尼拉在歷史上的通用語是他加祿語，其中他加祿語還包含某些從馬來語、中文和梵文借來的詞彙，它也是今天的菲律賓國語——菲律賓標準語（Pilipino）——的構成基礎。[11]在前殖民時期，菲律賓識字人口並不多，這點與某些人在西班牙早期編年史中的論點相反（例如佩德羅．奇里諾〔Pedro Chirino〕）。[12]早期的西班牙觀察家的確對原住民的書寫能力印象深刻，說他們的貝貝因（Baybayin）字母已經稱得上細緻了。那套字母系統包括二十個字母，音節表只有三個母音，而且沒有和r同樣發音的字母，其中也可見到阿拉伯語和梵文的影響。[13]

伊斯蘭教徒是在大約一三八〇年，從現今的馬來西亞和印尼來到菲律賓群島。最早是由「謝里夫」烏—哈西姆（Sharif ul-Hashim）建立了蘇祿蘇丹國（Sultanate of Sulu），接下來則由「謝里夫」穆罕默德．卡本蘇萬（Sharif Muhammad Kabungsuan）在馬京達瑙（Maguindanao）建國。伊斯蘭教也從那裡向北傳播到民都洛島（Mindoro Island）、馬尼拉和八打雁（Batangas）。群島上的原住民集中住在「描籠涯」（barangay，慣例上翻譯成「村落」，雖然從詞源上來看並不正確），描籠涯是一個社會政治單位，會有三十到一百個家庭居住，並且由一位小型酋長治理。小型酋長的他加祿語是datu，其語義較偏向「領導者」，而不是「統治者」。[14]除卻這些村落彼此之間持續的競爭，[15]非中央集權和自給自足式的農業都阻礙這裡在西班牙人抵達之前的發展。[16]菲律賓歷史學家指出平民（他加祿語是tao）是由領導者統治，也只有領導者可以累積財富，因為理論上每件東西都是屬於領導者的。領導者擁有政治、軍事和宗教權力，他的與眾不同在很大程度上是依靠他的領袖魅力。[17]和前殖民時期的東南亞其他地區一樣，勞役和奴隸在群島各處都很普遍，人們通常是因為償還債務、受審被判刑、繼承和在戰爭中遭到俘虜而成為奴隸。[18]傳統的社會階層包括一名領導者、一名首領之外的菁英，其他人則是平民和奴隸。

早在利潤豐厚的跨區域貿易在西班牙殖民地蓬勃發展之前，海上的人早已深受菲律賓吸引。在歷史上有好幾個時期，群島居民都參與亞洲的長距離貿易。雖然沒有什麼可靠的書面資料能佐證，不過有證據顯示，在十世紀菲律賓就與中國有商業接觸。也是因為中國和穆斯林的貿易網絡，才將東南亞列島與大陸串連在一起。[19]第一份可信的中國紀錄可以回溯到西元九七二年，屬於官方的《宋史》的一部分。《宋史》記載其他朝貢的蠻族人，其中也一起提到麻逸國（或許位於民都洛南岸），[20]這些蠻族人都經由廣州進行貿易。[21]在九八二年，有麻逸國的商人把貨物，包括珍珠、海產或林產品，帶給廣州的主管者。浦端國（譯按：今武端拉賈國，為菲律賓棉蘭島上的一個印度化王國）的國王其陵（Kiling）在一〇〇三年派遣兩個朝貢使節團帶著金子來到北京。[22]泉州市舶司提舉趙汝適在一二二五年著有《諸蕃志》一書，其中有對麻逸國的詳細描述，並指出麻逸國在婆羅洲北部。該書記載麻逸國帶來的產品有蜜蠟、珍珠、龜甲、檳榔和布料。並且帶回瓷器、鐵壺、鉛、鐵針和各色玻璃珠。[23]考古學證據也進一步支持在邦阿西楠和阿格諾河（Agno River）三角洲地區，都與中國中式帆船有久遠的貿易歷史。邦阿西楠位於林加延灣（Lingayen Gulf）沿岸，林加延灣則是在三描禮士（Zambales）的波里瑙（Bolinao），和拉烏尼翁（La Union）的巴拉萬（Balaoan）之間。[24]在宋朝之後，邦阿西楠的人民都用瓷罈裝酒，在十六世紀早期西班牙的描述中，也提及連一般人都會穿中國的絹絲和棉衣。[25]

上述這段歷史讓人想起米格爾．德．洛阿爾卡（Miguel de Loarca）的大膽評論：「邦阿西楠的人民比較聰明，因為他們與中國、日本和婆羅洲商人均有接觸。」[26]洛阿爾卡的評論不僅概括西班牙人的刻板印象，也激發我們思考在西班牙人到來之前，中國和日本商人有什麼重要性。菲律賓與日本的商業接觸在十六世紀之前肯定沒有什麼進展。而在中國方面，明朝取得政權後，呂宋的統治者對明朝的外交提議作出回應，並於一三七三年派遣使節團前往。[27]在鄭和宣揚國威的航程之後，菲律賓群島上比較小的王國就開始在十五世紀初期派遣朝貢團前往中國。[28]根據《明史》記載，永樂皇帝在一四〇五年派遣官員出使，命其確立中國的宗主權。[29]亨利．斯科特指出民都洛的貓里務（Mao-li-wu）穆斯林領導者曾在一四〇五年到訪中國。[30]有關民都洛和中國間的直接互動鮮為人知的人是，小型統治者很快就對這種苛刻的海外貿易模式失去興趣，也停止派遣朝貢團去中國。[31]同時，中國的私人海上冒險事業則開始定期前往維薩亞斯群島（Visayas）、呂宋、邦阿西楠和民答那峨（Mindanao）。

西班牙人的到來

替卡斯提亞王朝效勞的麥哲倫，在一五二〇年到一五二一年之間從大西洋遠航到太平洋，並在這趟航程中發現了菲律賓。這是第一次有西班牙人登陸今天菲律賓中部的維薩亞斯。這位葡萄牙探險家在麥克坦島（Mactan）上的戰鬥中被殺，諷刺的是，這起事件發生在他即將要環繞世界一周之前。[32]不過西班牙人有興趣的，其實不是這個聖拉薩羅群島（Islas San Lazaro）——麥哲倫的探險隊一開始是這麼稱呼這個地方的——而是鄰近的香料群島摩鹿加群島（Moluccas）。他們原先目標是探索和增加領土，這背後其實隱藏著卡斯提亞王朝和葡萄牙人的霸權之爭，兩者的爭奪可追溯到歐洲最初在大西洋擴張的時候。麥哲倫抵達同樣位於維薩亞斯群島的宿霧，撼動了這兩個伊比利半島海上強權甫剛達成的權力平衡。葡萄牙和卡斯提亞王朝對摩鹿加群島位於誰的勢力範圍內，都無法取得共識。數學家、地圖繪製員和朝廷官員都被動員，但在一五二四年，西班牙的巴達霍斯（Badajoz）和葡萄牙的埃爾瓦什（Elvas）第一次嘗試解決外交紛爭卻失敗了。而同時，哈布斯堡王朝的國王卡洛斯一世迅速展開進一步探險。加西亞・豪弗雷・德・洛莉莎（García Jofre de Loaysa）修士率領的代表團在一五二五年出發前往太平洋。對船上的大部分船員而言，這次冒險甚至在抵達麥哲倫海峽（Strait of Magellan）之前，就以災難畫下句點。最後在埃爾南多・德・拉・托雷（Hernando de la Torre）的指揮下，終於有一百二十七人航抵摩鹿加群島。不過來自麻六甲的葡萄牙人卻阻撓西班牙人登陸，自從一五一一年後，麻六甲就是葡萄牙人在馬來西亞境內的永久貿易殖民地。

埃爾南．科爾特斯（Hernán Cortes）在新西班牙展開類似計畫，更進一步激化了與葡萄牙人的緊張關係。[33]雙方最終在一五二九年達成協議，並於四月二十二日在薩拉戈薩（Zaragoza）簽署雙邊協議。《托德西利亞斯條約》規定的假想線，實際上已經延伸到太平洋，就位於摩鹿加群島以東二九七．五里格的地方。葡萄牙人壟斷摩鹿加群島的一切權利，西班牙皇室放棄對摩鹿加群島主張權利，但獲得三十五萬篤卡（ducat）作為回報（譯按：篤卡為義大利錢幣規格，約合三．五克純金），以及另一塊土地的殖民權利。幾年之後，為了紀念哈布斯堡王朝繼承西班牙王位，那塊土地被命名為菲律賓群島（Islas Filipinas）。

西班牙皇室把太平洋視為「西班牙湖區」（lago español），[34]或是像羅馬人稱呼地中海一樣叫作「我們的海」（mare nostrum），[35]還對這片「新的」海洋規畫進一步的探險計畫。[36]一名墨西哥總督渴望取得香料貿易的直接途徑，因此派遣羅．洛佩斯．德．維拉洛博斯（Ruy López de Villalobos）從一五四二年到一五四三年率領探險隊，從新西班牙的納維達（Navidad）啟航，帶領六艘船隻一起航向民答那峨和雷伊泰島（Leyte）。受限於當地人的敵意和食物供給不足，探險家放棄建立殖民地的嘗試，也無法替未來天主教傳教打下基礎。他們最後只好向葡萄牙人投降，在摩鹿加群島找到一席避難所。維拉洛博斯後來於一五四六年死於安汶島（Amboina）。[37]

在簽署《托德西利亞斯條約》之後，開普敦航線等於被保留給葡萄牙人。有好幾十年時間，卡斯提亞王朝的探險家一直無法建立前往新西班牙的往返航線（tornaviage），作為開普敦航線（Cape Route）的替代選項。腓力二世認為他們「太過缺乏從西方小島回程的路徑」，[38]因此他明確列出建立這類航線，是未來插旗東方的理由之一。安德烈斯・德・烏達內塔（Andrés de Urdaneta）也是洛莉莎探險隊的成員之一，而且時隔十一年才在一五三六年重返西班牙。他在一五六五年搭乘蓋倫帆船聖佩德羅號（San Pedro），建立一條可以避免葡萄牙人干擾的返航航線，為跨太平洋貿易打下基礎。[39]

一五六五年五月八日，米格爾・洛佩斯・德・萊加斯皮（Miguel López de Legazpi）的探險隊建立聖米格爾城（San Miguel），後來萊加斯皮便從那裡出發，展開對宿霧的征服（或謂「綏靖」）。[40]由於他們遭到當地人攻擊，他認為國王的指示——避免流血——是完全不可能的任務。在持續面臨抗爭、謀反和葡萄牙人的攻擊後，他在一五六五年九月覺得必須將殖民中心搬到呂宋島北部。[41]萊加斯皮原本並沒有獲得發動征服或殖民所需的必要指令，[42]不過他在翌年被任命為菲律賓總督（gobernador general），並終於獲頒皇家特許狀，賦予他「群島長官」（adelantado）的頭銜，以及建立城池、為轄下人民安排「委託監護制」（encomiendas）[43]

的權利。[44]在烏達內塔取得海上成就之後，第一組西班牙及墨西哥商人與士兵帶著軍事支援抵達宿霧。西班牙的征服者以馬丁・德・戈伊蒂（Martín de Goiti）和若翰・德・薩爾塞多（Juan de Salcedo）擔任先鋒部隊，他們在一五七〇年初次抵達更加吸引人的馬尼拉灣，在一場戰役中燒了穆斯林的梅尼拉王國（Maynila），接著又離開了。萊加斯皮在隔年帶著二十七艘船和維薩亞斯的支援，重新回到梅尼拉地區。同時，當地的穆斯林統治者也已經重建起城鎮，只是在一五七一年六月三日又再度吞了敗仗。[45]

2. 卡斯提亞的領地模式

土地徵用和區域治理

西班牙在馬尼拉取得勝利之後，統治漸漸擴張到呂宋以外的地方，還有部分越過維薩亞斯。不過直到殖民時期終焉，群島其餘大部分地區仍不在西班牙影響所及的範圍。[46]馬尼拉的環境特別適合永久殖民，它有豐饒的後方內陸地區、一定人數的居民、符合戰略考量的地理位置和現成的貿易結構。[47]西班牙人先是騙過穆斯林的統治菁英，接著開始有計畫鎮壓各自獨立的描籠涯，貫徹西班牙的權威。[48]西班牙人使用「分而治之」（divide et impera）的戰略，再加上其他殖民政策，包括建立永久性基地（其中有政治、軍事、經濟和宗教的中心），強制實行西班牙的統治。麻六甲的葡萄牙人是使用既有穆斯林據點的結構，而西班牙人則是在菲律賓建立新的城市網絡，這些城市都依附於馬尼拉中央政府。[49]不過，雖然西班牙人是菲律賓名義上的統治者，但十六世紀時，西班牙在東南亞的殖民統治還只有一個很脆弱的權力結構。相對於真正有影響力的行動者，西班牙仍然只在很邊緣的位置。

西班牙早期中央集權的作法失敗了，因為菲律賓當地人並非一體，各民族的語言也充滿差異性。與帝國主義經常出現的結構一樣，種族異質性最初被證明有利於西班牙。因為西班牙人可以挑起當地部落的戰爭，並與相互敵對的當地領導人合作，即前述的分治戰術，這樣便可操縱局勢。雖然大部分西班牙人相信要摧毀傳統結構，才能將當地人反抗減到最小，不過在占領之後，他們還是得與當地菁英和既有的社會政治組織互相協調。除此之外，為了鞏固他們的統治，西班牙人也必須讓城市中心的當地人享有一些特殊權利，這最終會使當地的傳統文化得以存活。主動帶領人民投向西班牙殖民者的領導者，會被任命為「州長」（gobernadorcillos）作為回報。與西班牙人合作的當地人，通常會被交付予指揮在地部落的任務，因此他們可以享有某些特權，並且正式握有優於其他人的權力，這讓他們有機會致富。[50]這些措施創造出享有「貴族」（principalía）地位的新階級。

城鎮或村莊會由當地貴族管理，不過教區神父通常還是有極大影響力。與此相對，省／

州和市則大部分由西班牙出身、所謂的「州／市行政長官」(alcaldes-mayores）治理。[51]馬尼拉地區的行政權由幾位市長（alcaldes）劃分，市政區的居民在法律上和官方上，被認為應該受到當地市長管轄。市長既是政治官員、軍事領袖，也是財務總監。這個職位很容易賺到收益，因此受到眾人青睞。出於同樣原因，這類職位與它們大部分是分派給西班牙人這件事，引發極多爭議。有好幾年時間被指控貪污的案件都能夠寫滿法院紀錄好幾百頁。[52]

西班牙的經濟結構並沒有直接影響到原住民賴以維生的生計，社會秩序也依然是由西班牙人抵達之前的政治組織「描籠涯頭人」(cabezas de barangay）負責維持，而不是靠馬尼拉政府決定。[53]社會和司法事項經常取決於談判。若西班牙人和當地代理人要進行合理的民主殖民統治，典型的工具就是徵詢輿論、訊問和做調查。馬尼拉的生活必需品是由附近的他加祿（Tagalog）地區提供，所以他加祿地區的居民與西班牙事務更加密不可分。我們或許可以說這種用談判進行管理、西班牙統治菁英需要不斷和各種原住民代理人達成妥協的經驗，替跨文化關係的發展和維持創造一個重要的條件。即便我們仍同意殖民國家扮演了相對強勢的角色，但也無從否認馬尼拉居民和其周圍的人，反覆塑造對外的海上關係。

撇開經濟上對海外貿易的依賴不談，西班牙在馬尼拉的政治主要仍仰賴以土地為導向的「委託監護制」(encomienda），而不太關注各地區的具體情況。「委託監護制」是一個「被清楚定義的制度，由監護人執行某些政府職責，並獲得貢品作為回報」。[54]這個制度

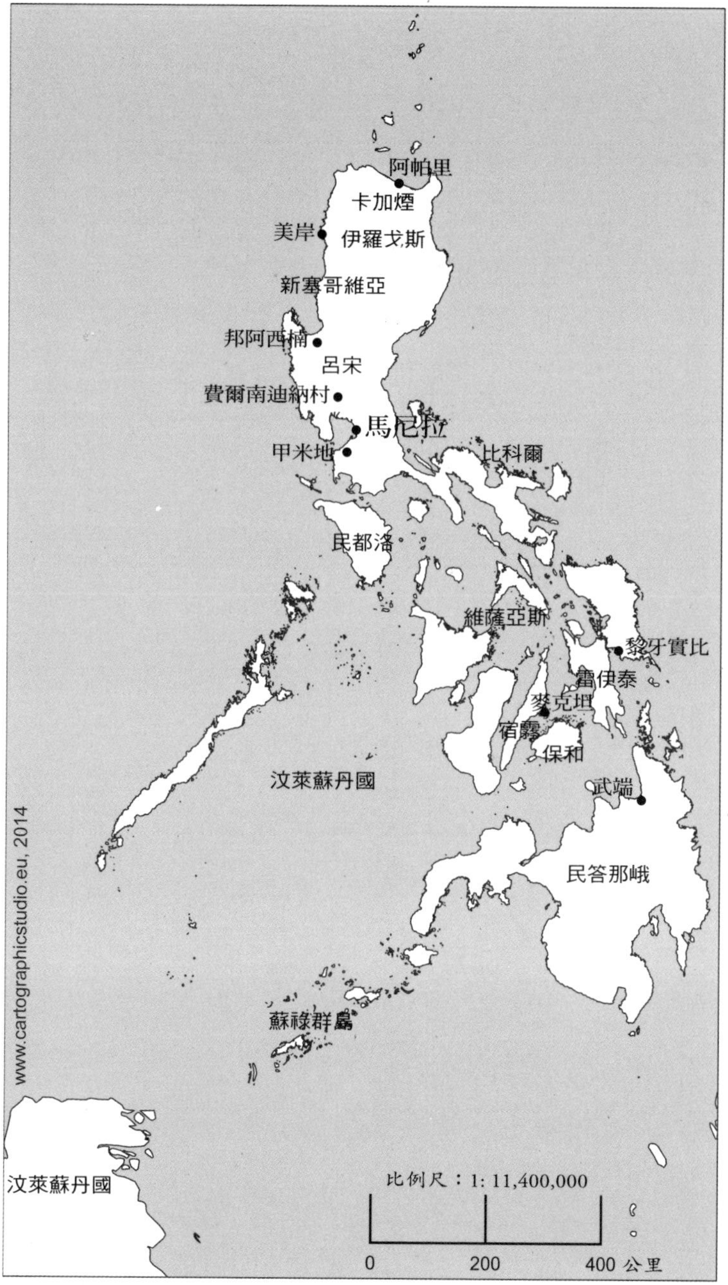
阿帕里
卡加煙
美岸
伊羅戈斯
新塞哥維亞
邦阿西楠
呂宋
費爾南迪納村
馬尼拉
甲米地
比科爾
民都洛
維薩亞斯
黎牙實比
雷伊泰
麥克坦
宿霧
保和
汶萊蘇丹國
武端
民答那峨
蘇祿群島
汶萊蘇丹國
比例尺：1: 11,400,000
0
200
400 公里
www.cartographicstudio.eu, 2014

地圖四　西班牙統治下的菲律賓

是由早期西班牙征服者帶進美洲，進而發展成西班牙皇室的真正稅收來源，為統治和剝削新領地提供資金。[55]根據一五七六年官方統計，菲律賓有多達一百四十三名「委託監護人」（encomenderos），只是其權利有限。在一五七四年和一五七六年之間，國王否決了兩件擴大委託監護制和其相關權利的要求。[56]大市長（alcaldes mayores）和州長（gobernadorcillos）是原住民社群的領導人，他們被賦予重大權限，包括向原住民部落收稅。[57]雖然傳教士一直批評委託監護制會剝削並虐待原住民的勞動力，但私人領地的數量的確增加了。[58]在一五九一年有兩百七十個委託監護人，強迫六十六萬八千名當地人為殖民經濟貢獻勞力。[59]擁有土地的富人階級日益茁壯，讓西班牙擔憂他們會危及政治權力，因此很快強加一些限制，並進一步提高農產品種植，希望能增加出口，雖然這個目標從未達成。[60]私人領地漸漸被收為公有，殖民政府在十七世紀初改指派官員和神父取代委託監護制，繼續管理當地住民。不過，這些改革沒有改變當地人的社會福利。[61]從長期來看，托缽會修士也沒能提供完美的解決方案。

總的來說，伊比利人的殖民主義兼福音傳播是遵從湯瑪斯．阿奎那（Tomas of Aquin）和法蘭西斯科．德．維多利亞（Francisco de Vittoria）的教條：除非該地元首拒絕領地上的人民改變信仰，否則武力不具有正當性。[62]維多利亞主張「國家法律賦予西班牙人與之交易和宣揚天主教的權利」，拉斯．卡薩斯和塞普爾韋達（Sepúlveda）根據這個主張，在一五五〇年和一五五一年間，於瓦拉多利德進行了著名的辯論。同理，西屬菲律賓的原住民在聽聞福音之後，理論上就只能被迫接受納貢的關係。這整個過程（很諷刺地被稱為「安撫」），是在強迫原住民獻貢。前文已經提過，托缽會修士首先提倡要讓西班牙統治下的當地人有更好的社會條件，這比皇家法庭暨最高法院在一五九八年頒布的命令要早許多。一五九八年的命令是指示「原住民應該得到更好的待遇，而且在天主教信仰中，應該被視為『自由臣民』」。[63]

另一個一直引發爭論的問題，是貢品應該以現金或實物支付。雖然通常貢品是以實物支付，但納貢關係「迫使殖民地轉而為市場生產」。[64]因此這個制度就會造成困難，尤其是在通貨膨脹時。[65]稅金不是固定的，而是根據該地區的繁榮與否。傳教士斷言原住民背負愈來愈重的納貢需求，這讓許多無法負擔高稅額的原住民被迫為奴。雖然天主教箴言說沒有人可以擁有其他人（這條箴言在一五八三年是以國王命令的形式被引進菲律賓），奴隸制其實受到禁止，但偶爾還是會出現以摩洛人為奴的例外情況。[66]此外，由於要消滅這種存續幾世紀的社會經濟制度是不可能的，原住民圈中還是繼續有奴隸存在。

在十六世紀末，平均年稅率改為四到六里耳（real）。[67]「司法長官」（procurador general）埃爾南多．德．洛斯．里奧斯．科羅內爾（Hernando de los Rios Coronel，一五六〇年—一六二三年）對維護原住民權利與福祉不遺餘力。他對當地原住民生活條件進行徹底調查，並刊載在一六二一年他上呈給國王的陳情書中。[68]他的結論是原住民每年要繳交兩里耳。[69]對大部分原住民人口而言，納貢一直是個負擔，而在一六一〇年至一六四〇年，也就是西班牙與荷蘭發生海上武裝衝突期間尤其如此。[70]食物在這段時期也變得很缺乏，因為農民被強迫勞動（通常是被徵召去造船），不得不離開他們的農田。[71]不事生產但仍須消費食物的人口不斷增加，大量的短缺讓日用品和貨物的價格日益上升。[72]受美國教育的菲律賓歷史學家萊斯里・保森為我們說明十七、十八世紀西屬菲律賓財政上的悲慘處，他的結論是，其實大致上是菲律賓人在「支付自己被殖民的開銷」。[73]保森還進一步指出殖民地經濟要依靠新西班牙的財務援助，即所謂的「皇家補助金」(situado real)。[74]帝國靠著轉移財務盈餘方式，用新西班牙的資金為殖民政府提供重要財源。[75]在一六一〇年到一六四〇年之間，皇家補助金包括「從價稅」(ad valorem tax)，徵收對象為在阿卡普科的馬尼拉蓋倫帆船貿易，還有在阿卡普科徵收每噸四十篤卡的稅金，總計每年平均可以收到三十萬比索（peso）。[76]

年分	收取納貢（單位為「比索」）
1584	22,000
1588	30,404
1590	26,364
1591	36,829
1592	69,705
1595	88,645
1603	38,266
1604	34,667

表一　原住民的納貢，一五八四年—一六〇四年

殖民地官職

治理殖民地有三類高級官員：(1)總督(2)皇家法庭暨最高法院（西班牙文是Audiencia）(3)總主教和主教。[77]治理制度採取這樣的等級架構，在西班牙和西屬美洲被證明是有效的。總督代表國王行事，是菲律賓的最高行政機構。他的職權牽涉甚廣，涵蓋司法和行政事務，也如提督一般掌有軍權。作為皇家副手，他與殖民地教會的關係等同於西班牙國王。總督每周會與「皇家財政委員會」（Junta de Real Hacienda）舉行會議，會中通常都會關注財務議題。總督的平均任期很短，許多候選人都只是把這份工作當作層層晉升的跳板，最終目的仍是走上皇室的「榮耀之路」（cursus honorum），他們最終都只想在太平洋另一端找到聲望更高的職位，而不想在馬尼拉永久安身——雖然那對許多人來說通常已經是過於遙遠的夢。[78]

皇家法庭暨最高法院是上訴審的法院，由幾名聽訟官（oidores）組成委員會。皇家法庭暨最高法院建於一五八三年，那是在一五八二年，總督貢薩洛・龍基略・德・佩尼亞洛薩（Gonzalo Ronquillo de Peñalosa）派遣使者加布里埃爾・里貝拉（Gabriel Ribera）介入之後。皇家法庭暨最高法院的成員要負責民事和刑事事務，他們有權介入國家和宗教事務，甚至當總督不在時還有權接管政府。皇家法庭暨最高法院成員的政治影響力當然毋庸置疑。[79]除了皇家法庭暨最高法院外，主要的殖民地中心還設有「市評議會」（cabildos）。[80]每一個皇家法庭暨最高法院都有西班牙派去的高階官員，這符合皇家控制的一般性原則，是為了不讓他們與工作區域有太深連結。在一五八九年到一五九五年之間，皇家法庭暨最高法院遭到廢除，這個狀況足以說明西班牙統治的脆弱性。[81]其中失敗的原因包括馬尼拉整體而言的準備不足，加上擔任職位者不適任，法律的規定也不明確。在七年之後，皇家法庭暨最高法院才又被重啟，這一方面表示西班牙還是要讓菲律賓成為海外帝國的一部分，同時也明確顯示殖民者決定認真投入對東方的殖民計畫。由於西班牙與中國的貿易正日漸成長，國王鞭策總督特略．德．古斯曼（Tello de Guzmán）與法官合作，共創一個穩定政府。[82]此後，殖民地官員的治理權受到留審（residencia）機構監控。在每一名官員任期最後，該組織都會檢查是否有證據顯示該名官員涉嫌貪污或欺瞞皇室，同時也有會督察員不定期前來訪視。

西班牙的信仰占領與教會的經營攜手並進。[83]腓力二世於一五七九年在馬尼拉設立第一個主教轄區，道明會修士多明哥．德．薩拉薩爾被選為第一任主教。在他抵達之前，菲律賓與國王的通訊是由奧古斯丁修會的傳道士掌控，他們也會將群島的需求告知國王。一五八一／八二年的馬尼拉宗教會議（Manila Synod）是朝向這個方向的第一個系統性步驟，舉行這場會議是要解決西班牙人與原住民互動時日益嚴重的二元對立。但是其結果對菲律賓政治和司法影響有限。[84]下一步是建立主教轄區，例如一五九五年在卡加煙（Cagayan）的新塞哥維亞（Nueva Segovia），第一任主教是米格爾．德．貝納維德斯（Miguel de Benavides），而馬尼拉也隨之被提升成大主教的管轄區。不久後，神職人員無所不包的政治權力就造成他們與世俗政府的摩擦。政府嚴厲批評「神職人員和修道士擅自依其意願，悄悄削弱或增加指令，拒不接受總督和教會上級指導，也違反國王陛下的命令」。[85]要決定哪些領域應由雙方聯合執行，哪些領域又不該讓高級教士和主教干預政府行政，著實是一件複雜的事。主教有權將政府官員逐出教會，國王的目標便是防止主教過度使用這種權力，並禁止一般神父積極參與國外貿易，以限制他們的世俗權力。[86]

菲律賓在西班牙海外帝國中被劃歸為新西班牙總督轄區，而且嚴格來說，是到一八二一年後菲律賓才直接由西班牙統治。不過菲律賓並不是只能被當作新西班牙的附屬地，或由另一個殖民地保護的殖民地，雖然歷史著作中常這麼寫。[87]事實上，西班牙國王還得要很努力限制總督愈來愈高漲的權力。腓力三世（Philip III，一五九八年—一六二一年在位）在一六〇七年頒布命令，指示墨西哥的最高級代表要「協助菲律賓總督和提督應付任何可能發生的事」，並為他送去必要數量的武器、人力、軍需品和金錢，供他保護和管理那些島嶼。[88]國王之所以會插手，其背後脈絡是荷蘭海軍一直在中國海域展開侵犯行動。當談論到墨西哥的角色，我們就不得不區分它在財務和政治事項之間的區別。在二〇〇八年，蕾吉娜・格雷夫（Regina Grafe）和亞歷杭德拉・伊利戈因（Alejandra Irigoin）指出，西班牙內部一直在爭執誰要負擔海外政治體的資金，這才是海外領土的殖民現實。他們強調任何「新的立法〔……〕都取決於眾多參與者的影響力」。[89]他們的假設很適合套用在菲律賓身上——無論是在菲律賓、或處於相同地位的墨西哥殖民當局，最終都必須屈服於哈布斯堡國王的意願。不過，殖民地官員並不一定認為自己有義務落實國王的書信內容，因此我同意萊斯里・保森的說法：「菲律賓實際上是獨立和自給自足的，因為一切事務在本質上都是政治的」。[90] 在遠離中央控制的地方，皇家命令很容易受到忽略。[91] 有幾位學者認為西班牙的行政的確是根據「聽從但不順從」（se obedece, pero no se cumple）的原則，這種手法自然會招來衝突，而且在這類地理遙遠的地方隨處可見。[92]

3. 世俗與教會的治理

帝國主義的殖民背後當然還有一個很強烈的動機，就是想把羅馬天主教傳播到這個地區，而托缽會修士也經常被認為是相當可靠的殖民者。天主教使節團的思想體系經常與聖戰精神連結在一起，也被當作是西方人和伊斯蘭教的對抗。雖然羅馬天主教信仰的確是西班牙殖民最明顯可見的遺產，不過我不會像十九世紀的美國歷史學家愛德華・蓋洛・伯恩（Edward G. Bourne）那樣驟下結論，主張菲律賓「比較像是傳教據點，而不是殖民地」。[93] 在殖民早期，托缽會修士很受菲律賓吸引，許多人急切地把中國或日本當成大有可為的場域，也因此把菲律賓視為前往兩國的中途站。但是這些希望通常都因為現實而落空，通往中國和日本的門扉依然緊閉。不過，即使是如此，要觀察西班牙在亞洲的所有官方舉動，還是必須記得，西班牙的脈絡一向就是致力在保護天主教信仰，並且將天主教推廣給全球。儘管最初有所疑慮，但國王後來還是在一五八五年六月八日頒布命令，指示菲律賓要對進入中國、勸導中國人改變宗教信仰的傳教士發出許可，任何沒有得到明確許可的西班牙傳教士則被禁止前往中國。[94]

與天主教傳教士的合作是透過皇家支援制度化。皇家支援是教宗和西班牙皇室之間的協議，約定西班牙國王和殖民當局的權力可以及於殖民地的神職人員和教堂。[95]為了回報羅馬教廷的支持，國王有責任對海外屬地的教會提供財務支援和保護，並替前往印度群島的托缽會修士支付旅費。[96]菲律賓的神職人員通常仰賴願意支援的委託監護人贊助他們的傳教費用，[97]這讓他們在某種程度上像是「領西班牙皇室薪水的僱員」，路易斯・H・法蘭西亞（Luis H. Francia）就是這麼稱呼他們的。[98]要等到天主教神父找到財路，以修道院莊園地產的方式支撐自己時，這個局面才會發生改變。他們對這些莊園可以完全掌控管理。

天主教托缽會修士的治理對原住民人口帶來廣泛影響。神職人員積極想要把基督福音和西方文化的道德觀翻譯成當地語言，因此從一開始就很有興趣學習原住民語言。若翰・德・普拉森西亞（Juan de Plasencia）是首批精通他加祿語的托缽會修士之一，他決心要讓原住民融入殖民社會。[99]神職人員同時擔任教化者的功能，他們會關注一些道德議題，例如禁止賭博，與防範居民從事或沉溺於一些中國人常有的不道德行為。[100]不過我們其實很難否認他們會有雙重標準，或在慈善工作背後使用敲詐手段。當地人會被教會吸引，通常一方面是因為教會承諾給他們一些名銜和禮物，如果這還沒有幫助，托缽會修士就會尋求士兵協助。另一方面，傳教士在基礎建設計畫中占了極大的經濟和社會重要性——像是造橋鋪路、灌溉水渠和堤壩、從新西班牙和歐洲引進新作物，以及提供社會福利、經營孤兒院和醫院。他們是推動教育組織化的唯一來源，也是最早興建學校和大學的人。但不用說，當地人口只有極少數會從中獲益。[101]

雖然托缽會修士作為西班牙殖民者的重要性毋庸置疑，但以長期來說，天主教的禁慾阻礙了他們積極融入原住民社群。[102]初期他們被要求採取較官僚方法，加速讓整個群島的原住民接受西班牙統治。教會與國家協力將居民從描籠涯重新安置到新建城鎮（新城鎮會把教堂置於中心），這個「重新安置計畫」（reducciones）有助於宗教的歸化，更容易獲得勞動力、徵稅也更有效率。從社會面來看，托缽會修士無所不包的權力，對女性和女性的重要社會地位格外有害。在西班牙人到來之前，女性的社會地位來自她們在傳統社會中的治療行為。既然宗教的治理事實上是政治議題，受洗與否就會決定東亞移民的地位與受到的待遇。[103]不過從經濟面來看，改信基督其實不是在馬尼拉過好生活的必要條件。大部分來自中國的移民都沒有改信天主教，他們依然保持「不虔誠的常來人」（sangleyes infieles）的身分，這將於後文詳述。

在一五七五年到一五九六年之間，總共有四百五十四名托缽修會教團成員抵達菲律賓。[104]一旦長於戰略的道明會修士得到馬尼拉主教寶座，他們與菲律賓群島第一批天主教教團——奧古斯丁修會的權力之爭就變得白熱化了。隨後耶穌會也前來，各方對於哪一個修會使用更好的傳教方法的爭論，就再也沒有停止過。[105]在一五九四年四月二十七日，腓力二世政權感到非得介入不可。他們需要將整個殖民地教義統一，以免當地人感到混亂；[106]同時也要依地理範圍將各教團的權責區分開來。[107]只有馬尼拉附近的他加祿區省分會見到所有教團。這個作法既提高神職人員在鄉下地區的權力，也影響群島的語言發展，因為托缽會修士能專注於所屬領地的語言。不過如同約翰・萊迪・費倫（John L. Phelan）的結論所說，除了他加祿語之外，大部分努力還是不見效果。[108]

在宗教習俗方面，菲律賓和其他殖民舞臺並沒有太多不同。基督信仰和原住民的宗教儀式混合在一起，而且隨著宗教傳入時間越長，就會出現越混雜的頂禮和敬神形式。[109]原住民社會在了

	第一次抵達時間	創建的城鎮數量
奧古斯丁會修士	1565	385
方濟各會修士	1577	233
耶穌會修士	1581	93
道明會修士	1587	90
雷哥列會修士	1606	235

表二　西屬菲律賓的天主教會修士[108]

解新的宗教時，一定是透過熟悉的概念，除此之外沒有其他方法。[110] 此外，西班牙人也無法成功融入整個人口。例如呂宋北方的伊哥洛特（Igorot）人就拒絕所有傳播福音的努力，[111] 伊斯蘭教依然是新的統治菁英最大的挑戰。伊斯蘭教背後有蘇祿蘇丹國的支撐，蘇祿蘇丹國作為西班牙人的強烈敵人。伊斯蘭教在菲律賓南部依然廣為流傳，穆斯林領導者會聯合起來對抗西班牙。[112]

4. 皇室專賣：海外西班牙的政治經濟結構

像菲律賓這種大小和範圍的殖民領土不容易維持，長期來說也一定會對殖民母國造成可觀的財務障礙。[113] 在整段殖民時期，西班牙都無法讓群島保持自給自足，也苦於支出高過收入。在一五八四年，殖民政府的官方花費是四萬一千兩百三十一比索，而且還有三萬比索帳單有待處理，但皇家財庫卻只入帳三萬比索。[114] 一六〇八年到一六三七年之間，馬尼拉的支出超過收入兩倍之多。在這種情況下，殖民政府只好對馬尼拉人民和像是「慈悲兄弟會」（Hermandad de la Misericordia，創立於一五九四年）等教會組織永久負債。然而阿隆索批評保森現有的研究未使用原始資料。阿隆索分析簿記（contaduría）資料，指出在一開始的低收入後，西班牙皇家財庫在一六〇四年到一六四八年間，平均每年賺得五十六萬比索，這與西班牙和荷蘭在發生衝突時期西班牙軍費的增加相互吻合。[115]而根據一六一一年的紀錄，雖然原住民的稅收減少，但西班牙在跟中國商船收取的許可證費用中獲得補償。[116]

僅次於軍費，被派駐到鄰近國家的大使館也對西班牙財務造成挑戰。[117]到了一六〇八年，外交交流花費已上漲到六千比索，但在次年降至一千五百比索。[118]當時的背景是西班牙與日本外交交流達到頂峰（將於後文詳述）。不過即使在這種背景下，這些數字仍透露出一些訊息：

收入	以比索為單位	支出	以比索為單位
結餘	856	官員薪水	37,744
納貢	20,223	馬尼拉特別支出	177,258
補助	10,904	戰爭支出	41,209
特別收入	172,208	商館	86,782
進出口稅	31,725	傳播教義	14,980
貿易罰款	1,445	船員	6,196
司法罰款	407	領薪勞工	14,220
黃金什一稅	2,888	救濟金	1,687
教會什一稅	33	貸款	27,056
貸款	6,556	審判	367
退款	368	與摩鹿加群島交戰	40,947
來自新西班牙的白銀	295,776	結餘	13,914
運費	4,170		
出售職位	2,320		
「不虔誠的常來人」許可證費用	23,032		
總計	572,911		580,360

表三 馬尼拉財庫在一六一一年的收入與支出[119]

如果我們將它們純粹想作是花費，只有支出沒有報償，那肯定是不對的；相反的，它們其實代表西班牙在適應東亞外交與貿易的獲利結構。這些數字被歸類為「特別支出」，並被合理視為「維持友誼」的必要手段。換句話說，就是西班牙為了與中國、尤其是日本維持和平的貿易關係。

在一五八六年，腓力二世的祕書官若翰・德・萊德斯馬（Juan de Ledesma）寫的印度議會備忘錄，就剛好總結這種經濟困境。他強調皇家財庫為了發現、殖民還有維持菲律賓，花了超過三百萬比索，但輸出和進口的貨品每噸只課徵十二比索。[120]政治理論和經濟現實從一開始就存有一條鴻溝。聖地亞哥・德・維拉總督（一五八四―一五九〇年在職）和他前面的兩任總督十分不同，對經濟的判斷出乎意料之外地保守。他前兩任總督貢薩洛和迪亞哥・龍基略（Diego Ronquillo）很積極投資祕魯與中國之間的貿易。維拉在一五八六年指出，一個國家豐富的自然資源與未來探勘的良好願景（而非商業利益的交換），才是促進殖民的原因。因此他總結西班牙應該中止與中國的貿易。[121]不過如同我們所見，西班牙與中國的貿易並沒有走向終點，獨占權也沒有正式廢除（我們將在後文討論）。事實上，在一五八七年後，維拉自己也成為三邊貿易關係的重要支持者。

墨西哥商人對與中國保持良好貿易關係格外有興趣。[122]在一五九〇年代，西班牙官員普遍認為將後方的內陸和人民整合起來，有助於改善菲律賓的經濟情況。不過在十七、十八世紀，菲律賓的輸出品只有百分之十是產於當地，其中大部分是採收來的林產和海產。[123] 由於防止銀鑄的比索流到中國，依然是西班牙最重要的經濟政策，因此這導致馬尼拉的貿易受到嚴格管控。[124] 在一五九三年和一六〇四年，西班牙對馬尼拉蓋倫帆船的規定，就必須放在這個背景下討論（後面的章節將有更詳細討論）。[125] 人們在討論馬尼拉市場的經濟可能性時經常存有偏見，認為馬尼拉市場的自由化將導致馬德里或墨西哥城支出提高。事實上，菲律賓和葡屬印度形成強烈對比的，是菲律賓無法只靠海上貿易的利益生存。[126] 這裡當然會浮現一個問題：把殖民領土菲律賓和其他貿易據點互相比較是否合理。[127] 西班牙皇室沒有為在馬尼拉從事貿易的少數西班牙人提供太多支持，更缺少對建立跨太平洋貿易機構的興趣。有鑑於這種官方態度，菲律賓可能缺乏與美洲殖民地同等的位階。母國把財務和人力資源的燙手山芋丟給總督，只是它們忽略菲律賓的例子之一。

無可否認的，皇室介入一定會對國外貿易產生抑制效果。不過我們不能忽視的是馬尼拉的貿易成長快速，很大程度上超過皇室監督範圍。當皇室充分意識到這個動態後，終於決定想辦法把殖民地經濟利潤導回母國，[128] 設於塞維亞的貿易廳也為了爭取控制權而擴大功能。其實早在萊加斯皮創建馬尼拉與迅速設立皇家財政部（real hacienda）後，皇室就一直想壟斷整個馬尼拉貿易。[129] 所有西班牙殖民地都會對進口和出口貨品課徵從價稅（almojarifazgo）。[130] 在馬尼拉則是由龍基略・德・佩尼亞洛薩總督在一五八一年開始徵收。從價稅的課徵對象是中國和葡萄牙商人，中國的交易不論輸入或輸出，都要繳納百分之三的稅金。在一五九〇年代，中國的交易淨值約為每年三萬到四萬比索。[131]從價稅主要是針對奢侈品課徵，它很快就成為一種可靠的收入來源，倘若委託監護制政策失敗，也可作為後備措施。在一六〇九年，從價稅從百分之三改成百分之六。[132]根據皮埃爾・肖努對一六〇〇年至一六四〇年這段時期的計算，從價稅的收入占每年皇家財庫大約百分之十七到百分之二十七。[133]在最一開始，監督和貿易管控的作法，是在福建的中式帆船進入馬尼拉灣停泊之前由西班牙士兵進行檢查。所有商品登錄完畢前，任何商人都不得踏上陸地一步。到了十七世紀，監察的工作便從原本的士兵取代為法官，通常會再加上一名書記員，並由一名當地居民（中國人或有中國血統的混血兒）充當通譯。這種港口控管模式讓檢查員有利可圖，因為他們有機會收取賄賂自肥。[134]

5. 東方第一個歐洲首都的支柱

前文未提及萊加斯皮和他的追隨者之所以決定在馬尼拉建立殖民地首都，最強的動力是他看好馬尼拉與中國的貿易前景。馬尼拉這個一開始還很小的貿易據點，為東亞和東南亞的國外貿易提供了理想的條件，並確保來自外部的供應。[135]在幾年時間中，馬尼拉就轉變成具有在地元素的歐洲殖民城市。而且在不久之後就充滿典型的西班牙殖民特徵，例如棋盤式的筆直街道、有大教堂和位於市中心的石造政府建築。都市化常被認為是西班牙殖民背景的主要成就，也是了解西班牙帝國主義成功與否的關鍵。殖民建築可以展現出權力，也可以在鄉鎮和城市有效加速中央集權和控制。重新安排原住民人口的聚居地，可被解釋成是讓族群依「管轄、教會、社會和空間作出區隔」。[136]西班牙的建築沒有配合當地的氣候、火災或地震，它們的房屋結構是用不適合的傳統材料（像蘆葦和當地木材）搭建而成，大部分在後來也的確都毀於氣候、火災或地震，因此危及西班牙早期的城市規畫。[137]

所有海外帝國的新建城市中，都有一個市政府（cabildo municipal，或稱市評議會）環視新社群的發展和行政。卡拉・拉恩・菲利普斯（Carla Rahn Phillips）強調「都市認同」對所有西班牙殖民社會的組織都具有重要性。[138]市政府是馬尼拉的首要治理機構，它會將海外的社群與母國連結在一起。在早年馬尼拉的市政府很小，只有兩名市長、數量不一的市評議會或市議員（regidores）、一名法警（alquacil mayor，負責維持治安和秩序）和一名書記員，他們一周會面兩次。[139]市政府的成員負責確保城市供給，因此他們被指示要與原住民和中國人居民合作。

6. 人口增長結構的惡性循環

近代關於馬尼拉的生活條件報告帶來一種令人困惑的印象：許多移居者似乎都不快樂、幻想破滅，但外部世界卻對他們投以羨慕的眼光，認為他們好像很容易就能獲得巨大利潤。[140]事實上，橫渡太平洋的漫長遷徙和西班牙移民的高死亡率，讓馬尼拉的環境變得很艱辛。整個殖民地都苦於缺乏教育良好又有意願的殖民者，而如果沒有中國產品輸入，馬尼拉也無法生存。但這件事也不必被放大檢視。城市史的研究讓我們知道在十六、十七世紀，本來就沒有一個大城市可以不靠外援就讓人口增加。[141]男性人口始終過剩也是許多城市（包括馬尼拉）共通的另一要素。[142]

弗朗西斯科・德・桑德總督（Francisco de Sande，一五七五年—一五八〇年在職）的紀錄，是我們擁有的最早統計之一。根據他的計算，一五七六年在整個殖民地共有五百名西班牙人。[143]一五八一年則有三百到四百名西班牙人居住在這個城市，其中只有五十人是成年女性。在一五八五年，有大約一千名西班牙移民從新西班牙被送到菲律賓群島開拓該殖民地，其中有八百人駐紮在馬尼拉。[144]大約二十年後，特略總督（一五九六年—一六〇二年在職）估計島上住了一千兩百名西班牙人，但他哀嘆民答那峨和卡加煙的軍人過少。[145]十七世紀初的馬尼拉西班牙人有百分之四十是委託監護人，另外百分之三十幾則是士兵或一般平民。[146]

一六二〇年代在馬尼拉教區登記的男男女女有兩千四百人，其中包括一些混血兒。[147] 到了一六三七年，距離這座城市建立已經超過六十五年，馬尼拉只有一百五十戶家庭。[148] 由於西班牙女性人數極少，所以西班牙人與原住民的混血兒快速增加。相較而言，上述西班牙人口並不比祕魯在西班牙殖民前四十年人口少很多，不過在接下來一世紀中，美洲人口的成長速度則快了許多。[149]

雖然從西班牙前來開拓殖民地的人不見成長，不過卻開始有中國南部的人大量前來。到了一六〇〇年，馬尼拉已經有數以百計的福建和日本商人，他們不只為西班牙殖民地提供必需品，還有許多人移居到西班牙人建起的城池附近，因此成了馬尼拉灣地區的真正殖民者。[150] 下列數據只能當作近似值，它們通常會因各種政治理由而被誇大。若翰・拉蒙・包蒂斯塔（Juan Ramón Bautista）在一篇早期報告中，提到馬尼拉在一五八三年發生一場毀滅性的火災後，有兩千五百名中國人在甲米地（Cavite）等著和卡斯提亞王朝貿易。令人好奇的是，中國人的人數被提起，是緊接在財政緊迫的殖民地請求財務和軍事支援之後。在一五八九年，聖地亞哥・德・維拉寫信給國王，提到四千名中國人永久居住在馬尼拉和其周圍地區。[151] 中國人社群的規模通常會隨著當時的經濟遠景而變動，在最顛峰幾年，中國人口曾經達到三萬人。[152] 一名馬尼拉的居民提到，在一六一四年三月和七月，那是馬尼拉蓋倫帆船的市集（feria）進行期間，有大約一萬六千名中國人（包括長住和作客的商人）住在馬尼拉。其中有八千人到九千人是永久性移民。[153] 我們可以用中國人（常來人）的許可證費用或人頭稅的登記資料，對中國人社群規模作出更精確的估計。在一六二一年，馬尼拉有超過兩萬一千名中國人居民領有許可證，還有大約五千人未經許可。[154] 中國人社群漸漸主宰了大部分行業，從零售業到建築業和服務業都有。[155] 從大區域的比較來看，據稱長崎的中國人在十年內從二十人增加到一六一八年的兩千人。[156] 而馬尼拉的日本居民也穩定增加。在許多不同文獻中，我們都可以找到人數快速增加的證據，包括日本的船隻登記（經常被引用的數據是一六〇六年有三千名日本移民）。[157] 船上的許多乘客都是日本人，也有相當人數就在城市周圍定居下來。[158]

我會在其他地方分析在西班牙人口久不見增加的情況下，西班牙母國對馬尼拉日漸增加的中國和日本人口，展現出猶豫不決的態度。中國和日本移民當然不會像各個菲律賓部落的成員那樣被邊緣化，而且他們也已經是城市及社會整體的一部分了。這個趨勢讓我們想起卡拉·拉恩·菲利普斯在研究中，發現西屬美洲的非洲人也有類似現象。[159] 毋庸置疑，這些中國人和日本人也不斷因為「他者」身分，而面臨到各種限制，後文將對此詳細描述。

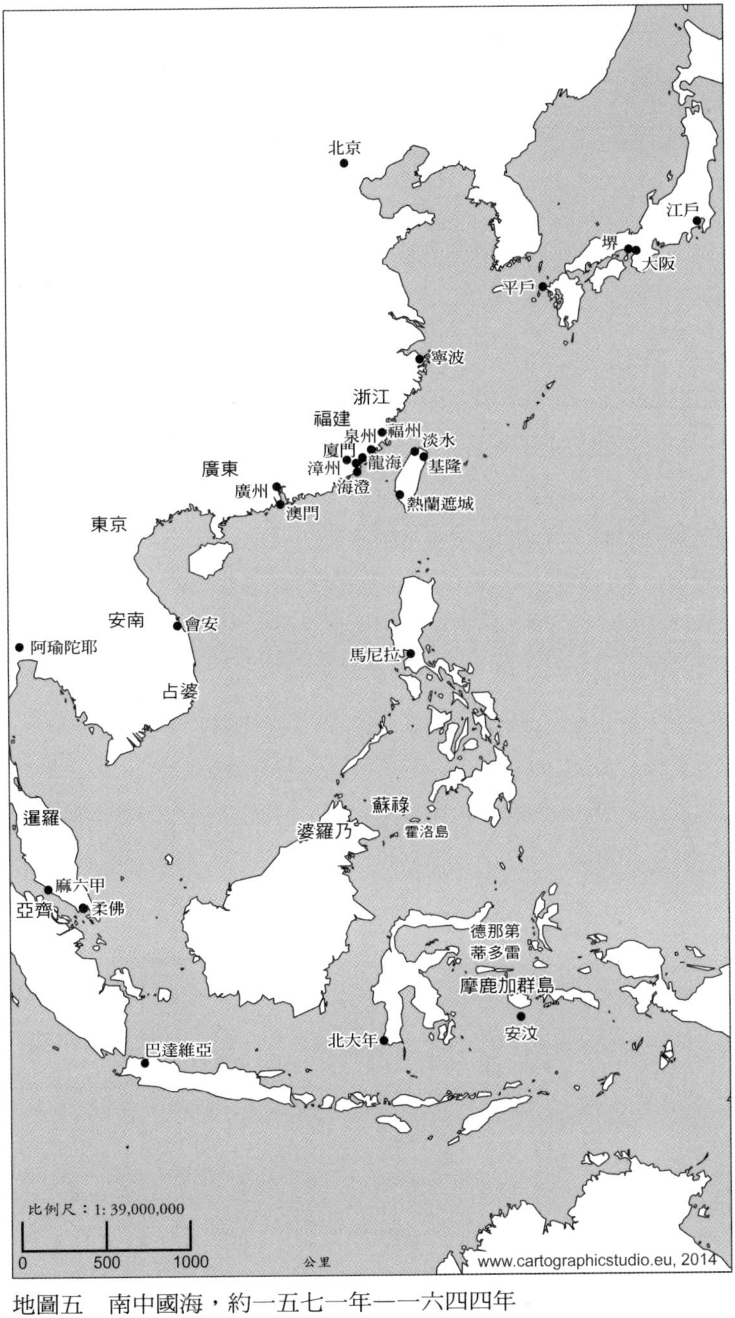

地圖五　南中國海，約一五七一年—一六四四年

7. 走向馬尼拉的全球整合

近代的馬尼拉之所以能成為全球性事業，是因為地理上分散的行動者和代理人各自做出貢獻，讓這裡成為人群、文化和想法的大熔爐。雖然他們彼此各異，但當他們在馬尼拉相遇時，卻合奏出一致行動，同時也對這裡造成改變。當個別移民切斷與母國連結、在十六世紀末出現如此積極的表現時，政治單位卻選擇消極多的作法。亨利．凱曼指出日本和中國「兩個亞洲主要強權採取了容忍」。[160] 清水有子則強調如果用國家作為分析模型，會對西班牙與日本關係產生誤解。她反而認為應該專注在實際的行為人，例如托缽會修士和商人。[161]

其他研究者則認為應該把馬尼拉看作一個貿易中心，而不是不及格的殖民地首都。西班牙歷史學家曼努埃爾．奧萊認為中國海域的多文化背景阻礙了最初西班牙想追求的領土模式。他用貿易中心的論點來理解全球化的原型，並認為馬尼拉並非「根據領土治理的邏輯運作」，而是在「回應這個區域的商業邏輯」。[162] 對我來說，這個解釋還不夠。殖民背景下的國家和市場存在矛盾的權力平衡，所以必須強調商業本位一定會存在限制；尤其我們今天認為的商業本位，已經不再是「國家由上而下打造的事業」，而是「私人與公眾懇請〔及〕遊說的結果」。[163] 在這個背景下，當我們關注馬尼拉的殖民城市脈絡時，應該要假設在近代的東南亞市場經濟中，是國家為了貿易而存在，而非貿易是為了國家。[164]

其實如果只把馬尼拉看作新興世界經濟結構中的一部分和片段，那我們對馬尼拉的理解在很多方面都會有所欠缺。[165]首先要注意的是在我研究的期間，領域模式並沒有失去重要性，其後的幾十年間也沒有。不論外國貿易對殖民地存續有多重要，高階西班牙人還是偏好強力的軍事控制，而不是自由貿易。耶穌會修士若翰・何塞・德爾加多（Juan José Delgado）在十八世紀有一半時間都待在菲律賓，他很堅持「群島必須由無特定利益的軍人管轄，而不是交由商人；也需要堅定和品格好的人〔……〕，而不是學者，他們比較適合管理修道院，而不是一群英雄」。[166]通常會有人認為西班牙是因為鄰近日本和中國，才覺得自身有必要展現軍事力量。這類觀點不僅誤解東亞的外交政策，也忽略鄰近穆斯林社群的侵略、荷蘭長年的攻擊，還有西班牙自己也不願放棄擁有摩鹿加群島。[167]西班牙從菲律賓派往香料群島的遠征隊，其中包括他們宣稱擁有蒂多雷島（Tidore）的主張，一直持續到一六六二年。歐洲的霸權爭奪戰被搬到亞洲舞臺上演，在這種背景下，菲律賓也被當成美洲對抗亞洲勢力的堡壘。[168]第二點則是要注意到，馬尼拉也和其他港口城市類似，例如現代越南的會安（Hoi An）或泰國的阿瑜陀耶，是因為它「中立的背景」而吸引日本和中國商人。[169]當日本開始參與東南亞的海上交易，馬尼拉這類中立背景變得大受歡迎。[170]最後，不論是新型態的連結或新的質量與數量的跨區域交換，都走向蓬勃發展

第二章

三邊貿易的三部曲：

中式帆船貿易、跨太平洋貿易與糧食貿易

馬尼拉對於在那裡貿易的每個人來說都極為重要。它是十七世紀歐洲和中國兩大經濟體之間的商業接觸點，只要白銀還在流動，甚至連大屠殺都無法打破這種接觸。雙方都會拿出另一邊想買、也付得起的東西，然後帶走自己能用的東西。[1]

1. 馬尼拉體系

前段引言是中國史學家卜正民對十七世紀全球貿易特徵的熱情描述。他的評價整體而言都

很正面，反映出許多十六世紀觀察家的觀點。[2]描述中說馬尼拉不存在政府的介入，聽起來像是市場經濟的「聖城麥加」，也確實反映馬尼拉具有某些自由市場的結構。而且馬尼拉是一種全新型態的商業據點，它有跨太平洋的交易在此進行，同時也啟動和鼓勵中日的直接貿易。如同標題所示，本章重點是觀察蓋倫帆船的貿易和馬尼拉。它的貿易模式在全球歷史中值得被記上一筆，這種背景帶來與中國或日本的連結，我會在後面章節詳細討論。

當代對馬尼拉商業交易的歷史論述帶來一種錯覺，讓人覺得白銀是十六世紀商業交易背後唯一的驅動力。馬尼拉蓋倫帆船的名聲的確立刻讓人聯想到在世界上大量流動的白銀（它們最後的終點是中國）。甚至有人說白銀的流動，讓明朝中國成為當時最強大的經濟體。[3]這種論述的主要代表者是中國中心主義者和加州學派的學者，不過它至少還是有兩項缺失。首先，它把馬尼拉降格成只不過是前往中國的中途停靠站，再者，它斷然否認西班牙或其他相關國家也有獲利。[4]雖然目前的研究同意美洲（主要是墨西哥）的白銀流動在十六世紀末幾十年，和十七世紀前幾十年中是支撐起馬尼拉市場的骨幹，不過也有交易模式的相對觀點想推翻前文的論點。[5]

首先，以規模來說，我們必須記得以貿易量和停靠的亞洲船隻數量來看，十六世紀末的馬尼拉堪稱是東南亞的主要港口之一。[6]從一五七〇年代開始，每年都會有數十艘中國中式帆船載運白銀回福建。道明會修士若翰・德・梅迪納（Juan de Medina）看到中國商人在馬尼拉的成功交易後，稱呼這些中國商人是「白銀的親愛朋友」（dear friends of silver），並認為他們與西班牙的商業往來是「所有已知的交易中，最富饒且豐碩的」。[7] 梅迪納稱呼中國是「白銀的監獄」，他甚至可以說是第一個提出「白銀收納槽」的理論家。[8] 這表示就算西班牙只剩下白銀可提供，也恰好會最符合中國需要。因為中國「一條鞭法」的改革，規定賦稅和薪資都須改以白銀支付（我們將在別處討論這點）。[9]

當代官員的紀錄顯示馬尼拉蓋倫帆船的貿易造成白銀外流，在高峰的幾年間共計達到五百萬比索（十二萬七千八百公斤）。萬志英（Richard von Glahn）的計算顯示在一五七二年到一六〇〇年間，從馬尼拉流入中國的白銀總計有約五十八萬四千公斤，或是大約每年兩萬一千公斤。[10] 他承認實際的貿易額一定遠高於這個數字，因為還有走私和未登錄的貿易。而他也考慮被誇大的數字。[11] 以當時的脈絡來看，我們要注意在一五〇〇年和一八〇〇年之間，世界上有百分之八十（或說十五萬噸）的銀礦位於拉丁美洲，其中平均每年有一百到兩百萬比索（兩萬五千至五千公斤）會被裝上船、橫越過整個太平洋。[12] 相比之下，阿圖爾・艾特曼（Artur Attman）的計算則顯示在十七世紀，每年平均有十五萬公斤的白銀會離開歐洲，經由陸路或海路等多重管道前往亞洲。[13]

在微觀層面，我們要分析是什麼驅使日本人、卡斯提亞王朝，最後則是葡萄牙商人和中間人協助解決晚明中國對白銀的渴求。在這個時間點，似乎尤其是日本貿易的角色，特別能彰顯這個體系的複雜交易。[14]特略總督(一五九六年—一六〇二年在職)在一五九八年的報告中,指出皇家財政因為中國商人的到來而深受其苦,他們待在馬尼拉的十天內,就可以賺進超過百分之一百的利潤。[15]就連墨西哥要送往菲律賓的補助金(situado)都經常轉往中國,錯失它其實是用來援助殖民地的真正用意。馬尼拉的西班牙移民看著財富從四面八方川流而過,對他們來說,蓋倫帆船貿易很快就變得好壞參半。不過,他們在伊比利半島的同胞——卡斯提亞王朝也處於類似境遇。在所有白銀外流的辯論中(例如爭論白銀外流究竟是否代表衰退的跡象、還是錯誤制度造成的結果),論者經常忘記白銀貿易也換來許多回報,包括貴重的奢侈品和被高度需要的稅收。

如果把比較焦點延伸到盧西塔尼亞轄下的澳門(一五五七年—一九九七年),將有助於我們找到馬尼拉的貿易特徵。雖然我們很難對兩個「東方之珠」做確實的對照研究,不過不時參照一下澳門的情況,還是有助於釐清馬尼拉貿易的特點。[16]澳門與中國很靠近、它允許讓葡萄牙人進入中國市場,而且每年有前往長崎的正式航行,這些都是盧西塔尼亞在東亞據點的專屬重要元素。澳門這個小島既是耶穌會傳教士在東方的中心,也是葡屬印度的通訊樞紐,還進一步展現跨區域的影響力。由於馬尼拉和澳門相對接近,兩者在整個殖民時期都一直有貿易活動,有時候是經過授權的、有時則是偷偷摸摸的。而且貿易對這兩個伊比利據點而言都同等必要。不過,盧西塔尼亞和西班牙的對抗及互相猜忌,也不止一次迫害中國海域的貿易氛圍。此外，要理解全球白銀貿易的動態還有一個更重要元素，就是日本被中國的官方貿易排除在外，而且中國多次重新頒布海上貿易禁令，最有名的一次便是在清初。[17]

2. 一切是如何開始的

蓋倫帆船每年往返於阿卡普科和馬尼拉之間，為西班牙在菲律賓的殖民地帶來白銀和必需品，此外也載來新移民、傳教士、殖民官員和皇室的指令。蓋倫帆船橫越太平洋前往阿卡普科的寂寞旅程（航行時間可能長達一年），是那個年代最長的旅程，但卻也是菲律賓通往美洲和歐洲大陸的唯一橋樑。這趟向東的航程，主要運載西班牙乘客和亞洲船員，那是一趟宛如戲劇般的冒險旅程。天候狀況和危險的洋流是一項挑戰，另一項挑戰是船上為了保留更多空間裝貨，通常缺乏補給品。在某些時期，還會遭遇英國或荷蘭人攻擊帶來的額外風險。[18]

馬尼拉蓋倫帆船的跨太平洋貿易在前十年大致上展現出一種不受限制、放任主義的架構，並受到馬德里國王贊助。墨西哥總督馬丁·恩里克斯·德·阿爾曼薩（Martín Enríquez de Almanza，一五六八年—一五八〇年在職）在一五七七年表達他對「中國船」（Nao de China）的關切，因為中國船在西班牙人的圈子中經常被提到。那段時期西班牙與中國的貿易算相對自由。[19]跨太平洋蓋倫帆船貿易在早期測試階段的相對開放性，可以從一五七九年西班牙皇室實驗性地批准祕魯利馬（Lima）和馬尼拉之間的航行這點看出。貢薩洛・龍基略・德・佩尼亞洛薩總督（一五八〇年－一五八三年在職）在隔年派出第一艘船，載送香料和其他奢侈品從馬尼拉前往祕魯的卡亞俄（Callao）；一五八一年第二艘船也啟航，船上載了來自亞洲各區的商品。[20]但最後只有一艘船抵達終點。龍基略出身自塞哥維亞（Segovia）一個富商家庭，與祕魯也有很強連結，他這個創新的行為除了贏來喝采，也受到來自墨西哥和西班牙的批評。而他對自己實施措施進行的辯護，也反映他其實很清楚全帝國都不贊成祕魯和菲律賓之間進行直接貿易。儘管他的船隻運載的貨物有很大一部分是中國商品（包括絹絲、瓷器、胡椒和肉桂），但他卻聲稱派船的主要目的是互相支援火砲。[21]當西班牙的大西洋貿易遊說活動開始介入時，西班牙國王在一五八二年頒布一連串法令，停止馬尼拉和卡亞俄之間的直接貿易，因為兩地之間的貿易會嚴重損及美洲商業。[22]國王的皇家特許狀（cédula）是在一五八二年六月十一日發出，但在送達利馬之前，龍基略的船隻「我們的聖母號」（Nuestra Señora de la Cinta）已經啟航了。船上載送著眾人期待已久的商團，從祕魯前往馬尼拉和中國。在理解這些發展之前，要先知道祕魯是一個典型的重商主義社會，其中的成員通常會和在馬尼拉的西班牙居民維持親密的個人連結。一五八三年，馬丁・恩里克斯嘗試從利馬派船到中國（他那時已經是祕魯總督），但是失敗了。[23]後來有一艘裝滿白銀的祕魯船隻在一五九〇年航抵澳門，在那之後皇室採取了更嚴格的控制手段。那艘船的旅程訴說祕魯商人若翰．德．索利斯（Juan de Solís）的怪奇傳說，他帶著六千篤卡取道巴拿馬（Panama）抵達澳門，並決定直接找中國的仲介買絲，最後他抵達薩摩。他沒有料想他會遭到葡萄牙拒絕，但他無懼於爭取自由貿易，並且當他在澳門的錢財遭沒收後，他還決定向馬尼拉當局告發葡萄牙的陰謀，也因而與日本的耶穌會和葡萄牙商人爆發激烈衝突。[24]最後，就連豐臣秀吉都插手這場對付祕魯商人的陰謀，並下令日本的葡萄牙人把從若翰．德．索利斯那邊沒收的六千篤卡歸還給他。[25]

同時，菲律賓的西班牙商人也一再強調為了殖民地的生存，必須禁止美洲和中國之間直接貿易。[26]雖然皇室隨後就禁止新西班牙商人在菲律賓創辦商館，不過一直有個別的人嘗試規避皇室的介入。因此在一五九三年、一五九五年和一六〇四年，皇室又重新發布祕魯和菲律賓之間的貿易限制，之後在一六四〇年又發布一次。那時，這兩個美洲總督轄區之間的所有貿易理論上都已經被禁止了。[27]在一六二六年，若翰．尼諾．德．塔沃拉總督（Juan Niño de Tavora）請求皇室允許重新展開馬尼拉和祕魯之間的直接貿易，但遭到拒絕，可說是白忙了一場。[28]

馬尼拉貿易的路線需要被嚴格界定，其實還出於其他動機。包括殖民地對稅收的迫切需要，例如殖民政府當局會向馬尼拉和墨西哥商船徵收百分之三從價稅，還有額外的貨運費

（anclaje）十二比索。後者在弗朗西斯科．桑德（一五七五年—一五八〇年在職）任內被引進馬尼拉，採用澳門停泊稅的形式，這是為了供給無法自給自足的菲律賓。[29]這讓馬尼拉的蓋倫帆船貿易成為西班牙名列第三的皇家財源，僅次於委託監護制和補助金。倘若有任何閃失，例如船隻在某一年沒從墨西哥發船，都會大大的衝擊殖民地經濟。[30]

只從經濟角度來說，西班牙也要擔心美洲的殖民地市場會充斥中國商品（雖然這在二十一世紀好像很難理解），讓他們得付出貴重金屬去交換。因此，皇室實施所謂的調控措施（permiso），讓每年從馬尼拉運來的亞洲貨品價格不會浮動。腓力二世在一五九三年一月十一日公告此項措施後，又以後續一連串法令予以追認，並規定官方容許每艘蓋倫帆船的最大載運量是三百噸。[31]此外，不論是從阿卡普科輸出的白銀（每年不超過一百萬比索），或每年開往兩地的蓋倫帆船，在數量上都有嚴格規定。[32]大部分時候這些限制都只不過是政治理論，供給和需求才真正主宰蓋倫帆船貿易。在接下來幾十年中，船隻運載過太平洋的貨物將介於七百到兩千噸之間。[33]

在親自評估墨西哥富商參與蓋倫帆船貿易對西班牙經濟面造成的損害後，腓利二世開始核發「通行證」（boletas），目的是讓馬尼拉居民之間平均分配貨物空間。[34]但不久之後，這些規定就被一些來自墨西哥的流動商人和政府官員壟斷，他們想謀得足夠通行證以供自己的貨物通行。[35]也有負責監督的皇家法庭暨最高法院法官被指控貪污，還有與中國商人進行不正當合作。[36]馬尼拉當地人對蓋倫帆船貿易的依賴限制了他們能插手的範圍，最終讓許可證制度只是削弱西班牙的控制。[37]不過這個制度卻能有效排除不受歡迎的競爭。佛羅倫薩（Florentine）的商人弗朗切斯科・卡爾萊蒂（Francesco Carletti，一五七三年——一六三六年）[38]在以私人身分繞行地球一周的航程中，於一五九六／九七年到訪馬尼拉，他顯然對自己和父親在欲獲得事業方面許可時，所面臨的困難大感驚訝。這彰顯非亞洲訪客要在馬尼拉進行國際貿易會遭受嚴格限制。[39]其中主要理由是英國私掠船會掠奪西班牙船隻，[40]同時，西班牙人還要擔心荷蘭人的攻擊。相較於英國東印度公司的商人除了在外國貿易中享有相對自由，能夠合法選擇要經營商業還是私掠，西班牙商人顯然居於不利地位。[41]皇室的介入不常發揮效用，僅見成效的幾次經驗中，有一次是皇室阻止一間獨立的特許貿易公司以私人資本成立。[42]西班牙船上的商人受到皇室律法拘束，所以他們只能在冗長的協商或違反國家規定之間二選一。最後，一項要考慮到的點是氣候和颱風，這兩者足以解釋我們何以在更大脈絡下，看到蓋倫帆船貿易的跨區域連結整體而言是走向衰退。[43]

對於墨西哥商人而言，限制禁令起不了什麼作用。他們或者獨占墨西哥絹絲分配的控制權，或者前往馬尼拉，在大西洋的尋寶艦隊擔任中間人藉此致富。他們不會定居下來，也不會投資馬尼拉，這讓皇室當局深感遺憾。墨西哥商人最後總是會回到帝國其他比較舒適的地區，只把信念、敵意和競爭的精神留在在西班牙海外帝國境內，如同塔沃拉總督所說的：

大家都知道每年有多少錢被帶到菲律賓，不過大家也都知道這些錢大部分屬於新西班牙和其他地方的人。這就是為什麼在馬尼拉的物價如此高，但在新西班牙卻很低的——即便已經有許多中間人先賺了一筆。事實就是在過了大約兩年時間、當帳目結清後，我們會發現我們當中幾乎沒人賺到利潤，許多人甚至連資金都沒拿回來。這就是為什麼我們總是被迫挖出我們的資本來支付生活和其他費用，以及為什麼我們的財富如眾所周知地一直縮水。[44]

3. 十六世紀的南中國海貿易

巨大的「中國」網絡

我們在前文提過中國商人並不是因為受到貴重金屬吸引，才被動地運送絹絲到馬尼拉。馬尼拉不是唯一的選項。幾個世紀以來，南中國海地區的絹絲和香料貿易的商業本質，就是充滿活力的多民族網絡。中國貿易也和十五世紀的海上絹絲之路一樣，發展出全球性的連結。[45]多民族的貿易網絡透過中國私人的海上冒險活動和穆斯林的貿易網，在技術上將菲律賓群島與中國海域和印度洋連接在一起。[46]這些商人團體的認同是流動的，這讓早期的西班牙觀察者十分困惑，例如斯科特引用一份來自民答那峨的報告，報告中指出「來自婆羅洲（汶萊）和呂宋的船隻在這些島上都被叫作中國中式帆船，就連摩洛人自己也被稱作中國人，但是其實中國中式帆船根本沒有到這裡」。[47]此外，在一四五〇年代之後，琉球商人也讓日本在國際間與東南亞沿海和島嶼——包括爪哇和巴林馮（Palembang）產生連結。[48]在十六世紀的中日貿易禁令期間，琉球的網絡連接起中國和日本兩大經濟體，並促使日本被整合進亞洲貿易。[49]在十六世紀後半葉，琉球商人似乎還計畫要與馬尼拉的白銀貿易有所連結。[50]

大區域中的幾個貿易據點，像是麻六甲、阿瑜陀耶和廣東與福建的沿海中心（例如泉州），盛行一種難以定義的綜合體，混合了許可制貿易和私人事業。[51]在蒙古人統治期間，香料貿易讓泉州變成多民族雜處的貿易港口，蒙古人偏好各地方出身的虔誠穆斯林商人（包括波斯和東南亞）。宋朝之後手工業大量發展，也刺激海外貿易和造船業，泉州甚至能利用鄰近絲染中心漳州運來的絹絲賺取利潤。[52]一方面來說，泉州受到中國對穆斯林的敵意而被拖累，在明朝崛起後漸漸失去重要性，到了十六世紀初，由中國官方許可的貿易已大幅萎縮。[53]然而另一方面，私人和走私商人又能規避明朝國外貿易的海禁。在中國的官方貿易關係之外，廣東、福建和浙江等省的家庭就是靠著與蠻夷之國的祕密交易，過著優渥的生活。他們之中有一些人是漢化的穆斯林商人，其他則是在地的福建或廣東人，為了規避嚴格的明朝禁令才往南發展。《明史》的紀錄清楚指出，其實在西班牙人到來之前，福建人在呂宋就有聚居地。[54]學者從這份紀錄得出兩個結論：其一是宋元時期泉州或浙江活躍的海上貿易，某種程度上顯現南洋中式帆船貿易形式的延續性。[55]再者是中國官方其實有充分意識到這個發展。[56]上述第一點，重新形塑了我們對伊比利（還有後來的北歐商人）能參與、甚至最終填補空白的商業條件的觀點，第二點則和晚明的專制及衰退形成明顯對比，明顯反映明朝中國即使在閉關之時，仍有能力監測海上的前景。

搭乘中式帆船到呂宋的大批福建商人被認為是優秀的生意人，他們能依當地需求調整策略，而他們對市場和習俗的知識，讓他們贏得所有主要港口的尊敬。[57]這些商人的船上都有特地從母國運來的絹絲和瓷器。無論是生絲或製好的絹絲都會從它們的產地——包含蘇州、杭州和南京——被運往中國各地。福建有自己的瓷器產品，但同時也因鄰近江西而受惠。江西的景德鎮自古以來即是瓷器生產地。[58]這些福建人基於血緣關係構成的商業網絡遍布整個海域，使他們成為商業氏族系統中聯繫最緊密的商人（商業氏族系統在當時被稱為「公司」，這個詞在現代中文裡則意指「企業」）。有一個極為重要的點是，帶動東南亞第一波中國移民潮的人依然與福建的家鄉有連結。福建人的商業網絡讓交易得以順利進行，是因為他們對彼此有商業信任。[59]他們與親戚和家鄉建立起的強大連結，讓他們在中華帝國以外進行各類交易時有巨大優勢。安東尼．瑞德在近期研究中，討論了海外中國「華僑」無遠弗屆的連結。

瑞德強調這些人有「中國—東南亞」的雙邊身分，與呂宋的強大連結也早於西班牙。這位紐西蘭出身的歷史學家指出在十六世紀初，活躍於海上貿易的人都屬於四個族群的其中一個：麻六甲、爪夷（Jawi）、爪哇或呂宋的馬來語群，而最顯著的是他們的祖先都是中國人。[60]被稱為「呂宋人」的商人，是指汶萊和馬尼拉的中國暨東南亞菁英。早在西班牙人抵達之前，他們就已經取道麻六甲和暹羅，間接整合進與中國的貿易。[61]瑞德強調海上貿易商的中國元素。他指出如果不熟悉中國方言、不懂中國文字、不懂當地官員與中間人的習慣，要與中國展開貿易十分困難，甚至可說是不可能的。大約在一五〇〇年時，呂宋人在「馬尼拉—麻六甲」和「麻六甲—中國」的貿易中就扮演重要角色。最簡單的理解方式，就是想像他們的前人在八十年前已經在經營「汶萊—馬尼拉—中國」的貿易，而八十年後則由這些呂宋人加以繼承。[62]由於他們之中的穆斯林商人占相對多數，西班牙人一開始可能是把這些商人歸類為摩洛人。

整合馬尼拉

費正清主張明代／清代在歐洲影響下有大幅改變，但濱下武志反對這種論點，他認為反而是世界上的其他地方適應了中國這個核心。如果馬尼拉也適用這種論點，那它適應的對象只是被動的中國。[63]維克多・李伯曼也強調明朝中國在某種程度上，間接調節了東南亞（甚至是日本）的生產，還傳播了航海與煉金技術，以及陶瓷和紡織產品。[64]中國的經濟在十六世紀末繁榮起來，在十七世紀則得到進一步發展，這在某種程度上也要歸功於馬尼拉的重大貢獻。因此，馬尼拉、中國與全球貿易的整合，其實對彼此都互有影響。[65]

在十六世紀前半葉，貿易的動機也在日本出現。在一五二三年和一五四二／四三年發生了朝貢使節團的亂事之後（編按：即前述「寧波之亂」），明朝與日本的官方貿易受到了限制，天朝沒有再重新授予室町幕府朝貢地位。商人冒險家（前文提及的「倭寇」）旋即重出江湖，開始進行海盜和走私行為。[66]用比較簡單的方式來說，這件事反映日本的對外商業，被交付到中國和日本私營商人及海盜的手中，而他們的背後經常有大名（地方領主）的支持和保護。[67]雖然「傳統的」倭寇劫掠被認為在一五六〇年代畫下句點，但由於明朝放寬中國海域的貿易，因此如果我們找到的證據顯示中國沿海的管理機構依然保持警戒，那也不令人意外。畢竟中國對海上貿易採取許可制不會對日本造成影響。[68]日本的海盜商人可以在劫掠和貿易之間自由切換，他們始終讓明朝當局如坐針氈。[69]只要是在不受到帝國監管的地方，當中國人的私營商業活動增加，倭寇也會隨之現身。荒野泰典強調這類通訊網絡在南中國海極為靈活，它在許可制貿易和違法私人貿易接合的地方熱絡運行，而且得益於一套運作良好的運輸網絡（荒野稱之為「倭寇的情報」）。[70]例如福建巡撫周寀在一五八九年的報告中寫到：

「漳州沿海居民會與各種『番』人交易，我國沿海還有日本『夷』人在窺伺，大型商人會與他們非法聯繫。」[71]該份文件還進一步指出，這些非法的貿易網絡與馬尼拉貿易也有牽連。[72]如果沒有串連起日本和中國的祕密海上活動，那我們將無法想像發生在澳門、馬尼拉和日本之間的南蠻貿易。[73]

海盜行為不只是一種尋求利潤的事業，它也是一種社會經濟現象。首先如同前文所指出，這些事業很多是受到地方當局贊助的。所以西班牙人把他們看作「委託私掠」(corsarios)也不是全錯。[74]再者，在馬尼拉上岸的許多違法船員都受到生存掙扎所驅使。若翰・德・梅迪納神父在根據傳聞的紀錄中（最早在一六三〇年出版），描述福建移民在中國的命運。文中指出人口過剩迫使人們必須在海上討生活。只要他們聽到有什麼容易賺錢的事，或可以過上更好的生活，這些流動人口就會與其他海上團體聯合經營事業，而被帶到菲律賓。[75]這位天主教神父基於鼓勵人們應在基督的統領下過上光榮的生活，堅定認為在南中國海流竄只會為這些人帶來不幸，但一旦他們來到馬尼拉，就能確保繁榮的未來。[76]

從本質上來說，這種目無法紀加上缺乏中央主權的複雜結合，確實會促進商業網絡的靈活發展。除了改變區域貿易的本質，也改變在與墨西哥或西班牙建立穩固貿易之前的馬尼拉。[77]

馬尼拉的西班牙移民一開始很歡迎接踵而來的商人，也很高興享有福建和日本的海上網絡，以及它們的彈性結構帶來的商船利益。[78]西班牙人只有在來到這裡的前幾年，曾經對商品品質過於普通感到不滿意。一旦中國商人漸漸意識到這個新興的馬尼拉市場具有的購買力，他們也懂得要適應這裡的需求：

他們不只是把原本要帶去麻六甲的絹絲和漂亮玩意兒拿到這裡來賣。只要有人買，他們就會把我們想要的東西都帶來；因此，自從中國人與西班牙人展開貿易之後，他們一年比一年帶來更好、更貴重的貨品。如果是來自新西班牙的商人，他們大概會想辦法從中致富，增加這部分的皇家關稅——端看是透過貿易還是礦產，我們都很清楚其中數量有多豐富。[79]

中國私營商人用船載來愈來愈多中國商品，交換美洲和日本的白銀。[80]從福建前來的海上旅程要花十到十五天，視季風條件而定。[81]過不了多久，西班牙商人和馬尼拉的皇室當局就開始擔心與中國作生意賺不了錢，因為中國人都只拿一些劣質的絲和陶瓷來交換白銀。[82]兩千到四千篤卡不等的船舶停靠費用不足以帶動殖民地的發展。在西班牙的國王議會為了回應馬尼拉居民的抗議，想出不再由墨西哥輸出白銀的方法，這樣便能廢止與馬尼拉中國人的直接貿易。[83]這個步驟當然從未落實。不過它讓我們看到馬尼拉貿易的活力並非來自西班牙

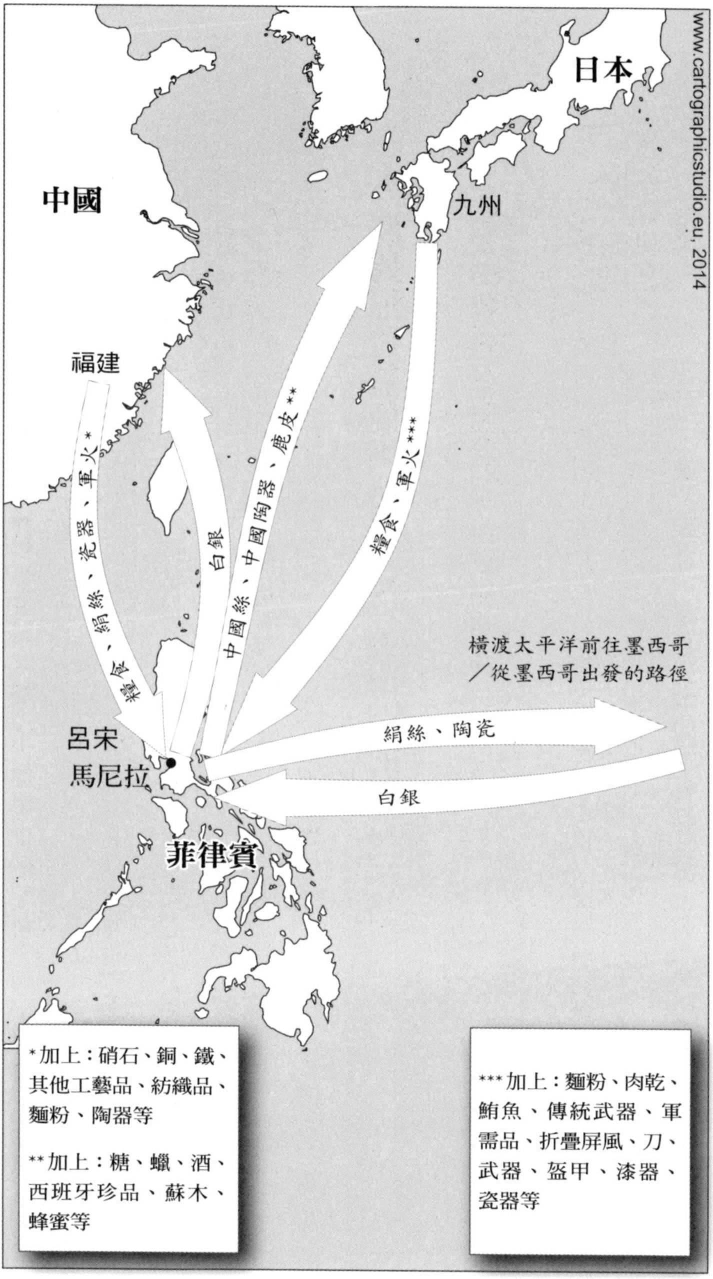
日本
中國
九州
福建
糧食、絹絲、瓷器、軍火*
白銀
中國絲、中國陶器、鹿皮**
糧食、軍火***
橫渡太平洋前往墨西哥／從墨西哥出發的路徑
絹絲、陶瓷
白銀
呂宋
馬尼拉
菲律賓
*加上：硝石、銅、鐵、其他工藝品、紡織品、麵粉、陶器等
**加上：糖、蠟、酒、西班牙珍品、蘇木、蜂蜜等
***加上：麵粉、肉乾、鮪魚、傳統武器、軍需品、折疊屏風、刀、武器、盔甲、漆器、瓷器等
www.cartographicstudio.eu, 2014

地圖六　三邊貿易

的官方貿易政策，而是得自其他元素。

最後也相當重要的是蓋倫帆船貿易的魅力，促使中國和日本的中央政權改變他們對外國貿易及相關交易的態度。[84]不論是中國或日本，都核發了極大量的馬尼拉貿易許可證或特許，這反映兩國的政治經濟結構都轉而較偏向國外貿易的方向。值得注意的是，西班牙皇室也想發給菲律賓移民許可證，供他們在亞洲各國貿易，但這個計畫從未落實。[85]以馬尼拉蓋倫帆船的通行證為始，由中央機構核發的貿易許可證，象徵了私人海上貿易轉變成國家控制下的交易。

4. 將馬尼拉蓋倫帆船整合進東南亞的貿易網絡

原住民的參與及呂宋的中日貿易起源

在西班牙的殖民統治下，菲律賓原住民在跨文化貿易中扮演的角色有幾點值得被提起。如同前文所述，有些原住民團體已經整合進對外海上貿易，他們會與到來的東亞商人交換國內產品，包括黃金、蠟和鹿皮，還有蘇木的木材以及蜂蜜。[86]勞拉・李・詹克（Laura Lee Junker）的研究強調在十五、十六世紀，菲律賓首領一直強化他們在長距離海上貿易的參與。

對於統治菁英來說，這代表可以獲得他們想要的奢侈品（例如中國絲），那些奢侈品和當地生產、代表地位的產品（包括裝飾性的陶器）一樣，都是領導者用來彰顯其神聖角色的元素。[87]雖然西班牙介入島上的經濟，當然會使原住民與外國的貿易受到牽制，不過在描繪整體圖像時還是有兩方面需要注意。首先是在馬尼拉之外的幾個區域，早在西班牙人來之前就展開交易，並在西班牙人來之後持續進行、不受到重大干擾。以邦阿西楠這個有豐富獵物的區域為例，直接的國外貿易關係還是能夠延續。不過從邏輯上來說，只有一小部分人口能夠參與，並藉由國外貿易獲利。[88]第二點是在整個西班牙統治期間，呂宋的原住民人口都拿得到中國商品，有時候還能用來交換美洲白銀。[89]這一點讓我們想起的確是有許多原住民擔任中間人，並以原住民的身分融入殖民地社會而獲利。其實這個發展造成的結果影響甚廣。如果呂宋的商人和工匠不再認為製造業是可以賺錢的選項，這不僅會逼使他們選擇做計日的零工賺取生計，還會抑制出口取向的生產。因此，我們可以得到的結論是：興盛的三邊貿易會使菲律賓社會中各個面向的傳統結構受到傷害。

西班牙人當然想以帝國的方式，把所有能賺錢的原住民貿易置於控制之下。舉例來說，一旦他們得知呂宋南部的比科爾（Bicol，位於今天的北甘馬仁〔Camarines Norte〕省）發現黃金，就馬上將黃金的挖掘和分配納入西班牙的管理，還建立了費迪南迪納莊園（Villa Ferdinandina）。[90]呂宋當地生產、可以賺錢的貿易商品還有鹿皮。一五七〇年代後，大量皮革被輸出到中國、墨西哥和日本，在十七世紀為了剝取鹿皮，每年有高達八萬隻鹿遭到獵殺。[91]鹿皮在日本的價值極高，日本的皮革產業會用來製作鞋子和武士的盔甲，所以原住民和日本商人之間的貿易一直延續到十七世紀，直到日本用臺灣鹿皮取代菲律賓的鹿皮進口。[92]有些研究者指出過度輸出使得鹿在菲律賓幾乎絕種。[93]由於中日之間對這類輸出品的競爭已經不受控制，於是西班牙人便力促禁止鹿皮輸出。[94]類似的案例還有中國買家被指控對這個島嶼造成生態浩劫，因為中國船隻總是運走太多木材，造成呂宋的木材短缺。[95]西班牙一再對中國人和原住民間的直接交易下達禁令，這反映一種經濟對抗的情緒，還有殖民地菁英不樂見東亞商人和原住民之間的合作。[96]殖民地菁英無法放心讓當地人口參與中日貿易，是因為他們執拗地認為原住民人口都很懶散。尤其是在白銀短缺時期，菲律賓的西班牙人更是責怪菲律賓原住民花錢時不經思考。自由貿易的言論甚至堅信如果「印地安人」（編按：原文以Indians稱呼）之前投入農業和棉布紡織多一點，就沒有必要讓中國人來菲律賓，美洲白銀也可以留在菲律賓群島。[97]

事實上，美洲市場在中國奢侈品交易中扮演的角色，比起在馬尼拉城內或周圍進行的小規模交易要來的更重要許多。從馬尼拉運往美洲的大量絹絲和瓷器，深刻地改變了西班牙海外經濟的消費模式和亞洲的生產模式。對群島的研究發現，加上馬尼拉蓋倫帆船的貨物申報，都透露出美洲對中國陶瓷器有高度需求。[98]

福建人與馬尼拉的貿易

每年都有數量龐大的福建商人前往馬尼拉，但是這些私營商人和領有許可的白銀載運船是否或如何被整合進蓋倫帆船的貿易中，現在依然沒有定論。我們可以說是西班牙的官方政策在引導這個趨勢。在一五九三年一月，國王腓力二世下令，規定西班牙的臣民不能再前往中國購買商品，還進一步指示如果中國想出售貨品，應該自己擔負風險前來馬尼拉。[99] 諷刺的是，就在西班牙皇室禁止在中國貿易不到一年之後，路易斯・佩雷斯・達斯馬里尼亞斯（Luis Pérez Dasmariñas）就抱怨中國人有下列規定：

> 他們不讓我們〔……〕去他們國家，西班牙人不能去那裡投資半毛錢——這個慣例完全與貿易自由背道而馳。所以為了防止發生其他對我們不利的結果，我便下令中國商人不能以經商為藉口住在這裡。[100]

在海澄的月港於一五六七年被啟用後不久，也就是在上述提及的皇家命令頒布很多年之前，大量中國官方商人來到馬尼拉。有些研究者指出，每年從月港到呂宋有三十份船隻的許可證。西班牙的資料顯示在高峰年間（指一五九〇年代到一六一〇年代），在每個貿易季節前來的船隻平均有三十到四十艘，每艘為一百到三百噸。[101]綜合來看，這個數量表示大約在一五九〇年，大多數前往馬尼拉的中式帆船都領有許可，而且那時候每年的白銀輸入都受到馬尼拉和中國官方的認可。[102]

關於輸入中國的白銀，理查德・馮・格蘭的數據顯示在一六〇〇年之前，中國每年平均輸入四萬六千六百公斤白銀，其中有百分之六十來自日本的石見礦山（石見銀礦於一五三〇年代開始開採）。[103]其他則是來自美洲的礦產，而且主要是經由馬尼拉輸入。在十六世紀的亞洲，投資東亞白銀貿易的商人是靠著西班牙、中國和日本各異的金銀比（silver-gold ratio）獲利，也就是經濟史上所稱的「套匯」(arbitrage)。由於銀價相對於金價在一五六六年和一六〇八年呈現貶值，因此白銀對黃金的比率在卡斯提亞帝國是十二比一，在中國則是從五點五比一，上升到八比一。在一五九〇年代，中國的銀價大約依然是其他地區的兩倍。[104]此處的研究宗旨並不是要分析長期的經濟發展，或誰是套匯交易的受惠者，但一些一般性的解釋模型和研究數據將會有所幫助。[105]通常月港在一五六七年開港，和西屬馬尼拉在一五七一年建城是通認的起算點。後者的時間點，也是葡萄牙人開啟一年一度在「澳門－長崎」這個路線進行中介貿易的一年。這條貿易路線的展開，替葡萄牙人在日本建立起永久據點。[106]

有許多紀錄記下葡萄牙與日本貿易的利潤和普及程度，其中主要的贏家就是摩爾人船長（capitão moro）或大船長（capitán mayor），全部賣出商品的大約有百分之十是他們獲利。[107]

葡萄牙人對把卡斯提亞王朝排除在日本與中國貿易之外的強烈興趣，決定了他們大區域的白銀貿易模式。儘管他們在日本失敗了，但至少在中國，西班牙人確實無法接收「他們的澳門」。例如在一五七五年，兩名奧古斯丁修士拉達和馬林，嘗試在明初以來就有駐軍的廈門定居。但正如我們將在後文看到，由於哈布斯堡國王不想危及脆弱的伊比利關係而表達反對，弗朗西斯科・德・桑德總督對「中國事業」的安排後來走向失敗。[108]不久之後，福建商人對貿易季節有兩艘葡萄牙船隻來到馬尼拉感到不悅，而在一五八七年邀請聖地亞哥・德・維拉總督在月港建立西班牙的貿易據點。[109]該年有三十多艘船從中國和澳門前來，船上載滿了馬匹、牛隻和其他貨品，並且都被很便宜地賣掉。也有許多從月港出航的船帶著明朝的許可證。[110]檔案紀錄顯示，日本商人也參與套匯交易。大約在一五七五年，若翰・帕切科・馬爾多納多（Juan Pacheco Maldonado）在寫給腓力二世的報告中，指出日本船隻每年會到訪呂宋，就是為了拿白銀交換黃金。[111]這足以支持馬尼拉作為中立的貿易據點的理論，並彰顯日本商人如何靠馬尼拉避開葡萄牙人在中間的介入，與規避中國的貿易禁令。在澳門一些反日本的規定，一次又一次造就馬尼拉的相對優勢。馬尼拉港成為亞洲海域唯一能提供中國和日本獨立商人自由、不受限制的市場。[112]在一六一四年，中國的兩廣總督為葡萄牙租界區引進幾條新規定，要求澳門不得讓日本人進入、禁止買賣中國人（例如奴隸），還有其他對停泊船隻的規定、在廣東課稅與對新建築的限制，總之都是要確保中國終局的統治。[113]

大致進行重述，我們可以說西班牙人並沒有葡萄牙或日後的荷蘭人那樣，擔任直接中間人的角色。反之，西班牙人替不斷造訪的中國和日本人提供一種先進設施——停泊港口。這種作法不僅讓殖民地政府節省經常性開銷，還能進一步從來這裡經營的貿易中賺取金錢。

我們知道在官方紀錄中，馬尼拉蓋倫帆船每年載運過太平洋的貨物不超過一百萬比索。在同一段時間中，載到馬尼拉的中國商品則一定會有大約一百三十萬比索的價值。[115] 特略總督在一五九八年告訴國王：中式帆船每年會裝載八十萬到一百萬比索的貨物回中國，而且商人在十天的停留期間賺得的利潤超過百分之百。[116] 但根據西印度群島綜合檔案館得出的數據，從價稅所獲得的年收入只有兩萬三千比索。[117] 這就足以解釋來到群島的中國商人，並沒有確實把獲利登記在官方紀錄中。[118]

以十年為區間	數量
1581-1590	102
1591-1600	119
1601-1610	290
1611-1620	49
1621-1630	73
1631-1640	325
1641-1650	162

表四　前往呂宋的中國商船[114]

「西班牙—日本」交易的不定期開端與制度化嘗試

某些學者受到岩生成一啟發研究近代日本在東南亞的貿易。他們的研究強調早在西班牙人到來之前，日本冒險家就經常出入卡加煙和邦阿西楠地區，這些地區的地理位置對日本人而言可謂完美。[119]呂宋北緣的卡加煙有一個日本旅居者的據點，也能支持這個主張。當時的紀錄顯示這個位於阿帕里（Aparri）城附近的日本人聚居地，總共有六百名居民，他們在海盜首領タイ・フーサ（Taifusa，或稱「大夫樣」）的指揮下，用武器換取來自伊哥洛特的黃金。[120]西班牙人在一五八一年發現這個聚落，他們認為這個日本人私下形成的營地——他們稱之為「日本港」（Puerto de Japón）——必須消失。[121]龍基略・德・佩尼亞洛薩總督在隔年力主採取軍事干預，使日本人敗於指揮官卡里翁（Carrion）之手，並造成大約兩百名日本人死亡。[122]卡加煙不只是一個倭寇暫時聚集的中心，西班牙會害怕進一步被攻擊也不是沒來由的妄想或是自我宣傳，這一點在日後會顯得比較明顯。

雖然日本人被認為是非法商人甚至是海盜，但西班牙人還是容許他們替馬尼拉的西班牙社群供應貨物。一名見證者說來自卡加煙的日本移民會前往馬尼拉，展開友好貿易並出售武器。維拉總督認為維持興旺的貿易關係，為群島帶來的利益只會多不會少，但他對日本人嫻熟武器一事仍心存忌憚。[123]岩生成一的考察強調在朱印船之前形成的貿易聚落（先是在卡加煙，後來則到馬尼拉），幾乎清一色是私人貿易。[124]他們在頭幾十年都不曾以日本當局的名義活動。外國官方像明朝官員或西班牙殖民者將他們標示為日本人，只是為了和中國旅居者作出區隔。不過，不論是「中國」商人或私營的日本商人，背後都可以發現多元的身分。

來到呂宋的日本商人受到九州大名（包括薩摩、肥後、平戶、長崎和博多）的資助。他們之中有一些人和天主教搭上線，也有些人只是假裝有興趣。例如加藤清正，他其實是一名虔誠的佛教日蓮宗信徒。根據當時的總督法蘭西斯科・德・維拉（Francisco de Vera）的說法，一五八七年可以被看作是日本正式參與三邊貿易的開端。[125]

雖然西班牙船隻早在貿易需要許可前就到日本，但相關的書面紀錄卻寥寥無幾。[126]我們能夠確定的是私人企業通常都有和葡萄牙人合作。[127]我們透過破碎的證據得知在一五九二年和一五九六年之間，有些個體會從馬尼拉航行到日本，並暫時住在長崎，例如貝納迪諾・阿維拉・吉龍（Bernardino Avila Girón）、佩德羅・貢薩雷斯・德・卡瓦哈爾（Pedro González de Carvajal）或安東尼奧・杜阿爾特（Antonio Duarte）。從十七世紀一開始到中後期，這些私人經營的商業有許多都和糧食貿易有關。[128]著名的例子包括一六〇二年的阿隆索・德・烏略亞（Alonso de Ulloa）和弗朗西斯科・德・馬爾多納多（Francisco de Maldonado）；一六〇三年和一六〇四年的尼古拉斯・德・拉・奎瓦（Nicolás de la Cueva）船長、一六〇五年的若翰・羅德里格斯・貝爾梅霍（Juan Rodríguez Bermejo）船長、一六〇六年和一六〇七年的弗朗西斯科・莫雷諾・多諾索（Francisco Moreno Donoso）船長、一六〇八年的若翰・包蒂斯塔・德・莫利納（Juan Bautista de Molina）船長、一六一〇年的若翰・德・塞維科斯（Juan de Cevicos）船長、一六一二年和一六一三年的多明哥・弗朗西斯科（Domingo Francisco）船長。[129]

引進幕府將軍的朱印船貿易，使日本在馬尼拉的貿易在本質上發生改變。從私人與南蠻貿易觀點來看，這表示菁英想截斷、重新引導，甚至是奪取個人利益。[130]從一六〇一年開始，德川家康寫信給馬尼拉總督，表達他希望與呂宋和新西班牙進行規律的貿易。[131]三年後，家康和接替弗朗西斯科・特略（Francisco Tello）成為菲律賓總督的佩德羅・布拉沃・德・阿庫尼亞（Pedro Bravo de Acuña，一六〇二年至一六〇六年在任）合作，讓兩個群島之間的貿易得以標準化。每季會有三艘船隻，日本和西班牙並互相制定保護商人和財產的法律。[132]同樣的，兩方又在隔年簽訂進一步協議，決定每年讓四艘日本船進入馬尼拉灣，日本官方也容許西班牙商人每年派遣四艘船到日本作生意。[133]這種透過德川許可商人經營以制度化國外貿易的形式，讓日本與馬尼拉的貿易量增加。[134]阿庫尼亞表示「持有天皇朱印的日本船隻受到熱烈歡迎」，這也足以證實德川的國外貿易法規，的確在一開始就對馬尼拉市場帶來穩定效果。[135]

在日本與馬尼拉貿易的全盛時期，日本的朱印船商人能賺到利潤，是因為他們滿足母國對奢侈品的需求，並為西班牙人社群提供日常必需品。[136]因此沒過多久，西班牙當局就開始害怕被日本人主導。為了限制日本人在馬尼拉的貿易，西班牙在一六〇九年七月二十五日頒布了一項法律，規定只能由西班牙船隻在兩個群島之間運送貨物往返。[137]不過這個計畫從來沒有被落實。

商業性的贈禮：西班牙對日貿易的特色

如果要了解馬尼拉體系就必須檢驗它的跨文化面向，換句話說，要理解為什麼外交和貿易相互結合的動態，對馬尼拉市場而言會如此重要。因此，在考察貿易的流向和商品之前，我想先討論一下一六〇〇年代早期的三邊貿易具有的一項特點。我們會發現前往日本的西班牙商船大概都帶了獻給幕府將軍的禮物。[138]這種看起來像是賄賂的行動，其實混合了歐洲和東亞共有的傳統。對兩者而言，使節和送禮都對商業擴張來說十分重要。[139]沒有這些助力的話，商人很難掌控艱困的貿易環境和協商模式。亞當．克拉洛解釋當歐洲人抵達亞洲時，他們習慣「派遣使節帶著官方信函和禮物（……）試圖與最高領導者見面」。[140]機會主義者西班牙人就是用這種方法，同時用商業互動和外交規定確保他們能進入日本市場。商業送禮並沒有規則性，視機會就送，所以貨物也經常被歸類為禮物。[141]前文所描述的私營西班牙商人似乎就會帶好幾套禮物，送給高階的幕府官員和當地藩主。日本歷史學家高瀨弘一郎找到一份馬尼拉財政官員在一六〇七年的文件，文件裡指出，習慣上如果馬尼拉派船去見日本統治者，一定會有使節同行，而且帶著高價禮物（價值介於八百到一千比索之間）。[142]禮物通常包括中國絹絲、卡斯提亞的布料和酒。紀錄裡也一再出現玻璃製品、蜂蠟和在呂宋找到的陶器。[143]武器也經常被送往日本，雖然武器不被認為是一種適當的禮物。送酒也是。由於在難以忍受的高溫下保存酒類（這是運往美洲的船上常出現的貨物）十分不容易，要從西班牙出口酒橫渡大西洋，無疑是一大挑戰。橄欖油也有類似情況，宗教浸禮很需要它，但是運送到目的地時經常已經腐臭了。[144]因此，把這些西班牙產品送到菲律賓其實是一種資源的浪費，也白白占了許多運貨空間。毫無疑問的，當卡斯提亞的酒在經過至少兩年旅程才被送到將軍府時，一定已經酸掉了。遺憾的是我們無從得知在當時日本是怎麼使用這些東西。

對於贈禮互惠原則的理解，也能解釋為什麼商人在一開始會採取這種作法。德川家康派到馬尼拉的第一艘船上的載貨清單，讓我們看到這個貿易模式其實足以讓西班牙人大賺一筆。貨物的品項很廣泛，同時包括象徵性的禮物和實用物品，其中有五百把劍、各種金屬和一萬零五百條毯子。還有兩面化妝鏡和三十個金屏風，足以讓我們相信這不是一般的商業交易。除了交換禮物之外，陪代表團前去的商人也會利用機會與當地商販以物易物。[145]安東尼奧．德．莫伽有另一段敘述中提到輸入馬尼拉的貨物包括日本屏風[146]和劍，也都符合這類描述。[147]

雖然這類紀錄在數量上未必精確，但仍然可以幫助我們了解西班牙與日本人的交易模式。從這些紀錄可以看出，菲律賓的西班牙人想規避皇室命令，而日本則藉由模仿中國的作法，來顛覆天朝上國的體制。西班牙獻上的禮物（通常明顯是一些臨時拼湊出來的物品），在日本的官方貢品紀錄中會先被歸類於異國物品範疇，再來會是各種絹絲和其他布料。[148]絲類製品原本當然來自中國，由西班牙人在馬尼拉購買，可能因為西班牙人能取得的其他禮物有限，或因為他們知道絲製品在日本最受歡迎。在西班牙方面，似乎也不是所有參與貿易的人都知道他們的策略性作法。一名在一六一五年被派往德川日本的西班牙使節，就聲稱要送給將軍的禮物都是些「無用之物」（cosas sin provecho）。[149] 也有些西班牙行動者出於各種原因，完全無視這些物質蘊含的象徵性威力。如果我們相信范禮安（Alessandro Valigano，一名被派駐到葡屬印度、極具爭議性的耶穌會人員）在他引發論戰的那些著名小冊子中的紀錄的話，托缽修道會（尤其是方濟各會）派往中國和日本的宣教團如果沒帶黃金或白銀，會受到嘲弄。[150]

5. 他們召喚的精神——在當地議價

具有高度象徵性的禮物和手勢等交換形式，主要是在馬尼拉以外的地區形成的貿易模式。我們現在要回頭討論馬尼拉當地的商業交易，當然它和上述情況並非截然二分。如果我們相信奧古斯丁修會的宿霧修道院院長若翰·德·梅迪納神父的說法，那麼在一六三〇年與中國的貿易可以為所有人帶來利益，不只是住在島上的人，甚至還有西班牙整體。因為在中國，「你可以得到任何想要的東西」，還有數不清的商船。梅迪納神父強調這個網絡的流動性以及商人的機動性，商人會前往暹羅、柬埔寨、摩鹿加群島、印尼的錫江（Makassar）和日本，以確保馬尼拉獲得各項必需品的供給，包括鐵、水銀、絲、米、豬肉、黃金和千百種其他用白銀換來的物品。[151]

福建和日本商人主導了最賺錢的貿易分支，不過他們的商業交易是在西班牙的監督下，也遵照總是在「當地」議價的邏輯。有兩個面向能支持這點：首先是馬尼拉反映出自由放任的結構，雖然它一直存在上述管控。若翰・吉爾指出，就算將未經登記的貨物私自運進馬尼拉，也只有少數人會受到處罰，通常懲罰也很輕。[152]這更進一步強化了自由貿易的氛圍。再者，貿易條件經常受到外界發展的影響。[153]有許多紀錄提到，早期在馬尼拉可以有龐大的獲利，而政治的干預又極少。[154]但是既然西班牙的控制依然可能存在，關稅和其他稅金也會直接算入「殖民地預算」(caja)，所以其實我們不太能把馬尼拉稱作中日貿易的中間港。我建議改稱它是中立的交易點，只是這個交易點會受到伊比利的商人和政策制定者支援，就像鄰近的港口城市。

此外，我發現在三邊貿易的高峰時，馬尼拉幾乎沒有夠活躍的中間人。福建商人和福建人的市場交易，朱印船商人和日本交易，西班牙人與克里奧爾人（criollo）[i]就和墨西哥交

i 編按：克里奧爾人（criollo）指的是歐洲白種人在殖民地移民的後裔，他的們的語言、文化或種族，是在歐洲移民和非歐洲人種的互動交流中產生。

易。到了一六一〇年後，葡萄牙人與馬尼拉和墨西哥的交易則愈來愈頻繁。[155]這種走勢當然不是沒有遭到批評。安東尼奧・德・莫伽（Antonio de Morga）就覺得馬尼拉的經濟呈現出一幅混亂的景象，他對此感到憂心。他抱怨馬尼拉缺少穩固的法律、糧食的價格過高，甚至還有仿冒商人。他說那是中國人和菲律賓原住民聯手推出的不正當策略。[156]他還指控富有的西班牙委託監護人和中國人操縱米價。[157]總而言之，由於能取得的貨物有限，再加上高度競爭和無法預測的議價過程，馬尼拉成為一個昂貴的地方。然而，市場的飽和又經常導致價格崩跌，這在一五九〇年代就曾發生過。[158]部分因白銀轉運而造成失控的通貨膨脹一再重演，再加上價格的波動（尤其是中國絹絲的價格），都反映出貿易保護主義失敗了。既然馬尼拉市場的價格受制於可否取得白銀，本書研究的這整段時期，這個市場便一直無法擺脫外部因素影響。塞拉芬・奎亞森（Serafin Quiason）告訴我們「匱乏的馬尼拉或阿卡普科市場是如何導致價格上升」，在一六二八年——那時日本官方已經停止派遣船隻前往馬尼拉——由於來自美洲的白銀過於稀少，使絹絲和其他中國商品的價格急遽上升。根據一名見證人的說法，當時的價格是漲到四倍之多。[159]

我們可以推測，最上層的批發議價發生在馬尼拉惡名昭彰的集市中。這讓我們聯想到費爾南・布勞岱爾（Fernand Braudel）對十六世紀後期歐洲的形容，只是馬尼拉的議價還未受到新興商業資本主義主宰。[160]福建人的議價策略和今天中國人討價還價的細膩傳統，仍然存在相似性，可以追本溯源。[161] 從上而下的議價極致範例是「整批議價」（pancada）制度[162]，它存在了許多年，只是成功程度不一。在一五八九年到一五九一年之間，腓力二世下令對中國商品實施整批議價制度。[163] 整批議價適用於批發或大批購買，指根據事先的協商，決定中國輸入商品的固定價格。一般認為這個程序可以確保中國不剝奪這種賺錢事業的利潤，並提高西班牙商人的獲利。[164] 整批議價帶動一種實際貿易之前先集體議價的形式。代表馬尼拉市政府的西班牙官員或商人組成委員會（cargaderos de la nao），由他們與中國商船的船長或指揮官討論定價。待投資就位之後，這個事先決定的價格就不能再更改了。[165] 但是一旦蓋倫帆船抵達延遲，私營商人就有更多機會「私下做成自己的交易」，這讓「走私和違禁買賣」興旺起來。[166] 因此，到了世紀之交，整批議價已經逐漸被自由的市場環境——「集市」（*feria*）所取代。[167] 路易斯·阿隆索·阿爾瓦雷斯的結論是既然整批議價沒能阻斷中國絲流往菲律賓各省，委託監護人和原住民就成了與中國貿易的最大輸家，因為他們很快就被排除在馬尼拉的市場之外。另外值得一提的是阿爾瓦雷斯認為贏家是道明會修士，因為他們支持馬尼拉的中國居民。[168]

我認為在一五九〇年和一六一〇年之間，還有日本人商人是第二組贏家，這要歸功於他們異常的購買能力。他們對馬尼拉特別有興趣，是因為那裡很容易取得中國商品，包括供給日本國內經濟的絹絲。[169] 他們對中國絹絲的競爭和在馬尼拉市場的優越購買能力，導致米價突然上升，這對西班牙的表現和整批議價制度都造成負面影響。[170] 來自馬尼拉輸入日本的商品包括絲線，在一六〇〇年之前絲線的數量達到四百至五百石（「石」為重量單位）。相較之下，自澳門輸入日本的數量是每年一千石。白絲和生絲主要是從廣東購買，然後就直接被裝船運到日本。[171] 十七世紀之前，有大批來自馬尼拉的中國絲被葡萄牙船隻運到日本。[172] 據說日本在一五九八年買斷所有來自中國的絲。由於輸出到日本的絲數量龐大，西班牙人擔心馬尼拉的太多日本商人會讓供應給新西班牙和歐洲的絲大幅減少，直接損及皇室的收益。[173] 加藤榮一指出十六世紀的日本願意買那麼大量的絲線，是因為當時各藩城的市場漸漸發展起來。[174] 因此馬尼拉不時會有絲的短缺，應該也不是意料之外的事。

相對來說，日本要到達馬尼拉需付出的成本相對較大，意味著去馬尼拉必須有等值獲利。朱印船運來的主要貨物包括日本白銀和日常用品，貨物總是很快被一掃而空。既然中國的高品質絹絲是日本代理人鎖定的主要商品，我的假設是中國絲線和其他絲製品，正是促使日本努力與馬尼拉維持固定關係的背後推力。直到一六一〇年代，日本在馬尼拉的貿易網絡已經包括東南亞的十幾個海外日本町，這提供我們進一步的論據，推測背後的操縱推力到底為何。查爾斯・博克瑟認為馬尼拉的日本人比中國人享有更多的貿易自由。[175] 不過有一個更仔細的觀察則認為事實剛好相反，指出不同於先前推測，日本人並不能免除付給西班牙皇家財庫的進出口從價稅。[176] 不過有時候（例如在一六〇七年和一六〇八年），他們沒有帶來任何需要申報的貨品，所以也沒有繳稅。[177]除此之外，有時中國人和日本人會直接以物易物，這當然也是一個規避繳稅的作法。通常馬尼拉當局傾向於繞過國王、自己作決定，這種獨斷的態度危害到西班牙與日本的貿易關係。當西班牙君主發現與日本的交易有些沒有繳稅，君主便指控殖民當局企圖非法中飽私囊，要求他們節制。[178]

6. 糧食貿易

上文引述若翰・德・梅迪納的話，清楚指出在一五九三年的限制前後，馬尼拉的物質需要都是靠來自中國和日本的私營商人及中間人。在一五九三年，中日貿易的船員從平戶帶去的貨品包括鮪魚、火腿、三百袋（picos）麵粉（譯按：pico 約合六十三・二六三公斤）、二十份銅、一千六百張毯子和三組日本刀。所有貨品都必須向總督和書記員申報。[179]其中有一項產品特別重要：麵粉。馬尼拉蓋倫帆船和駐紮在這個地區的西班牙士兵都是以麵粉為主要食物，後來麵粉在移民之間也廣受歡迎。馬尼拉有許多烘焙坊，移民會在其中一間烘焙坊，將麵粉加工做成麵包。小麥麵粉在日本南部很容易生產，所以就連比較小型的藩主都能加入外國貿易。[180]在一五八七年，來自平戶的第一批貨物抵達馬尼拉，申報的商品除了小麥之外，還有醃魚、武器、絹絲和工藝品。[181]阿庫尼亞總督在一六〇四年強調從日本載來的私售麵粉極其重要，軍需品和火藥也不遑多讓。值得注意的是還有許多被當作友善關係象徵的禮物。[182]除了日本會不時供應外，福建商人也是確保殖民地生存的關鍵。西班牙作者（下自傳教士，上至西班牙國王）描述中國移民是如何餵飽馬尼拉，他們用不多的錢替馬尼拉幾乎每一個人帶來麵包、豬肉、雞肉和魚肉。[183]食物供應成了馬尼拉體系的一個重要部分。有了這類方便的輸入，西班牙人就可以投入不那麼乏味、也非生產性的工作，這類似美洲的社會經濟分工。

東亞的私營商人也開始提供武器和其他軍需用品，因為西班牙人一直有防衛的需求，有時候還想擴張他們在這個區域的政治影響力。[184]上文已經驗證來自日本的貨物經常包括傳統武器、劍和軍事用品，例如鐵、鐵製子彈、硝石、銅和釘子。[185]除此之外，私營商人還會從日本輸入做繩子和船帆的麻藤植物。[186]一五八六年和一五八七年都有日本船隻運載武器抵達菲律賓。[187]有時候，西班牙也會派船去日本購買必需品。例如在一六〇八年就派出了一艘船上的主要貨物是生絲。殖民地官員和商人會用絹絲貿易賺來的錢，在日本購買鐵、硝石、麻藤植物、麵粉和毯子，供應到馬尼拉的倉庫（reales almacenes）。[188]從中國和日本運送到菲律賓群島的鐵也是另一種必需品，可以幫西班牙人縮減開支。鐵主要是做成造船所需的釘子，八里耳可以買到二十五磅（十一．五公斤），然而來自新西班牙的釘子卻要花上兩倍以上的錢。[189]福建富含像是木材和鐵這類原料，大概也都同樣供給西班牙用。[190]

日本歷史學家真榮平房昭對中國海域的武器運輸進行調查。十七世紀初期的武器既包括傳統的日本刀，也有歐洲製造的步槍。步槍在福建找到市場。雖然明朝禁止購買火器[191]，但福建商人很可能從馬尼拉買回步槍。馬尼拉變成該區域的軍用補給樞紐，這個名聲很快傳到日本。在朝鮮戰爭（一五九二年——一五九八年）期間，日軍的一位高等指揮官加藤清正（一五六一年——一六一一年）派遣船隻到馬尼拉，試圖取得中國的銅和硝石。[192]硝石（硝酸鉀）是火藥裡最重要的內容物，硝石的貿易反映出在馬尼拉貿易中有些角色模糊的代理人。[193]中國的硝酸鹽從宋朝之後就被成功用作化學爆炸物，歐洲的歷史中也始終存在對硝酸鹽的需求和長期短缺。中國歷史上一直禁止輸出，因為眾所周知明朝擔心這會幫潛在的敵人武裝起來。[194]雖然有這類禁令，不過安東尼奧．德．莫伽聲稱在監禁刑罰的威脅下，還是有中國的船長和商人銜命帶來他們之前一直不願帶來的硝石、鐵、銅和其他金屬。在那幾年間，私營商人的確還是找到方法，供應西班牙在太平洋所需。[195]

亞洲內部的中式帆船貿易，只有少數船隻專門運送糧食到馬尼拉。糧食貿易已經確實整合進議價體制，但是有特殊的條件。西班牙國王下令不可因為關稅，而使亞洲商人不願意在馬尼拉販售貨物，因此把糧食排除在所有貿易規定（包括從價稅）之外。[196]這當然會構成誘因，讓較小型的商人願意前往馬尼拉，也促使其他人留下來協助菲律賓群島的殖民。

有時候，外來的影響也會傷害制度的平穩。例如在一六〇九／一〇年的貿易季節，荷蘭的弗朗索瓦．德．威特（François de Wittert）劫持了三艘載滿貨物、正要開往馬尼拉的中國商船。後來威特於一六一〇年四月，在馬尼拉外海被若翰．德．席爾瓦（Juan de Silva）率領的艦隊打敗。[197]那幾年間多元化的供給模式，讓殖民地的基礎設施得以維持。福建和馬尼拉間的路徑有幾年間中斷了，福建商人就從日本或臺灣派出船隻。[198]此外，還有澳門的葡萄牙人也很樂意填補進來，擔任中間運輸者的工作。他們的投入可以往回追溯到一五八〇年代，那時候他們會從中國替馬尼拉供應建築材料，並從暹羅帶來硝石。[199]來自中國的供應急速下降的那段時期，西班牙人積極地鼓勵其他東南亞統治者提供軍事補給品給他們。也是因為這個理由，他們在大約一六二八年派出使節去交趾支那、柬埔寨和暹羅，當時三邊貿易關係正在經歷最後的陣痛期。[200]

許多歷史學家都發現有足夠的證據證明在糧食貿易中，葡萄牙商人扮演了重要的角色。約翰．維利爾斯（John Villiers）發現在運往馬尼拉的葡萄牙船隻上，有非洲人奴隸、印度棉花、香料、琥珀、象牙、寶石、小飾品、來自印度的古玩、波斯與土耳其地毯、澳門製造的鍍金傢具。[201]較為近期的也有阿梅利亞．波羅妮亞（Amélia Polónia）和阿曼迪奧．巴羅斯（Amandio Barros）對跨大西洋貿易的個人網絡與伊比利代理人所做的研究，其結果顯示雖然一直有禁令存在，但是葡萄牙人已經成為整體系統中的一部分。[202]葡萄牙人一直替殖民地提供商品和奴隸，所以西班牙人也樂得對他們違反貿易禁令睜一隻眼閉一隻眼。岡美穗子和盧西奧・德・索薩（Lúcio de Sousa）的研究是針對葡萄牙人進行的違法交易，他們從日本和中國載來奴隸。顯然在澳門禁止非法買賣奴隸之後，馬尼拉就成了新的轉口港。中國、日本和朝鮮的奴隸都是從那裡上船，被運到其他大陸。[203]上述研究者的發現為日後西屬菲律賓的奴隸和勞役性質的研究奠定了基礎：蓄奴的藉口是要保護當地人對抗摩洛人，因為摩洛人一直在呂宋和維薩亞斯群島進行奴隸的擄掠。

馬尼拉和澳門之間的連結

以長期眼光來看，數百名在亞洲的伊比利人對中國經濟的影響可能很微小。反而是美洲和日本的白銀流入中國，永續性地改變了全球化之前世界的全球經濟連結，還有許多個體以中間人身分，活躍於中國和日本之間的白銀與黃金貿易。[204]有人主張明朝的衰落是因為軍費日益增加，以及一六三五年和一六四四年之間從日本和馬尼拉輸入的白銀減少，這個論點在過去三十年間受到激烈爭論。[205]如果要完全掌握白銀貿易的複雜本質，我們必須同時關注思想體系的背景，以及日本、美洲消費模式的改變。雖然日本和西班牙都替中國提供銀條，但諷刺的是，明朝卻瞧不起這些供應國，還一直嘲弄他們只帶了白銀過來，就想交換中國這些高品質製品。[206]伊比利領土上的絹絲和瓷器製作品的確還沒有中國那麼先進。日本以前也領受過中國同樣的輕視。確實，雖然日本國內產品的製造技術到一六〇〇年已經進步了，但是成本仍然遠高於中國輸入品。

日本的白銀在十六世紀晚期輸出到中國，一般是循「澳門－長崎」的路線。每年從澳門出發的船隻通常會在六月離開中國，並在三月回來。其中會有多達兩百名葡萄牙人花幾個月時間留在日本，他們會在那裡花錢和追求娛樂。[207]相較於馬尼拉的西班牙人，到訪日本的葡萄牙人要多得多。[208]他們之中有一些人屬於基督騎士團（military Order of Jesus），慣例上，他們常因為不適當行為而知名。他們靠著騎士的特權獲利，即所謂的甲必丹末（capitan moro，譯按：原指王家艦隊司令）。如果要在澳門和日本之間往返航行，皇家的委任狀（alvará）是必要的證書，這堪稱是十六世紀葡萄牙在亞洲海上帝國最重要的一份文件。[209]同樣賺錢的白銀貿易，讓耶穌會教士在日本站穩腳跟。范禮安和「澳門－長崎」的絲商在一五七八年簽訂一份協議，讓耶穌會神父積極投入中日套匯貿易。那筆生意後來得到耶穌會總會長克勞迪奧．阿奎維瓦（Claudio Aquaviva）、教宗額我略十三世（Gregory XIII）和澳門、果亞的皇家官員認可。耶穌會可以從每年九萬六千公斤的絹絲運量中賺得一百公斤，這要歸功於教會享有相當自由的皇室任命權，又被稱為「保教權」（*padroado*）。[210]此外有好幾年期間，耶穌會常是葡萄牙與日本貿易的最終受惠者。身為跨文化的中間人，他們的技能對呂宋和日本的商業交易經常是不可或缺的；而耶穌會確保天主教商人在長崎的獲利，也是為了擔保他們自己未來的傳教工作。[211]這與西班牙的托缽會修士在一五九〇年之後在日本的活躍形成明顯的對照。

與呂宋西班牙人的緊張關係視外部環境而定，並且隨著地方不同而有所變化。摩鹿加群島是葡萄牙最脆弱的據點，該地的葡萄牙人比他們在澳門的同胞有包容性得多。他們有時甚至還會尋求西班牙幫助。在一五八二年，摩鹿加群島的長官第奧古・德・阿贊布雅（Diego de Azambuza）要求呂宋西班牙人派遣一千人協助他與德那第國王（Rey de Ternate）作戰。曼努埃爾・佩雷拉・德・維利亞斯博阿斯（Manuel Pereira de Villasboas）還親自到菲律賓要求龍基略給予支援。不過，龍基略總督沒有答應站在當時水深火熱的葡萄牙人背後，當他們的後盾。[212]

澳門是葡萄牙的非正式貿易中心，因此情況和摩鹿加群島完全不同。保羅・豪爾赫・德・索薩・平托（Paulo Jorge de Sousa Pinto）指出澳門的祕密，是在於那裡有：

> 調和當地菁英各自利益的策略、「葡萄牙—中國—日本」商人跨國結盟的遠景、皇室的任命和政略、為國王服務的葡萄牙貴族的利益、耶穌會在中國和日本的渴望，最後則是廣東省、諸位官員和最重要的——他們上級北京諸位官員的保留、斡旋和期待。[213]

雖然馬尼拉和澳門這兩個海外區域實際上一直是分開的，但葡萄牙和西班牙在一五八〇

／八一年結成「共主邦聯」（personal union），重新促進兩地的關係，並在經濟上取得多過於福音傳播的成功。西班牙人深知他們的海外領土有限制，因此希望借助與葡萄牙人的合作，改善他們在遠東的處境。但任何一絲朝這個方向努力的跡象，都會讓葡萄牙人懷疑他們將失去獨立。[214] 雖然澳門呼籲果亞和里斯本（Lisbon）應該將西班牙人摒除在利益範圍外，不過澳門最有錢的富商之一巴托洛梅烏・瓦茲・蘭代羅（Bartolomeu Vaz Landeiro），卻在一五八三／八四年開拓了「馬尼拉—澳門」路線。[215] 不久後，就有葡萄牙商人在長崎和馬尼拉之間航行，往返於兩個貿易中心，運送亞洲及歐洲的商品。[216] 葡屬印度的葡萄牙人較不講究務實，他們擔心在政治上失去自主權。葡萄牙人尤其在日本和中國極盡一切努力，避免失去他們被公認相對於西班牙人的優勢，至少這是在馬尼拉的西班牙人這麼認為的：

> 如果去到那塊土地的西班牙人，在中國人手中受到不好待遇，那都是因為葡萄牙人。他們會在中國人之間散播我們的讒言，葡萄牙人會警告中國人要小心卡斯提亞王朝，說我們專門偷取或搶奪別人國家；說得像是我們既然成為新西班牙、祕魯和菲律賓的主人，就一樣會努力奪取中國。[217]

同時，澳門也在一五八五年有了議會（或稱市政廳〔Senate Council〕）。有議會作為澳門的代表，讓澳門取得完整的城市地位。[218] 在澳門占據支配地位的葡萄牙人不是費達爾戈（fidalhos，譯按：指繼承紋章的貴族後代，但不一定具備勳位），而主要是擔任中間人和香料代理商的商人，這點和果亞不一樣。這個據點的特殊性格使皇室的干預受到限制。[219] 在一六〇〇年代早期，由於葡萄牙與日本的貿易收益日漸減少，使得澳門的葡萄牙居民堅決認為應該與馬尼拉進行貿易。他們主張自己也是「國王的臣民」，有權適用與馬尼拉或西班牙帝國其他地方所締結的規約。[220] 國王在一六〇八年正式允許澳門和馬尼拉之間的糧食貿易，並提供保護。[221] 從世紀之交到一六二〇年代，一直有葡萄牙船隻在馬尼拉與長崎／平戶、或馬尼拉與摩鹿加群島之間運送商品。[222] 這件事變得尤其重要，因為荷蘭人會從中途攔截，並侵吞由福建人主導的馬尼拉貿易。一六二〇年在荷蘭人攻勢中，有九艘發自澳門的船隻（七艘是葡萄牙人的、一艘是西班牙人的，還有一艘是日本人的）、三艘來自日本的船隻、一艘來自麻六甲、七艘來自印度及一艘來自柬埔寨的船隻，在腹背受敵的西班牙人支援下，抵達馬尼拉。[223]

到了一六二〇年代，葡萄牙人在馬尼拉的商業活動規模日益擴大，同時貿易環境卻依然不穩定。明朝中國發生一次白銀危機，因為西屬美洲和日本輸出到中國的白銀急遽減少。[224] 喬治・布賴恩・蘇薩（George Bryan Souza）指出在一六二〇年代，輸入馬尼拉的商品中，正式課稅的葡萄牙輸入品甚至可能多過中國大陸的輸入品。而在下一個十年中，馬尼拉交易的大量商品仍持續來自葡萄牙商船。[225]詹姆斯・C・博亞吉安（James C. Boyajian）的研究指出，對於資源特別豐富、機動性也高的西班牙系猶太人（casados）來說，馬尼拉的貿易在「亞洲貿易裡是比較能夠獲利的途徑」。[226]尤其是如同博亞吉安和盧西奧・德・索薩的討論內容，「猶太人改宗者」（Nuevos Convertidos）在東方的經濟潛力更值得一提。葡萄牙的全球網絡甚至吸引塞維亞的商人更前進亞洲，在一六二〇年代開始增加對馬尼拉蓋倫帆船的貿易投資。[227]塞維亞在接下來的幾十年中會派代理商前往馬尼拉，為亞洲的葡萄牙新基督徒經營中國貿易。[228]馬尼拉展開了一個非常不同的貿易年代，若翰・吉爾稱其為「澳門時刻」（the hour of Macao）。[229]麻六甲海峽的荷蘭船會妨礙與印度的貿易，而福建船舶則處於一六三〇年代明朝沒落之前的混亂時期。此時正是葡萄牙在馬尼拉貿易達到高峰的時期。西班牙人則依然不太欣賞葡萄牙人的貢獻。在一連串的投訴之後，馬尼拉殖民政府當局在一六三二年發布了十七項條文，禁止葡萄牙人在馬尼拉進行貿易。[230]不過幾年後，葡萄牙人在東南亞遇到危機，包括澳門與日本的貿易在一六三五年畫下句點、麻六甲在一六四一年陷入荷蘭之手，這反而讓盧西塔尼亞商人與馬尼拉變得更靠近。在一六四〇年，馬尼拉的輸入品依價值計算，有半數是來自澳門。[231]有趣的是一六三一年到一六三六年這段期間，是多民族貿易的顛峰時期，在甲米地註冊的其他歐洲和東南亞商船數量都大大增加。[232]

有幾個例子彰顯出西班牙路線的不同之處，那就是它沒有遵照套匯獲利的途徑。一名十七世紀早期的西班牙觀察家試圖解釋為什麼西班牙人無法在東亞貿易中獲得財務上的利益，他認為葡萄牙人的優勢來自不讓日本人進入他們的澳門市場，而西班牙人卻容許日本人在馬尼拉直接向中國商人買東西。[233] 馬尼拉一直有相對多數的日本人和福建人出沒，這不是卡斯提亞模式唯一的相異之處。卡斯提亞王朝從未在亞洲間發展制度化貿易，這點與葡萄牙不同。除此之外，西班牙只用最小限度的高壓手段達成貿易協議，這也和其他歐洲國家在亞洲海上舞臺的做法不同。[234]

後期從日本送往中國的白銀數量變得非常龐大。日本在石見和其他礦區進行密集挖礦的結果，讓白銀輸出大幅增加。[235] 日本的白銀是使用「灰吹法」提煉，主要透過與澳門和馬尼拉的外國商人進行交易，被運往中國。[236] 朱印船貿易活躍於一六〇四年到一六三六年，其間的某幾年會有超過三十艘日本船航往東南亞貿易中心，而且每年帶去多達三萬到四萬公斤白銀。在一六〇九年幕府頒布輸出禁令，其後也有劣質的錢幣開始流通。[237] 在一六一五年和一六二五年之間的高峰時期，白銀輸出甚至達到不可思議的十三萬到十六萬公斤之多。不論是在什麼時候，這麼龐大的數量當然不是在日本貿易的中國私營商人、或馬尼拉的西班牙人能主導的，甚至在日本與西班牙斷絕關係、以及後來驅逐葡萄牙人後，白銀的輸出量都還有增加。[238]

結語

本書第二部分主旨是從聯動歷史角度出發，大略說明馬尼拉在一五七一年和一六四四年之間作為三邊貿易的中心。參照上文，近代的馬尼拉對於三邊國家或所有參與者而言始終都是一項挑戰。例如卡斯提亞王朝一直想創造更自由的氛圍，但從未能克服他們自身即興、權宜的態度。剛進人十七世紀時（當時整批議價制度已遭廢止），馬尼拉商人有好幾年間享受幾乎不受限制的商業交易，然後才因為皇室的限制緊縮，使這種自由突然畫下句點。皇室干預阻礙了經濟發展，而許多條法規造成殖民地只獲得有限回收。在幾個近代的歐洲貿易國家中，只有西班牙直接讓日本進入他們的市場，但也只有西班牙沒有在日本或中國建立永久或暫時的商館。

值得注意的是，中國沒有辦法在幕後操縱三邊貿易，把從馬尼拉賺得的利潤導回母國經濟。一如我們也注意到中國人並沒有派遣船隻前往美洲——這是日本人極想採取的大膽步驟，我們將在後文進行討論。對日本人來說，最大的挑戰是結構性問題，同時他們又碰上不好的時機。說到時機，值得注意的是日本人在馬尼拉的貿易顛峰大概是在一六〇七年左右，也就是日本人在東南亞海上貿易達到高峰的前幾年。

接著談談馬尼拉作為一個體系的多層次動態。其實馬尼拉這個體系，並不是一個半依附邊陲的核心。它在中國海域和太平洋的許多地區觸發了持續性的全球衝擊。這個體系的流動性帶來快速變化，並讓保護主義的商業與自由放任的交易同時並存。雖然馬尼拉蓋倫帆船的貿易是由皇室壟斷，但其實這種壟斷並不如字面上顯示那樣強勢，它給這個中立據點的三邊貿易留下了許多空間。而結果之一，就是中國商品可以被便宜取得，這讓所有階級和種族的消費模式隨之改變。同時，如果衡量一下馬尼拉在近代全球貿易中占有多大的重要性，我們會發現其實也不只有商業利益刺激馬尼拉發展。西班牙的政治經濟面臨的最主要挑戰，是回應長達幾個世紀、早已根深蒂固的概念（例如朝貢貿易），它們無法輕易被貿易保護主義取代。當代的大多數人與歷史學家在評價西班牙的遺緒時，都會以國家成敗來論英雄，如果結果失敗了，就怪罪國家的重商主義不合時宜。但無論是重商主義或政府的管控機制，這些都不是西班牙的發明。大西洋體系或馬尼拉的蓋倫帆船貿易，就等同於朱印船貿易和中國的市舶司。

市場需求是如何帶動貿易，可說更值得被關注。從邏輯上來說，當然不是所有貿易政策都是由中央政府引進。馬尼拉的市場說明了這些形式的貿易保護主義如何盛行起來。商人成了西班牙殖民城鎮裡最富有的階級。西屬美洲是由官方卡斯提亞商人獨占大西洋貿易，但在馬尼拉卻不是如此，在馬尼拉是由亞洲商人取得類似地位。亞洲商人並不熱衷於強化政治地位、或再去投資母國經濟（這兩方面都將在後段章節更詳細討論）。而何以如此，只能從馬尼拉體系的本質來理解。萬一在馬尼拉事情的阻力變太多，商人也不難找到其他更有吸引力的港口城市。馬尼拉還讓我們看到這些三邊關係不具侵略性的特徵，如果當時的馬尼拉人對與中國進行貿易不算太有興趣，福建人也沒有興趣逼迫馬尼拉就範。

過去的迷思都認為西班牙可以獨占馬尼拉、日本的腳步比較慢，對馬尼拉也不感興趣，而中國則是農業化、孤立甚至專制的國家。本文運用比較研究的方法，終極目標就是要顛覆這些迷思。如果要更深入反思這三個國家各自的政治經濟結構，我們就必須轉而分析國家的競爭，並討論這三個國家為什麼沒有能夠善加利用馬尼拉所在位置的明顯優勢，以及官方和非官方的相遇、外交政策、權力關係與政治互動等，是否威脅到馬尼拉的長遠商業發展。

第三部分

拉遠鏡頭：
地方、中央與全球的連結

第一章

三邊的外交關係：
南中國海的跨文化外交

中國、日本和西班牙之間存在以馬尼拉為中心的三邊貿易，它既是出自三國貿易與外交相互作用，也須取決於一連串的外部因素，因此我們能較不嚴謹地將它形容為外交關係。近年來有愈來愈多研究讓我們從外交中，重新看到外交關係的全球化。包括佐爾坦・比德爾曼（Zoltan Biedermann）研究葡萄牙在亞洲的外交。[1]儘管使節已被視為擴張時不可或缺的工具，不過在這個由「實用與象徵性價值」主宰外交交易的時期，在理解政治層級的跨文化相遇時，還是很少人注意到「模糊性」（ambiguity）這個概念。[2]在最基本層面上，「資訊的收集、代理和協商」在依然缺乏統一外交禮節的殊異政治、文化間，決定了跨文化外交的結果。這是國家超越了與自身文化相近的鄰近地區，在國家層級上的第一次接觸。[3]雖然卡斯提亞王朝與日本和中國的直接接觸是外交史上全新的一頁，但中國與西方的關係卻並非首次。[4]隨著歐洲在東南亞的影響益發擴大，也有愈來愈多不明確和難以解決的政治與經濟需求。歐亞之間這種新的交易，需要適合彼此的規則，並從中形成近代區域性的國際體系雛型。[5]由於歐洲人在菲律賓領地建立統治時，中國和日本也同時發生政權更迭，所以似乎的確要探究此時與伊比利人的接觸如何影響外交的交鋒。

這邊研究的焦點，已經從實質層面轉向商業關係的互惠過程，與三邊的外交政策，而非一再重提伊比利人的影響，或用過時的口吻描述西方人的傲慢（對比其他人的無知）。[6]而幾位外交人物的成就也正好能佐證相反的事實。那意謂我必須小心自己偶爾出現的修正主義傾向，避免把各種互動方式混在一起，誇大交流的順利進行。[7]普遍來說，人們都同意海上商人很快發展出通俗的工作用語，讓商業溝通可以順利完成。他們的通用語通常混雜各種語言和簡化的口語，但是要找到正式溝通時能互相了解的語言，就複雜多了。其實可想而知，當時缺乏足夠資訊評估不同社會、文化和語言背景下，當事人或發言者各自使用的官方溝通行為。政府官員和外交顧問最在意的當然還是保護政治領域，避免外來的潛在風險，與抵擋可能的軍事侵略或阻擋不可靠的消息。

這類外交交鋒面臨到一個很大的挑戰，就是雙方對協作規約的理解各自有所偏差，例如要如何建立平等或維持友善的關係。[8]一方面，在十六世紀的歐洲，「平等」或「相同水平」的交流應發生在「同等地位」（inter pares）的雙方之間，而在中國或日本不存在這類習慣。[9]另一方面，亞洲國家細膩的象徵性文化也對歐洲人產生顯著影響（歐洲人通常對異國禮俗深感著迷）。[10]不過，許多歐洲貿易國家急著在亞洲適應、吸收、達到調和或甚至融入時，他們卻無法理解這些有別於歐洲的舊式外交渠道。然而同時，這三個國家也存在顯著的相似性，例如在主權表現方面，西班牙、中國和日本並沒有太大不同，三國基本上都要求只有國家首領才有外交的權限。[11]

西班牙、中國和日本還有另一個共通點，就是他們的思想體系出發點都覺得自己優於外在世界。西班牙人是受到天主教會聲稱的文化霸權所激勵，中國則是根據一套複雜的思想內容，把自己置放於世界中心和其他文明之上。中國人稱呼並認為其他文明都是蠻夷之邦。中華思想（中國中心主義）與其他主權的聲明並不相容。[12]在以中國為主的世界中，日本通常會抗拒被安插為蠻夷之邦的角色，而朝鮮總是樂於臣服明朝，因此歷史學家甚至會將日本描繪成朝鮮的對比。[13]日本這種拒絕臣服的形象在十七世紀愈發激烈，德川的外國顧問還根據中國的新儒學思想，構想出一種進步的國際關係模式。這種模式一方面和受限制的外交關係原則結合在一起，一方面也確保日本的主權。

1. 日本和明朝中國之間的外交轉變

第一章已經介紹，中國的傳統體系是以中國為中心，並且實施朝貢貿易；文中也提到日本是中國的近鄰與「漢字文化圈」成員之一，所以在當時中國的國際關係扮演特別的角色。[14]概括來說，日本的國際關係專指日本相對於中國的地位，因為「華夷」的世界觀將中國定位成被蠻夷圍繞的中心之國。[15]這種世界觀維持數世紀之久，造成中日之間的緊張關係，朝鮮也糾纏在其中。而且一五二三年和一五四九年兩國關係的破裂，也對馬尼拉體系帶來無可否認的後果。[16]如果要談論日本在中國的朝貢貿易中扮演的角色，我們必須記得，在中日最後一次「勘合貿易」（一五四一年）之後，日本的統治者都不曾與中國再建立外交關係，直到一八七一年，明治時期的日本與清朝簽訂友好條約為止。

豐臣秀吉和德川的統治者都想重啟與中國的正式外交關係，或至少得到中國的確實承認。同時，他們還展現出想讓日本成為區域性海上強權的企圖，想在以中國為中心的世界中，重新為日本定位。在一五九二年到一五九八年之間，因為秀吉遭受中國拒絕而深受冒犯，急著想讓明朝對他的軍事實力留下深刻印象。[17]日本歷史學家都強調是因為秀吉的自我膨脹和武士心性，才讓他在外交關係中顯得很莽撞。[18]秀吉不願意順服明朝，因此並不理會傳統的中國體制。他對世界的新理解是要強調日本的優越。這種新理解的建立，可以追溯到他準備入侵朝鮮時。早在一封他寫給朝鮮國王的信中，秀吉便直言不諱地說出他想征服明朝（秀吉稱明朝為「唐國」）。[19] 而在一五九一／九二年，他要求臺灣和呂宋的統治者對他進貢和歸順[i]。我們可以注意到秀吉外交關係的特點，是基於舊意識形態運用的新外交手法。[20]

總的來說，秀吉推動的外交關係，經常被認為是代表他亟欲挑戰中國在亞洲的霸權。[21] 日本侵略朝鮮一事支持了這個假說，本書將在後段詳述。[22] 朝鮮國王對秀吉入侵中國的計畫造成阻礙，讓秀吉決定動員大約十六萬人展開侵略。他們在一五九二年五月，戰勝在軍事上防範不及、軍備也不足的朝鮮軍隊，並攻下釜山，接著又在六月讓首爾淪陷。日本軍隊是在前往平壤的途中才遭到大規模反抗。在海軍這方面，朝鮮皇家信使李舜臣調度龜船打敗了日本海軍。李舜臣用他的戰術讓秀吉蒙受重大損失，他成功切斷日本的供給線，讓朝鮮人在明朝中國的援軍到達之前，可以有一絲喘息餘地。明朝對忠誠的臣屬國朝鮮而言，擔任了保護勢力的角色。[23]

日本軍隊這次惡名昭彰的征途，是希望取道朝鮮入侵中國。雖然日本從未打到中國

---

i 編按：豐臣秀吉統一日本後展開稱霸亞洲事業。他先是於一五九一年派遣使者前往朝鮮王朝、琉球、呂宋、臺灣、越南等地，要求他們向日本稱臣，輔佐日本攻打大明，然而皆未獲回應。同一年，豐臣秀吉更以「假道入唐」名義，致函朝鮮國王，表示將假道朝鮮進攻明朝。在未獲朝鮮王朝回函後，豐臣秀吉於一五九二入侵朝鮮，迫使朝鮮向宗主國明朝求救，請求派兵支援。這起事件被朝鮮稱為壬辰倭亂，中國稱之為萬曆朝鮮之役，日本則稱之為文祿慶長之役。

本土，但也讓明朝朝廷緊張起來。明朝廷不僅懸賞秀吉的項上人頭，還資助日本的情報活動。[24]這時中國的沿海邊陲就被賦予政治要角，從兩廣總督到福建巡撫，最後連連琉球國王都派了間諜。《明實錄》裡對明神宗（萬曆帝）的紀錄，還強調秀吉發動戰爭帶來的跨國影響，並提議應將「日本的侵略意圖」告知澳門葡萄牙人，「說服他們行刺秀吉，以換取獎賞」（令其擒斬關白入獻）。[25]

在一五九二年日本與明朝進行和平談判時，日方很明確以重啟「勘合貿易」為優先。有些談判內容或許讓當代的觀察者覺得難以明確歸類，但對當時的日本來說卻不是如此。既然外交和貿易之間沒有明確區分，同時兼具兩者的性質也並非不可能的事。這表示東亞的外交關係在本質上，比一般認為的還有更多解釋空間。日本第一次入侵朝鮮戰敗之後，秀吉向明朝表達歸順之意，並一併提出一連串放肆的條件。秀吉的海軍將領小西行長（一五五八年——一六〇〇年，[26]也是所謂的「天主教大名」之一）在一五九三年捏造了一封信，表示秀吉想要依循足利義滿的前例受封為日本國王。[27]小西這麼做其實是為了順利與明朝締結和平協議，因為他們認為能夠重建勘合貿易，才是對雙方而言最大的利益。小西行長甚至在隔年宣稱，是因為朝鮮看到日本想與明朝恢復勘合貿易而有冒犯舉動，才導致日本以武力侵略朝鮮。[28]小西的計畫成功了，明朝當真依照傳統冊封秀吉為王。[29]明朝派遣的使節在一五九六年帶著萬曆皇帝的命令抵達，想正式承認秀吉是「日本國王」，但是這個舉動卻觸怒了秀吉。雖然他接受冊封，但卻很惱怒明朝皇帝對他提出的其他和平條件完全置之不理。[30]在混亂的協商後，秀吉終究還是拒絕成為明朝的封臣，並且堅拒「國王」這個封號，因為這代表日本統治者的地位居於中國皇帝之下。[31]

最後是因為秀吉突然病逝，才讓這個區域的情勢安定下來。戰爭的結局是日軍潰敗，但朝鮮與日本雙方都有巨大的人命損失。根據不同文獻說法，在朝鮮被殺的人多達一百萬人，並且有百分之八十的可耕地遭到破壞。肯尼斯・斯沃普（Kenneth Swope）和鄭維中的結論，都是說為了達到海戰需求，南中國海的船隻建造增加了，商人和船隻也會被課徵額外的稅用作戰爭資金。[32]近期的研究強調這起事件對世界史具有重要性，因為它們阻礙了朝鮮的經濟發展，還為明朝未來帶來危害。對日本來說，侵略則對長期的經濟有正面效果。舉例來說，士兵會把一些有用的技術知識帶回日本，嘉惠國內的陶器生產。

德川統治者一開始是以恢復對中國的朝貢關係為目標。[33]在一六〇〇年關原之戰期間派遣了一個代表團出使明朝，目標就是打開與福建的貿易。萬曆皇帝沒有對日本的攻勢作出回應，不過同意每年會讓商船前往薩摩兩次。但這個計畫從沒被實現過，中日之間啟動定期貿易的機會也逐漸消失。[34]為了再一次展現善意，加藤清正在一六〇二年送回八十七名中國戰俘。雖然德川朝的首批在位者極力與秀吉和他的政治言論拉開距離，但他們也沒辦法接受臣服於明朝的地位。其實德川家康還曾經提出國對國的關係，試圖挑戰中國最重要的世界秩序。幕府直接寫了三封信給明朝廷（均署名內大臣源家康）。值得注意的是這三封信都不是以中國的外交禮節要求的「國書」形式。[35]此外還有日本的地方藩主自行其是的外交作法，也讓明朝當局感到難以理解。島津氏在一六〇三年派遣使節團，邀請中國商人到九州的幾個港口。島津氏歸順德川幕府之後，幕府想透過琉球重建與明朝的外交關係（琉球那時名義上是在薩摩大名的控制之下）。[36]琉球成了中日關係的另一個議題。雖然表面上明朝還是與沖繩國王維持著朝貢的關係。[37]

雖然中日的官方協商最終失敗了，但卻有愈來愈多自營的中國人私自前往日本，其中有許多人經營朱印船，這些私營商人人數增加迅速。[38]相較於得依賴死板外交關係的貿易，這當然是很受歡迎的替代方案，於是家康積極尋求加強與中國商人的連結，試圖直接接觸到中國絲產業。[39]不過，商業交易其實不太容易脫離傳統的外交架構，由下述這件事中就可以看出這一點。在一六一一年，有一個叫周性如的人（可能是南京商人）先在五島列島登陸後，銜命前往駿府。他前往江戶時，曾建議應向福建巡撫陳子貞要求核發「勘合」。家康命令本多正純寫一封官方信件，提供朱印狀讓他與長崎進行貿易。[40]在那之後還起草兩封信：一封是以心崇傳寫的，另一封則是新儒學的學者林羅山所寫，兩封信都不是由家康或秀忠署名。[41]

姑且不論外交上的挫敗，其實上述私營發展也沒有順利進行，因為福建當局注意到中國人視嚴格的禁令如無物，依然擅自前往日本。[42]在一六一二年，有九十六名日本人登錄為澳門居民，廣東當局嚴厲逼迫葡萄牙人議事會要處理這九十六人。[43]到了隔年，明朝中國強迫澳門的葡萄牙人驅逐這些人，接著又重新規定日本人不得進入澳門。[44]在一六一二年，北京的明朝廷從到訪的琉球使節團那裡，進一步得知日本人無意恢復正式朝貢關係，日本人的目標只是不受限制地與中國貿易。中國不願意接受日本要求的平等關係，也不允諾修改朝貢關係，還對中國東海岸的江蘇和浙江發布新的禁令。[45]日本方面在一六一三年和一六二五年又重新試了一次，但也都鎩羽而歸。[46]日本最後這些嘗試不見成效，可以歸咎於他們看似草率的文書往來和對中國過於高漲的自信心，而村山等安在一六一六／一七年率軍進攻臺灣的事件，又使情況進一步惡化。[47]這次事件使中日之間又展開和談。談判的雙方是福建當局和德川的使者明石道友。中國方面要求日本不要再靠近臺灣，日本方則要求中國不要再將他們視為格殺的海盜。雖然兩方對未來的商業關係達成了協議，但結局依舊走向死路一條。[48]

隆納．托比討論過幕府濫用外交關係鞏固國內的統治，並且證明「日本對國際關係的處理」帶來深遠的結果。[49]繼琉球之後，幕府接著操作與朝鮮的外交關係，而且進一步威脅到中國。[50]秀吉發動侵略使得日朝關係破裂，後來因《己酉條約》（或稱《慶長條約》，訂於一六〇九年），兩國關係獲得修復。在一六一七年後，對馬的宗氏和家康用來服朝鮮的聰明計謀，在德川日本的外交關係中扮演重要角色。朝鮮在正式關係中是以「朝鮮通信使」作為其代表，且朝鮮是唯一一個被江戶幕府接受的外國。[51]來自朝鮮和琉球的正式使節，有助於德川家和對德川效忠的封臣繼續獨占國外貿易，也讓他們可以宣稱在國際上的合法性。明朝認為琉球和朝鮮都是最服膺中國華夷秩序的成員。[52]這些新的外交規範刺激了托比所謂「日本型華夷秩序」的誕生，意思其實就是把日本置於中心，因此被中國認可就顯得過時而無用。[53]在過去幾年間，日本歷史學家破解托比的強烈主張，指出這個論點應該被限制於日本內部的思想體系——「日本的華夷思想」。在外交交流方面，一六三四年之後的琉球使節和荷蘭東印度公司代表的正式拜訪其實有一些相似性。不過和荷蘭東印度公司的商館長（opperhoofd）或阿蘭陀甲必丹（Oronda kapitan）每年去江戶參府（hofreis）則有些許不同，「參府」會先安排令人難以想像的華麗莊嚴儀式，在謁見幕府高官時則極為安靜。荷蘭東印度公司將領的旅程，其實就等同於往返於將軍朝廷的「參勤交代」。[54]

由於明朝改朝換代、過渡到清朝，中日關係也在馬尼拉體系形成之後發生劇烈的改變。在一六三〇年代晚期到一六六〇年代之間，南明需要外國協助對抗滿人，因此便轉向日本和澳門的葡萄牙人尋求幫忙。他們會將寫下的要求送往江戶，並交給長崎奉行。德川和島津一開始都表示同情，但他們最終仍然只有作出含糊不清的回應，沒有提供實際援助。[55]

2. 中國和海外西班牙之間的外交關係

明朝對如何達成普世統治的想法，和征服中原的元代前朝有極大不同。[56]明朝雖然在一五六〇年代放寬了海上貿易，但國家安全——意指保衛和防禦國家邊界及國內的穩定——依然是明朝最主要的焦點。[57]外交關係是外交和貿易之間相互作用形成的。如果如王賡武所言，朝廷有時候會將外國商人視為統治政權的外交代理人，與他們進行貿易[58]，那其實明朝當局是把中國和西班牙商人的互動看作是朝貢貿易。僉都御史兼福建巡撫劉堯誨的紀錄也證實這個假設。他在一五七六年提到「另外還有來自呂宋的人一併獻上貢品和他們帶來的地方特產」。[59]雖然中國官方將早期前來的伊比利人視為朝貢商人（藥劑師托梅・皮雷斯〔Tomé Pires〕在一五二一年組成的使節團，就是因為同樣理由而失敗的），不過卡斯提亞王朝卻無法看出這類區別的益處，只將其視為羞辱。[60]葡萄牙人在一五五六年對北京提出要求，希望朝廷容許他們正式進行朝貢貿易，荷蘭人甚至有時還安於朝貢地位，例如從一六五六年到一六六七年之間在廣州便是如此。但西班牙人與前兩者不同，他們從未獲准正式與中國接觸，也不被允許前往北京。準確來說，中國和西班牙之間不存在直接的雙邊協商，這決定了海外西班牙在亞洲的殖民政策。[61]

不過，如同前文指出，如果我們狹隘地把外交關係看作是國家元首或代理人之間直接、正式的信件與使節交流，那就遮蓋了官方接觸裡其他值得注意的面向。舉例來說，明朝中國和海外的西班牙帝國首次直接交鋒，可以追溯到一五七四年，當時廣東的亡命之徒林鳳率領一群海盜進攻馬尼拉，他在那之前曾試圖攻下廣東沿海和海南島，但是鎩羽而歸。對於林鳳（西方文獻中稱其為「Limahon」）的事跡，大部分是被呈現為中國的亡命之徒，想在西班牙殖民還未成形前征服其領地。歐洲的文獻記載西班牙司令若翰・德・薩爾塞多和部下是為了西班牙的主權而戰，他們先擊敗了林鳳的海盜勢力（總共有七十艘船和三千多名入侵者），中國才派遣把總王望高（西班牙文獻稱王望高為Wan Kao、Omocon或Homocon）率領艦隊前來支援西班牙。[62]伊川健二仔細檢視中國的紀錄，發現有證據顯示林鳳屬於倭寇網絡，他所屬的網絡以一名叫Sioco的日本人將領為代表，Sioco也曾經與西班牙人作戰，據聞西班牙領主馬丁・德・戈伊蒂（Martin de Goiti）和他的妻子就是被Sioco所殺，然後Sioco自己也死在戰場上。[63]

林鳳在中國的文獻中被稱為「廣東強盜」，明朝軍方將這夥強盜一路追擊到呂宋，追擊行動的高峰是西班牙與中國第一次簽訂條約時。[64]中國和西班牙都希望南中國海有法可管、享有和平，這使雙方產生互相承認的動機。總是擺著官架子的中國首度同意燒毀「呂宋夷兵」（yi troops of Luzón）所劫獲的林鳳船隻。[65]這些事讓西班牙燃起希望，想藉此與明朝建立正式關係以進入中國。[66]一五七五年，福建巡撫派遣高階將領王望高為使者到馬尼拉，吉多・德・拉韋薩里斯總督（Guido de Lavezaris，一五七二年至一五七五年在任）便抓住了這個機會。[67]在通譯協助下，雙方進行面對面交流，拉韋薩里斯得到的結論是中國「國王」有興趣和西班牙人締結友誼。[68]我們應該可以假定這個決定性的時刻，讓東亞脈絡中的友誼觀念被大大混淆。兩名奧古斯丁修會的修士——馬丁・德・拉達和熱羅尼莫・馬林（Jerónimo Marín）——組成西班牙代表團，和福建官員一起回到漳州及福州。他們帶了拉韋薩里斯寫給皇帝的信，那封信透過馬尼拉的中國商人（他被稱作「Sinsay」，即先生）所翻譯，目的是獲得友誼與貿易機會。[69]代表團啟程之前，拉韋薩里斯總督諄諄叮囑他們不要嘲笑當地人的宗教迷信、不要與女性攀談或孤身夜行，[70]這顯示他的確有對跨文化接觸的敏感度。從比較廣泛的角度來看，腓力三世與家康之間的友好通信往來，以及他對柬埔寨和婆羅洲的類似言辭，也都顯示此時的西班牙外交活動的確有相似性和延續性。[71]

據稱西班牙人抵達福建沿岸之後，中國當局給他們很好的待遇，也容許他們在沿海進行貿易，但反對他們像葡萄牙人在澳門那樣成立租界。[72]兩名代表在一五七六年返回馬尼拉，還帶了禮物，並且有中國士兵擔任護衛隊。[73]但等到消息傳來，說西班牙軍隊沒辦法把林鳳抓住並交出時，福建當局馬上一改友善態度，也不再支持西班牙在中國的教會。[74]這是西班牙第一次嘗試與中國建立雙邊關係，最後以失敗告終。這起事件在十六世紀西班牙試圖進入東方的過程，算是十分典型。西班牙的推進著重在不斷傳播福音，並步步進攻中國與西班牙的外交關係中，這點從西班牙對使者的選擇中可以看出。

三年後，有一名叫作佩德羅．德．阿爾法羅（Pedro de Alfaro）的方濟會修士展開他的「中國事業」。[75]他與幾名方濟會修士一起祕密動身前往漳州。但他們偏離最初的計畫，反而在廣州登陸，並得知如果要在中國傳福音，比他們先前認為的要更複雜。[76]佩德羅．德．阿爾法羅無法取信於廣東當局，而且旋即遭到驅逐，之後他便轉向澳門試試運氣。但在那裡等著他的，是葡萄牙人冷淡不一的反應。[77]這位沮喪的修士最後靠向菲律賓總督，請求總督追認並同意他的計畫。[78]但已經被惹惱的龍基略總督反而下令：未經他的許可，任何修士都不准再離開菲律賓前往中國。[79]阿爾法羅在一五八〇年中回到馬尼拉，並碰上一場強力的遊說，其內容是主張征服中國才是解決菲律賓財務災難的方案。[80]

政府的介入也壓抑不了傳教士個人的熱忱（將在後文討論）。先是西班牙傳教士以中國為目標，這也讓葡萄牙的耶穌會修士隨即有所警覺。來自澳門的耶穌會修士羅明堅（Michele Ruggieri，一五四三年——一六〇七年）在一五八二年拜會兩廣總督，他在席間被告知有一夥來自菲律賓的西班牙耶穌會修士違反了明朝規定。羅明堅的中文流利——他後來甚至獲邀住在一間佛寺[81]——他當場解救了西班牙人，讓他們免於陷入棘手的處境。[82]不久之後，教宗額我略十三世便禁止托缽會修士前往中國和日本，並在一五八五年六月二十八日的教皇詔書中，重申這是專屬於耶穌會修士的特權。[83]

同時間，西班牙在一五七七年計畫以國王腓力二世名義，派遣使節團出使拜訪萬曆皇帝。[84]他們在外交上的初步行動，包括在一五八〇年和一五八二年之間草擬了兩封信。[85]若翰．岡薩雷斯．德．門多薩（獲選為使者後，帶了要給「國王」（萬曆皇帝）的信和外交禮物，之後便踏上旅程。腓力二世這個外交舉動是在明確表示，為了菲律賓的健全與和平，他必須確保與明朝統治者的友誼。[86]此外，他也堅持未來要讓中國能夠聆聽上帝的話。既然門多薩自己從未踏足中國一步，[87]萬曆皇帝也不可能收到來自西班牙的信。不過即使他收到了，大概也會因為不合禮數而予以拒絕。不只是信的內容不適當而且魯莽，其實禮物也不適合。[88]

不過，這樣的策畫可以明顯看出腓力二世的外交策略。腓力二世對外交的理解是根據他祖先在地中海的經驗，再加上一點來自大西洋舞臺的經歷。[89]腓力二世自然很著重道德，他一方面慎重的警告門多薩不要冒犯中國當局，[90]但是在另一方面，他寫的信又清楚表露他誤解自己與「天子」的相對位置。[91]卡門．Y．許（Carmen Y. Hsu）便是看到這一點，而警告我們不應過分相信西班牙國王已經採納中國標準，或誇大腓力二世的友善行徑。我們還是得承認西班牙國王在外交與實際考量上，其實是試圖要控制亞洲。[92]使節團最終失敗了，但是這既不是因為西班牙過度的野心，也不是因為中國不願意和蠻夷訪客打交道，而是因為墨西哥和菲律賓當時有強大的反中國遊說行動。第一線的弗朗西斯科．德．桑德前總督（一五七五年—一五八〇年在職）對這個計畫表示反對，因為它耗資龐大，而且可能讓西班牙面子掃地。

他擔心中國皇帝會誤以為那些禮物是西班牙國王表達的臣服之意，而且加入貿易許可制也是無論如何要避免的事——就算只因為機會主義的理由。[93]批評的聲浪終於成功讓總督和國王放棄他們與中國展開友好關係的計畫。[94]

桑德擔任總督期間極力發展反中國的宣傳，其中充滿許多荒謬的指控，他的目的是把對抗中國人（異教徒）合理化成「正義的戰爭」。[95]他的宣傳配合當時在西班牙帝國很有影響力的遊說活動，讓馬尼拉的外交關係發生改變。的確有一些西班牙人——雖然為數極少——念茲在茲的是帝國的擴張，他們的方法是征服中國、柬埔寨和其他東方地區。西班牙最為人垢病的就是在一五九八年被捲入柬埔寨的繼承之爭，那起事件甚至讓前總督路易斯・佩雷斯・達斯馬里尼亞斯涉入東南亞的地緣政治。[96]他們專擅的行為嚴重背離殖民地大部分臣民的想法，大部分人對西班牙哈布斯堡王朝謹慎的守勢外交政策表示尊重與支持。身為海外帝國領導者的國王，哈布斯堡王朝對冒險性的擴張政策並不感興趣。[97]在這一點上，歷史學家一向認為弗朗西斯科・桑德總督想征服中國的夢想過於天真，和歷史脈絡背道而馳，也認為他誤解了卡斯提亞王朝的官方政策。[98]國王腓力二世禁止武力侵略，而且在最初就斷了所有躁進冒險活動的後路。這些都有他的深意，就是要從根本上避免與葡萄牙人發生代價極高的衝突，但這件事經常遭到忽略。[99]

西班牙的「中國事業」（empresa de China）對中國軍事的介入，與頗具爭議的西班牙耶穌會教士阿隆索・桑切斯（Alonso Sánchez）有密切相關。桑切斯曾經在一五八二年和一五八四年之間兩度前往中國南部，這進一步影響到西班牙在亞洲的聲譽。[100] 他在一五八二年第一次前往廣東，當時他便把握機會，將西班牙和葡萄牙皇室已經在腓力二世統治之下合併的事告訴澳門葡萄牙人。[101] 他向迪亞哥・龍基略總督（一五八三年三月－一五八四年五月在職）、甚至還有薩拉薩爾主教尋求支援。[102] 他在一五八三年底和西班牙商人若翰・包蒂斯塔・拉蒙（Juan Bautista Ramón）第二次組織使節團前往中國，當時桑切斯不只帶了混有菲律賓人和西班牙人的船員，還有阿隆索同行。阿隆索是一名出身自孟加拉的基督徒通譯[103]。他同時還帶了一封由龍基略總督署名、用中文寫的密信。奧拉西奧・德・拉・科斯塔（Horacio De la Costa）表示那封信是要給兩廣總督的，它是由一名中國中式帆船的船長起草，進一步「肯認了桑切斯是擁有協商權的大使」。[104] 但他既沒有獲得中國官員提出未來將進行「友好的」交易的保證，也沒有獲准在中國沿海建立西班牙貿易據點。他在廣東的外交失敗，遭到澳門的居民和修士（包括旅居的范禮安）嚴厲批評。受到挫折的桑切斯因為中國計畫失敗而蒙受奇恥大辱，因此他在一五八七年前往西班牙時，在對中國整體關係的報告中作出負面評價，還說澳門的耶穌會教士過著奢華的生活，對馬尼拉的華僑住民也毫無美言。[105]

在葡萄牙和西班牙在東方相互對抗時期，腓力二世的宇宙學家和顧問喬瓦尼・巴蒂斯塔・傑西奧（Giovanni Battista Gesio）向他保證呂宋在戰略上的重要性。當時西班牙與葡萄牙對抗的特徵之一是都想支配摩鹿加群島，但他們的嘗試一再遭遇挫敗。傑西奧說呂宋堪比比利時的法蘭德斯（Flanders）或義大利，而且如果想要把手伸到中國和日本，呂宋也是完美的基地，[106]西班牙在菲律賓群島的第三任總督弗朗西斯科．德．桑德也抱持這個想法。桑德最為人垢病的一點就是低估馬尼拉的經濟潛力，還散布刻板印象。他在被一名中國商人兜售歐洲式的火繩槍後，就很擔心中國的侵略。[107]桑德和傑西奧都依然受到十六世紀「征服」心態（conquista）的遺緒驅使，有計畫地瞄準南中國海域的領土。同樣的，在馬尼拉宗教會議期間（一五八一年——一五八六年），多明哥．德．薩拉薩爾主教也提議要為「傳教目的」占領鄰近領土。[108]桑切斯提倡對中國發起「正義戰爭」（guerra justa），這個想法受到帝國各部分知識分子支持，他們展開遊說，提倡宣揚天主教義、散播西方價值，甚至進一步主張侵略。

雖然西班牙與中國和日本的關係大致上是非暴力的，但西班牙在東南亞的外交關係基本上還是仰賴軍事上的優越性。這個時期的主要「敵人」是周圍的穆斯林統治者，尤其是汶萊和平之國（Brunei Darussalam），汶萊主張宿霧周圍的地區是他們所有，這導致一五七〇年代後期的衝突。桑德總督聲稱要以和平的作法進行協商，改變穆斯林的宗教信仰，並讓西班牙領土上的穆斯林消失。但最終他還是失敗了。[109]殖民地軍隊在一五七八年對汶萊發動遠征，這在婆羅洲的集體記憶中稱之為「卡斯提亞戰爭」（Castille War／Perang Kastila）。桑德與兩名篡位的汶萊貴族聯手，率領西班牙與菲律賓人聯軍，在三月占領首都哥打峇都（Kota

Batu），並迫使蘇丹流亡。接下來又有幾場戰役，直到同年六月爆發霍亂，才使西班牙軍隊的勢力被削弱，而不得不撤回馬尼拉。[110] 一段時間之後，貿易關係才得以恢復，這其實還要歸功於私人間的蓬勃接觸。

安東尼・瑞德認為在面臨西班牙侵略的壓力下，東南亞的城邦被迫採取更具防禦性的軍事體系，而且通常會在歐洲的影響範圍外，發展出新的貿易模式。[111] 以馬尼拉為核心的外交事務總讓人充滿懷疑和不安全感，雖然有時候那只是被想像出來的。因此，西班牙的海外帝國內部發展出一個運作十分良好的資訊網絡。最後讓腓力二世在一五八九年，替菲律賓和鄰近地區關係建構出一個整體計畫。腓力二世將主要重點放在外交事務中的國外貿易，並承認中國、葡萄牙、日本、暹羅和馬來人可以為了商業理由而往來交通，也表達他們有統一慣例的必要。[112]

在一五八九年，西屬菲律賓與中國沿海發生下一波外交交鋒。那次交鋒與菲律賓和中國在之前（或之後）每次的交鋒都非常不同。特略總督在那年派遣若翰・德・薩穆廸奧（Juan de Zamudio）去廣東，希望中國允許西班牙人在沿海地區定居。不知道為什麼，廣東省府當局允諾了西班牙人的請求，並為他們選定一個廣東近海的小島，但不讓他們進入內地。[113] 記載這件事的文獻內容互有矛盾，因此我們大概無法確定西班牙人所謂的「埃爾皮納爾」（El Piñal）究竟是指哪個確切地理位置，他們待了一年多的地方又是哪裡。[114] 特略和薩穆廸奧想和澳門的葡萄牙人一樣，用類似方法進入中國市場。但這種作法繞過西班牙國王，也違反一五九三年的皇家法令。保羅・豪爾赫・德・索薩・平托表示廣東當局之所以接受西班牙人，是因為西班牙人用白銀賄賂廣東省府，這是根據果亞總督寫給腓力三世信中提出的指控。[115]他還很有說服力地把這件事連結到西班牙因為受到柬埔寨遠征和日本侵犯中國海域影響，而在東方外交關係發生的改變。西班牙人在「埃爾皮納爾」建立小型據點後，要求廣東當局讓他們進入中國市場。值得注意的是他們想獲得和暹羅人一樣的關係。在一五五四年，葡萄牙人萊奧內爾・德・索薩（Leonel de Sousa）也提出過同樣要求，當時的葡萄牙人還沒確保澳門的據點。[116]博克瑟指出，西班牙請願書的中文譯文包括一些有利於西班牙、但不利於葡萄牙的內容。而葡萄牙的回應是向廣東當局形容西班牙是「有害的小偷」，用此方法敗壞他們的名聲[117]——他們在一五九六年也在日本用過散播刻板印象的這個手段。這起「埃爾皮納爾」事件無疑彰顯葡萄牙與西班牙對抗的高峰。總體來看，後來的立即影響之一就是在一五九九年澳門的絲價大漲，不過據說澳門人在該年仍有與一艘來自馬尼拉的船進行貿易。雖然有些論點認為「埃爾皮納爾」是西班牙要擴大領土範圍的一部分，有鑑於在一六〇三年和一六〇九年，馬尼拉祕密圈子再次討論過採取類似步驟，而皇室也在一六〇九年七月二十五日對西班牙在中國與日本的貿易頒布法令，[118]但我並不同意這種論點。我認為「埃爾皮納爾」僅止於作為一項商業計畫。[119]

如果我們將好奇心當作考量對外政策的一個指標，那可以發現中國和西班牙存在極大不同。[120] 傳教士在民族誌中對東亞權力關係和習俗展開研究，他們指出母國對中國和日本的資訊愈來愈有興趣。[121] 而中國官方對更加了解呂宋的新統治者、或這群新的蠻夷從何而來，則依然沒什麼興趣。少數中國官方政策擺盪在落後與無知之間。一方面，以朝貢貿易為形式的正式外交關係已經不復存在，但沿海官僚有時還是會把呂宋的新統治者歸類為朝貢的夥伴關係。[122] 晚明中國與呂宋的交易顯得亂無章法，如同前文列舉一五七六年《明實錄》的紀錄，就顯示中國並不完全確定呂宋地位。直到明朝滅亡為止，西班牙和中國貿易行動大致上都還受到限制。明朝對緊急事態所作的反應，也都只採取一些想避免衝突的作法，例如在一六〇三／〇四年和一六三九年呂宋發生的華人大屠殺。不過明朝當局也曾有介入之舉，西班牙在為了商業目的首先殖民臺灣後，明朝也派了官吏到馬尼拉。[123] 面對荷蘭突然在東南亞進行擴張，福建巡撫也在一六二四年派了兩名使者出使巴達維亞，與荷蘭討論澎湖群島近期的發展。[124]

如果要理解明朝中國何以對呂宋如此消極，首先不能忽略的是中國的傳統觀念將世界看作「天下」。中國的自我認知是他們自身的思想體系比較優越，因此維持天下的和平和秩序是他們的責任。明朝的開國皇帝洪武帝（一三六八年至一三九八年在位）依循這個傳統，規定他的後代**不可以**對十二個國家發動侵略。這些國家包括越南、朝鮮、日本和呂宋。[125] 十七世紀早期的一段敘述，顯示中國朝廷甚至沒有心思搞清楚西班牙的地位。中國一概稱呼他們為「夷」，對他們而言來自呂宋和日本的人都是類似的：

> 幾艘日本船漂到福建海域的筱埕。海軍一路追趕他們到漳州港和仙岐，並在那裡抓到二十七名「夷」。透過通譯得知他們是要到外國經商的日本「夷」，他們是被風吹到岸邊的。〔……〕其他還有呂宋人和西方的「番」，他們之中有些人自己賣身為奴，有些人則要乘坐那艘船返回家鄉。福建巡撫徐學聚在建言中提到：〔……〕西方的「番」不屬於朝貢的「夷」，而是反叛的族群。〔來自〕呂宋〔的人〕在過去幾年間殺害將近一萬名我國的商人。該處的人民不值得被寬容對待。若其無謀叛之心，我們其實不必過苛的對待其人民。[126]（「有倭船飄入閩洋小埕者，舟師追至漳港及仙崎，獲夷眾二十七人；譯係日本商夷往返異域，為風飄擱。……次為呂宋、為西番，或鬻身為使令，或附舟歸國。福建巡撫徐學聚以聞，因言……西番雖非貢夷，亦非逆種。若呂宋，先年薙我商民幾至萬數，彼民似不可輕縱；惟是原無逆志，亦難深求。」）

這段話總結了中國官方的矛盾態度。中國當局一方面譴責「呂宋人」的野蠻行為，另一方面又不願認真處理。徐中約指出中國人分不出西班牙人和葡萄牙人，有時候就只是把他們合稱為「佛郎機」(即法蘭克人〔Franks〕)。[127] 但就算這段敘述有真實部分，也不表示全中國都是如此。廣東省政府在一五八〇年代，由於澳門人公然反對來自馬尼拉的托缽會修士，經歷過葡萄牙人和西班牙人的對抗——雖然這種耶穌會士和托缽會修士的摩擦，可說只是宗教衝突，不必然要被理解為國家政治的問題。除了官方紀錄外，私營的福建和廣東商人也能清楚區分澳門的葡萄牙人和馬尼拉的西班牙人。[128] 當時的情況是將呂宋外國傳教士統一稱為「番僧」或「番徒」，大概是為了和「佛郎機」(指葡萄牙人)作區分。[129]

總結來說，西班牙嘗試建立雙邊關係，但一直遭遇挫折。而儘管中國官方與大眾論述之間經常存在雙重性，馬尼拉的中國私營商人仍然間接遵循西班牙的宗主權和統治。至於中國官方和卡斯提亞王朝的關係則很難維持。雖然呂宋一直和明朝沒有利害關係，也位處於會影響到明朝的範圍之外，但中國政權遲至一六三一年才發出一份指稱呂宋為其臣屬國的文件。[130] 到了清朝，呂宋被正式列入「外國」，與澳門、日本、暹羅、葡萄牙、西班牙、英格蘭和法蘭西並列。[131]

3. 日本與西班牙海外帝國之間的外交關係

不合常規的開始

日本和呂宋的相遇和中國外交關係不同，日本和呂宋的互動是有規律性的，而且愈來愈制度化。[132]不過日本也有和中國情況類似之處，他們的外交或半官方關係也是從邊陲展開，是從一五八二年方濟各會修士迪亞哥・伯納爾（Diego Bernal）和若翰・波布雷・迪亞茲・帕爾多（Juan Pobre Díaz Pardo）在平戶登陸開始。在前文提到的著名中國倭寇王直的時代之後，平戶島一直是跨區域海上貿易的重要據點。伯納爾和帕爾多這兩人剛好搭上葡萄牙船長安東尼奧・加爾塞斯（Antonio Garcés）私營的船，從那裡上陸。[133]當時馬尼拉的西班牙傳教士對於在日本傳教還未產生具體計畫，只專注在中國。兩年後，波布雷神父和奧古斯丁修會的弗朗西斯科・德・曼里克（Francisco de Manrique）一起回到平戶，他們這次原本也是要去中國，只是遇到預期外的變數。[134]平戶當地的大名松浦鎮信對這群遭逢翻船意外的人表達歡迎之意，並邀請他們留在島上，等待適合啟航的季風。在該段期間，也有人幫西班牙人修復他們的船隻。[135]西班牙的文獻通常將松浦鎮信稱為「平戶（Firando）國王」，他一直在尋求機會，表達想與「其他」伊比利人建立關係的意願，還會定期與擱淺滯留的修道士會面。最後他還起草一封給馬尼拉西班牙總督的信，在信中擔保他的友誼，並表達他希望人民能在未來接觸到福音。[136]

對於這次在日本預期外的互動，西班牙人感到高興之餘，也充滿猜疑。不過他們很快就從日本那裡接收到更多令他們鼓舞的跡象。[137]耶穌會的日本教區負責人加斯帕爾．科埃略（Gaspar Coelho）在該年寫信給菲律賓總督，要求他支援日本的傳教士，並對薩摩藩的島津氏表達反對。[138]一五八六年，長崎領主大村純忠派遣十一名自稱為天主教徒的日本人去馬尼拉。[139]西班牙人因此得知日本沒有足夠神父，等代表團一抵達，滿心歡喜的聖地亞哥．德．維拉總督就向西班牙報告這次值得期待的相遇。[140]為了表達接受大村的友誼，總督贈予這位天主教領主和兩名帶頭的葡萄牙耶穌會修士禮物。日本地方領主要求支援天主教在日本的傳教活動這件事，足以道出九州大名與伊比利人交涉時的外交技巧：他們的想法是如果未來能有天主教布道團前來，就有可能增加該地的對外商業。

隔年又有另一艘船從日本駛抵馬尼拉，並帶來松浦隆信（鎮信的父親）從平戶寫來的信。船上裝滿了商品和武器，展現出松浦領地的商業潛力。[141]松浦隆信和天主教大名小西行長（也被稱為唐．奧思定〔Don Agustín〕）合力提供軍隊，但是不要求任何回報。聖地亞哥．德．維拉總督（一五八四年——一五九〇年在職）在一五八七年六月二十六日把這個大好消息向馬德里國王報告。[142]總督指出日本是中國的敵人，所以願意以低廉代價提供軍事支援，這樣的說明是為了要求國王允許開通日本和菲律賓間的貿易路徑，同時總督心中也謀畫著「中國事業」。這便是日本在東南亞開展營利事業的開端。[143]俟平戶使節一抵達，聖地亞哥·德·維拉就準備了要送給日本的信和禮物（他自認該禮物的價值不菲），而且也立刻把這件事向西班牙國王報告。[144]

前述動態顯示九州大名在國外貿易中存在互相的競爭。競爭讓大名對呂宋特別有興趣，而且早在日本中央統治菁英嘗試為貿易取得正式關係之前，九州大名就與西班牙人有很多鬆散接觸了。這類對抗最終也影響到日本中央的對外政策。一五九一年和一五九三年之間，豐臣秀吉寫過幾封信給馬尼拉的西班牙總督，告訴對方他具有無上權力，而且如果西班牙不對日本納貢，他就有意攻打菲律賓。[145]如同前文所述，日本與中國的外交關係緊繃，這使日本要求呂宋（當時日本文獻中稱其為「小琉球」）和臺灣（即「高砂」）向日本納貢。[146]政治學家認為應該將這個進展理解為所謂關白外交的一部分。關白外交是以秀吉的擴張主義為特色，可以被解釋為一方面秀吉想控制亞洲海上貿易，另一方面則想提升日本在亞洲的政治地位。在過去幾個世紀，日本與西班牙人的外交相遇一直被呈現為衝突不斷的故事。[147]但經常被忽略的一件事是，在這場外交互動中，並不只有政治人物根據慣例在背後操縱。因此，我們該認識到西班牙和日本的關係具有這類正式但即興的元素。在一五九〇年代，跨國外交展現出比較官方的特性，像是書信和使者的正式交換、中央統治者的參與（即使是像西班牙國王那樣被動的參與），還有在馬尼拉、名古屋和京都的幾次即席覲見。

對於秀吉在一五九一年跨出的第一步，西班牙只給予含糊的反應。雖然西班牙隱約擔憂秀吉和屬下會帶領日本發動侵略，尤其是城內日本人愈來愈多了，不過當局還是決定先保持觀望。[148]西班牙也回派代表團，由道明會修士高母羨（Juan Cobo）出使日本，但是這個作法的用意應該是在爭取時間，而不是表示歸順。前往日本的西班牙代表團都有協商的決心。雖然他們的語言能力和對文化的熟悉程度有限，但他們達到的成果還是頗值得注意的。馬尼拉派出的第二批官方使節團是由方濟各會修士佩德羅．包蒂斯塔（Pedro Bautista）領隊，他們甚至代表達斯馬里尼亞斯總督，在一五九三年於日本領土簽署某種協議。這份協議成為許可制貿易的濫觴，目標是為了控制住海盜，並且加強彼此的信任。這個舉動後來被詮釋為日本和菲律賓之間短暫雙邊關係的出發點，秀吉在那段關係中被當作統治整個國家的當權者，而代表西班牙國王的則是菲律賓總督。

在一五九〇年代，有一名葡萄牙的中間商活躍於日本貿易中，他名叫佩德羅．貢薩雷斯．卡瓦萊（Pedro González de Carvajal）。他與佩德羅．包蒂斯塔一起前往日本，還聲稱秀吉給了他一封信，叫他轉交給西班牙國王。卡瓦萊向馬德里報告時，告誡西班牙要注意日本可能發動攻擊，並強調秀吉正熱烈等待西班牙回覆。他自稱是秀吉選上他，要他告訴西班牙國王日本統治者具有何種財富和威力，他還建議與澳門主教聯手，改變日本人的信仰。[149]不過，這份報告的正確性令人起疑。[150]

一五九四年，豐臣秀吉派親信長谷川宗仁前往呂宋與包蒂斯塔一起覲見，並呈交秀吉的書信。長谷川宗仁在高母羨滯留日本期間也曾出現，並在原田貴衛門和秀吉之間斡旋。他也草擬了一則訊息轉交路易斯．佩雷斯．達斯馬里尼亞斯總督，內容是擔保日本不會派遣部隊做軍事遠征，並會與呂宋維持和平貿易關係。[151]這段時期，日本和他們的外交政策參與者亞洲對手國之間，已經進入典型的仲介式外交。外交信件的主要署名者是高階官員（大名），但要表達的其實是日本統治者的期望。這明確傳達出日本統治者的優越感。[152]在前述內容中，我們已經見到一六一一年日本寫給福建的信，其實也出自類似作法。在其後幾十年，日本與馬尼拉的外交通訊中是由德川家康的資深參謀本多正信，和佐賀大名鍋島勝茂擔任類似角色。而在與荷蘭東印度公司官員的協商中，則是由平戶的松浦氏扮演這個角色。[153]

而讓我們再回到一五九〇年代發生的事。接下來是熱羅尼莫．德．赫蘇斯（Jerónimo de Jesús）被派到日本，轉告現在馬尼拉是由路易斯．佩雷斯．達斯馬里尼亞斯接任新總督。路易斯的父親在一五九四年突發死亡，之後便由他接任總督一職。半年後（一五九五年），熱羅尼莫．德．赫蘇斯在薩摩寫了一封信，告訴總督他覺得秀吉是當真有意攻打菲律賓。[154]同時間，西班牙的托缽會修士也計畫在日本新增據點。方濟各會的修士得到天主教大名支持，獲得在京都安頓下來的權利，他們也在那裡建造一個中型教會和一間醫院。不久之後，京都又有另一間修道院，大阪的教堂也隨之建立。[155]

除了上文提到的事件外，日本沿海發生的一連串船難，也形塑了西班牙與日本早期的外交關係。第一次重大船難事件就造成西班牙與秀吉的緊張關係。在一五九六年秋天，馬尼拉蓋倫帆船聖費利佩號（San Felipe）於四國沿海翻覆，為近代的日西關係史翻開戲劇性的一頁。苦惱的西班牙船長馬蒂亞斯・德・蘭德霍（Matías de Landecho）失去對船隻的控制，只能到日本尋求避風港，而他也同時失去對船上貨物的掌控。不管是當地居民或是秀吉自己，都無法抗拒船上裝滿中國絹絲的誘惑。聖費利佩號的貨物被充公，但在幾天之內就引發社會各地的動亂，住在日本的歐洲人還有一些剛改信天主教的日本人都顯得群情激憤。秀吉曾經在一五八七年對天主教頒布禁令，但是沒有成功，他認為這些騷亂反映了要擊退入侵的西班牙人並阻止天主教傳播的時機成熟了。在一五九七年二月，一名墨西哥人、一名葡萄牙人、六名西班牙傳教士和十八名日本人教徒在長崎遭到處死，這是日本本土第一次發生天主教徒殉教事件。[156]秀吉的嚴厲反應，顯示他在統治末期對南蠻貿易是抱持敵意的。如果我們相信蘭德霍的日本人通譯安東尼奧的話（他是一名天主教徒），就會發現澳門的葡萄牙商人甚至還在一旁煽風點火。葡萄牙人向秀吉報告說：「唐・費利佩（Don Felipe）國王是個壞人，葡萄牙人並未臣屬於費利佩，葡萄牙人有自己的國王，他〔已經〕和豐臣秀吉達成和平協議了」。[157]當研究者講述聖費利佩號事件時，通常會提到耶穌會修士的角色，指出他們不願意和托缽會修士分享在亞洲的版圖、共同讓亞洲人改信天主教。當代的西班牙人在某種程度上，錯誤地批評「修士」(padres)不願意動用他們在日本的連結，幫助「教友」一起踏上這塊領土。[158]

當情勢升溫的消息傳到呂宋，殖民地官員認為他們一直以來的擔心成真了。他們也立刻得到來自西班牙進一步的軍事支援。殖民地政府原則上對秀吉的挑釁做出很有實效性的反應。特略總督毫不浪費時間，在一五九七年七月就派遣使節路易斯·德·納瓦雷特(Luis de Navarrete)帶著禮物出發。其中一項很著名的禮物，就是一隻小名為「唐·佩德羅」(Don Pedro)的大象。[159]納瓦雷特代表特略要求日本歸還遇難的聖費利佩號上的貨物，以及殉教者遺骨。[160]這次機敏的外交調度的確有助於穩定一五九八年馬尼拉和日本的貿易關係，不過秀吉的死也提供了助力。然而，由於彼時十萬名日本兵從侵略朝鮮的戰爭中返國，所以特略總督並沒有放鬆警戒。他在給國王的報告中，指出該年在馬尼拉停泊的商船共有十六艘，其中大約有半數都載了海盜，而且還會打劫當地人。[161]

秀吉和家康都想統一整個國家，所以都亟欲取得日本國外貿易的控制權。德川家康繼承秀吉兩個向外擴張的觀點，這兩點在後面的章節都還會是重要的實證分析對象。其一是伊比利影響論問題，再來則是近代的跨文化外交關係中，「友好關係」這個不確定的概念(「友好關係」的西班牙文為amistad，葡萄牙文則是amizade)。西班牙和葡萄牙政治人物在歐洲內／外都經常使用這個概念，所以我們可以說它是前現代伊比利外交的核心思想。[162]秀吉也用友誼的辭令要求西班牙人證明他們的善意。不過，在秀吉的認知中，國家之間唯一一種友誼是根據主從階級的概念而來，那代表西班牙要歸順並送來貢品。[163]

4. 德川日本和西班牙海外帝國之間的外交關係

一般研究普遍認為，是德川的外交政策讓日本的國際關係向前推動了一大步。家康在關原之戰（一六〇〇年）獲勝之後，取得外交事務的控制權，他也曾一度與鄰近國家展開聯繫。因此，人們通常會認為日本在一五九八年後的對外政策，與豐臣秀吉的侵略姿態完全相反。在德川統治的前幾年中，日本與外國統治者進行國際談判和書信交換的次數都大幅增加。從一六〇一年到一六一四年之間，先後有六十七封信被送到十二個不同外國個體，其中有四十八封信是由將軍署名。[164]初看之下，會覺得家康的外國政策奠定日本與呂宋的關係。家康坐穩領導地位後，面對前幾年的外交低谷重新採取一些步驟，好安撫馬尼拉的西班牙人。家康深知長距離貿易的好處，所以很快鎖定呂宋的卡斯提亞王朝，準備進行跨國層級的合作。這裡可以看出日本與明朝中國最主要的不同。近代的日本幕府採用多元論，甚至還想過讓日本加入與墨西哥的貿易。然而就馬尼拉的貿易而言，家康在政治上釋出善意還是不夠明確，難以與原先已經很複雜的正式外交關係相互配合。[165]

為了安撫馬尼拉的西班牙人，家康首先做的幾件事之一，就是頒布對海盜行為的新禁令。這一步棋下得很精明，也讓家康再次證明他的確有興趣和卡斯提亞王朝進行直接貿易。秀吉死後不過數月，家康便在一五九八年十月派遣堺的商人五郎右衛門，邀請西班牙人來關東的德川領地進行貿易。幕府在那裡建立了指揮據點，並在江戶設立新首都。[166]然而過了幾個月，什麼事都沒發生。家康不耐煩地派遣葡萄牙人方濟各會修士熱羅尼莫・德・赫蘇斯・卡斯特羅（Jerónimo de Jesús Castro）出使馬尼拉，他寫了一封官方書信（「國書」），表達他誠心想與菲律賓和新西班牙建立常規貿易。[167]熱羅尼莫・德・赫蘇斯在一六〇一年取道平戶返回京都，同行的還有方濟各會修士佩德羅・布爾吉略斯（Pedro Burgillos）。布爾吉略斯是家康在一六〇二年派往馬尼拉的第三任使者。兩位教士在伏見覲見家康時，不只獻上菸草作為外交禮物，還正式承諾定期的商業往來。每季馬尼拉容許三艘一定噸位的日本商船在馬尼拉港口停泊。[168]

另一個讓人共同感興趣的主題是與海盜的對戰，當時所有非法交易者都應該被圍捕並加以懲處。[169]當有兩艘在馬尼拉灣卸貨的中國船隻遭到日本海盜攻擊時，西班牙的特略總督下令加以處罰，並對家康抗議日本人的海盜行為。家康收到抗議後將海盜行為怪罪給薩摩的商人，並處死五十到四百名薩摩人。[170]他還寫了一封信慫恿西班牙當局處決所有製造麻煩的日本人，甚至請求西班牙交出擾亂菲律賓的造反日本商人名單。[171]家康亟欲讓呂宋附近作亂的海盜都受到懲處、沒有漏網之魚，[172]因此他進一步下令將牽涉海盜行為的中國人遣送回大明，因為日本無法對他們進行任何處置。[173]在一六〇二年五月，接任特略之位的阿庫尼亞總督也同意家康提議，還稱呼家康是「正義且賢明的國王」（un Rey tan justo y prudente）。[174]隨著愈來愈多人能自由跨越海上邊境前往或住在另一個國家，這些人的法律待遇在雙邊關係中自然變成重要的課題。日本在寫給馬尼拉的幾封官方信裡，授權西班牙總督可以依據當地法律，對在馬尼拉犯下一切不正當行的日本人進行審判。[175]家康通常會很想強調他的優越性，但他在這方面是把自己放在跟菲律賓總督同等位置。在這個邏輯下，長期待在日本的西班牙訪客也不會有司法豁免權，或是享有治外法權。[176]對西班牙傳教士和商人的懲罰要根據日本法律，如果面臨迫在眼前的危險，幕府還有權驅逐或對西班牙人施以刑罰。[177]

如果我們採信《通航一覽》的紀錄，就會看到其中的記載顯示家康處理意外事件的能力優於他的前人。[178]在一六〇二年九月，西班牙蓋倫帆船聖靈號（Espíritu Santo）航往阿卡普科途中，在四國土佐遭遇船難。當時日本統治者便展現出善意。聖費利佩號在一五九六年，也曾因為類似情況被迫在該地登陸。船上的乘客和在馬尼拉的人，因為對當時的記憶和當地風聲歷歷在目而心生恐慌。[179]蓋倫帆船的船長洛佩・德・烏略亞（Lope de Ulloa）派遣他的兄弟阿隆索和弗朗西斯科・德・馬爾多納多帶著一些珍貴的商品，一起去伏見求見家康。雖然過程中有些船員暗中從土佐逃回呂宋，不過這起事件的確和平落幕了。家康給烏略亞一封要交給西班牙總督的信，信中強調西班牙人從此毋須擔心會在日本失去財產。[180]阿庫尼亞總督甚至還為土佐發生的事道歉，作為他對德川信件的回覆，他還建議讓讓更多船隻從馬尼拉航往日本。[181]

在一六〇五年，馬尼拉的西班牙商人獲得官方許可，每年可派遣四艘商船去日本，算是由幕府掌控的許可制朱印貿易的一部分。菲律賓的大部分相關人士雖然不是毫無猜疑，但還是很期待與日本定期接觸會帶來好處。就連西班牙國王都認為與日本保持穩定的關係，可以確保菲律賓的繁榮未來。西班牙國王被告知，每年有多少來自日本的供貨，以及「天皇」對卡斯提亞王朝的好感，就更加堅持為了卡斯提亞王朝在亞洲的興旺著想，必須要與日本維持和平關係，因為西班牙當局在一六〇三／〇四年和馬尼拉的福建移民發生血腥衝突後，便唯恐中國會出於報復而發動攻擊。[182]弗朗西斯科．莫雷諾．多諾索船長在一六〇六年和一六〇七年進行外交暨商業的探勘，也是在處理這個議題。多諾索兩次被選為運送禮物給「日本王國」（Reyno del Japón）的「天皇」的人選，而且據稱他在當地與日本人協商時，還曾提議締結軍事同盟，共同對抗中國。[183]那段時期有關荷蘭商人、澳門的耶穌會教士和馬尼拉的方濟各會修士的爭論，也將主導日本國土上的外交事務，日本當局也漸漸注意到天主教。[184]

一個特別微妙的議題是西班牙其實想藉由談判，達到「避免荷蘭人插手」日本的目的。在一六〇二年六月，阿庫尼亞總督第一次回覆家康的信件時，形容荷蘭人雖然臣屬於西班牙國王，但卻不斷製造騷亂和反抗。總督還把他們比作海盜，大膽要求日本把所有的荷蘭人遣送到菲律賓。[185]日本之前也曾經要求把所有倭寇從菲律賓送回日本，雖然這兩個要求顯然十分相似，但家康卻無視阿庫尼亞的主張，只說荷蘭人對他已經盡心盡力。[186]家康也知道荷蘭版本的說法，他還指望荷蘭人會在未來派上用場，而且很快就發給他們日本官方的貿易許可。雅各布．揚松．奎克奈克（Jacob Janszoon Quaeckernaecq）船長就是在一六〇四年獲發荷蘭朱印狀，他還被德川秀忠選為航往北大年的代表。[187]如果在研究上加以比較，會發覺阿庫尼亞也和家康一樣玩兩手策略。他也和中國通信，信中也透露出反荷蘭情緒。他在一六〇六年寫給福建巡撫的一封信中寫到：

> 在漳州府（Chincheo）沿岸為兩艘荷蘭船隻領航的「常來人」被貴府加諸刑罰，此舉當真可謂非常公正。這些荷蘭人不是卡斯提亞王朝的朋友，而是我們仇視的敵人；雖然他們同樣臣屬於我們至高無上的統治者——西班牙（Hespañas）國王，但是他們和他們的國家卻心生反叛，成為像是中國的林鳳那樣的海盜。[188]

中國當局沒有對這封信留下特別印象，原因之一是荷蘭本來就屬於未知（不值得信賴）的外國蠻夷。而另一方面，荷蘭人雖然曾經臣屬於哈布斯堡國王，但他們也警告日本君主防範西班牙，因為西班牙有想成為世界強權的野心。荷蘭省督（Stadhouder）毛里茨（Maurits，譯按：時為主權代表者）在一六〇九年寫了一封正式國書給幕府，信中大肆抨擊西班牙國王和葡萄牙人，並力勸幕府要拒絕他們的非法訴求。[189]

清水有子強調西班牙是如何以天主教修士為代表，與幕府展開外交關係，她還反對論者過分強調國家在這些特殊關係中的角色。[190]由於傳教士總是待在當地，有時甚至可說他們等同於居民身分，因此他們在日本的確扮演重要角色，足夠擔任馬尼拉／墨西哥／馬德里和日本之間的中間人或使者。如果要理解他們的特殊地位，我們先要看看他們是如何取得立足點的。如前述提及，在一六〇一年克萊孟七世（Clemens VII）的「簡詔」（breve）被帶到日本，西班牙修士認為他們的合法性獲得了確認。在一六〇二年，所有托缽會教團都有人員來到日本，不過和耶穌會比起來，他們的總人數還是不多。同一年一艘日本船隻載來更多方濟各會、道明會和奧古斯丁修會的修士，他們在長崎登陸，並立刻遵照類似於菲律賓的模式，清楚劃分出傳教士領域。方濟各會前往京都，因為他們的教團成員已經在那裡建立一個小型據點，還獲得家康的支持。一六〇四年，「呂宋之王」佩德羅·布拉沃·德·阿庫尼亞總督的使者直接提出要求，請求家康允許西班牙傳教士在日本傳福音。[191]雖然家康沒有明確作出讓步，但在後來幾年中，前來日本的西班牙傳教士的確增加了。傳教士的活動範圍擴展到江戶，最後還到仙臺。弗朗西斯科·德·莫拉萊斯（Francisco de Morales）領軍的道明會在薩摩安頓下來，還曾經短暫獲得島津氏的支持，奧古斯丁修會的集中地則在豐後。[192]不久之後，耶穌會主教路爾斯·德·塞爾凱拉（Luis de Cerqueira）極力逼迫托缽會修士離開日本，但托缽會一直撐到一六〇八年，教宗保祿五世（Paul V）才正式將日本開放給馬尼拉的托缽會教團。[193]日本這邊倒不是很看重羅馬是否同意。道明會在同一年失去島津氏的支持，莫拉萊斯神父和其他兩名教友也離開豐後，轉往長崎，其他道明會修士則努力在肥前、京都和大阪建立教會。奧古斯丁修會則是在一六一一年至一二年之間從豐後移往長崎。托缽會也有一些修士得到家康支持，不過托缽會在日本只平靜了幾年。在一六一二年，幕府終於對日本的西班牙人改變態度，而且首度對天主教失去耐心。[194]

與日本的直接貿易也進一步成為西日關係的絆腳石。家康從一五九九年／一六〇一年開始，想在新西班牙和日本之間建立直接的貿易路徑。我們可以謹慎地把這看作是家康過度有野心的全球計畫。日本在那幾年間積極建議雙方增進相互利益，為馬尼拉蓋倫帆船爭取安全的航程，但還是沒能阻止西班牙不讓日本商人橫越太平洋的決心。西班牙的態度有部分也是出於日本海盜不斷騷擾菲律賓沿海。[195]在一六〇九，也是格勞秀斯（Grotius）出版《海洋自由論》（*Mare Librum*）的那一年，西班牙人擊敗了一艘日本海盜船，還殺了船上的船員。幾份文獻都指出從一六〇五年到一六〇九年之間，馬尼拉與日本人的衝突不斷，所以西班牙當局會避免擔保任何可能助長家康野心的事。[196]令人啼笑皆非的是，雙方的協商其實也是在一六〇九年達於頂峰。卸任的菲律賓總督比韋羅·伊·貝拉斯科（Vivero y Velasco）在菲律賓時毫不留情地批評馬尼拉的日本人，[197]但他卻在日本覲見了德川家康。他們的談話算是因禍得福，內容是如果新西班牙和日本之間最終建立起定期貿易，幕府也承諾要承認西班牙修士。只不過這個協議很短命。家康為了國家的經濟發展，還進一步要求墨西哥送來五十名西班牙礦工，把西方開採銀礦的方法引進日本。為了提高國家的航海能力，他又要求送造船工人來，教導日本人建造遠洋船隻。[198]但由於協議內容還是沒提到反荷蘭人條款，所以沒得到馬尼拉和墨西哥西班牙人的支持。尤其是日本想要加強海外貿易的部分並沒有得到任何允諾。[199]

比韋羅發生海難之後的發展[ii]，算是促成西班牙人和英國人在日本短暫和作特定的事項。比韋羅一行人回到墨西哥所搭的船隻聖布埃納本圖拉號（San Buenaventura），是肯特郡（Kentish）水手威廉・亞當斯（William Adams，即三浦按針[200]）所建造。三浦按針是家康最親信的非日本人顧問，他一般被公認應該是西班牙的敵人。除了比韋羅和該艘失事蓋倫帆船上的其他人外，在一六一〇年八月一日，還有二十三名日本商人也在浦賀（今神奈川縣）上了那艘船。這些商人是由家康選定，在京都商人田中勝介和阿隆索・穆尼奧斯（Alonso Muñoz）神父的帶領下，作為使節出使馬德里朝廷。[201]威廉・亞當斯此番寬大的舉動，替歐洲人在東亞的固定合作留下空間，也為雙方互相敵對的說法帶入另一種觀察。[202]

西班牙為了對日本幫助其人民表示敬意和感謝，墨西哥總督派出一個官方使節團，帶了一封信和禮物去見德川家康和德川秀忠。他指派塞巴斯蒂安・維茲凱諾（Sebastián Vizcaíno，一五四八年——一六二四年）從墨西哥率隊前往，因此維茲凱諾被認為是新西班牙派去日本的使節。這看起來像是為了適應東亞的外交禮節，但其實有相當挑釁的隱藏目標，我將在後文詳述。現在這件事已經足以被放進西日外交關係的年表。維茲凱諾在一六一一年六月十日在浦賀上陸，再從那裡繼續前往江戶，他於六月二十二日見到德川秀忠，兩個月後（八月二十七日）則在駿府由家康安排覲見儀式。雙方在這些會面中，都是以友好關係為前提，重新展開貿易協定的協商，並討論天主教布道團在日本的未來。維茲凱諾和他率領的沿海考察團在見到仙臺大名伊達政宗之後，又待了將近一年時間，但他卻在一六一二年九月十六日接到家康和秀忠的負面回應。

禪宗僧侶以心崇傳是幕府的外交顧問，在建立對外通信的新文化時，崇傳扮演重要的角色。不只是在和馬尼拉的西班牙當局溝通時有他的影子，幕府也是因他的某些政治工作，才奠定反天主教立法的基礎，這也成為廣大的外交關係概念中的一部分。一六一二年，對天主教的《禁教令》在幕府領地實施，這項法令在一六一三年擴大到長崎和京都，接著在

ii　編按：一六〇九年九月三十日，載有三百七十三名乘客的西班牙蓋倫帆船聖布埃納本圖拉號，在日本千葉縣海岸（今御宿附近）失事，船上三百一十七名倖存者受到日本人熱情接待。其中卸任的菲律賓總督比韋羅也是船上乘客之一，由於此次船難事件，比韋羅有機會在該年與次年，分別和德川秀忠與德川家康會面，並由在日本停留數年的方濟各會修士路易斯・索泰羅（Luis Sotelo）擔任翻譯。

一六一四年又推廣到日本全境。對幕府效忠的地方政權在該年將教士和日本教徒驅逐到澳門和馬尼拉。在一六一三年初，幕府要崇傳制定禁止日本天主教的法律，即一般所知的《伴天連追放令》。傳聞崇傳徹夜擬訂了該法令條文，不過這個措施的想法卻不是在一夜之間變出來的。過去的各種醜聞，例如一六〇八／〇九年的馬德雷．德．杜斯號（Madre de Deus）／慈悲聖母號（Nossa Senhora de Graça）事件，也就是葡萄牙人攻擊朱印船的事件；或是岡本大八事件，以及最後一名天主教大名有馬晴信與幕府間的不名譽行賄事件，都激發出反天主教的情緒。[203] 它們聯合起來影響外交關係的性質，尤其是日本與西班牙的海上貿易。

長期來說，西日雙方在十七世紀初期的努力，幾乎沒有在國家層級達到什麼成果。不過雖然成果有限，但西日的官方關係還是在微觀層面達到各種非凡的成就。大部分接觸都發生在家康時期，亞當．克拉洛指出家康並不會拒見使節。[204] 他在官方信件的語調也和秀忠或家光（一六二三年至一六五一年在任）完全不同。家康在一六一六年過世，後來新的規定就變得比較苛刻。秀忠想把貿易和外交區分開來的企圖，反映在他用謀略讓前朝外交顧問去職，例如都有參與國外貿易的伊丹康勝和松平正綱。秀忠獨攬外交關係的掌控權後，反西班牙的情緒就真正浮上檯面了，這在官方與馬尼拉的通信中明顯可見。只要分析一下德川幕府在秀忠擔任將軍期間（一六〇五年—一六一六年）的外交事務，就不難發現其他國家收到的信件都比不上呂宋的收信數量。[205]

第二章
地方與中央的二元主義

上一章是以馬尼拉的外交事務為背景，討論官方的外交架構。外交關係當然塑造了馬尼拉在近代的發展，但那通常與非官方的私人交流同時存在。這類非官方交流有時會與中央政府形成競爭關係，除了構成近代大量的跨文化接觸，也對馬尼拉的經濟和政治現實帶來更深遠影響。比較具體來說，西班牙與日本早期的外交關係並不是中央當局開創的，而是由地方勢力和各種參與者發起。直到十六世紀末，九州大名都還與中央菁英存在許多齟齬。九州大名擔憂海上貿易會被掐斷，所以暗中轉向對外國勢力示好。只要能從海上貿易獲得利潤，他們終將提升自己在日本國內的地位。平戶的松浦氏就因此成為幕府第一個在檯面上的對手。在大約一六〇〇年時，來自馬尼拉的西班牙、日本和中國船隻大多停泊在平戶。殖民官員與地方領主間的交易與中央當局——包括北京、京都／大阪／江戶和瓦拉多利德／馬德里／塞維亞——之間的正式外交截然不同，同時也當然與私營商人間的交流不同。

如果了解三邊關係的關鍵是把中央和地方的因素區分開來，那接下來我們也要把國家的形成過程和其他相關發展列入考慮。如果我們把近代國家視為一個行動者，那麼就需要對下列問題找到一個有憑有據的答案：中央政府是為了什麼目的介入海上商業的運作模式？介入的程度為何？又為什麼要介入？所有專門投入貿易的當事人當然都對獲利有強烈興趣，因此他們一定是根據有優勢的情況做出經濟決定。考量每個當事人確實的期待和渴望，將有助於我調整先前一些結論，重新作出更細緻的描述。中央政府的介入包括制度化和限制性的措施，而且通常是在私人國外貿易的獲利足以改變國家的政治經濟結構時，政府才會介入。因此，以馬尼拉為中心的三邊關係的起落，不只是「歐洲重商主義與東方專制政治的衝撞」，這是帕特里夏・卡里奧蒂（Patricia Carioti）曾提出的詮釋。[1]海上的經營雖然被私人捷足先登，不過到了十六世紀中期，這三個國家都出現國家資助事業的情形。這種由好幾代不自我設限的討海商人發展出來的知識產權，遭到政府官員肆無忌憚地濫用，後者並引入矛盾的控管和貿易限制，以至於讓衝突成為合乎邏輯的結果。[2]

不過，如果以政治經濟史為研究對象，學者主要還是專注在中央政權或組織發展的重要性。這些研究大部分沒有意識到在對外交易中，地方和中央的運作是緊密相扣、也互相啟發的過程。國家和私人的行動者過去總是被放在彼此對立的位置。[3]例如凱文・H・奧弗克（Kevin H. O'Rourke）和傑弗瑞．蓋爾．威廉姆森（Jeffrey G. Williamson）就認為只要沒有國家，貿易勢必會更加蓬勃。他們否認十九世紀之前有全球市場存在，或是有經過整合的世界經濟體。[4]這樣的觀點或許適用於近代的馬尼拉，不過在三邊關係的脈絡中，大概不是最切題的問法。比較重要的是把國家去中心化，我們需要觀察個人和團體之間的連結——團體的運作超出國家的控制，不過還是間接受到國家的鼓勵。近期的學術研究在探討亞洲海域的海上政治時，就會採取這種看法。趙剛和鄭維中的著作討論了逸脫國家控制的海上事業，如何能支配中國南部的進出口管道，甚至形成足夠挑戰，讓明／清朝廷不得不作出回應。[5]因此依趙剛的說法，清朝向海洋開放只是中央和地方對彼此的新作法有反應後必然的結果之一。[6]把近代企業家的決定看作是單純在經濟上追求利潤肯定是不對的。雖然利益問題當然還是絕對相關，但這類論述都沒有顧及中國海域的商業網絡具有政治的面向。

在外交與貿易相互重疊的領域，我們確實應該仔細參考羅伯特．赫勒對江戶時代地方上外交人物（例如薩摩和對馬）的研究，因為這些人「與中央的德川當局一起成就了外交關係」。[7]過去日本與馬尼拉西班牙人的外交交流，也是透過類似的仲介式外交，有各種行動者，包括幕府的官員和資深顧問（例如本多正純）作為其代表。同樣的，西班牙中央和地方當局的協商方法幾乎沒有分別。赫勒的研究顯示，外交關係需要區分出不同行動者，而且會包括「各種聲音和不同的行事，絕對不只有一種眾人共通的專屬思想」。[8]早年日本與呂宋的關係，也清楚顯示地方大名與德川一樣在爭取認可，後文將對「關東議題」的分析有更詳細討論。一六〇二年十月，當馬尼拉蓋倫帆船聖靈號發生船難時，德川迎來了第一次勝利。這起事件發生當下，兩名剛從馬尼拉抵達平戶的西班牙人（尼古拉斯・德・奎瓦和迪亞哥・德・格瓦拉〔Diego de Guevara〕）出示了家康之前核發的許可狀作為授權書，對抗土佐藩的地方領主山內一豐。[9]

與馬尼拉貿易相關的中央與地方二元主義

如果制度當真造成不同，它們是怎麼影響三邊關係的？如果觀察整個馬尼拉體系，我們會發現，地方和中央制度的界線通常很不清楚。前文也提過，並不是所有馬尼拉的商業運輸都會獲得國家支持。其實每年停泊在馬尼拉港口的幾十艘福建船隻，都只掌握在私營商人手中，至少在資金提供和運作方面都是。這些私營商人大部分領有官方許可，但無法仰賴政府提供任何財務或法律援助。每個地區的情況又不太相同。像廣東發展的制度是要控管澳門、之後還加上廣州的貿易，福建官僚則先是努力整合馬尼拉貿易，後來又極力拒荷蘭於安全距離之外。[10]同時，從廈門到寧波整個沿海區域，也多了許多去東南亞和日本的私人航程。很多私營商人在東南亞和日本取得的成功，是西班牙和日本官方經營的海上計畫所無法望其項背的。[11]在中國的海上運輸案例中，即使商人獲得貿易許可也只代表得到政府批准。相反的，馬尼拉的蓋倫帆船與朱印船則是國有事業，可獲得法律的保護和財務支援。兩國的中央政府都要利用許可證，保護海上貿易免於國內和外國競爭。這種作為控制國外貿易的制度會直接從進口中獲利。[12]

觀察這個大區域可能會讓我們得到下列結論：定期往返於馬尼拉市場，為這三個近代國家帶來深遠的政治變化。地方上行動者的開創精神明顯超越國家的行動。而如果觀察中國、日本和西班牙的行動者與代理人，就會發現，他們在政治與經濟交織的層面上，各對馬尼拉抱持極為不同的態度。全球舞臺中的角色同時也是地方上的行動者。從最基本層面來看，「地方」的行動者也能被視為中央政權的對應者。一個國家的代表包含統治者、政府官員、國家支持的商人，在某種程度而言還有教會成員。教會成員根據各自的隸屬和職位，行為有可能聽命於國王或教宗指示。地方的行動者經常與自由貿易有所關聯。前文也指出在多層次互動中，中央和地方的因素經常有重疊。而與其硬是將兩者區分開，比較有效的作法應該是把它們看成混合的存在。在這裡只舉幾個例子：國外貿易的增加也會讓地區官員多一些政治上的新作法。因此可能有點荒唐的是，福建官員、九州大名和西班牙當局都會代表他們的統治者支持馬尼拉的私人貿易事業。

有鑑於馬尼拉的三邊貿易有強烈網絡性格，在貿易港口不存在「典型的」中間人這件事就顯得很奇怪。除了葡萄牙人在十六世紀會不時從馬尼拉航行到平戶與長崎，還有在一六二〇年代航行到中國港口之外，通常都是各國商人把各自商品或白銀從馬尼拉運回他們母國。馬尼拉會缺少中間人的理由，很可能是因為在當地經營貿易和合作的各方人馬極為多元，有倭寇、華僑、領有許可的日本和中國商人、西班牙殖民當局，還有夾雜一些在馬尼拉居住的西班牙海外帝國子民。這並不是說每個團體都一樣強大或成功——馬尼拉華僑是靠他們的生意頭腦，墨西哥商人則是在蓋倫帆船貿易中享有特權地位。而當日本將國外貿易限制在長崎後，擁有語言優勢的中國南方商人，便決定擔任幕府的通譯（日文中稱為「通詞」），他們之中有些人還與馬尼拉有連結。他們負責監督其他中國人社群，並進一步擴充勢力。[13]

西班牙行動者與跨太平洋的絹絲交易

帝國各地的西班牙人都知道東南亞的潛在財富，並想依循葡萄牙人交易奢侈品、香料和貴重金屬的前例，完全開發東南亞的財富潛能。中國的絹絲是一個方便的選項，馬尼拉的西班牙人也的確是用絹絲作為長距離交易的奢侈商品。從跨太平洋的絹絲貿易中，就可以看出三邊聯動的歷史。不過很值得注意的是，中國絹絲在全球的角色卻經常被輕描淡寫帶過，這和白銀在近幾年獲得的關注比起來似乎顯得特別不平衡。中國生絲大量來自蘇州、南京和杭州附近地域，後來也有福州本土生產的生絲。既然中國生絲對新興的墨西哥和日本市場有不可忽略的重要性，也影響到十六和十七世紀中國國內的生產，那學者對絹絲如此缺乏關注，就更加令人覺得不解。[14]從中國運往墨西哥的絹絲包含各種製品，有綢緞、織錦、花布、彩色及或輕或厚的絲織品。[15]

在馬尼拉蓋倫帆船貿易揭開序幕前幾十年，西班牙就和墨西哥殖民地合作，在海外帝國進行養蠶業和絲的生產，但當然條件對母國生產菁英有利。大量的絲從塞維亞以船運方式輸出，在海外帝國的當地「作坊」（obrejas）生產較低品質的產品，用來滿足殖民地社會對歐洲服裝的需求。[16]西班牙自己擁有當時歐洲最重要的絲產業之一。托雷多（Toledo）、格拉納達、塞維亞、瓦倫西亞（Valencia）和莫夕亞（Murcia）都有絲織品輸出。在十六世紀末極盛時期，據說托雷多的絲產業僱用了大約兩萬人。[17]更有甚者，殖民地的生產也有部分是掌握在卡斯提亞王朝手中，因為來自卡斯提亞的許多工匠不需要在美洲繳稅。教會是這些奢侈品的主要顧客，他們帶動了某些地區，例如普埃布拉（Puebla）的工業中心的絲織業發展。[18]

做跨大西洋絲生意的工人和掮客，深受跨太平洋的絹絲流通之害。較早的研究顯示，在十六世紀後半葉墨西哥絲市場的價格大幅上升。在一五七九年，生絲的價格大約是四十年前的七倍。[19]這讓某些殖民地商人在中國絲輸出前夕，對新西班牙的絲產業遠景感到十分樂觀。早期如果以利潤為導向，商人會把特殊的中國絲運送到祕魯，一千石生絲、六萬件綢緞、花錦與其他貴重布料的可能淨收益是兩百萬比索。[20]費爾南多・岩崎・考蒂從西班牙和拉丁美洲的檔案中收集資料，釐清在一五八一年，從馬尼拉開出的那艘惡名昭彰的蓋倫帆船上，運送了哪幾種中國絲以及各自的商品價格。絲織品包括花錦（散裝）的售價略高於兩比索，而各種其他品質的絹絲，則是一大批可賣十比索。[21]

許多塞維亞商人壟斷美洲的絲貿易，他們的經濟獲利是仰賴把絲賣到殖民地，因而對既便宜、品質通常也比較好的中國織品大量湧入感到不安。[22]也因此當進口的生絲、絲襪、襯衫、教會及修道院要用的祭袍和繡帷輸入美洲後，旋即有一群人反對展開跨太平洋貿易。[23]全漢昇的研究顯示絲產業的損失可能轉化成皇室的重要問題。[24]有了跨太平洋的中國絲輸入後，格拉納達和瓦倫西亞的部分絲產業甚至面臨破產。[25]以西班牙養蠶業為生的人開始抗議便宜的中國絲流入，當時也正好是公民抗爭、伊比利半島的軍事支出高漲的時期，因此中央政府不得不採取行動。皇室早期的介入行動之一，便是在一五八〇年代和一五九〇年代對蓋倫帆船貿易展開限制。[26]參考西班牙的資訊政策，其實不難想像西班牙就是用馬德里早期發給馬尼拉的「許可證」(cédulas)，來指揮殖民地官員處理這件事。由於利潤引發愈來愈多敵對，皇室必須對此加以控制與削弱。[27]

在西班牙殖民馬尼拉初期發生的白銀與絹絲紛爭，反映出過度擴張的西班牙海外帝國內部存在著利益衝突。母國西班牙的限制和禁令，可能是對新臣屬於腓力二世的葡萄牙人做出的讓步，因為葡萄牙人認為他們在澳門的獲利中享有特殊地位。[28]在跨太平洋貿易前幾十年，墨西哥總督還是很積極推動中國貿易——雖然他的人民抗議不斷。菲律賓的西班牙移民向西班牙國王請願，請國王下令新西班牙總督禁止與菲律賓的貿易，因為他們憂心白銀一直流向中國。而新西班牙總督阿爾瓦羅·曼里克·德·祖尼加（Álvaro Manrique de Zúñiga，一五八五年—一五九〇年在職）寫了一份很有說服力的答辯書，支持繼續把白銀輸

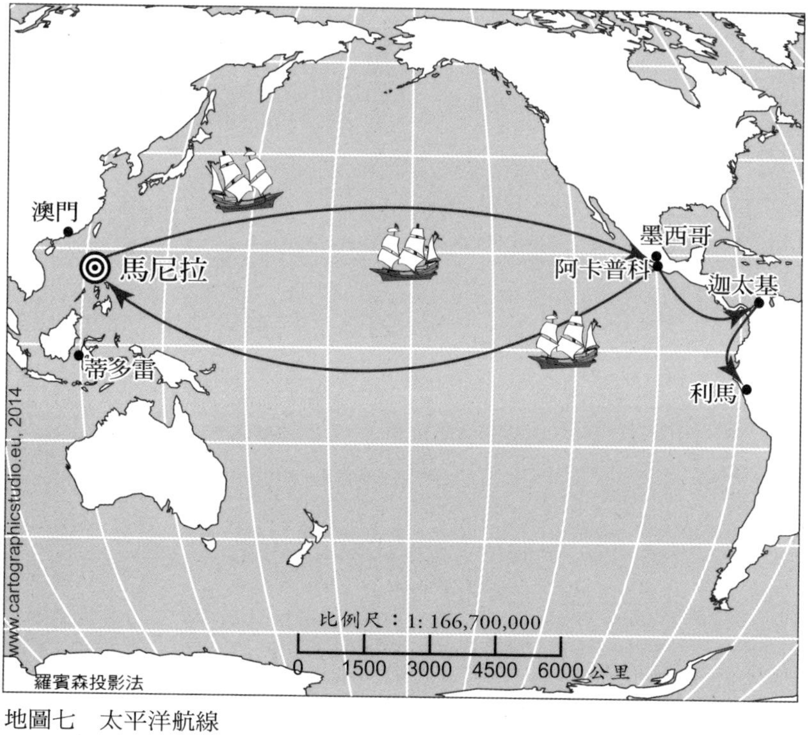

地圖七　太平洋航線

送到菲律賓。[29]不過情勢其實更為複雜。在一五八六年，印度議會針對馬尼拉蓋倫帆船的未來發出二十九點聲明，表明議會首長站在菲律賓這一邊。這表示即使在西班牙也有和墨西哥和馬尼拉一樣，有想與中國自由貿易的支持菲律賓派。[30]這也表示理論和實際面的差異愈發擴大了，是否要中斷與中國貿易的爭論變得益加複雜。[31]

或許一五九三年的限令中最有趣的特點，是它試著「由上而下」保護馬尼拉蓋倫帆船的貿易獲利。[32]國王腓力二世在該年下令臣下不可再前往中國購買商品，而要讓中國人自冒風險前來馬尼拉。[33]官方也禁止中國商人前往墨西哥。羅伯特・里德（Robert Reed）認為這些規定都「逐漸導向一個絕對制度化、緊密監督和嚴格限制的貿易」。[34]我們的確看到在一六〇〇年之前，馬尼拉販售貨物的價格都是事先由整批議價制度確立並固定下來。[35]不過也存在完全相反的事證。首先是稅金和關稅就足以造成貿易各方有截然不同的訂價和利潤。再者，皇室之外的商人也很快就把事業範圍擴大到有利可圖的海外交易。[36]墨西哥商人在不過幾年的時間中就主宰了絹絲貿易。[37]在那個領域中，他們與塞維亞的公司和馬尼拉一般商人互相競爭。中墨交易的影響的確為馬尼拉帶來問題：不論是當地原住民或是一般的西班牙市民，都再也買不到絲製品了。貨物的空間有限，所以前往阿卡普科的蓋倫帆船大部分都用來載運絹絲，這使得馬尼拉商人完全被排除在跨太平洋交易之外。[38]對此，皇室政府的回應便是限制來自墨西哥的西班牙人參與跨太平洋貿易，這些墨西哥商人都願意移居到馬尼拉並在當地定居至少十年。[39]除此之外，總督還會選派數名聽訟官（oidores）檢查出港的船隻，盡可能杜絕走私，並防止船上有人遭到不當對待。[40]這個嘗試並沒有被貫徹，而且還助長非法的買賣和行賄。許多商人很快就想到用賄賂官員或偽造貨物登記的方法，來規避皇室的干預。[41]

全漢昇告訴我們在一六二〇年的馬尼拉，一石生絲可以賣兩百比索（一「石」大約是每公斤賣三・三比索）。而在利馬，同樣一石的價格是一千九百五十比索。[42]他還估計從馬尼拉運往美洲的絲，平均淨利率是百分之一百到三百。[43]西班牙對美洲市場將被中國商品淹沒的憂慮，一直持續到十七世紀末。即便皇家對貿易的壟斷限制了馬尼拉市場的機會，政府的規定也無法防止祕魯、澳門和菲律賓發展出海上聯繫，也未成功攔截祕魯商人參與亞洲貿易或其他形式的競爭。[44]在馬尼拉體系下，私營墨西哥和福建商人的活動具有足夠影響力，足以造成阿卡普科、墨西哥城和普埃布拉的社會變動和經濟自由化。[45]

日本的絹絲輸入和對大區域的影響

同時代的西方人觀察到日本人像是對絹絲上癮一般，不列顛東印度公司（EIC，English East India Company）在平戶貿易據點的指揮官理查・考克斯（Richard Cocks）和其他觀察家，也抱怨日本人沒有興趣穿絨呢布料。[46]菲律賓總督唐・費爾南多・德・席爾瓦（Don Fernando de Silva，一六二五年—一六二六年在職）也在一六二六年說過：日本人沒有絹絲簡直不能活。[47]在一六一〇年代後半段，日本運送到馬尼拉的絲持續減少，日本國內的絲產量直到一六二〇年代和一六三〇年代也只有小幅增加。[48]雖然日本人穿絲質和服、養蠶和種桑樹的歷史都已經有千年，但日本國內的生絲產業不論是質或量依然都比不上中國產品。因此，輸入中國生絲對日本的經濟、政治和文化都極為重要。以絲織業興盛的京都西陣為例（那裡負責供應皇家朝廷和武士階級），就很依賴外國進口的錦緞用絲和白絲。[49]

在探討到日本白銀和中國生絲有可圖利的交易時，日本歷史學家中島樂章強調在一五八〇年葡萄牙中間人將澳門與長崎銀絲交易制度化前，中國和日本的海盜走私商確實在十六世紀晚期大賺一筆。中島進一步指出，不論是明朝或豐臣政權，都沒能直接從他們國家這類最貴重的商品交換中獲利。[50]這是因為十六世紀後半葉中國與日本都欠缺規範機制，例如明文法律和商業交易的監督機構，因而讓兩者的近代經濟結構遭受損害。而一旦中國和日本的私營商人發現有馬尼拉這片能安全進行直接交易的天堂，豐臣政權和明朝廷就會被持續排除在馬尼拉的利潤之外。但豐臣秀吉很清楚知道獨占絲的進口對他有好處，他也很快採取辦法，以核發許可證來控制國外貿易。在一五八九年後，豐臣秀吉還成為絲銀交易中最大的投資者。[51]他與在長崎的葡萄牙人接觸、在一五九三年跟菲律賓總督的使者佩德羅・包蒂斯塔進行協商，讓他對海外貿易的理解大為增加。這足以說明何以後來他會難以捨棄一五九六年底翻覆的聖費利佩號蓋倫帆船上的貨物。[52]

至於一五九六／九七年發生的西班牙商船貨物被沒收一事，根據《通航一覽》記載，當時西班牙船隻在修繕時，南蠻的貨物被存放在秀吉位於大阪的倉庫中。[53]一名日本通譯聲稱卡斯提亞船長想把船上的貨物獻給秀吉。[54]時至今日，我們知道是因為那一船價值超過一百萬比索的豐富商品，替秀吉最後一場朝鮮戰役提供資金。[55]在當時絹絲是引發各代理人之間衝突的主要原因，因此在聖費利佩號船難後發生的事，基本上是西班牙和日本從事中國絲交易的延續。人們經常忽略那起事件發生的地理環境，西班牙船隻是在四國的土佐翻覆。那個地區因為倭寇經常作亂而惡名遠播，但又和九州不同。四國的領地從來沒有被納入南蠻貿易中。因此，我們有理由相信是地方大名長宗我部為了當地利益，才在無助的西班牙人於浦戶（今高知）擱淺後利用他們。[56]在其中不光彩地摻一腳的耶穌會，則進一步反映葡萄牙與西班牙雙方的經濟對抗。葡萄牙人一向反對日本與西班牙人貿易，他們顯然極擔憂馬尼拉蓋倫帆船上的大量絲貨會供應過多，讓價格下跌。[57]我們或許能總結地認為聖費利佩號事件不是因為宗教，或者地緣政治因素而觸發。它是由「互有連結的」呂宋—卡斯提亞和中國—日本之間的經濟競爭所造成，證明有極大量的中國絲會被運到美洲。

當我們看到西班牙與日本的關係日漸升級，大概也會同意洛薩．諾斯在一九七〇年代的結論：大名的軍事與商業利益將日本人向南推進。[58]隨著日本的絹絲貿易成長，到了十七世紀初，中國商人在平戶和長崎的地位也變得愈發重要。務實的德川家康於是堅持將中國商船集中在長崎，這樣才能確保幕府會直接參與絹絲貿易的利潤。在一六一〇年之後，九州的中國中式帆船貿易愈發成長，這要歸功於幕府和私營商人的特殊合約與協定（譯按：「投銀証文」與「借約」）。[59]馬尼拉的中日直接貿易已經無法支撐島上居民需要，也無法滿足西班牙海外帝國其他領土。因此西班牙皇室在一六〇九年介入。國王腓力三世在給菲律賓總督的指示中，要求菲律賓到日本的貿易及航行應該由「菲律賓島上的居民執行，日本人不〔應〕被允許前往該島」。運費也應該維持在最低限度。[60]但由於馬尼拉必須依靠日本供應，因此國王的政策其實不符合殖民地的實際狀況。

江戶、馬尼拉、墨西哥和馬德里之間的政治緊繃時期，朱印船貿易有部分從馬尼拉改往河內、越南的東京（Tonkin）與暹羅。越南港口河內也有來自中國沿海的大量居民和來往商人，並提供與馬尼拉類似的環境。[61]當德川終於中斷和西班牙人的交易後，阮朝統治下的河內成為日本在海外獲得絲的主要據點。在一六一五年和一六三三年之間，臺灣則成為另一個供貨來源，可以填補日本對中國絲的渴求。[62]中國商人促進每年的朱印船出航，讓朱印船為馬尼拉的絹絲故事增加新的章節。當中國海域不平靜的時候，例如前往馬尼拉的福建船隻會遭到荷蘭船隻打劫，中國商人就會重新轉往臺灣和廈門。不過在這段時期，仍有未獲授權的日本商業活動在馬尼拉當地和周遭進行，並持續好幾年，劇烈的價格波動則改變了絲線的淨利率。[63]

如前文所說，我們應該把馬尼拉的絹絲貿易放在一個更大的脈絡，放在全球消費和需求的脈絡中觀察。理論上，近代馬尼拉的每個人都負擔得起絹絲，每個人也都被允許把絹絲穿在身上。這和清朝中國或近代歐洲的情況不一樣，在兩個國度某些族群會受到禁奢法令的穿著規範，不被允許穿著絹絲。在世界上大部分地域和時期的服裝史中，絹斯常被歸類為奢侈品，而且通常與中國有關。就連古代的羅馬人都在談論高價的絹絲輸入品，他們也承認這種奢侈商品具有吸引力。老普林尼（Pliny the Elder）指出羅馬每年花費一億「塞斯特提烏斯」（sesterces）購買從「賽里斯」（Seres，意為絲國，指中國）輸入的絲。[64]絲消費的例子顯示馬尼拉的階級、種族和社會地位的規定，相較於其他地方顯得較不嚴格。

與呂宋的貿易：私人貿易 V.S. 朱印船貿易

在三個國家中，日本的例子最能說明地方與中央行動者的競爭。前文也提過，在德川政府統治菁英籌劃國外貿易之前，日本與呂宋的貿易早已充滿地域的競爭。一開始，戰國過渡時期加速日本近代經濟的分權，地方大名不只會和農民及商人緊密合作以壟斷資源，還參與了國外貿易。國外的絲、木材、香料和陶器會帶來地方出資者渴望的收益，還開啟軍事冒險的可能性。[65]在一五八〇年代，馬尼拉和九州間的貿易開始蓬勃發展，兩位大名——長崎的「唐·巴爾多祿茂」（大村純忠）和「唐·奧思定」（小西行長）——之間的敵對在南方持續擴大。[66]不過他們其實都不像平戶的松浦鎮信那樣，深知如何從南蠻貿易中獲利。松浦不只是日本與呂宋之間的半官方貿易先驅，他還想把十七世紀的四個歐洲貿易國都吸引過來。在一六一〇和一六二〇年代，松浦打算設置葡萄牙人、荷蘭人和英國人的商館。[67]馬尼拉的西班牙人除了受益於一五八四年和一五八七年的事件，還因葡萄牙人在耶穌會遭受敵意對待後撤出平戶而得利。[68]雖然松浦從未認真支持任何天主教教團，但他依然鼓勵伊比利的托缽會修士前來領地。[69]松浦的其他外交策略包括反明宣傳，他用這個宣傳說服西班牙人擔任中國貿易中間人。[70]松浦鎮信的策略很成功，因為接下來幾年，西班牙的私營商人很諷刺地會常乘坐葡萄牙船和中國中式帆船，將中國商品從馬尼拉運往平戶。[71]同時，平戶來的船隻在馬尼拉也很受到歡迎。在一五九一／九二年的貿易季節，至少有四艘商船被預期要從平戶前往馬尼拉。其中一艘船的船長就是混血商人西爾維斯特·羅德里格斯（Silvestre Rodriguez），他是一名受洗的日本船長，有時會住在馬尼拉，也是一五九二／九三年馬尼拉使節團的一員。[72]

另一名重要的「全球在地化關鍵人物」（glocal player）是薩摩大名島津義久，他是豐臣政權末期的九州領導勢力。島津氏也有興趣和呂宋定期貿易，並派遣船隻與送信到馬尼拉（當時松浦已經不再這麼做了）。[73]日本研究者認為島津在近代對南中國海貿易中短暫但密集的參與，是作為對本州發起的統一進程的反制。[74]島津亟欲繼續掌握海外貿易，這樣才能維持政治和經濟上的獨立性。他與幾位巡撫交換禮物，嘗試和福建建立正式關係，[75]還在一六〇一年派遣使者到呂宋。[76]島津寫了一封給馬尼拉道明會修士的信，熱情邀請西班牙人前往島津家領地。在他信中，特別值得注意的是他隱約提到自己的宗主權：「住在那裡的〔日本〕人告訴我，您們很願意善待我領地上的人民。」[77]這段話顯示原本屬於豐臣秀吉陣營的島津，直到一六〇三年都沒有向德川家康降服，因此可以在德川背後獨立執行外交政策。這也進一步展示呂宋與西班牙的關係，在日本的政治變遷中扮演重要的角色。不過，一旦島津氏發現私人的貿易行為有其限制，島津義弘便於一六〇四年要求幕府核發朱印狀，准許他藩地內的商人前往呂宋。他很快以「山口」的臣屬之名獲得許可，[78]不過島津對中國的抱負卻暫時面臨挫敗。屈居於德川之下的「外樣」大名身分，讓島津的活動範圍受到限制。島津的地位確實在一六〇〇年後變得格外脆弱。島津忠恒在關原之戰中敗於家康之手，撤退回他在南九州的領地。之後他也與其他「外樣大名」（例如土佐）一樣，被當作德川遂行中央集權的潛在反對者。[79]當島津承認不可能再與明朝建立直接貿易關係後，他們便轉向琉球。由於一六〇九年之後，薩摩藩作為琉球的領主在外交關係中的特殊作用，他們獨占間接獲取中國商品的途徑。[80]在接下來幾年，島津還試圖規避幕府在國外貿易中的權威，雖然不算完全成功。舉例來說，他們全面無視一六一六年規定所有中國船隻都應該在長崎停靠的法令，甚至後來還僱用他們自己的中國通譯。[81]

參照西班牙的文獻，我們可以釐清九州領主試圖維持自治的背景。九州領主在菲律賓與西班牙人的密謀合作，可追溯回一五九〇年代。那時西班牙人認為九州領主是他們的盟友，可以一起對抗鄰近國家的潛在軍事威脅，因為當時還有些九州領主同情基督信仰。特略總督在一五九八年告訴西班牙當局，他與九州「幾名重要人物」關係友好。他還補充道：「其中最友善的當屬一名叫作Gentio的Coria（朝鮮）將軍。」特略表示這名Gentio是「基督徒的朋友」，他在秀吉的繼承順位中位置頗為核心。特略在這份備忘錄最後說，和Gentio的往來要保持祕密，「不能被Conbaco（關白，指豐臣秀吉）知道，秀吉的倒行逆施在國內招來許多怨恨」。[82]特略在這裡指的是熊本的領主加藤清正，他是曾出兵朝鮮的大將，曾在一五九七年派遣Gotō Kanbei前往馬尼拉。這些引文顯示西班牙官員不只知曉日本國內的權力鬥爭，還試圖加以利用。[83]

雖然如此，但我們還是愈來愈能看出豐臣秀吉和德川家康都亟欲掌控日本的外交關係，在日本國內也出現從事海上貿易的動機。因此之後在一五八八年，秀吉便對南中國海私人貿易頒發禁令之，並且想以朱印狀制度讓中央完全掌握外交關係。不過我們應該不難想像，這兩種作法都無法輕易拘束九州大名想讓國外貿易取得正式形式的企圖。因此家康請求西班牙當局，向他報告未獲核准的商人名單，這樣他才能採取必要措施。這也是家康追求海上主權的一步。[84]在日本敵對的局勢，進一步說明幕府何以對大名參與國外貿易顯得猶豫不決。松浦鎮信是呂宋貿易中唯一獲得朱印狀的大名，其他朱印狀都被保留給畿內的大阪、堺和京都，與九州的富商氏族成員。[85]結果就是其他大名必須和商人家族，例如織田家、茶谷家、或在一六〇四年航行到呂宋的Gotō家維持緊密關係，這樣才有辦法進入馬尼拉市場。雅保多探討日本與馬尼拉的貿易，並煞費苦心地收集、整理出船長與朱印狀持有者的簡介。他的彙整顯示在朱印船貿易第一年，領有官方發給朱印狀的日本船長，全數都是私人身分的日本人船

年分	船隻數量	年分	朱印船數量
1567	1	1604	4
1572	1	1605	4
1575	1	1606	3
1580/81	不詳	1607	4
1582	12	1609	3
1585	1	1610	2
1586	1	1611	2
1587	1	1612	1
1589	1	1613	1
1590	1	1614	4
1591	1	1615	5
1592	1	1616	1
1593	5	1617	1
1599	≤18	1618	3
1600	2	1619	1
1601	1	1620	2
Total	**≥48**	1621	4
		1622	2
		1623	1
		1624	2
		1630	2
		1632	2
		Total	**54**

表五 前往呂宋的日本船隻[86]

員。他們都有西班牙文或葡萄牙文別名，但大概都不是天主教徒。這種模式在其後幾年中才有所改變，變成比較有天主教徒參與。[87]他們之中有些人賺到的財富，足以支撐他們在日本當地的建設工作；其他人則擁有重要的行政職位，可以靠接待外國使者或協助外交通信，確保他們對外交事物的影響力。清水有子探討了呂宋對德川鎖國政治的影響，在她對一五八六年和一六二五年之間的研究中，她區分出日本公家和私人與卡斯提亞的貿易。她還指出這兩種形式不會互相影響，因為它們從未同時並存。[88]不過在西班牙文獻中還是常提到私營日本商人在一六〇四年後，仍在馬尼拉持續運作。[89]那表示漏洞依然存在，朱印船商人還是繼續在暗中做生意。例如一名日本商人米格爾・伊洛亞（Miguel Iloya）就以一千一百九十四比索的價格，賣出了鏡子和搖鈴。[90]還有另一名日本朱印船船長路易斯・梅洛（Luis Melo）也在馬尼拉投資私人錢財。[91]

從馬尼拉往日本的陶器貿易，生動地反映私營商人在地方與中央競爭中的命運。一五八〇年代，日本人在馬尼拉發現古老的中國陶瓶，他們認為這些陶罐在茶道（日文稱為「茶の湯」）中深具價值，茶道在精緻的武士文化中廣受歡迎。這些罐子被稱為「呂宋壺」，日本富人（包括豐臣秀吉）會花大筆錢添購茶具，其中當然也包括這些陶罐。日本人認為這些陶罐是極少數能讓茶葉存放好幾年的罐子。[92]因此當馬尼拉的私營商人納屋助左衛門——他有時候也被稱為呂宋助左衛門——在一五九〇年代初期運了一大批呂宋壺回到日本，他很快就得到關白的喜愛。秀吉下令把所有呂宋壺賣給他在長崎的代理人，[93]之後幕府也在一五九九年開始涉入。代表島津氏經營的私商，在該年從呂宋帶回一百二十一個呂宋壺；薩摩的大名把全部貨物送給家康，而家康則表現得像是繼承豐臣政權對呂宋壺貿易的獨占權一樣。之後德川家康就禁止薩摩與呂宋的貿易、以及呂宋壺的貿易。[94]

在一六〇四年，德川要求京都、堺和長崎的重要商人組成絹絲行會，替輸入長崎的絹絲決定固定價格。這表示地方領主有義務要遵循將軍的經濟政策，而這種標準化的政策產生出一批新型、具有影響力的國外貿易商人，他們被稱為「御用商人」。[95]只有日本的絲商（日文稱為「糸年寄り」，將軍的高階官員），能向葡萄牙、有時候則是中國的中間人以之前決定的價格購買大批絹絲，然後再分給各地商人。這個制度原本只適用於來自澳門的葡萄牙船隻，並由長崎「奉行」監督任務。長崎在一六〇六年後，奉行登記所有進口貨品。[96]「糸割符」制度讓許多外國商人失去在日本經濟結構中的立足點，而即使是那些還保有位置的人，也必須遵守德川的規則。固定價格和監管傷害了長崎與馬尼拉的自由風氣，私營商人與當地人接觸與議價的機會大幅降低。[97]同時，新制度也讓中國與日本的走私變得更有利可圖。時間證明了這個制度的成功，大阪和江戶商人在一六三一年獲准加入，中國和荷蘭商人也分別在一六三三年和一六三五年被幕府正式納入。

在早些年中，各方的行動者都知道要怎麼利用制度漏洞。在一六〇五年、一六〇六年和一六一二年，每當一有馬尼拉船隻帶來中國的生絲，將軍的商人就會大量買進，因此讓來自澳門的中間商抱怨進口關稅提高了。[98]有些私營商人是接受當地領主和其他官員的指令。這類策略絕不只出現在日本。西班牙殖民地的官員以前也會委託私營的日本、中國或葡萄牙商人從日本帶來某些產品，例如硝石或火藥。值得一提的例子，包括日本商人西爾維斯特・羅德里格斯和李旦（後來在長崎的中國人社群首領）。在日本文獻中，也有提過一名呂宋的「人臣」（呂宋ノしんによる）巴托洛梅・德・梅迪納（Bartolomé de Medina），他是在一六〇二年和一六〇六年之間在日本負責與南蠻貿易往來的職務。他們都會與日本官員合作，從絹絲貿易中賺得利潤。[99]「馬尼拉—九州」這條路線的管制較寬鬆，自行其事的葡萄牙商人相較於日本和西班牙商人，或許能賺到更多錢，也能建立起更規律的貿易往來。馬尼拉的葡萄牙居民路易斯・曼諾爾（Luis Manoel）、安東尼・加斯（Antonin Garces）和傑羅尼莫・德・羅沙（Jerónimo de Rocha），都參與了馬尼拉和朱印船的貿易，後來還搬到長崎。[100]官方的朱印船紀錄顯示馬尼拉在一六一六年之前，無疑是朱印船出航的首批也很重要目的地之一。出航的總船隻數為三十四艘，只少於航往暹羅的五十六艘。不過到了一六一六年後，馬尼拉在日本的國外貿易中降級為次重要的目的地，已經比不上河內、阿瑜陀耶和臺灣。[101]幕府透過下達進口商品訂單以直接參與貿易。[102]

在中國海域的私人貿易衰退同時，日本與伊比利人的互利關係開始出現一定比例的飆升。然而日本人站出來反對後者，這也使糾紛隨之增加。其中，有馬晴信的朱印船和葡萄牙商人發生的事件格外令人震驚。有馬的朱印船在一六〇八年從柬埔寨回航的路途中在澳門擱淺，船員與葡萄牙人發生爭吵，並且被葡萄牙人擒獲，其中還有一名日本船員遭到殺害。[103]由於該船的船長持有朱印狀，侮辱他就代表侵犯將軍主權，因此幕府同意進行報復。在一六一〇年，每年例行的澳門武裝商船航抵長崎時，有馬出動軍隊毀壞馬德雷·德·杜斯號這艘葡萄牙船隻。[104]日本這番激烈的反應讓澳門葡萄牙人大吃一驚，之後長崎奉行發出聲明，強迫葡萄牙人依日本人提出的條件，更新每年的貿易。[105]這次事件說明幕府漸漸意識到自己的優勢，這也是日本與所有歐洲人關係的明確轉捩點。日本方對呂宋的西班牙人變得愈來愈猜疑，特別是因為他們和葡萄牙人勾結在一起。二十年後，西班牙人當真證實了日本人的猜疑，當暹羅的葡萄牙人在對抗日本的朱印船商人時，西班牙人選擇支持葡萄牙人。

海上貿易的控制權從日本邊陲轉往中央，這個過程堪稱順利。家康寫給馬尼拉的第一封信中，已經特意邀請西班牙人把船隻派來關東浦賀，他的策略之一是把今天東京附近的地區變成海上貿易中心。不過他的計畫並沒有實現。西班牙船隻違背了家康的意願，仍然繼續到九州（而不是浦賀）登陸。這倒不是出自政治的原因，而是出於不可抗力，因為水流無法控制。佩德羅·德·阿庫尼亞（Pedro de Acuña）總督其實很願意遵照日本統治者要求，舉例來說，他在一六〇二年派了一艘小型蓋倫帆船小聖地亞哥號（Santiago el Menor）去關東。但那艘船還是無法克服不利的風向，最後是在平戶登陸。[106]阿庫尼亞在一六〇三年又試了一次，但還是失敗了，家康不耐地堅持要求阿庫尼亞給他一個解釋。到了一六〇四年，仍然沒有西班牙船隻駛抵關東，家康便催促方濟各會修士迪亞哥．貝爾梅奧（Diego Bermeo）去刺探總督立場。[107]但這也沒什麼助益，就連秀忠將軍寫了一封信，清楚表明除非天候不佳讓船隻進不了關東，否則呂宋船隻不准停靠在其他日本港口，也依然無濟於事。[108]最後終於在一六〇八年，有一艘呂宋來的船停靠在浦賀，而幕府那時早已成功地透過特許商人，把海外貿易的利潤導向江戶了。[109]雖然北歐商人努力爭取把江戶附近變成他們的根據地，不過德川菁英已經放棄把浦賀變成國際港口的想法。幕府並不鼓勵荷蘭東印度公司或是不列顛東印度公司（EIC）的商人選擇浦賀，這和他們幾年前對西班牙人的態度不同。相反的，即使三浦按針堅持要在浦賀，英國人還是必須把商館開在平戶。[110]在一六一〇年和一六一五年之間，從新西班牙和歐洲前來或前去的代表團，都分別在浦賀上岸（或上船），這個港口有一段短暫時間成為國際運輸港。[111]不過在那時，西班牙和日本合作的輝煌日子已經結束了。

北京和福建之間的競爭

中央和地方的行動者之間存在對立的現象不只限於年輕的德川日本，同時也是明朝中國官方與非官方的二元主義特徵。離開了出生地從事邊境貿易的商人，通常會以他們彼此共通的語言、文化和宗教連結在一起。邊境商人通常隸屬於一個氏族體系，本書將在其他部分介紹他們的網絡。我們有理由相信他們有一些內部的規則必須遵守。[112]在馬尼拉體系的脈絡下，中國的二元主義既阻礙了制度的轉型，也無助於重新投注到母國經濟。[113]這種分裂造成北京官方政策和沿海地區實際環境的落差，而且比日本甚至海外的西班牙都大。魏思韓在一九七九年發展出一篇很具影響力的論文，便是在探討這個主題。他認為中國的海域依然是邊陲，因為那裡的利潤能與國家層級的權力積極互動的機會有限。他主張「呂宋和臺灣作為貿易集散地的吸引力是有限的，某些礦產和其他天然產物的資源也不豐，否則就會因為可收穫稻米和蔗糖而遭到殖民。但卻需要經濟和軍事強權的實質關注，帶來殖民地的開拓者，並保護他們免受原住民侵擾」。[114]參考王國斌的形容，對晚明中國海上政策最好的總結，應該是它綜合了「官方與菁英的努力」。[115]

「中國」方面到底是由誰扮演像呂宋的日本私營商人般的角色，誰又是日本私營商人的貿易夥伴？林仁川的海上行動者研究強調遠洋企業的多樣性。他的第一個分類是封建式的型態——地方貴族收養窮困家庭的子弟進行海外貿易，[116]一個商團就等於一個家系組織，成員也都同姓。商業資本最初是來自重要的地主家庭，他們會安排自己的親人或奴僕出海，好獨占巨大的利潤。當他們變得更富有後，這些仕紳階級、軍人家庭和商人的子嗣就能接觸到儒家教育和釋義，因此就可以通過全帝國舉辦的文官考試。[117]讓商人漸漸與文人學士接軌。這種作法最終導致「收養繼子」的盛行，和形成某些形式的奴隸制。[118]同時，這也進一步助長商人對貿易限制的規避，讓海上的中國從海禁轉變為「自由的」私人國外貿易。第二種分類是用借來的資本和租來的船隻進行貿易。[119]為了清償貸款和申報來自海外貿易的貨品，商人彼此會依存在一起，因此這種作法會讓整個地區整合在海上貿易中。[120]最後第三種也有發展出獨立的類型，即是指可以用自己的資本投入貿易的商人。[121]

晚明的文獻顯示在地方層級上，就連政府官員都贊成在管控下允許對外的海上交易。為了防止海盜，不論是向外或內的貿易都應該受到鼓勵。[122]福建官員和商人採取進步創新的作法，和歐洲商人（包括葡萄牙、卡斯提亞和荷蘭商人）密切合作。[123]除了歐洲人掌控的港口城市外，中國人與西方商人的違法貿易主要集中在澎湖。澎湖也被稱為Pescadores，由臺灣西部海岸往外三十六個小島組成。明朝認為澎湖一直是倭寇的目標，並在一五九七年組成負責巡邏的澎湖遊兵。倭寇受到海上貿易帶來的高額利潤吸引，不僅從事走私，還靠著領有許可的貿易協議賺錢。[124]北京朝廷對歐洲貿易夥伴的態度則明顯不同。朝廷一直擔心國外貿易會敗壞一般商人和政府官員的道德。朝廷遲遲無法決定要如何在福建安排呂宋的「番」和日本的「夷」，這表示官方經常推遲與外國人往來時應該進行的改革。[125]

別的地方已經指出「中國的」海上貿易商，或「中國的」私營商人這類詞只能作為輔助詞，因為所謂的「中國的」這個分類，當時只存在於中國以外的地方。不過，不論是當代的非中國作者或西方的學術研究，都沒有充分意識到中國商人的出身多元。我們要把區域的異質性列入考慮，才比較容易理解廣東和福建的商人集團為什麼會激烈競爭、搶奪國外貿易。[126]因此，福建商人——尤其是海澄商人——才會想爭取西班牙人支持，好獨享馬尼拉的貿易。他們也因此積極對抗葡萄牙人在馬尼拉的競爭。在一五八七年，兩艘來自澳門的葡萄牙船隻抵達馬尼拉時，就連西班牙官員都意識到這群福建商人的羨慕。有一些福建私營商人做了更進一步的努力以達成「獨占」：他們邀請西班牙人前來福建土地建立類似的租界區，就很像葡萄牙人在澳門的飛地。顯然漳州有一名重要領導者也是同樣的想法，所以他很願意核發許可證，讓彼此享有安全及互利的貿易。[127]然而這個計畫從未被實現，因為一五八〇年代晚期和一五九〇年代早期情勢的變化過於快速。在月港進港和出港的船隻都要繳納船舶稅（「水餉」）、進口稅（「陸餉」），從菲律賓返航的船隻則須課徵「加增餉」。一五九四年之後，月港每年賺到的稅收大約是三萬兩。[128]不過中國官方對海上貿易的態度還是搖擺不定，雖然那幾十年間，在馬尼拉停靠的福建中式帆船數量已經相對穩定下來。在一六一〇年，中國政府再次想限制商船出海貿易和建造高桅杆船隻，因為他們發現與日本貿易的利潤比呂宋的更高。[129]但這也不表示中國官方同意與日本貿易。因此，帝國制定了一套完整禁令，這與福建人私下固定前往長崎進行貿易的現象形成鮮明對比。[130]日本對生絲的需求致使他們頒布幾條法令，賦予中國商人比照外國商人的權利。家康在一六一六年規定中國商人要住在長崎，而非平戶。但不論從哪一個港口進來（可能是長崎、博多或薩摩），中國船上的商人都必須向幕府報告船上的貨物，這也反映由國家控管的貿易增加了。[131]雖然馬尼拉失去作為三邊港口的重要性，但墨西哥的白銀還是持續流入，福建商人也還是繼續前往——不過前往馬尼拉的人數有稍微減少，並且有一定中斷。因此，我們也不必高估福建人轉移陣地的影響。福建船隻的顛峰期是進入十七世紀後的前二十年，之後入港數就漸漸下降到平均數的三分之一。[132]

馬尼拉體系的海上危險與轉變

一六一〇年代荷蘭人在中國海域的出沒讓西班牙人大感惱火，也使馬尼拉成為海上衝突的焦點。荷蘭商人會使用暴力和威脅手段，以在整個亞洲取得比較好的貿易條件。不過荷蘭東印度公司官員也指控西班牙人和葡萄牙人在東亞與幕府將軍談判時，經常使用不正當手法。[133]荷蘭人的到來的確漸漸改變東南亞海域的貿易環境，西班牙人則連帶地只要抓到機會，就會不留情詆毀荷蘭人是海盜（corsario）。[134]海上和地緣政治的挑戰，阻礙了馬尼拉原本作為貿易港的開放性質。第一次發生的事件是荷蘭人與奧利維爾．范．諾爾特（Oliver de Noord）的海戰，在事件之後，原本放任旁觀的西班牙人開始嚴防荷蘭人能接近馬尼拉的途徑，類似於對塞維亞或維拉克魯茲採取的措施。[135] 在一六〇九年之後，不安全感普遍瀰漫著群島和中國沿岸。海上的危機延續了好幾年。[136] 在一六一五／一六年，一場由葡萄牙—西班牙發起的海軍干預行動，對北歐的麻煩製造者〔編按：即指荷蘭〕進行打擊，因為後者想在麻六甲海峽周圍興建要塞。荷蘭人約里斯・凡・斯皮爾貝爾亨（Joris van Spielbergen）在一六一六年抵達馬尼拉海岸時，若翰・德・席爾瓦正要指揮艦隊前往麻六甲。由於西班牙的指揮官若翰・德・席爾瓦死在麻六甲，西班牙無敵艦隊只好撤退。荷蘭人在一六二〇年攻擊馬尼拉三次，並在一六二一年一月和一六二二年五月之間封鎖了甲米地。[137]

最令人恐懼的是敵人聯手對付馬尼拉。傳聞荷蘭人在協商與日本或福建傭兵合作的消息，使得亞洲海域的氣氛蒙上陰霾。一六一八年荷蘭在馬尼拉外海經歷悲劇性的海戰後，荷蘭人轉向英國人尋求支持。[138] 英國東印度公司和荷蘭東印度公司在平戶據點召開總理事會，英國東印度公司並於一六二〇年同意派遣十艘船。[139] 這整項計畫還有一個更大的戰略規畫，就是把整個中國海區域都包納進來。英國東印度公司計畫的構想，是讓英國的平戶商館議長理查・考克斯（一五六六年——一六二四年）事先航往中國沿海，偵察中國的中式帆船並加以留意。[140] 最初他們失敗了，到了一六二一年十月又試了一次。當時他們派了八艘船前往馬尼拉，在那裡攻擊經過的船隻。在大部分時間，西班牙最後都能戰勝侵略者，有時還是在海上福建商人的支援下。[141] 但在一六二二年英荷聯手封鎖馬尼拉時，馬尼拉體系陷入低谷。不過對西班牙人來說幸運的是，荷蘭另一項更大規模的進擊計畫——在一六二三年拿索的毛里茨（Maurice of Nassau）[i]派出十三艘船，想取道南美抵達馬尼拉灣——也失敗了。毛里茨下令從臺灣調來輔助的艦隊，目標在截擊蓋倫帆船貿易。[142]荷蘭和英國用海軍逼迫的作法，同樣傷及伊比利和東亞貿易國，不過還不至於摧毀他們。荷蘭東印度公司從未成功壟斷福建的貿易，也沒能把伊比利人趕出去。此外，北歐貿易國之間的合作也很短暫。一方面是因為英國和西班牙達成和平協議後，已經不太願意支持荷蘭；二方面是因為荷蘭和英國也在亞洲海域有激烈對抗，兩方的衝突並且在一六二三年的安汶大屠殺（Massacre of Ambon）中進一步升級，有幾名英國東印度公司人員遭到荷蘭東印度公司的商務員處決。[143]

在如此艱難的海上氣氛中，有一些私營的海上福建商人囤積了大量白銀，作為將來投資之用。[144]一六二五年之後，非法的中國商業巨頭（像李旦或鄭芝龍）會向其他在南中國海遊走的中國商人收取保護費。他們的靈活讓自己成為這個體系的最大受惠者之一。[145]因此，海上商業的變化主要是與非法商人網絡的興衰有關。[146]李旦擁有充分的日文和葡萄牙語協商技巧，因而能擴大私營海上商業的範圍。他在歐洲人面前就變身為「唐人甲必丹」。這個稱號反映出他們重視李旦傑出的組織技巧和控制能力。[147]李旦在澳門和馬尼拉累積了所需知識，和西班牙人散夥之後，就轉而與日本人和荷蘭人合作。另一個著名的中國海盜鄭芝龍——荷蘭文獻中稱他為「一官」（Iquan）——也屬於李旦的網絡，他在一六二〇年代晚期以臺灣為根據地。[148]李旦的弟弟帶領長崎的中國人，而李旦最後也成為臺灣的海盜集團之首，並在一六二五年死於臺灣。[149]鄭芝龍繼承李旦的領導地位，掌控當時（一六二六年）已經發展得十分驚人的船隊（總共一百二十艘船）。福建巡撫在一六二八年估計該網絡已經納進多達一千艘船。[150]

在中國官方的貿易政策方面，由於荷蘭的貿易形式太具侵略性，走私活動也增加了，使得明朝廷在一六二〇年代後半恢復貿易限制。[151]在與日本方面，值得注意的是地方層級與日本的貿易完全不受影響。如前文所述，私營商人和船長仍然與長崎保有商業交易，其中也包括和住在那裡的中國居民。更值得一提的是，地方當局對馬尼拉的日本人也不抱有敵意。海上貿易的禁令在明末又死灰復燃，但是官方在一六三一年對該政策鬆綁之後，馬尼拉又重新成為福建商人愛去的目的地。[152]中國甚至還在那段時期派出代表團前往馬尼拉，要求繼續與馬尼拉當局的貿易——之前是因為中國商船從菲律賓回程途中遭到荷蘭人攻擊，而讓貿易中斷了。[153]隨便舉幾個中國沿海船隻登記數量的例子：在一六〇七年和一六四二年，註冊船舶的數量分別是三十七艘船和三十四艘船。不過船隻的數字經常浮動，在一六二〇

i 編按：拿索的毛里茨（Maurice of Nassau），奧蘭治親王，尼德蘭聯合省共和國督省（一五八五年—一六二五年）。他出生於迪倫堡，為荷蘭國父奧蘭治親王威廉一世的次子。他在父親死後繼承荷蘭督省之位，並於長兄菲力普·威廉（一五五四年—一六一八年）繼承奧蘭治親王封號。

年是十三艘，一六四四年則是八艘。[154] 透過比較，我們會發現在一五七二年僅有三艘中國中式帆船，到了一五八一年已經增加為二十艘。[155] 皮埃爾・肖努的數據顯示中國的貿易在一六四〇年代之後驟跌，但是威廉・阿特維爾（William Atwell）卻不這麼認為。[156] 既然殖民地政府在一六四四年，靠著中國發出許可證賺了十一萬三千六百六十八比索（總收入的百分之十八），那確實很難想像來航船隻會明顯減少。[157] 不過一六三九年的確是十七世紀中大好的一年，馬尼拉的港口申報紀錄顯示有三十四艘從中國航來的船隻。[158] 官方批准的中式帆船貿易可能占其中半數。隨著清朝在一六四四年開國，船隻數量的暴跌大概是不可避免的。在一六四四年到一六八一年這段期間，從中國港口駛往馬尼拉的船隻平均只有七艘，這個數字和一五七〇年代相差無幾。[159] 尤其是在一六五〇年之後，貿易量的下降也反映在殖民地政府稅收減少的情形上。[160]

第三章

地方與中央的緊張關係：地緣政治的戰略、情報與資訊收集

1. 地緣政治的轉變

在十七世紀，政治與地緣政治的推動為馬尼拉的商業模式投下陰影。不過這樣的動盪絕對不只是歐洲帶入亞洲的，也不只是亞洲當地對外國人闖入作出的回應。馬尼拉體系在政治層面最重要的成果，是中國和日本得以擺脫歐洲人在中國海域的步步進逼，最後日本甚至還能開出讓歐洲人配合的條件。然而，只有能適應新規則的人才能相對平安地存活下去。這其中並不包括西班牙人。因此，本章的第一部分將討論馬尼拉這些轉變帶來的影響。接下來第

二部分，則要解析廣大的馬尼拉體系內部流通的資訊，並解答近代國家可以透過獲得知識得到多少益處。

中國：臺灣與鄭家

前文對中國海域（尤其是福建沿海）和日本的變化，做了較多仔細的討論，現在要將焦點轉移到「呂宋的後備」——臺灣。如果用典型的占領觀念來解釋西班牙對臺灣的興趣，那勢必會帶來更令人誤解的想像。西班牙的進逼從一開始就是對經濟戰略作出的反應：首先是因應日本在秀吉推動擴張時帶來的壓力，接下來則是回應荷蘭人闖入帶來的壓力。早在一五九六年，西班牙當局就建議占領臺灣，因為他們疑心日本也有此念頭。[1]那時候的臺灣，根據伊比利人的叫法，西班牙文是「艾爾摩沙島」（la Isla Hermosa）；葡萄牙文則為「福爾摩沙島」（la Isla Formosa），仍不屬於中國政治影響所及的領域。[2]馬尼拉人指控日本使者原田喜右衛門計畫奪取臺灣，也擔心這會讓中國與菲律賓的貿易中止。[3]原田在幾年前說過要一起掠奪卡加煙，這些話在馬尼拉傳開之後，西班牙人便懷抱強烈的不信任感。[4]特略總督受到路易斯．佩雷斯．達斯馬里尼亞排華的擴張心態驅使，也擔心卡加煙會和臺灣連成一線，因此便在一五九七年要求西班牙支持他侵略臺灣。[5]隨著秀吉在翌年過世，這個計畫便顯得多餘了，所以臺灣在其後的二十多年中，都沒有再被西班牙人注意到。

西班牙對臺政策的第二個時期更是明顯出自經濟動機。在一六一九年，馬尼拉的決策者表明他們想透過在臺灣建立貿易據點，以規避中國課稅與提高他們和福建作生意的利潤。[6]西班牙投資臺灣的計畫背後，有兩個最大動力：一是商業利益，二是想把荷蘭人趕出亞洲。而儘管各路人付出努力，西班牙人在臺灣傳播福音卻僅作為第三種他們建立據點的理由。道明會教團想把臺灣當作前往中國的門戶，所以他們最先不遺餘力推動這件看似矛盾的事。[7]當荷蘭人在臺灣建立一座小型堡壘，日本商人又經常往返於臺灣港口，西班牙人更加擔心他們在中國海域的地位了。執業律師暨司法長官埃爾南多·德·洛斯·里奧斯·科羅內爾和馬尼拉大主教唐·米格·賈西亞·塞拉諾（Don Miguel García Serrano）表示他們必須採取軍事行動。[8]不久之後（一六二二年），荷蘭人就在澎湖建立了一座堡壘，並表明他們的目的是要獲得與福建貿易的官方許可。福建巡撫在一六二四年與荷蘭人協商，要求荷蘭人撤出澎湖、轉往臺灣，以交換他們與中國和日本較好的貿易機會。[9]在這件事發生不久之前，西班牙與荷蘭在中國海域的海軍衝突正好達到高峰，因此西班牙人已經不能再損失時間。國王先是任命若翰·德·薩穆廸奧遠征臺灣——薩穆廸奧曾在一五九八年受特略派遣前往廣東。西班牙軍隊在一六二六年抵達基隆，並展開西班牙對臺灣的殖民。士兵、傳教士和一些平民相繼被送往臺灣，在那裡建立了聖多明哥城（Santo Domingo，即紅毛城）和基隆作為西班牙人的拓居地，並由馬尼拉負責治理和提供資金。一小群道明會和方濟各會的傳教士被委託要讓原住民和中國漢人改變信仰的差事。[10]不論是不是天主教徒，來自馬尼拉的「常來人」都投入聖薩爾瓦多城（Fort San Salvador）的興建，那是一座長方形的石造城池。[11]他們提供支薪的勞動力，西班牙人還會僱用福建的船員和舵手，讓他們提供有關對當地的知識。[12]

雖然西班牙人很期待能將中國和日本商人帶往他們的臺灣基地，但這個貿易遠景卻迎來令人失望的結果。[13]此外，西班牙人的要塞位於基隆，這個地理位置很吸引福建商人。[14]西班牙人原本想吸引渴望絹絲的日本商人前來這個港口，但最後卻變得害怕受到攻擊。[15]在一六二八年，第一批運回馬尼拉的絹絲和糧食只是次級品。甚至西班牙商人運往馬尼拉的船貨還被迫要支付從價稅，而且皇家財政委員會（Junta de Real Hacienda）還在討論要課徵其他的運輸稅。[16]雖然西班牙這個布局最後失敗了，收益也日益減少，不過在一六四二年之前，西屬馬尼拉的確和中國海域的網絡進一步整合在一起。其結果就是資訊的流動大幅增加，馬尼拉與果亞、麻六甲及柬埔寨的連結也擴大了。不過，荷蘭人的激烈騷擾和鄭家嚴密組織後的海上攻擊，最終逼使西班牙人投降。[17]

第一個提出系統性殖民臺灣計畫的中國私掠船船員，即是上文提到的鄭芝龍，他提出計畫的時間是在一六二八年前後。[18]鄭家的根據地在福建省，在大約一六二七到一六八三年之間，東亞海上貿易的一大部分都是由鄭家控制。鄭芝龍曾經在一六二〇年代與荷蘭人合作，此外他還以化名尼古拉斯・加斯帕（Nicholás Gaspar，那是他在澳門受洗時獲得的天主教名字），與馬尼拉的中國人合作，以增加他的勢力。[19]鄭芝龍身為福建總兵，原先曾擔任荷蘭東印度公司的臺灣通譯，他在涉足馬尼拉和長崎間的長距離貿易後，最終於一六二四年成為新的海盜首領。[20]

在一六四四年明清改朝換代年間，滿人攻陷北京，之後南明（一六四四年——一六六二年）便與鄭家展開密切合作。在一六四〇年代的前半葉，鄭芝龍甚至計畫和日本正式結盟。他還派遣自己的海軍將領帶一封信給將軍（Shogun）。那封信被「老中」退回了。[21]他又試了一次，改寄一封私人信件給天皇和將軍，但也被拒絕了。鄭家試圖擴大他們在南中國海的控制，把他們的主權延伸到呂宋，這為中國與西班牙關係帶來真正的改變，也讓鄭芝龍的兒子鄭成功（即國姓爺，在西班牙文中稱為Cogsen／-ia」）的勢力崛起。鄭家宣稱他們有權統治或審判在馬尼拉經商的福建人。接下來的事件更讓兩方展開各種直接的協商。據說甚至在一六五六年，兩名西班牙船長安德烈斯・德・休托（Andrés de Ceuto）和佩德羅・德・維拉・比亞維森西奧（Pedro de Vera Villavicencio），在通譯米格爾・德・萊加斯皮協助下，與鄭家代表簽署了一份和平協議。[22]米格爾・德・萊加斯皮是一名「麥士蒂索常來人」（mestizo sangleye，指混血兒）。國姓爺終於擊敗荷蘭人，不久之後，他就在一六六二年派遣道明會神父利勝（Vittorio Riccio，一六二一年——一六八五年）帶一封信去馬尼拉。[23]利勝與鄭家掌權者的關係變化決定了他在廈門度過的七年，後來他被鄭成功選為使節派往馬尼拉。他帶去的大膽訊息讓我們想起秀吉的外交策略。[24]不論是日本的秀吉、或是來自福建／臺灣的鄭成功（日後還有他的兒子鄭經），這些人所要求的都是納貢和別人向他們的統治權俯首稱臣。這表示他們在處理外交關係時，都套用以中國為中心的模式，以強化他們和內部／外部勢力的相對地位。另一方面，高母羨和利勝作為被雇用的道明會修士，都扮演了語言上的協助者和文化上的協調人。

鄭家禁止福建人與菲律賓貿易的期間，被嚇壞的西班牙人很快就從民答那峨和摩鹿加群島找來軍事支援，甚至還逼迫中國勞工強化馬尼拉的城牆建築。這些倉促的行動再加上日常的緊張關係，讓西班牙和中國移民對彼此的惡感在一六六二年火上加油，最終引爆馬尼拉的第三次「華人大屠殺」[25]。儘管這次殖民政府有給中國人一些時間，讓他們在動武之前離開島上。這起事件的結果，是讓鄭家在外交關係中展現出一種直接和果斷的作風，這是明朝或清朝都不曾採用的。不同於明朝政府在一六〇三年動亂之後採取的作法（將於後面章節詳述），鄭家誓言要為他們的臣屬受到的驅逐展開報復。[26]但是如同之前的衝突一樣，中國與與西班牙隔年又重新回復和平關係。[27]鄭成功死後，利勝又被二度派往馬尼拉。不過等他回到中國後，鄭氏的領導權又再度換人，清軍不斷的施壓也讓利勝不得平靜。後來他終於上了一艘荷蘭船隻前往馬尼拉，但殖民當局卻指控他通敵，並將他驅逐，讓他一個人獨自居住在馬尼拉外的一間修道院。

中國和馬尼拉的貿易曾發生短暫中斷，直到鄭經占領廈門後，馬尼拉和福建的物流和人流才又再度增加。[28]總督曼努埃爾・德・利昂（Manuel de Leon，一六六九年——一六七七年）聽到有可能遭受侵略的傳聞後，便派遣弗朗西斯科・恩里克斯・德・洛薩達（Francisco Enriquez de Losada）將軍帶兩名通譯去臺灣，謀求和平解決。這兩名通譯分別為弗朗西斯科・德・門多薩（Francisco de Mendoza）和聖地亞哥・德・維拉。[29]中國的海上貿易只恢復一小段時間，之後又遭到滿人政權的限制。

日本在新西班牙的進展

西班牙人與鄭氏出於經濟和地緣政治考量，決意提高他們在中國海域的地位。當時也有些日本人試著更深入太平洋。仙臺大名伊達政宗就是一名對太平洋擴張特別有興趣的地方人物。他是在外交關係中，極少數幾個不以九州為根據地的行動者之一。直到海外西班牙與德川日本開始產生無法彌補的緊張關係時，他才得以活躍起來。伊達政宗明確希望借助墨西哥商人和方濟各會修士的幫助，提升他領土的政治勢力。他獲得家康的同意後，便派遣使節前往墨西哥、西班牙和羅馬。[30]這個計畫既標示全新的西班牙和日本關係即將展開，也標示了西日關係全面走向終止。這是第一次由墨西哥政府和西班牙——而不是菲律賓總督——帶頭進行協商，由萊爾馬公爵和印度議會做為代表。在這場謀畫中，一名叫作路易斯．索泰羅（Luis Sotelo，一五七五年——一六二四年）的方濟各會傳教士扮演了領頭角色。他極想建立一個方濟各會的主教轄區，以之作為對抗長崎耶穌會的根據地，所以他和伊達政宗（一五六六年——一六四六年）聯手。伊達政宗與路易斯．索泰羅的合作很像是家康最早期的官方外交政策。雖然兩個人的君主大致上都無意支持他們的計畫，不過短期的時運還是有利於索泰羅和政宗在外交事務上踏出第一步。[31]

方濟各會修士強烈批評耶穌會，嘲笑耶穌會採取「文化妥協」的方法和模稜兩可的道德觀。這是因為在一五九〇年代後，耶穌會就與澳門有直接的貿易往來。但是在日本領土進行論戰時，這群被叫作「愚蠢的修士」（frailes idiotas）的人，其實只是仿效耶穌會模式的日本托缽會修士。他們為了博取具影響力的菁英支持並保護自身在本州的據點，而提供與馬尼拉的貿易協助、承諾協助與新西班牙建立類似協議，甚至帶來禮物。在一六〇三年，路易斯．索泰羅在京都被天主教大名後藤壽庵引見給伊達政宗，索泰羅正是這方面最精於算計的人物。仙臺領主和方濟各會的修士展開緊密合作，兩人的合作於一六一一年達到高峰，官方在該年容許奧州人民改變信仰，以換取方濟各會修士將伊達政宗的信送出去。信件內容是在爭取與新西班牙達成跨太平洋與大西洋貿易的協議。[32]歷史學家十分強調在看似高度專業的跨大洋外交行動中，其實也含括索泰羅自身的利益。例如他無視於馬尼拉上級在聽聞家康極度惱怒的反應後，向他發出的召喚。[33]事實上，第四章所介紹的第一波反天主教法令，就是在索泰羅密謀期間起草。

雖然伊達和索泰羅的合作聽起來像兩個次要角色的美麗幻想，但它其實同時踩到日本和西班牙中央政府的痛腳。之前已經有方濟各會修士阿隆索・穆尼奧斯的代表團，以幕府使者身分前往新西班牙和腓力三世的馬德里朝廷。在某種程度上，這次行動可說作為後續的任務。幕府派遣穆尼奧斯帶著國書去見西班牙國王和總督，算是日本最後一次認真想和新西班牙建立永久關係。我們已經知道新西班牙總督路易斯・德・貝拉斯科（Luís de Velasco）指派西班牙軍事商人塞巴斯蒂安・維茲凱諾為駐德川朝廷大使，以象徵總督對日本援助韋羅的感激之情。維茲凱諾本身也是加利福尼亞海岸（Californian Coast）的著名探險家。令人感到奇異的是，貝拉斯科還派遣維茲凱諾去探勘傳說中日本北方的「黃金列島」(Islas Rica de Oro y Rica de Plata）。[34]

在一六一一年六月十日，維茲凱諾和他的船員在浦賀登陸。不到兩周後，他就得以覲見秀忠。到了八月底，維茲凱諾又在駿府拜謁家康，並有機會和家康直接討論一些事。他提出的事項包括天主教傳教士在日本的未來，以及基於友善關係簽署的貿易協定，那也表示日本要對荷蘭下達貿易禁令。[35]塞巴斯蒂安・維茲凱諾可能是最不適合覲見秀忠和家康的人選。

他很像是在一百八十年後去到中國清朝的馬戛爾尼伯爵（Lord McCartney），他不願意遵守日本的外交禮節，並堅持面對面的會見才是西班牙的慣例。雖然日本方對這種放肆的行為感到不悅，但最終還是答應維茲凱諾的要求。[36]

來自新西班牙的代表團繼續在十一月從關東前往仙臺，並在仙臺覲見伊達政宗，之後他們便展開海岸的探險。經過長時間但並沒有成功的探險後，維茲凱諾在一六一二年九月收到秀忠的回覆：德川最後決定拒絕維茲凱諾的要求。因此維茲凱諾被迫和伊達政宗與路易斯・索泰羅達成協議。伊達政宗派遣屬下支倉常長陪同維茲凱諾，作為官方使者出使馬德里和羅馬。從總督政府角度來看，維茲凱諾的遠征算是失敗了。這不只是因為他們此趟遠行沒有找到日本的黃金列島，還在於他們無法達到貝拉斯科總督的指令，即不可帶任何日本人去新西班牙。同時，幕府的信件也令人失望，秀忠的信只是重新證實他對和新西班牙從事直接貿易有興趣，家康的信則直言不諱日本人對天主教的反感。[37]

支倉使節團在一六一四年抵達塞維亞。塞維亞市長是第一個獲得「仙臺國王」（也被稱為Rey of Boxu）的禮物和信件的人。[38]伊達政宗的信件還有另一名收件人——弗朗西斯科・戈麥斯・德・桑多瓦爾・伊・羅哈斯（一五五三年——一六二五年），他是國王腓力三世和教宗最企重的顧問。塞維亞市長和羅哈斯都接受了「異國」使者的覲見。伊達政宗承諾只要開放仙臺和新西班牙直接貿易，他也會讓自己的全部領地改變信仰，不過國王顯得興致缺缺。[39]西班牙當局對日本代表團突如其來的造訪感到十分驚恐，並希望他們盡快離開。錢的問題讓緊張局勢更加升溫，日方與西班牙的所有爭議，旋即圍繞著誰該想辦法資助布道團的開銷。[40]接著日本使者便轉往羅馬，他們受到教宗以及其他教會高階官員以接待使節該有的所有禮數接待，這讓代表團終於願意在一六一七年返回墨西哥。[41]他們後續旅程還去了馬尼拉，索泰羅想獲得足夠支援的願望，也終於在那裡徹底落空。[42]

可能有人認為這整件事和馬尼拉毫無關聯。但其實是有關聯的，關聯就在於它完全避開了馬尼拉。西班牙的決策者——例如第一代萊爾馬公爵弗朗西斯科．戈麥斯．桑多瓦爾．德．羅哈斯——絕對很願意用菲律賓來作交易，只要能換得荷蘭和西班牙之間完全的和平，還有墨西哥和日本之間的直接貿易。我們只能推測菲律賓遭受這種「背叛」的背後原因。[43]支倉想在仙臺和新西班牙之間建立更緊密的連結，萊爾馬也在與敵手協商。而同時，馬尼拉的若翰．德．席爾瓦總督則在一六一二年和一六一三年，收到德川幕府最後幾封官方信件。新西班牙在一六一五年秋天派遣迪亞哥．德．聖卡塔利那神父（Diego de Santa Catalina）率領最後的使節團出使德川朝廷。[44]但江戶的德川政權卻不再接待使節團了。受辱的西班牙人別無他法，只好在一六一六年秋天回到新西班牙，雖然總督下令在見到將軍之前不能回去。[45]躁進的伊達政宗在一六一八年被懷疑涉入一場反幕府的密謀，因此離開了政治舞臺。[46]支倉常長在一六二〇年回到日本，那時已經沒有人再提倡友好的貿易關係了。風水輪流轉，「天下」

最有權勢的領主德川決定要對外交交流設下限制。在新展開的時代中，外交關係將變得更有體系、完全沒有即興發揮的空間，這種關係讓西班牙人感覺受到威脅。

日本與菲律賓：漸行漸遠與後續發展

西班牙會與日本漸行漸遠，當然和日本反天主教的宣傳以及對傳教活動限制愈來愈多密切相關。在一六一二年四月十二日，家康禁止日本國民信仰天主教。[47]接著在一六一四年和一六一六年，又頒發進一步的規定。那時三浦按針和英國東印度公司代表，例如約翰・薩里斯（John Saris）和理查・考克斯已經成功確保日本是「反天主教」王國，並且還一直對幕府的反伊比利人情緒搧風點火。荷蘭人在一六一五年於日本沿海劫奪了一艘葡萄牙船隻，秀忠在事件發生後召見三浦按針，聽取他對歐洲事務的細節描述，三浦是這麼說的：

> 西班牙〔國王〕的確認為他在世界的〔這些〕區域，要比其他天主教君主擁有更多權利，以這個立論基礎〔為理由〕，他便奪取了菲律賓和印度群島其他部分，之後還禁止其他國家在這些地區進行貿易。

將軍自然不會同意這種情況，並在席間公開反對西班牙透過軍事取得勝利、然後展開奴役——這不僅是荷蘭和伊比利人慣用的手法，在東南亞其實也很普遍。[48]在一六一六年，荷蘭東印度公司商人建議取道臺灣對呂宋發動攻擊，好把西班牙人從亞洲趕出去，秀忠也沒有「拒絕不聽」。[49]

西班牙使者迪亞哥・德・聖卡塔利那也注意到日本的對外政策的風向變了，而且在家康於一六一六年去世後，無疑變得更糟了。雖然理論上日本與西班牙的貿易並沒有受到反天主教宣傳影響，但幕府的確會限制歐洲人與平戶和長崎的貿易，對伊比利人的敵意也一再增加。[50]在一六二〇年代早期，由於幕府推動中央集權之故，常有天主教修士及日本人同夥財產被迫充公和受到迫害。[51]尤其是載送西班牙人前來日本的船長，還會受到嚴厲懲罰。[52]幕府在一六二一年禁止向國外輸出武器，也不准日本人上外國人的船。其他供給品沒有馬上受到影響。在一六二一年，日本向馬尼拉輸出的貨品包括九百四十七袋麵粉（價值約一萬〇七十五比索）和四萬九千九百塊餅乾（價值約一萬兩千五百五十四比索）、大豆、油和豬蹄。[53]不過，一六二四年傳出西班牙密謀對抗幕府的消息，這讓將軍隨即下令所有日本港口都停止對西班牙船隻開放。[54]該年進入馬尼拉港口的朱印船成為最後的四艘。不過西班牙在一六二五年又做了最後一次嘗試。[55]

貿易的大幅減少讓西班牙人發覺他們對日本供給品的依賴。西班牙國王和議會得知後，表示為了島嶼的福祉而必須與日本維持長期的貿易關係。菲律賓的高層西班牙官員甚至展現新的經濟精神，建議與日本採取港對港的媒介式貿易，將中國絲帶去交換日本白銀，透過這種策略減少必須從美洲運來的白銀。[56]為了恢復與日本的友好關係，皇室還選派一名軍官——費爾南多・德・阿亞拉（Fernando de Ayala）——出使日本。阿亞拉數年來一直帶領軍隊反擊荷蘭的海上攻擊，他帶了經過挑選的貨物和將近三百名乘客，在一六二三年八月由安東尼奧・德・阿雷科（Antonio de Arceo）船長帶他們抵達薩摩。代表團在一六二四年二月繼續他們的旅程，從長崎轉往江戶，但最後還是沒見到將軍，因為幕府當局逼迫他們返回馬尼拉。[57]他們被擋在江戶之外，最後只好空手而回，並把這次失敗歸責於荷蘭人造謠生事。他們說是因為荷蘭人隨意指控傳教士密謀偷偷潛進日本群島。[58]塔沃拉總督（一六二六年—一六三二年在職）也是獲得卡拉特拉瓦勳章（Order of Calatrava）的爵士，他認為日本實施貿易禁令，就等於明白表示要與卡斯提亞王朝為敵。[59]不過他也向國王腓力四世承諾會盡一切努力促進雙方的友好關係。[60]

西班牙和葡萄牙同樣要面對冷淡的幕府和敵對的荷蘭人，因此兩國的關係在東方變得融洽起來。在一六二八年，唐・費爾南多・德・席爾瓦總督派遣西班牙軍隊支援葡萄牙人，報復日本商人高木作右衛門的行動。這場海上戰爭的最後結局，是若翰・德・阿爾卡拉霍（Juan de Alcarajo）在阿瑜陀耶燒毀了高木的朱印船。根據西班牙人的描述，那艘船上載了大約兩萬五千比索的船貨。[61]強化後的天主教聯盟最後只為伊比利人在日本的立足帶來負面結果，而且還反映出西班牙在東方的外交政策整體表現出走下坡的趨勢。[62]事件消息傳到日本時，受到荷蘭人煽動而狂怒的大眾要求對這件事展開報復，因為它大大侵犯幕府已朱印狀作為象徵的海上主權。[63]但日本當局仍然猶豫不決。當時還能進出日本的葡萄牙人遭到處罰，作為對他們的報復，一六三〇年葡萄牙商船特立尼達號（Trinidad）在長崎遭到扣押。[64]而日本對呂宋，則是又一次推出地方代理人作為半敷衍的外交解決方案。家光和長崎奉行派了肥前領主——島原的松倉重政——去到馬尼拉。[65]日本這批顯然是帶著善意的使節團和恢復長崎貿易的提案，讓馬尼拉的西班牙人大吃一驚。因為他們得知在暹羅事件後，日本已經加強建造船隻，這件事原本讓他們惴惴不安。不過，雖然松倉在任職期間派了商船前往馬尼拉、臺灣和澳門，幕府將軍和老中卻強烈反對松倉提出繼續貿易的請求，因為他們還是很怕天主教傳教士會偷偷跟回來。[66]而另一方面，松倉提出要防備馬尼拉入侵的建議，卻顯然被接受了。松倉的第二次使節團在馬尼拉沒有受到較不裝腔作勢的接待。雖然馬尼拉總督若翰·尼諾·德·塔沃拉指控使節團可能隱藏侵略意圖，但他還是與這群日本訪客討論暹羅船隻燒毀的事件。據聞日本使節希望能以豐富的禮物撫慰受傷的心情。[67]不久之後松倉重政就過世了，他這個目標曖昧的使節團也後繼無人，沒有人替代他繼續組織和執行日本對馬尼拉的進攻。[68]

雖然馬尼拉的西班牙人接受了他們與日本的關係，在一六三〇年代發生改變，但他們依舊懷疑是荷蘭人在中間挑撥，煽動幕府與馬尼拉對抗。[69]不過其實事實正好相反。在一六三七年下半年，長崎官員開始示意荷蘭人應該自告奮勇攻擊馬尼拉，還說這是對一六二八年朱印船在泰國沉沒事件的應有懲罰。[70]很顯然的，長崎奉行聽到被俘虜的道明會修士說：「馬尼拉殖民政府計畫要固定送傳教士到日本國內」。[71]在經過荷蘭東印度公司的平戶商館議會討論這個請求後，荷蘭人終於保證萬一日本要入侵菲律賓，荷蘭會提供支援。[72]但日本九州爆發的武裝農民反叛運動，打斷了馬尼拉的作戰計畫。

同時，在日本國外貿易的許可證被限縮到一次只挑選七個家族或個體，而這些人都與德川有私人連結。[73]一六三一年開始實施的「保證」制度又更進一步讓貿易緊縮。商船船主現在需要得到老中特別授權與長崎奉行的批准才能出國。松井洋子對幕府的法律有一篇重要分析，指出在一六三三年和一六三四年之間，日本對外國人有以下這一條規定：「因為無可避免的理由而住在國外、且回到日本尚不滿五年之人，准許其繼續留下來。但是如果想再次離開者，應加以處決。」[74]她也點出接下來在一六三五年，日本的命令就沒有這段規定了，因為當時朱印船貿易終於畫下句點，已經沒有日本人會前往海外了。從大範圍區域來看，我們必須再次強調日本的海上貿易，從一六三六年到一六三九年間在數量上達於高峰，雖然當時的海上控管極為嚴峻。[75]

在一六三八年，葡萄牙人經歷與西班牙人類似的命運，當時他們也同樣不願意接受。

他們在一六三五年遭到日本禁止入境，並在一六三九年被正式驅逐。島原和天草的農民在那時發動起義，反抗他們的新領主——島原的松倉勝家和天草的寺澤堅高。這起社會抗爭是為了對抗高額的賦稅和宗教迫害，並震驚了德川家，德川發現要壓抑這種意料之外的國內抗爭並不容易。若非受到荷蘭人幫助，由荷蘭人提供火藥、大砲和船隻，德川甚至無法成功鎮壓。[76]有荷蘭人這次協助打擊天主教農民，才讓幕府相信他們的承諾，也准許荷蘭人留在日本。在那段期間，幕府第三任將軍家德川家光切斷越南東京和暹羅的商業連結，因為擔心他們會引來西班牙或葡萄牙的傳教士。[77]在一六四〇年代，接管呂宋的事又再度被提起。德川家光和板倉重宗在一六四六年祕密策畫，派遣軍隊前往中國。[78]雖然這些計畫都沒被付諸實行，但是日本對菲律賓的地緣政治興趣從來不曾消褪。我們從日本對呂宋的相關出版作品就可看出來，並且幕府還將調查呂宋作為新情報工作一環，念念不忘地持續更新馬尼拉和澳門的政治情勢。[79]

由於天主教在島原／天草事件中占了極大重要性，幕府下令葡萄牙人離開日本，永遠不得回來。違抗命令者將被處以死刑。在一六四〇年，葡萄牙從澳門派去的使者遭到殺害，新國王又於一六四四年打算從里斯本派遣官方使者，即軍官貢卡洛・德・西凱拉・德・索薩（Gonçalo de Siqueira de Souza）進行外交斡旋，但也宣告失敗。[80]

2. 近代的「能力建構」：經馬尼拉轉移

除了從緊張的地緣政治和戰略情報建構中，可以看出中央與地方的二元主義，菁英對於有用的知識的追求（有時這被當作是建立帝國〔empire building〕的過程），也經常反映這種二元主義。我們經常可以看到在商業網絡中，文化和技術的交換要快得多。[81] 由下收集而來的資訊和文化傳播有緊密相關，因為其中包含讓知識能適應既有世界觀的元素。近年來，有愈來愈多研究從理論上關注在奠基於資訊的統治制度下，知識和權力關係的各種面向。有些學者研究知識的系統性收集和記錄，以及如何處理資訊和交流訊息的問題。[82] 毋庸置疑，當研究越是靠近資訊時代，有關知識與傳播力量的指標就愈發有意義。而近代例子顯示，雖然運輸工具、印刷技術或媒體還沒那麼進步，但資訊傳播的速度卻非常快。只是其中存在不同模式，而且只為有限的目的服務。在大約一六〇〇年，馬尼拉的相關資訊傳播主要著眼於海上和軍事技術。統治菁英和他們的顧問對外交關係的政治現實、商業策略和藝術及工藝都很有興趣。在早年已有人針對西班牙的官僚統治工具，包括被塑造出來的博學統治者形象進行詳細研究，例如腓力二世在西班牙文中，就被稱為rey papelero，亦即紙張之王。[83] 在大約一六〇〇年，日本菁英相較於中國菁英比較樂於接受外國技術。一六三〇年代日本實施海上限制政策後，德川政權尤其熱衷於向長崎的中國和荷蘭商人收集資訊。

明朝中國與資訊收集

明朝和清朝不一樣，除了以中國為中心的宇宙之外，明朝不太有興趣了解外部世界，這點一直為人所垢病。[84]不過如果說明朝中國對外在世界全然無知，那也不對。明朝不只有發展安全政策和蒐集資訊，也鼓勵人們對「中華」範圍內的領土保持興趣，在傳統上這塊區域的確比其他地區得到更多關注。有些皇帝和文人學士會對西方科學特別著迷，但若是有關歐洲的知識——政治或思想類型——在中國就不太有人主動探索。[85]中國長久以來的翻譯傳統反映出中國對古典知識、科學和藝術的鮮明興趣。在中國，第一個能學習外語的機構為「會通館」，建立於一二七六年。接著一四〇七年「四夷館」被建立。這些會館編纂了讓華文與鄰邦蠻夷語言能相互對照的字典《華夷譯語》，翻譯的語言包括蒙語、藏（梵）文、波斯語和暹羅語。而隨著倭寇在十六世紀的威脅不斷，中國對日本的知識也日益增加。[86]

中國人對來自馬尼拉的傳教士的反應，顯示他們也意識到在呂宋和南方海域有新的移民。門多薩在根據馬丁．德．拉達觀察所做的報告中，提到幾名來自菲律賓的修士被中國官員指控為間諜。[87]在更多經濟方面，明朝對福建和日本商人在馬尼拉貿易的態度，可作為明朝官方如何認識外在世界的參考。鄭維中引用《東西洋考》明朝海防官員韓仲雍的一段話，韓仲雍在一六一〇年指出，如果是居住在海外的中國人，那在中國近海附近進行商業活動並不違法。既然到每年會有十六艘領有許可證的中式帆船前往馬尼拉，他也提問道：「這麼大量的中國商品，是否真有可能全被（馬尼拉的）有限的人口消費？」[88]

明朝最著名的諜報策略就是派遣間諜到海外，這種策略同時被應用在歐洲於亞洲的領地（包括馬尼拉），和秀吉侵略朝鮮時期的日本。[89] 監視外國的政治局勢，是明朝少數幾個會派人假扮成商人或僧侶出國的合理理由之一。有鑑於明朝對國家安全的在乎，資訊的收集對中國官方來說顯然具有不同價值，也有不同的與目的。這個系統的效率，以及一直不缺乏潛在人選，都部分說明中國何以認為他們不需與外國人直接接觸，就能獲取資訊，這種態度攸關建立建立信任的問題。這種外交政策的背後是被害妄想症：中國官員一直懷疑每個私營商人都是政治間諜，他們的目的就是把中國的軍事機密帶回自己國家。[90]

說到中國的資訊收集，海事議題尤其值得關注。一般會認為明朝中國對航海的態度很消極，海防也很弱，但福建遠洋商人的航行技術和對於航路的豐富知識卻名聞遐邇。[91] 如果嘗試從比較觀點理解中國的例子，應該會帶給我們很大啟發。歐洲的統治者、受過教育的階級和冒險家，通常會在海上事業中通力合作。但中國的討海人則是沿海居民，他們的網絡不會上達統治菁英。許多航海傳統顯然是根源自地方層級收集的資訊。這一方面是源自習慣，另一方面或許是因為他們不識字，其實很少留下什麼文字紀錄。

談到中國對海洋的認識，一個很引人注意的例子是約翰．塞爾登（John Selden）收藏的中國，那幅地圖現存於英國的博德利圖書館（Bodleian Library）。[92]歷史學家認為那張地圖是在一六一八年和一六二二年間，由一個福建商人網絡製作並使用的。[93]那張地圖是在中國印製，圖上繪有中國周圍海域，並展現晚明福建的地圖傳統，但是不見歐洲慣有的製圖風格。在地圖上有標示出呂宋和長崎。這幅地圖替觀察中國與西班牙關係提供有用的視角。地圖作者將西班牙人指稱為「花人」，這很可能也是參考了《東西洋考》的內容。地圖上詳細畫出馬尼拉蓋倫帆船的航線，以及日本的銀礦和金礦，可看出它其實很強調金／銀貿易對福建的重要性。[94]由於地圖上某些資訊讓人聯想到船員指南，因此我們能說它顯然是私人商船航行時要用的，而不是政府蒐集資訊得到的成果。[95]

技術轉移：日本的案例研究

長久以來人們常見的看法，是日本的船運技術在十七世紀早期之前都很落後，而現在有歷史學家要重新檢討這個觀點。雖然我們以為日本「在航海方面很落後」，但如果著眼於沒見諸文字的航海知識和倭寇對海洋的控制，這樣的概念就顯得像是應該被推翻的誤解。[96]要重新檢討這類迷思並非一件容易的事，因為它們的由來已久。中國地理學家鄭若曾（一五〇三年—一五七〇年）在一五六三年完成了軍事專著《籌海圖編》，書中描述中國中式帆船和傳統日本船隻的差異。[97]鄭若曾的結論是日本船隻無法進行離岸航程，因為它們的船身太過扁平。他的評價反映一般認為日本船員只能在有利的海象下出航的觀點。[98]另一部中文文獻《日本考》在一五九三年左右出版，書中指出中國工匠會協助日本建造大型船隻，並要價幾千兩。[99]一名隨朱印船同行的朝鮮人，也記下「日本人只有小型船隻，故無法穿越大洋。他們會以八十塊白銀的代價乘坐中國船隻航行」。[100]這種認知在被傳遞到歐洲後，歐洲的觀察者也傾向於低估日本在近代的造船成績和航海技術。巴勃羅・帕斯得（Pablo Pastells）引用了西班牙人在一五九二年的一段話：日本船隻的尺寸和容量都很小，大部分都只是划槳式的簡單構造，所以要從日本航行到菲律賓似乎不太可能。[101]但其實就在同一年，日本運了數千名士兵和戰船去朝鮮，當時西班牙也對日本可能的進攻有所戒備，所以顯然這份紀錄存有偏見。有的描述也暗指日本與福建船員合作。在一六〇五年，一名西班牙人稱讚「仿造中國和日本方式建造的船隻，在划槳和航行方面都很優異，也比其他任何一種船隻都具有更大的載貨及載客容量」。[102]早在一五九〇年代，就有一名造訪日本的卡斯提亞航海家，注意到「列島的皇帝統領著兩百多艘船和一個龐大的砲兵隊」。[103]

在十六世紀，日本很常要靠中國和琉球的協助前往東南亞港口。所以很多在馬尼拉上岸的日本商人，其實是搭乘外國船隻前來。[104]在一五九〇年代，日本人經常僱用葡萄牙舵手定期帶領日本船隻前往馬尼拉，例如瓦斯科・迪亞斯（Vasco Diaz）。[105]同時，在一六〇〇年之前到馬尼拉的日本船隻都被形容為比較大型的船隻，每一艘船都載了一千五百到兩千石的麵粉。[106]高母羨在一五九二年的報告中提到三艘新建的遠洋船隻，據說原田在該年派往馬尼拉的船隻，也載了一百五十個人，[107]這樣的觀察也符合岩生成一的詮釋。岩生指出秀吉在攻打朝鮮期間建造了大量遠航船隻。[108]在十五世紀晚期和十六世紀交戰期間，日本的船艦技術獲得改善，但依然存在某些地區差異。同時期（大約一六〇〇年）日本海上貿易量的增加也推動貨船的改造，產生混合了日本、中國和歐洲固有元素的船隻，每艘大約為五百噸。[109]在船隻設計方面，日本最早的「朱印船」（用於海外朱印狀貿易的船隻）和中國的中式帆船有類似特徵。其後幾十年間，歐洲的造船知識傳入日本，因此日本便發展出混合了中國、地中海和固有日本元素的船隻型式。[110]

秀吉不避諱表現出對伊比利造船者的興趣。從他的統治開始，日本在近海航行和海上技術方面的不足，就一直在他們與西班牙人的互動中發揮重要的作用。[111]日本想迎頭趕上取得競爭力的並不只限於航海技術。日本統治者還堅持要新西班牙送來採礦專家。[112]當西班牙人拒絕提供幫助後，日本人轉向其他歐洲人尋求協助。[113]在一六〇四年和一六〇五年，三浦按針於浦賀監造了兩艘歐式商船。[114]他表示只要有優質的木材、麻藤和鐵就可以做到了。[115]諷刺的是，西班牙人在幾年後買了一艘三浦按針監造的船，而且還承認它很堅固。[116]大約在那個時候，馬尼拉臨時總督比韋羅・伊・貝拉斯科提議購買日本的船隻以供當地使用，因為他無法負擔在菲律賓的建造費用。[117]據說西班牙官員在一六二三年又再度提出類似提議。[118]

要在日本建造一艘船只是塞巴斯蒂安．維茲凱諾留在日本，以及他與伊達政宗進行有爭議的合作所引發的不愉快因素之一。維茲凱諾的船在一六一一年的慶長三陸地震中毀損，之後德川秀忠便提議由他出資興建一艘船。條件是維茲凱諾要出借造船的木匠，並在事後帶一些日本商人去新西班牙。[119]這位西班牙總督無法同意秀忠的提議，但也負擔不起高價原料。於是他最後接受伊達政宗的提議。伊達政宗這艘五百噸的西式船舶有著令人深省的故事，這艘船被取名為聖若翰包蒂斯塔號（San Juan Bautista），它由一百八十名日本木匠，花了僅僅四十五天就在「月の浦」港口建好。「月の浦」距離日本通常與外國進行海上交流的核心區很遠。[120]這起事件用某種方式，彰顯出技術和知識轉移的動向很難讓人預測。

馬尼拉是造船者的麥加聖地。還有其他例子一併指出知識交換是圍繞著馬尼拉海上日常生活的一部分。[121]在一六一六年和一六一七年，來自長崎的池田與右衛門搭乘朱印船前往馬尼拉，回國後便起草了《元和航海書》（一六一八／二三年）。[122]這本航海書說明了象限儀和星盤，還教導讀者如何使用太陽曆和航海曆、如何靠太陽和星辰在海上定位，以及如何看懂日本和東南亞之間的海域航海圖。[123]此外，航海圖和混合地圖也作為在海上互惠合作的特徵。南蠻繪製的地圖和利瑪竇（Matteo Ricci）畫的有六大洲四大洋的「中國」地圖裡，都有或小或大的中國東海，這對德川的地圖帶來很大影響。[124]

上述日本收集資訊的方式，在七十年的馬尼拉體系中發生了變化。前文已經指出日本人與歐洲的相遇，激勵他們擺脫以中國為中心的體系，並在最終以傳統中國的華夷秩序為模型，創造出以日本為中心的世界體系。[125]泰莎・莫里斯—鈴木（Tessa Morris-Suzuki）強調中國的霸權持續崩壞才是這個發展的主因。[126]從民族誌的圖表中，我們可看出日本的世界觀雖然是立基於中國模型，但也從歐洲人帶來的知識中發生改變。一六四五年在長崎印刷並出版的《萬國人物圖》就是一個特別有趣的例子，這些圖展現日本在廣大世界中的位置，[127]作為日本重新定義自己在世界上位置的例證，《萬國人物圖》有助於增強日本人的民族感。[128]而雖然日本新頒布了鎖國政策，但日本對各國象徵的認識，顯然是受到歐洲觀點啟發。[129]儘管日本將自己放置於所有國家之首，但這卻不是出於傳統的階級排序。從《萬國人物圖》中，我們可以明顯看出歐洲人都被畫成白皮膚，每一國的「種族代表」一定都是以該國的文化物品為特徵。這張圖表也讓我們了解菲律賓在一六三九年之後，在日本地緣政治中的定位。西班牙人和義大利人一起被畫在圖表倒數第二格，只在巨人和侏儒前面。不過呂宋居民卻被當作獨立的種族，呂宋男人穿著歐洲的長褲，呂宋女人則用一條長長的頭巾隨意蓋在頭髮上，就像聖母瑪利亞的形象。[130]中國被畫在日本旁邊一個很顯眼的位置，還明確被標示為「大明」；但諷刺的是，明朝在這張圖表首次出版的前一年就被推翻了。隆納・托比指出中國也有以「類書」形式存在的民族分類表，[131]這讓我想起歐洲也出版過類似的地圖設計，[132]西班牙文的《謨區查抄本》（Boxer Codex）也有這類圖示。《謨區查抄本》是在中國人協助下，於十六世紀末在馬尼拉印刷。[133]

3. 結語：外交關係的「地方—中央」二元主義

如果要總結前面三章精髓，一個很適當的起點是考量到東亞外交貿易的整體性質。官方的商業交易最初只限於朝貢貿易，這種貿易方式和外交義務緊密結合，而這些義務正是中國、日本與西班牙的三邊關係得以展開的重要先決條件。根據前面已經提到有關三邊貿易關係展開的證據，「非正統」或「非官方」層面交流的增加，標示了貿易和外交關係的重大轉捩點。而它的結果就是在一五七〇年代後，只有極小部分的交易因為經濟或政治性質才屬於朝貢交易範疇。當然，要對十六世紀東亞外交交流的本質進行有條理的反思與分析並非易事。這個研究領域存在一種矛盾的二元概念，而如果將這種概念和研究領域相關的外交關係相互解釋，反而會徒增讓人困惑的元素。

如果要討論地方與中央的競爭是如何影響馬尼拉長期發展，關鍵問題在於外部因素的介入，如何導致馬尼拉的政治全面重整。原先關鍵的經濟進程發生在當地具有影響力的行動者間，後來則轉向其他各種相關利益者。因此在一六二〇年代和一六三〇年代，馬尼拉的情勢從

「種種連結」（connectors）轉向「種種非連結」（dis-connectors）主導，那讓一個新的年代就此展開。馬尼拉獲得三重結果：日本與馬尼拉的貿易結束了，前往馬尼拉的福建船隻遽減，葡萄牙與西班牙聯合王國在一六四〇年畫下句點。以荷蘭的海上侵略和鄭家帝國的運作為背景，南中國海發生劇烈的權力轉移，馬尼拉在那幾年間的經濟發展，堪稱是整個大區域一些更大變化的縮影。現在如果福建商人直接去日本、臺灣或其他剛發展起來的東南亞港口，會更有利可圖。

倘若我們將地方和中央經營互相做比較，那可以看出三邊歷史明顯在邊陲地區上發生連結。邊陲地區一方面發展跨文化運作模式，同時也發生官方層次的交流。雖然地方舉措很少能代表官方政策，但統治菁英還是經常會嘗試加以壟斷。西班牙的中央政府和菲律賓殖民官員的需求時常互不相容，而且不止一次讓帝國陷入兩難。同樣的，我們也不應該認為明朝中國是落後、排外的貿易帝國。近代中國的國外貿易特徵，就是首都的官方觀點和地方的現實存在斷裂。而且朝廷的外交禮節十分複雜，不可能存在雙面對等關係，然而這是西班牙和日本強烈希望的。

明朝中國和西班牙帝國的中央政府，當然與福建和馬尼拉的地方商人面臨到不同限制。私營中國商人缺乏政府支援，卻激發他們建立遠從日本經由菲律賓和印尼、再到東南亞大陸的重要商業網絡。而馬尼拉當地的西班牙商人則經常得向政府的要求讓步，幫助政府達成維護歐洲內外霸權的目標。當愈來愈多日本人加入馬尼拉貿易，日本的新軍事貴族政府則在忙於建立一個穩固的近代國家。為了完成那個計畫，幕府要與地方領主及商人競爭，爭取外國商人支持。但是到頭來，握有日本群島的統治權還是比海外擴張來得重要。江戶也設法把經濟動力轉化成中央政府的政治利益，幕府用朱印狀制度獨占國外貿易。這可以說是日本與其他兩個近代國家的主要差異，其他兩個國家都沒能克服地方與中央層級的競爭。

跨太平洋貿易剛開始的前幾十年間，中國和日本商人都有很強烈動機到馬尼拉會面及貿易。日本的撤離和嚴厲的對外政策，包括在一六三九年日本自行決定實施的海禁，讓歷史學家沒能看清楚日本和近代經濟史的關聯性。不過，如果要重新評價馬尼拉在全球歷史的角色，就一定不能忽略日本在成功完成國家建構和經濟重組後，也重新定義自己在東亞所渴望的定位。日本在鎖國之前經歷了和西班牙及中國幾十年的互動，這使日本得以成為一個獨立的經濟行動者，同時被後世認為是十七世紀東亞第一個真正的近代國家，這都要歸功於他們有效率的體制。

不過這裡描述的其他例子，都顯示地方代理人在馬尼拉體系中佔有的主導地位。例如福建不像北京的明朝廷一樣作為一個國家而行動。十六世紀晚期的日本也有相似情況，當時九州的邊陲行動者取得類似發展。如同在後來的幾十年，我們可從鄭氏家族以廈門和臺灣為統治根據地，建立其秩序的例子得到證明。這當中最關鍵的是西班牙的反應，他們會對非掌有國家主權的人採取讓步和順從的姿態。

第四部分

拉近鏡頭：近代的馬尼拉與區域的全球化

第一章

「馬尼拉夢」？港口城市馬尼拉

殖民計畫或是類似的商業方案並非出於政府的規畫，而是熱衷於追尋財富、善行或宗教救贖的私人所策畫的，這點幾乎放諸四海皆準。[1]

在馬尼拉同時存在東亞、卡斯提亞王朝和當地人的協商經驗，這點對馬尼拉的城市發展很重要。[2]尤其是貿易社群的成員擁有很多關於經濟的內行知識、跨文化理解、生產技術和語言技巧。我在這章會把討論重點，從地方與中央利益的二元主義轉向社會經濟面的影響，並在整體圖像中加入當地交流的具體例子。以行動者為研究的基礎，研究重點將是「集結了基督教各教派的海上貿易區」的實際移民和旅居者，菲利普．科廷（Philip Curtin）將上述區域稱為南中國海[3]，這種研究方法，彰顯出馬尼拉在持續進行的近代全球交易中具有何種突出地位。而在這種背景下，我們必須要問的是「跨文化的中間人」、[4]討海人、殖民地官員、獲得許可的商人或宗教人士，究竟有沒有、或如何影響當地進行的日常商業交易。[5]

近幾十年來，經濟史學家受到費爾南・布勞岱爾解析地中海世界的方法啟發，也將以地理學為根據的方法套用到印度洋、大西洋或東亞的研究。[6]中國海域也和其他幾大海上區域一樣，存在幾個高度自治的中心。它們的特徵是族群的多元性、大量的貿易產品，而且從十世紀後便發展出令人驚異的組織與物流能力。[7]這些特徵加速了網絡的出現。如果要理解這些海上風光的獨特結構，網絡（networks）是一個很好的出發點。[8]澤比爾・拉米基茲（Xabier Lamikiz）指出大西洋的貿易網絡主要是由自主性高、或至少很能變通的貿易家族所組成。他們很依賴信任、忠誠和調解，成員也具有很強的文化同化能力。[9]丹尼斯・隆巴德（Dennis Lombard）在海上亞洲許多地區都發現類似現象。[10]此外，傑佩・穆利奇（Jeppe Mulich）在研究邊陲間的連結時，是從看待帝國間的微觀區域角度，這也對網絡和當權者的關係提供一些具啟發性的面向。[11]不過我們也不能忘記反抗、專制政治和最佳政策帶來的影響，考慮這些對馬尼拉體系的歷史脈絡似乎會有助益。[12]廣泛觀察可能的相異和相似處，有助於我們了解社會文化是如何在跨國社群中傳播。跨文化的貿易活動帶動整個地區，而海上網絡的成員有很大程度，是依賴氣候和風系影響其航行條件以及他們在船上的生活。早在西班牙人到來很久之前，菲律賓作為中國海域和印度洋交叉點的特性，就帶來很大的影響。帕特里西奧・

阿比納萊斯（Patricio Abinales）和唐娜・阿莫羅索（Donna Amoroso）指出菲律賓群島的流動文明對外在世界的影響相當開放，也很願意用海外的想法來強化現有制度。[13]

但是是到一五九〇年代，馬尼拉才建立起港口城市的地位。當我們說港口城市，很容易覺得它們是核心或重要的城市，但其實具有這樣地位的港口城市非常少。布勞岱爾認為中心控制了世界經濟。[14]在這些地區中，我們可以發現幾個重要的國際港口城市，包括漳州、泉州或長崎。但即便他們如此繁榮，卻沒有哪一個被建立成政治中心。[15]不過卻有跡象顯示馬尼拉的狀況截然不同。近代有許多貿易殖民的移民潮來到馬尼拉，馬尼拉作為由歐洲「外國人」統治的商業拓殖地，在分類上毋庸置疑既屬於多元文化的貿易樞紐，也是典型的西班牙殖民城市。[16]馬尼拉是大區域的中心，它受到的關注超越宗教、思想或主權的界線。

馬尼拉也和全世界其他港口城市相似，該地社會的成長並非組織性的。這樣的結果就是馬尼拉的市場沒有依照一般發展途徑。嚴格來說，海外商業的強大刺激會造成很強的外部市場，國內經濟則受到忽視。這會讓港口城市在面臨突然的衰落或喪失影響力時，往往變得一蹶不振。從歷史上來看，這樣的城市命運並不罕見，因為體系和中心都不會靜止不變。[17]交易會帶動許多各自獨立的發展進程，在某種程度上顯示出混合或相關聯的發展特徵。[18]最能說明馬尼拉跨文化特性的，就是該城市的「中歐共構殖民主義」。[19]在馬尼拉和在其他東南亞的港口城市，歐亞相互依存，這使得海外華人會與伊比利人和其他人進行有益的協商，為移民帶來明顯的社會流動。[20]馬尼拉的西班牙人、福建人和日本人靠著對殖民社會和市場的需求作出回應，以取得新角色，這在別的背景下是不可能發生的。[21]移民在他們所在的國家承擔某些經濟任務，他們的社會政治代表性也與他們對勞動力市場的融入有密切相關。[22]

雖然馬尼拉很依賴外部貿易，而且是一個重要的中介港，但我認為如果要理解馬尼拉體系的本質，只研究貿易終將是不夠的。[23]因此，我認為指稱馬尼拉是「商業中心」(emporium)其實會有問題。西班牙人和巴達維亞的荷蘭人、澳門的葡萄牙人或印度的英國人不同，西班牙人並沒有把馬尼拉發展成將貨物運輸到歐洲或亞洲目的地的商業中心。[24]西班牙人在馬尼拉不是具有主導地位的貿易國，而且馬尼拉的公共機構也一直很脆弱。[25]不過西班牙人握有政治與精神面重要的控制。

1. 新的交流模式與近代的全球化

人們在馬尼拉互動的整體情況讓人想起瑪麗・路易絲・普拉特（Marie Louise Pratt）對舊日核心區與新領地的不對稱交流進行的研究。這位美國語文學家在她對跨文化融合的開創性研究中，認為殖民交流具有即興特徵，而這個詮釋也適用於馬尼拉的互動。[26]不論是在城市中或城市附近，知識的收集和對歐洲概念的實踐都是零碎的，而且都是「產生於混沌、臨機應變的接觸帶」。[27]「外國人」和西班牙人都得適應文化及政治影響，成功的話，交流就會在對等的兩方之間發生。[28]不過西班牙人在這方面還是有一些相對優勢，他們身為「統治階級」能獲得更系統性的知識。[29]然而還是有一個問題：馬尼拉體系的西班牙人到底有沒有像印度的英國人一般，發展出「知識即權力」的等式？知識當然會形塑殖民者觀念，而且會影響他們的態度和政策。普拉特等人強調殖民邊陲對「母國」代表的重要性，這讓一種相對於原住民的優越感得以傳播。但那對在現場的人具有什麼意義呢？我們現在已經了解交流的差異會帶來一定程度不對等，而我們要問的是，哪一方因為擁有區域或當地知識而享有優勢？人們又如何處理知識的差異？馬尼拉擁有各種特質，證明馬尼拉體系是靠著交流和合作運行。與其說馬尼拉是一則各方人馬會永遠存在誤解或無法溝通的傳說，倒不如說馬尼拉位處一個廣大的資訊網絡，而且本身作為一個交叉點，因為常與中國、葡萄牙和東南亞航海家與商人接觸而獲益匪淺。理查．考克斯在一六一六年的日誌裡，就強調馬尼拉在跨區域的交流中扮演關鍵角色。那年有一艘來自澳門的葡萄牙貨船無法在長崎停靠，當時考克斯寫道：「這個消息來自一艘從馬尼拉抵達『籠仔沙磯』（Lanagasaque，即指長崎）的槳帆船和蓋倫帆船。」[30]

馬尼拉的跨區域交流障礙其實比預期要來的少。值得一提的是在這個三邊關係中，西班牙帝國沒有濫用卡斯提亞的語言作為歧視工具，這和其他殖民地情況十分不同。[31]殖民社會裡的所有成員都可以直接用多語交流，不會因為語言遭受差別對待，或被迫服膺於帝國的語言框架。在前面幾十年，馬尼拉發展出中間人的交流形式，日常生活中不同種族的人們要一起相處，因此使用的語言經常是他加祿語夾雜著福建話、或夾雜了西班牙語。除此之外，各種不同的混雜語在周圍海域四處流傳，包括中國官話、葡萄牙語和馬來語。[32]同時，以東亞人口為主的居住地區人們則會講中文和日語。[33]舉例來說，馬尼拉的絹絲市場就是一個會使用多種語言的地方，福建人經營的店會招待福建人、西班牙人、日本人和其他當地顧客。但缺乏組織化的內部交流，還是常會對不同文化間的認識和互動意願投下陰影。直到十七世紀中後期，這種體系大致都還維持即興的特徵。不過它的弱點是教會權威過於強大，通譯也是隨機的。[34]

東亞人群的能動性

雖然馬尼拉明顯表現出國際貿易都市的特徵，但它也依然保持地方社群的特性。[35]一直不乏有人指出，如果沒有來自菲律賓內陸、中國和較小規模的日本與東南亞其他地方，穩定輸入的移民與貢獻，馬尼拉根本不可能存在，更不要說還能變成國際皆知的城市。[36]這個特定區域的移民可說近似於離散者，他們是散布於各地域的社群，有共通的語言、文化和宗教，通常還有血緣聯繫。[37]原初的移民潮和家鄉保有緊密連結，但通常已經回不去故鄉。[38]

這個流動社群的居民會根據他們的地理出身和文化背景進行區分。所有馬尼拉居民都是港口城市的移民，他們與海洋有著緊密、但有時候帶有問題的關係，並把海洋視為新的財富來源。海洋是他們舊生活與新生活間的橋樑，雖然這座橋有時顯得搖搖欲墜，甚至已經被燒毀。許多人一旦決定在馬尼拉開啟新生活，就沒有再回過原生地。國外貿易受到禁令嚴格限制，包括禁止他們返回家鄉，這讓中國旅居者開始適應他們現居社會的影響。這也解釋了為什麼早期的華僑在離開出生國後，就不太認為自己是「中國人」。[39]移民商人團體中的福建人認為族群福祉在個人獲益之上，[40]他們的日本人夥伴來自各種不同背景，不論是地理出身、社會階級和宗教信仰皆有所不同（我將在後文詳述）。西班牙人和墨西哥居民的主要興趣是政治影響力，然後還有馬來的「麥士蒂索人」（mestizo）和原住民人口，在城市社會找到他們的位置。他們會提供勞動力，甚至在危機時替代東亞的專業人才。

旅居者和移民之間的界線並不明顯，很難確定某一群移民人口在多大程度上、或是在什麼時候融入了殖民社會。[41]也有些人從未融入，他們會視情況需要逐利而居。這就是馬尼拉在一六三〇年代的情況：福建商人得知失去跨太平洋航線將使獲利減少，於是便開始離開。可能有些人轉向日本和臺灣等其他市場。不過一旦馬尼拉恢復地位後，他們又回來了。[42]

上述研究方法是以行動者為根據，對馬尼拉的福建和日本人社群一探究竟。[43]前幾章提到的行動者多是天主教傳教士，或與海上貿易有關的人。與海上貿易有關的人包括船長、商人、航海家、船員與船東，還有建造或提供船隻配備的人，再加上通事和政府官員。至於城市社會裡的福建人，林仁川歸結出明朝時期的分類是分為以下三種：（1）規律往返的商人，他們會在商務結束後離開馬尼拉；（2）會待上一段時間在馬尼拉過冬的商人；（3）永久定居的人。[44]海上的福建商人會隸屬於一個更大的商業組織，其組織有時被稱為「家族企業」，帶頭者是一名男性成人。家族企業的階層結構主要是以年資決定，成員須依循階層。[45]這便是鄧鋼談到的中國公司的原型，其中有兩種類型似乎與馬尼拉極為相關：合資企業，是介於政府與商人間的組織，可以往回追溯到宋朝。靠船隻結合的合夥關係，能提供與維護數百人乘坐的大型遠洋船隻。這些船隻的船長是有經營者身分的富商，所有船員不論地位都有支薪。同時他們也都是幾個家族企業的成員，家族企業掌控著各自的貨物和商業帳目。經常性費用（例如通行費）由所有乘客分攤。[46]許多移居馬尼拉的人來自多山區域，當地農田面積小、由複數地主共同擁有，還有各種不平等的生態。[47]

中國人有積極進取的企業家精神，這讓他們成為馬尼拉接觸帶首屈一指的海上代理人。他們可以滿足馬尼拉的西班牙人和美洲菁英需求，因此很快就適應潛在客戶的要求與喜好。模仿成為傳播的特殊形式，靠著模仿，人們得以將文化和技術的元素融入，最後就會傳到內陸地區和海上航路沿線的其他地方。[48]卡倫・維根（Kären Wigen）的研究訴諸海洋導向，他強調「海上形塑的社會長期以來都是陸上社會的變遷模型」。[49]本研究在社會政治領域對於具語言能力的法務中間人或旅行代理人特別感興趣。[50]毫無疑問的，華僑在這方面也扮演重要角色。華僑與原住民人口的關係一向良好，這讓兩方的通婚急遽增加，也讓中國人的聚居地與當地社群連結在一起。社群中的混血成員「麥士蒂索人」（Mestizo）經常在來航的中國船隻和與西班牙人的日常行動中，充當通譯的角色。[51]

儘管馬尼拉的殖民政府建好一座堅固的市鎮，達到卡斯提亞統治菁英的需求，但幾十年來他們對於來訪商人的移民政策卻始終很模糊。一方面他們想讓不受歡迎的歐洲貿易國家遠離馬尼拉，另一方面則想確保來自東亞的穩定支援。要取得兩者的平衡是最大的挑戰之一。[52]在第一個世紀，馬尼拉的西班牙人無意改變現狀，制度似乎也能照常運作，不過他們的態度受到嚴厲批評。他們可以輕易取得所需的各種東西，這使得投入農業或工業顯得無甚必要。[53]當地人嚴厲指責懶散的馬尼拉西班牙人是惡毒的騙子和賭徒，說他們憎惡身體勞動，這的確可能符合些許真實。[54]帝國的海外政府缺乏意願加上沒有治理能力，這使西班牙市民的不滿日漸累積。西班牙市民在與其他兩組人馬的競爭中，很快被貼上頹廢的從商士兵標籤。其他兩組人是指新西班牙的強大資本家和馬尼拉商人，這兩群人在整個海外西班牙都可說是政治經濟的菁英。[55]從帝國間的通信中，我們可以看出殖民地的低階西班牙人有著複雜的命運。帝國通信的內容指出，軍人領的薪資很少，士兵的平均月薪是六比索，火槍手的月薪也不超過八比索，他們的食物供給也不夠。[56]在這種環境下，福建人與日本人要在社會經濟上融入，就難脫一場複雜的冒險。日常生活中的大部分面向，要不是作為協商的誘因，就是作為協商後的產物。城市社會的特徵是強烈的相互依賴，社會中所有人都要藉由協議改善生活條件。在西班牙統治的前幾十年，中國人和日本人到馬尼拉顯得相對自由不受限制，但在那段時之後，殖民當局開始採取一些措施，與人口日增的東亞定居住民相抗衡。尤其是福建商人在商業協商中的地位較為強勢，因此招致較嚴厲的控管政策。

西班牙在十七世紀的前十年間感受到的不安全感（在第五章中已詳述），其實不只源於荷蘭的威脅。殖民地的日常生活隨時都要防範日本或中國的陰謀、報復或暴力進犯，同時還要擔心經濟問題。殖民政府的政策考量是謀求衝突的最小化，這反映社會中始終存在歧視問題，還有西班牙人與東亞人的矛盾關係。這個問題根源，在於西班牙人到底把東亞居民看作他們的臣屬，還是看作中國或日本的子民。例如在馬尼拉，有權勢的西班牙行動者（包括教會）就經常改變他們對日本定居住民的態度，有時想把他們趕走，有時候又渴望建立友善的關係和較密切的合作。整體來說，卡斯提亞官僚的備忘錄裡，沒有證據顯示東亞定住民的確歸屬於卡斯提亞國王轄下。如果想了解西班牙在治理馬尼拉這個多元文化社會時抱有的各種態度，埃爾南多・德・洛斯・里奧斯・科羅內爾（Hernando de los Ríos Coronel）是一個關鍵人物。當西屬菲律賓在歡慶互惠貿易，並與德川日本展開比較穩定的關係時，里奧斯・科羅內爾卻在馬德里大都會散播反日的毀謗。一六〇三年，他在馬德里的印度議會中，提出西班牙應該驅逐馬尼拉的所有日本人，「因為他們的臉皮很薄，很容易和西班牙人陷入爭執」。[57]其實這樣的仇外時期早在幾年前就已經開始了，當時馬尼拉的臨時總督安東尼奧・德・莫伽在一五九六年驅逐了一萬兩千名中國人。這類鎮壓事件通常在西班牙人和東亞居民爆發小型衝突後會一再重演。[58]

在一五八〇年代末期，馬尼拉仍然有一座中國人城鎮和一座日本人城鎮。他們的聚居地相較於「城區」(Intramuros，照文義解釋為「城牆內」)的西班牙人聚居地，發展都非常迅速。[59]住民稀少會對西班牙統治權力造成負面影響。人口趨勢既助長仇外心理，卻也催生對和平與和諧的種種嘗試。而儘管大部分西班牙人知道現況就是附近存在強大的國家，制度性的歧視政策不可能帶來正面效果，但無處不在的猜疑還是阻礙多族群永續整合的目標。在美洲頗具成效的策略是展示權力和排場，但在這裡沒有發揮預期的效果，殖民政府也不總是負擔得起這種作法。特略總督在寫給西班牙的信中，暗示帝國的展演需要更多經費。他的委託監護制只產生少量收入，不足以在每天進出馬尼拉的大國臣民前彰顯西班牙國王的榮耀光環。[60]特略暗示是因為馬尼拉缺乏再現伊比利文化的場合，所以東亞氛圍取得了較大的主導性。

城區（Intramuros）

馬尼拉和其他亞洲飛地有一個共通特徵：它是一個築有城牆的城市。馬尼拉市在建成後不久，西班牙就以「城區」作為領土殖民地的社會、宗教和軍事首府。[61] 馬尼拉也和其他西班牙殖民地首都一樣，被認為是「西班牙式城市」（ciudad de españoles）。有專門為西班牙移民和墨西哥白銀商人制定的法律，平均一年會有約兩百名西班牙人來到馬尼拉，不過也有許多人回到墨西哥或西班牙。[62] 殖民政府機構設立在有城牆保護的城內核心區，比較高階的西班牙居民也住在那裡，它反映出十六世紀西班牙城市合理的設計，有整齊和寬廣的街道、代表城市的廣場以及大教堂。[63]

馬尼拉的石造城牆在很大程度上取代了宗教的壁壘。「精神壁壘」或宗教邊境這類概念，在美洲殖民地極為成功，但顯然不適合菲律賓。菲律賓周圍是穆斯林領地，有強大的敵對勢力挑戰西班牙對精神領域的支配。[64] 城牆存在的有趣之處在於它創造了空間，可用於地緣政治的目的，對於在非西班牙人墾殖區活動的教士，它也可以賦予力量。國王委派教士擔任西班牙殖民者和其他種族之間的中間人，教士有了國王的支持，通常會住在石牆的藩籬之外。這讓他們可以直接在原住民或東亞移住民的定居地推動傳教計畫。然而，這種「由上而下」建造城市空間以掌控多元文化聚居地的作法，絕對不是伊比利人獨有的特色。在一五九六年荷蘭人抵達之前的萬丹（Bantam）或阿瑜陀耶，都有一個由城牆包圍的中心區，周圍也是被不同血緣的民族聚居地所包圍，其中包括中國人、馬來人、占族人（Cham）、日本人、印度人、阿拉伯人和波斯人。[65]類似政策在澳門和長崎，還有十八世紀的荷屬巴達維亞也被實施。[66]如果沒經過特殊批准，澳門的葡萄牙平民不被允許進入中國大陸。一道嚴加把守的關閘阻斷了廣東人和葡萄牙市民之間的互動。[67]廣東一直以來都不讓中國人在入夜之後留在外國城區。[68]安東尼·瑞德認為歐洲人治理的港口城市，如馬尼拉、巴達維亞、麻六甲、錫江、檳城（Penang）和新加坡的歷史共通處，在於「統治階級施加種族歧視，以及統治階級最終與身為少數族群之一的中國中間人合作」。[69]

八連（Parian）

大量私營福建商人被馬尼拉吸引而來，但他們不久後就引起西班牙當局的猜疑。他們的人數在一五八〇年代早期達到數千人，並旋即被分派到自己的居住地「八連」（Parian，[70]位在城區外圍。編按：八連意指華僑聚居地）。[71]八連成了官方的絹絲市場，理論上這個區域只能有中國零售商和工匠的店鋪。[72]為了更簡單加以區分，殖民當局支持在天主教徒和非教徒之間劃定明確的空間界限。岷倫洛（Binondo）成為第一個讓中國天主教徒移民居住的地區。貝貝（Baybay）和湯都（Tondo）在一五八九年則容納了兩千名中國人。一五九四年，殖民政府又建了橫跨巴石河（Pasig River）兩岸的聖加百列（St Gabriel）教區，教區內住了中國天主教徒和他們的菲律賓人妻子，以及他們的孩子「麥士蒂索常來人」（mestizo de sangleye）。

這類街坊的首批正規建築物之一便是教堂。在一五九七年，岷倫洛和貝貝各有一間教堂，由卡斯提亞的修士以中文提供天主教講道。例如若翰．德．聖佩德羅．馬蒂爾神父（Juan de San Pedro Martir），他是聖加百列和湯都等教區的主教代理。[73]有關中國天主教徒的正確人數有幾種不同說法，桑托斯．雷耶斯（Santos Reyes）的第一批受洗者名簿被保存在奎松市（Quezon City）／馬尼拉的道明會修道院，其中記錄從一六一八年到一六一九年間，有一百五十五名中國人受洗。然而迪亞哥．阿德瓦特（Diego Aduarte）卻說直到一六三三年之前，共有四千七百五十二人。[74]西班牙人也知道湯都的八連住著中國天主教徒，而在城區牆外的八連——貝貝和岷倫洛——則是由非天主教徒的中國人（sangleyes infieles，意為不虔誠的常來人）居住。[75]例如聖克魯斯（Santa Cruz）的八連就一直在耶穌會的管理下。[76]早年的八連是由道明會管理，有夜巡者負責看守，夜巡者的人數會視需要增加。[77]他們遵照聖地亞哥．德．維拉總督的指令，在絹絲市場建木造的教堂和房舍。[78]那幾年間八連的數量日益增長，不過八連和中國人居住區的房舍數量卻受到限制，這是為了盡量不讓中國人擴張到整個群島，或進入只有少數西班牙人的地區。[79]

最初的八連在一五八一年到一五九五年間經歷多次重建，最後才確定在城牆外建立。早期八連的房舍是用木頭和茅草建造，因此很容易毀於火災。有些學者認為殖民當局不允許中國人用石頭建造房屋，或許是因為建材短缺，也可能是因為西班牙人擺明了差別待遇。[80]薩拉薩爾主教承認在聖地亞哥．德．維拉總督的治理下，許多中國人的房舍被防火磚覆蓋，這樣固定的建築政策讓中國人的八連顯得礙眼。如果它不是因為美觀而值得被造訪，至少也是因為那邊街道上有以漢字寫成的招牌和公告，還有以燈籠裝飾的小巷引起人們的好奇心。[81]一份一六三八年的文件指出，八連有一條街提供人們從事工藝或貿易。每到清晨時分，街道上都會擠滿讚賞他們貨物的中國人。[82]八連以運作良好的運河輸送貨物聞名，[83]當地的教堂作為勸導異教徒改宗的知名中心，建造教堂的經費有一部分來自中國社群資助，因此教堂不令人意外地被描述為宏偉的建築物。在這個背景下，「公錢罐」（中國人的公共預算）是最令人感興趣的東西，據稱天主教和非天主教徒中國人每年會合力存下一筆總金額不低於兩萬比索的經費。[84]此外，八連就像東南亞其他中國城鎮一樣，文化生活的重點就是祖先崇拜。[85]

在一五八八年，八連的商店數量是一百八十五間，到了一五九一年已經快速增長到兩百間。[86]其他文獻則指出，一五九五年八連的商店為上百家，到了一六〇三年總數已經成長為四倍。阿庫尼亞總督也說八連湧進四千名中國人永久定居在此。他們的商店必須支付租金，到了十七世紀地租仍歸中國人所有，這有利於中國人持有準財產權。[87]薩拉薩爾所描述的八連據說比第一個八連大得多，「因為在四排建築物所在的堅固地面上，他們建造了房屋和穿過八連的街道。每一排建築物都有一條單獨的街道。其中有長長的通道，而建築物的形狀都呈四方形。」[88]

所有中國人街坊都與外界隔絕，裡面的居民在晚上必須返家，只有開烘焙坊的人、園丁和在西班牙家庭幫傭的僕人是例外，他們可以留在城牆內。[89]「八連」很像少數民族保留區，這讓研究移民的學者對西班牙人如何對待福建移民抱持不確定的態度。統治階級的確明顯不贊成同化，他們認為中國人就應該是中國人。[90]德克・霍爾德（Dirk Hoerder）甚至還把治理「常來人」的政策，與西班牙對猶太人和摩里斯科人（Moriscos）的大屠殺互相對比，因為兩者都一直存在改信天主教的壓力、對他者加諸充滿刻板印象的惡意，還有繁重的課稅負擔與強制勞動。[91]西班牙當局一方面希望所有中國人都能成為好的天主教徒，但同時又希望中國人不要變得太「西班牙化」、要與西班牙人有明顯區別。不過隔離政策只發揮某種程度的效用，沒有明確證據顯示「八連」遭到嚴密管制，許多敘述指出就算有限制，其實也很容易避開。許多中國移民知道要怎麼鑽漏洞把店開在城牆內，而且還可以每天往返。[92]他們的日常生活就是在城牆內與西班牙人一起度過，直到晚禱時間。那是在告訴他們要回到自己所屬的「八連」了。[93]

在明朝中國的敘述中，移居馬尼拉的福建社群也以突出的角色占有一席之地。中國官方清楚知道西班牙想盡量減少華僑人數，如果西班牙感覺有必要還想驅逐華僑。[94]參照中國官方的觀點，多元文化的馬尼拉氣氛到底有多少包容力，確實令人感到懷疑。下一節將會對日本移民的情況進行評價和比較。

日本人的城鎮

有傳聞指出日本人原本與西班牙人一起住在城區，後來才被分配到自己的居住地區。[95]不過早在一五八〇年代，遠早於朱印船貿易帶動人潮流動之前，西班牙統治菁英就覺得「傲慢」的日本旅居者人數過多、社群過於龐大，而且難以控制。因此在一五八五年，西班牙的統治者分配給日本人另一塊居住地：迪勞（Dilao）。[96]迪勞靠近聖加百列的中國人的八連。福建人和日本人過去都是在聖加百列進行絹絲貿易。住在那裡的日本人受到方濟各會教團管理，幾年後，方濟各會將成為日本最有影響力的「西班牙」傳教士。一項日本社群與中國八連的一重大差異是日本人刻意尋求孤立。日本人建立的聚居地就是供他們自己居住，例如前文提及的「阿帕里」例子。因此，迪勞（也就是「日本人八連」[97]）的研究成果所描繪出來的是一個相當獨立的村落形象。[98]這地方在幾年內就活脫脫變成一個日本町。皇家法庭暨最高法院檢察長羅德里格斯．迪亞茲．吉拉爾（Rodriguez Diaz Guiral）在一六〇六年六月前往日本聚落視察，當時他發現當地有九十一間店鋪和住所。[99]在其後幾十年，住在那裡的海外日本人更獲得某種形式的自治權。[100]

雖然日本居民的人數遠少於中國人，但據說他們還是為西班牙當局帶來嚴重問題。尤其是西班牙與秀吉的緊張關係和西班牙人碰到的倭寇，讓迪勞居民的形象蒙上一層陰影。在一六〇五年和一六〇九年間，一連串日本人的暴動發生，耶穌會教士葛拉西安（Gracián）更在一六〇六年日本人一次起義後，形容日本人是「亞洲的西班牙人」。[101]而日本商人要求在馬尼拉享有治外法權，更進一步塑造他們麻煩製造者的形象，因為當時沒有其他貿易國提出這個主張。[102]日本人經常對殖民地控制的手段表現出兇暴和怨恨的態度，也時常表現得像深知母國統治者會提供他們支援——大家都知道日本統治者把國家名譽看得很重。因此日本住民比起福建住民表現得更為獨立，因為中國移民沒有官方可以做為靠山。[103]在一六〇七年，日本人的暴動讓他們的聚居地暫時遭到毀損，但很快就被重建了。之後在一六一五年，馬尼拉出現第二個提供日本人居住的地區「聖米格爾」（San Miguel），並一直持續到一七六八年。聖米格爾隸屬於湯都管轄，在耶穌會的管理下，收容了流亡的天主教日本男女。[104]威廉．D．黃瑞（William D. Wray）把日本移民分成三類：（1）朱印船商人（2）天主教流亡者（3）軍人，包括傭兵和低階武士。最後一群人是因為日益增加的政治和社會壓力而離開國家，他們的組成成員主要是德川的反對者。[105]

遠洋日本中間人的高度流動性也和福建商人一樣引起殖民官員猜疑。[106]日本町鎮（或謂「日本町」），包含了迪勞、聖米格爾，和接下來的第三個聚居地甲米地。這些地區在將近五十年間，都保持著很能代表日本的文化氛圍。[107]三地的居民還是會說他們的母語、穿著和服和其他傳統服飾，並維持母國的烹飪方法。[108]令人好奇的是，如同一份十八世紀早期的中國人紀錄顯示，日本社群多年來都一直想維持某些母國習俗和傳統。[109]這確實意味大多數在馬尼拉的日本人都不想融入這個新的母國社會，而且他們沒有承受太多必須通婚的壓力，因為有相對多數的日本女性隨著日本男人一起移民而來。

2. 靈活的勞動力市場？

比起詢問東亞人是**如何**來到馬尼拉，更有趣的問題是問他們**為什麼**要留下來，又是在**什麼樣的**條件下留下來。為了正確回答這個問題，我們首先應該區別一下東亞移民的背景。即使是在相對少數的團體中還是會有各類型的人，而且會隨著時間進一步變化。最大的團體是前文提及的海上行動者，也就是船員、商人和漁夫，他們的生活有部分是在海上度過。這個團體的成員多從福建結夥前往馬尼拉，還有比較少部分是從廣州、九州和堺來的。他們期盼獲得穩定的收入和比較好的生活水準。量化資料讓我們看到他們鹹魚翻身的故事，根據明朝兵部估計，在一六三〇年代。每年有十萬名福建人來到馬尼拉，[110]但我們不應該完全採信。不過這個數據還是讓我們大致了解有多少中國勞動力，以及在馬尼拉有多少工作機會。福建港口城市的居民提供了豐富的技能，滿足殖民地的需求。這些福建人從過著當海盜的討海生活，變成有安全感和穩定性的定居生活。直到十六世紀末，移民都很容易在西班牙的建築工程、農業或港口找到工作，缺少穩定職位或固定收入的日薪勞工，成為馬尼拉常見的景象。沒有特殊技能的東亞勞工日薪是一里耳（不附餐）。[111]亞當．麥基恩（Adam McKeown）探討了在英國殖民地環境中的中國契約工，他把中國勞工定義為商品。麥基恩主張：「勞工的動員和交換是擴張的市場和貿易中不可或缺的面向」，[112]這個論點也適用於馬尼拉。我們甚至可以假設流動的勞動力是馬尼拉發展出的特殊情況。在早期幾十年，馬尼拉充足的勞動力取代先前的奴隸勞動，而當時又還沒出現後來幾世紀的綁約勞動力。[113]這種情況甚至促使西班牙國王在一六〇九年，重新檢視舊的「勞役攤派」（repartimiento）制度。[114]在修改改條文時，西班牙當局也預先制訂將東亞移民整合進為國王效力的團隊的辦法，例如擔任私人助手、參與公共建設和到海軍服役，以獲得一份「應得的薪水」。[115]

第二個團體是定居的福建人，包括零售商和工匠。在他們之中有許多人打算在馬尼拉展開自己的事業。他們掌控各類型的服務業，分別擔任園丁、木匠、烘焙師父、肉販、漆工、金屬工匠和金匠，或生產磚塊與石灰。[116]雖然日本人也會在馬尼拉經營服務業，但如果沒有中國人的勤奮和付出，西班牙人不可能以低成本蓋出好房子。福建居民深知他們在群島的物質福祉中不可或缺，[117]當時城市的氣氛主要是由臨時湊成的權宜合作所主導。事實上，近代馬尼拉的現實景況是：統治菁英只被賦予不完全的、打折扣的權力。中國人掌控了大部分受人尊敬的職業，包括造船工人、通譯或通事，這讓他們在城市社群裡躋身有影響力的位置。[118]其中，通曉數國語言的人尤其能掌握操縱訊息的手段，這能讓他們所屬的社群或贊助人獲利。[119]理論上，東亞人要提升社會地位的唯一方法就是改信天主教。但是就算他們改變宗教信仰，僅僅受洗也不會讓他們變成虔誠的天主教徒。有些日本居民打算靠著自己經營商店、交易日本船貨，或為西班牙人擔任船長、船員、士兵、私人助手或傭兵，累積一定程度的財富和社會地位。[120]在一開始，策略性的傳播福音就與取得控制有關，這有一部分是因為據信天主教徒更為服從，另一部分則因為只有天主教徒能合法被加入強制勞動的體制中。不過最後事實證明，雖然大量修士投入努力，菲律賓與西班牙的其他殖民經驗非常不同，甚至就連腓力二世都感嘆島上根本沒有任何一名中國信徒。[121]

第三個團體是由海上傭兵所組成。這個現象可以往回追溯到一五五〇年代中國沿海的倭寇劫掠。當時海上的防禦主力就是從平民人口中僱用的傭兵。這群人在一六二〇年代又重新現身，但出現略為不同的特徵。當時福建沿海走私盛行，荷蘭人也會與違法的中國商人合作。[122]而日本的海上傭兵通常是由「浪人」組成。「浪人」是指沒有領主的武士，他們出現於戰國時代，尤其是在關原之戰（一六〇〇年）和大坂之役（一六一五年）之後。這些人早在幾十年前就開始提供相關服務，例如在一五九八年參加迪奧戈・維洛佐（Diego Belloso）和布拉斯・魯伊斯（Blas Ruiz）那場惡名昭彰的柬埔寨遠征。[123]在一六一五年，席爾瓦總督僱用數百名日本軍人搭乘十五艘船艦，對抗滲入摩鹿加群島的荷蘭人。[124]在西班牙與日本的合作中，兩方透過一種特殊的公私參雜的形式進行軍事協助。日本人也替荷蘭人和澳門的葡萄牙人服務。[125]在海上傭兵的例子中，志願和綁約服務之間的界線顯得特別模糊，下文將討論到一五九三年，摩鹿加群島遠征隊的中國人兵變事件就是一個例子。[126]

一個移民研究的共同範式是，工作是促成積極社會融合的關鍵。上述圖像讓我們看不清楚體制中的模稜兩可處。儘管馬尼拉的分工指出先進的經濟結構，可以容許中國的勞動力整合，不過殖民當局的政策依然很保守。官方規定除非是提供西班牙人絕對需要、且西班牙人自己無法提供的服務，否則中國人不應該留在馬尼拉。[127]

原住民人口當然在馬尼拉扮演關鍵角色。雖然原住民在國外貿易中居於邊緣地位，但他們還是會影響社會政策。如同我在第二章中討論過，原住民相較於東亞移民，通常是在不那麼刻意、也較不自由的條件下參與國外貿易。唯有當中國人不願意或無法滿足勞動力市場需求時，總督才會指派工作給當地人。[128]有部分原住民社群是透過通婚與中國人口產生連結。這類連結在中國商人先於西班牙人來到菲律賓群島時是很常見的。[129]隨著華裔—菲律賓人家庭數量增加，群島上出現一個全新的殖民定居群體——麥士蒂索常來人。他們嫻熟兩種語言，又比不在菲律賓出生的人更熟悉西班牙文化，所以西班牙人比較容易信任他們。殖民政府因此認可他們是通事，稱呼他們為「卡斯提亞語專家」(ladino en lengua castellano)，會讓他們陪同法官一起檢查從福建來的商船。[130]

在西班牙人和葡萄牙人敘述中經常提到中國和日本僕人，這些人通常有卡斯提亞的名字，還會擔任通譯。我們也有理由相信他們之中有些人並不是自由人，因為近期研究顯示葡萄牙在東南亞的奴隸貿易中，亦有來自中國與日本的奴隸。[131]甲米地場區的造船事業進一步證明中國人和菲律賓勞工會在西班牙專家的監管下進行密切合作，領取固定工資。[132]因此，所有天主教教團也都會為了促進原住民和外國勞工的精神福祉，而聚集在甲米地。[133]沒有找到建築工作的人就會當鐵匠，負責鑄造鐵釘和螺栓、大頭釘等需要的東西。一六一九年的一份西班牙紀錄顯示：「擔任鐵匠的當地原住民，每月支薪十二里耳，中國常來人鐵匠則每個月領二十八里耳。他們換米的兌換率相當於西班牙人的二分之一」。[134]相較之下，中國的工資在三十年來幾乎沒有什麼改變。西班牙人的所有亞洲海上事業，都需要菲律賓人造船工匠，同時也很需要菲律賓船員。菲律賓人具有的航海知識讓他們顯得不可或缺，尤其是對群島周圍凶險海域的認識。[135]跨太平洋的蓋倫帆船會僱用中國人和當地人，也有很多人以船員身分繼續留在新西班牙。因此愛德華・R・斯萊克（Edward R. Slack）認為在西班牙人往來的太平洋海域內，中國人有很高的流動性。墨西哥的城市手工藝和社會制度中也留下他們的痕跡。[136]

在馬尼拉放債的中國人特別能彰顯出馬尼拉中國人的強大地位，但有關這方面的研究較少。在一個臨時擴張、交易日趨複雜的馬尼拉市場中，資金短缺的西班牙人就會尋求這類放貸者。諷刺的是，放貸的中國人代表那些等著蓋倫帆船把白銀運來的人，以下例子可作為參考：在一六一〇年，中國人借款給西班牙人每張三比索的票據中，有大約四百八十張沒被償還。[137]這導致一個很古怪的局面，中國商人變得像是提供貸款給西班牙商人的資本家，[138]這也明白反映出西班牙想獨占蓋倫帆船貿易的嘗試失敗了。

中國人在幾個領域都取得主導地位，這表示他們具有很快的適應性，而且在面對物質文化或作法改變時，都能掌握需要的技能。[139]這必然導致類似於文化轉移這樣細緻的概念。本研究的脈絡中當然需要探詢「文化轉移」的定義。雖然這個概念通常被理解成用知識去適應既有的想法和作法，但它也代表學習的意願。[140]馬尼拉的外國居民替西班牙人工作時，當然會學習新的技巧，不過也一定有許多無意識下的適應。像是從天主教版畫和教堂擺設例子就可看出來。裝訂術是另一個足以說明中國人適應性的有趣例子：雖然裝訂術是中國人在馬尼拉學到的新工藝，但因為中國人原本就已熟知亞洲的紙張、文字和鉛字傳統，所以很快就上手了。[141]在不過幾年時間，中國人就因為饒有天賦的手藝與勤奮的態度，兼之可以生產廉價產品而享有名聲。他們在短時間內就幾乎可以複製所有產品，這讓許多西班牙人感到佩服。馬尼拉的整體氣氛很適合文化交流，因此那裡生產的產品品質漸獲提升。[142]常來人的製品讓馬尼拉的城市社會富裕起來。不過，雖然中國人企業家創造出充滿生氣的經濟環境，西班牙的生產部門依然只是小規模，而且他們不與中國人競爭。西班牙居民的身分多為委託監護人、地主、商人、官僚或教會人員，只有很小一部分是靠著替他們同胞提供日常必需品謀生。[143]第一級和第二級產業的工作都是由中國人、日本人和原住民人口擔任，也就是幾乎得完全依靠被視為「次等國民」的人。

本章是在討論「馬尼拉夢」，但是如果不提馬尼拉的黑暗面，討論也不會完整。許多亞洲大陸和島嶼的人並不是自願來到馬尼拉的，他們在馬尼拉的生活也始終是無止盡的勞役惡夢。奴隸並不是十六世紀末東南亞島嶼的新發明。即便沒有西班牙人參與，戰爭中對戰俘的奴役還是會持續下去。但戰俘是西班牙殖民統治的副產品，並受到所謂的摩洛人的挑戰。海外奴隸讓西班牙的道德受到挑戰。薩拉薩爾主教針對來自麻六甲和印度的奴隸徵詢西班牙國王意見——這些奴隸被葡萄牙人帶到馬尼拉販賣，因此主教想知道這些人在國王眼裡是否為自由的。[144]到了十七世紀，在無法解決的人口壓力下，西班牙人對奴隸的需求日益增加。奴隸或者作為家庭幫傭（奴隸主甚至包含教會），或者在槳帆船上工作。在這種情況下，「人」成為馬尼拉市場的商品。葡萄牙的海上商人以來自中國、日本和其他亞洲港口的不自由勞動力，支撐起菲律賓的西班牙人。塔蒂亞娜・塞哈斯（Tatiana Seijas）指出馬尼拉的西班牙買主相較於非洲奴隸，比較喜歡亞洲奴隸。[145]她還進一步指出直到十七世紀許多年後，儘管法律上禁止，奴隸的非法買賣還是存在。在一六二一年，幾乎有三分之一的「城區」人口，或是說總人口六千一百一十人裡面有一千九百七十人不是自由民。十五年後，奴隸和黑人自由民的人數，多到總督竟然建議把四百到五百名這類會「妨害治安」的人，強制遷移到附近島上交由耶穌會照看。[146]關於葡萄牙在東亞的非法奴隸買賣，在近期有盧西奧・德・索薩的著名研究。索薩強調這類交易與馬尼拉市場有緊密連結。[147]早在一五五〇年代，葡萄牙商人就開始買賣亞洲人。到了世紀之交，馬尼拉又變得更涉入其中。非法買賣讓大量中國人、日本人和朝鮮人被迫強制移居。他們之中有許多人是婦女和兒童，可能是在去哪裡的途中經過馬尼拉，或是在馬尼拉找到新家。[148]他們之中甚至有些人的終點是歐洲，或在上船後被載到墨西哥。教會也經常和奴隸販子合作，讓交易取得合法地位。[149]

第二章

行動者與代理人：日常生活中的限制：人頭稅、稅收、居住許可

如果把焦點轉向微觀歷史，看看馬尼拉的個人在社會上會受到什麼限制，理想上我們應該接觸當地的聲音。不過，近代的地方聲音鮮少被留在書面文獻中。想研究馬尼拉的個人，還是必須透過制度才能靠近他們，因為制度會決定他們的生活。殖民地領導者對馬尼拉福建移民的控制，與領導者想從他們身上獲得經濟利益這件事本身脫不了關係。殖民地領袖會課徵各種稅金，而且中國人一定要取得居住許可。[1]官方向福建人收稅幾乎沒有什麼清楚模式。在一五九三年，福建人的不平之聲傳到馬德里，國王才首次頒布一個比較細緻的收稅辦法。該辦法規定福建人不是付錢給總督，而是繳給直接管理八連的大市長。這次改革其實只是在

口頭上下令，所以幾乎沒帶來任何改善。殖民當局繼續搾取金錢，在十七世紀早期中國人也經常拒絕繳稅給大市長。[2]

殖民地官員例如安東尼奧・德・莫伽批評馬尼拉的國外貿易收入，包括進出口從價稅缺乏清楚、透明的簿記。[3]西班牙人考量到白銀一直流向中國，因此希望用一套複雜的制度，對原住民、中國人和日本人分別制定不同的人頭稅，以減少可能的損失。他們在看到第一波大量遷移的中國人後，便規定獲准留下的中國人必須支付六十四里耳，擁有房子的代價則是要支付十二里耳，還要上繳五里耳。[4]一六一一年之後，殖民當局會對中國人徵收人均上繳額。[5]拉斐爾・貝爾納爾（Rafael Bernal）指出非天主教徒的中國人每年會被徵收八比索。若翰・德・席爾瓦總督（一六〇九年至一六一六年在職）課徵的稅賦，在一六二一年帶來八萬比索的稅收。[6]

二十世紀早期的日本歷史學家村上直次郎匯整了腓力四世在一六二七年頒布的命令，並提出量化的數據。他認知到新皈依到天主教的中國人，可以免除上繳義務為期十年。[7]這等於是認證他們存在的必要性，而且證明外國人在馬尼拉可以過得相對自由，即使統治菁英並不想承認。在一六三〇年代南中國海的貿易面臨危機，同時西班牙人似乎更積極的嘗試吸引中國人去馬尼拉，例如他們大幅增加居住許可的核發。在一六三六年，塞瓦斯蒂安・烏爾塔多・德・科奎拉總督（Sebastián Hurtado de Corcuera，一六三五年—一六四四年在職）就曾經因總共向一萬一千至一萬三千張許可證徵取稅款而感到自豪。題外話是，他曾經因為在一六四五年丟掉臺灣而受罰[8]。科奎拉總督致力於徵集人頭稅，並為財稅部門賺得十七萬比索。[9]居住許可確實在一六三四年達到收益高峰，總金額為十三萬五千九百〇四比索，幾乎是一六一〇年代平均每年收入的兩倍。[10]

雖然中國人和日本人經常被並至討論，但是我們有理由相信日本人受到的待遇不太一樣。西班牙官員總是抱怨日本商人拿白銀來馬尼拉交換中國絲時，沒有繳交關稅。[11]岩生成一證明進入市場的日本商人要支付和中國人同額的費用，[12]但在人頭稅部分卻沒有明確的證據。[13]此外，西班牙當局也刻意在中國人和日本人的政策之間畫出一條清楚界線。沒有什麼作法比操縱公眾輿論更容易達到目的。早年西班牙對中國移民的描述都著重在他們最光明的一面，像是說他們是好相處的鄰里、很整潔、受過良好教育，最重要的是很勤奮。[14]原本中國人的既有印象是「謙虛、懂得節制」、勤勉、工作認真的勞工，[15]後來卻變成「道德低下的種族」，常因通姦和雞姦之事而臭名遠播。[16]二十世紀的學術研究同樣也支持西班牙因無知或傲慢造成的文化衝突，但有關港口城市豐富環境的正面描述，卻顯得相對少見。[17]西班牙人對日本人的評價是「好戰的」，但這個評價表現類似的搖擺傾向。同時這個標籤一再重複出現，可能是受到中國人影響，因為明朝文獻習慣描述日本人總是帶著武器。[18]當代的日本專家，例如聖方濟・沙勿略、路易士・佛洛伊斯（Luís Fróis）或迪亞哥・德・聖卡塔利那也認為這種描述是常識。[19]其實中國人對「佛郎機」的刻板印象也是覺得他們不討人喜歡。十六世紀的葡萄牙商人被指控會誘拐兒童、吃小孩。這種形象要追溯到一起與西蒙·安德拉德（Simão Andrade）有關的事件。安德拉德於一五一七年在廣州買了未成年的中國人，把他們賣去當奴隸。這個傳聞傳到北京朝廷，而造成數十年來中國人對葡萄牙人的惡感。[20]

1. 司法議題和多文化的衝突

不同種族、地位和宗教的行動者都需要特定的法律和行政制度。法律與行政制度也和商業交易的政策類似，是當地協議下的副產物，因此不時會有改變。移民和地緣政治的威脅創造了獨一無二的社會、城市和司法模式。馬尼拉的統治階級與皇室經過數年協商，最初是想以精心設計的行政體制，和特有的司法組織操作一個多層級的城市社會。其結果是針對不同「國籍」有多套複雜的法律標準，民族管轄權的職責則被指派給總督。

在一五八〇年代晚期，教會代表任命自己為馬尼拉中國人的守護者，這代表他們可能會一直和世俗政府發生摩擦。修士亟欲保護中國商人的利益，並反對殖民當局的不公平介入。在一五八二年，多明哥·德·薩拉薩爾主教為了解決菲律賓社會某些問題，而聚集了知識分子和政策制定者，討論如何在菲律賓傳播福音、讓東方的西班牙人擴大權力的新策略。[21]其中主教提出的一個問題，是總督是否要依照西班牙法律（*Leyes de Indias*，或謂《印度群島法律》）懲治犯罪，還是應該以當地民族作法為考量。[22]這樣努力融入、或至少考慮到「其他」法律傳統的態度，在西班牙帝國的政治中是很新穎的事，也跟早期西班牙對伊比利群島或美洲的征服有根本上不同。[23]總體來說，母國對於如何治理中國人和日本人的態度一直在變，而且總會牽扯到對中國人在馬尼拉財務收益的限制。[24]在那幾年間，有關虐待中國人的報告越來越多，有些西班牙改革者擔心帝國經濟與道德的崩壞，而決心加入請願。在一六二八年，菲律賓的一些請願者，包括埃爾南多・德・洛斯・里奧斯・科羅內爾，或經濟策士群，像葡萄牙的新基督徒杜阿爾特・戈麥斯・索利斯（Duarte Gomes Solis），發表了支持東印度公司的言論。他們對馬尼拉惡化的情況和日益增加的社會困境提出警告，力促國王作出反應。杜阿爾特・戈麥斯・索利斯甚至極力主張國王應該投資阿卡普科、馬尼拉和果亞之間的遠東貿易。[25]

2. 海外華人（華僑）在馬尼拉

根據中國史學家塞謬爾・阿德里安・M・艾茲赫德（S.A.M.Adshead）的說法，東南亞唐人街的華僑社群存在著犯罪風險，因為他們之中有許多小規模、未確立的私人企業，移民也多為不太受歡迎的粗俗平民。[26]確實，同時代的大部分觀察者都不認為中國人有同化的可能性，這也讓西班牙人正當化他們在法律上對中國人的差別待遇。[27]然而，我們必須注意法律上的差別對待只作為一種行政工具，那幾乎對海上貿易沒什麼影響。龍基略總督在任職期間（一五八三年——一五八四年）開始採用管制政策，一開始中國人對西班牙的貿易管制政策也存在抵抗，但很快就變成有彈性的妥協。不論是貿易自由被限制，或受到八連監管者的壓制，都沒阻止福建人經常往來馬尼拉。早在一五八六年，原住民保護官和中國人保護官等職位就陸續被積極地創立，目的在建立一種比較和平的共存關係。[28]這個職位可以往回追溯到弗朗西斯科・德・桑德總督任內。桑德總督指派貝尼托・德・門迪奧拉（Benito de Mendiola）出任馬尼拉原住民的第一任保護官，[29]保護官有雙重職責：一方面是維持社會秩序、負責控管該族群人口，不讓他們騷擾天主教徒；另一方面，他們也要在法律和政治事務上支援少數族群，確保他們不被其他官員欺騙。[30]擔任中國人保護官這個職位的人平均年收入為八百比索，通常還會負責皇家法庭暨最高法院的財政職務。[31]貝尼托・德・門迪奧拉是第一任中國人保護官，他描述中國人會遭到西班牙官員的虐待。[32]若翰・德・阿爾瓦拉多・布拉卡蒙特（Juan de Alvarado Bracamonte）是官方在十七世紀的中國人保護官，他的例子則顯示在某些情況下中國人沒有他會過得更好。[33]我們在前文也看到傳道士會為非西班牙人口盡心盡力。道明會修士會努力學習中文以經營與華僑的關係，[34]高母羨就是首批精通中文的四名神父之一。關注中國人這個議題在政治上愈來愈具有重要性，並激起教會和皇室政權之間的衝突。腓力二世在幾年後站到修士這邊，他對以下景象深感欣慰：

> 他們開始用對方的語言向常來人布道，並獲得許多成功。因為常來人帶有善意，而且顯得孺子可教。我下令對發生的一切予以支持並保持敬意，也鼓勵他們繼續，這才是服侍上帝最好的方法，不久之後就會有許多修道士了。[35]

腓力二世想在所有關於馬尼拉中國人的事務上，都表現得像個公正的國王。這位西班牙君主聽從薩拉薩爾主教的說法，覺得應該讓中國人在法律上擁有自己的代表，如同大市長（有時候稱為甲必丹）和市議員。他還下令中國人當中的天主教徒，應當被允許選舉自己的市長和市評議會。[36]不過「天高皇帝遠」這句話當真不假，即使是國王想保護的人，還是難逃殖民地差別待遇的體制。中國人的智識卓越，尤其讓馬尼拉的西班牙人感到苦惱。像安東尼奧·德·莫伽就反對讓太多中國人擔任通譯，他堅稱「這些人常用各種藉口與誣蔑之詞，欺騙和搶奪常來人，並且犯下許多欺騙、強制和賄賂的行為。常來人不應該像現在這樣，同時受到法官、治安官和通譯的折磨」。[37]他還力主對中國商人施以更嚴格的管控，指控中國商人會「搶劫這個國家，他們會提高商品價格，還教導當地原住民許多壞習慣和犯罪」。德·

莫伽對於有組織的中國商人網絡有他自己的一套看法，他進一步把中國商人在菲律賓群島的流動性，解釋為他們在進行可能是用來反抗西班牙統治的間諜行動。[38]由於一直擔心中國侵略，因此政府在早年獨占對中國人的管轄權和審判權。在中國人的行政區內，有服從的人，也有不服從的人。謹慎服從殖民政府旨意和管轄的人所在多有，不過也有人會利用貪污的官員。此外，也有人與原住民或教會勾結，因為這兩群人有辦法前往內陸，而內陸通常是適合藏匿的地方。

多層級管轄的事務包含從制定法規，到政府官員間的政治競爭。在一五九四年西班牙國王釋出一項善意行為，同意讓中國人有自己的甲必丹市長。甲必丹市長會是一名卡斯提亞人，通常兼任其他職位，例如市議員或法務執行官。[39]十年後，原本負責發行居住許可的總督被任命為中國人保護官。八連的甲必丹在執行權力時必須遵守國王指令，還要聽命於國王在菲律賓的代表總督。技術上來說，甲必丹還要遵從皇家法庭暨最高法院的命令，因為皇家法庭暨最高法院會監視他。如果他有不正行為，法院就會向當局報告。[40]在《印地安斯法律》（Laws of the Indies）中，目前發現第一部處理中國人事宜的法律，訂定於一六〇三年四月十五日。[41]雖然中國人有權請求他們的市長進行裁決，但總數兩萬人的移民卻只配了一名同時負責民事和刑事案件的法官。[42]

別的不提，一堆官職疊床架屋，自然對中國人社群的社會和法律事項有不利影響。[43]我們必須追究這個制度的不公正性。[44]首先，殖民政府並沒有為中國人的市長支付固定薪水，替代的做法是要他向八連裡每一家店收取兩比索。這個制度讓市長可以直接與經營事業的中國商人互動，建立西班牙的規範及標準。[45]因此只要一有機會，官員勢必就想以商店不遵守西班牙的規範為由收取罰金，好增加自己的薪資。[46]不論是開烘焙坊的、漁夫或是肉販，都經常抱怨收稅的方法不公平，甚至一直想增加他們繳納的金額。[47]

與西班牙的監督並存的還有中國人的管理機構——「中國人行政長官」，或所謂「法警」（alquacil mayor）。[48]中國人行政長官是在管理中國人時，唯一由中國人擔任的職位。[49]他有固定的薪水，還有代理人及手下幫忙辦事。不過擔任這個職位的志願者有一個條件：他必須是天主教徒。其他港口城市的社群也有類似職務。舉例來說，麻六甲的中國人聚居地管理者，就是一名福建商人的首領鄭啟基（Tin Kap，鄭甲）。馬尼拉的這個職位代表中國人具有一定程度的自治和政治上的代表性。[50]在一五九〇年，中國人天主教徒唐・若翰・贊科（Don Juan Zanco）成為第一個政府承認擔任此職務的人。[51]在一六〇三年，中國人行政長官是由若翰・包蒂斯塔・德・拉・維拉（Juan Bautista de la Vera）擔任，他還與阿庫尼亞總督密切合作。[52]有限的自治與民族的管轄權並不相容。法律規定皇家法庭暨最高法院不應介入中國人的治理，但是其中有一段話，卻幾乎讓所有想改革的嘗試都顯得徒勞無功。該段內容提及：「除非在極端必要且迫切的情況下，否則可視需要對此規定加諸限制。」[53]而其他情況，例如必須效忠或社會的壓力也會阻礙中國人的自決權，後文將予以詳述。

為了處理大量行政問題，中國人社群在一六〇八年設立了祕書官（escribano público）一職。[54] 治理華僑的相關法律在一六一四年也作了微幅修改。以馬尼拉最高法院皇家法庭暨最高法院的財政官，作為華僑在法律上的保護官，而大市長則繼續監督法律事務。在那之後，非中國人的法官就被禁止處理中國人法律事務，甚至不能進入中國人商店。[55] 直到一六二〇年代晚期，當馬尼拉附近的中國人聚落至少已經有六個，塔沃拉總督便開始嘗試對中國人加徵教會稅。[56] 不意外的是傳教士也試著向新皈依或是有可能皈依天主教的信徒收費，以擴充他們的資金來源，或用來自常來人公款（caja de sangleyes）的錢支付教會支出。[57]

在這種極具語言挑戰性的環境中，中國人有時的確很難捍衛他們的財產。新塞哥維亞主教米格爾・德・貝納維德斯自詡他領導了一個保護中國移民的重要團體。他在一五九八年七月寫信給腓力二世，提到：「〔中國人〕每天承受〔國王〕陛下的官員和其他西班牙人帶給他們的無盡痛苦」。有一群包括天主教徒和非天主教徒的中國人，以他們的語言和文字寫了兩封信給西班牙國王，表達他們的感受，信中內容也符合貝納維德斯的描述。主教認為天主教法律最大的敵人正是國王自己的臣子，因為他們不遵守皇家法令，擅自把手伸向中國人的財產。[58] 其後幾十年間，在馬尼拉遭到虐待的中國人還直接向西班牙國王提出請求，例如在一六三〇年，他們便訴請由中國人或中國籍的大市長們治理他們。[59] 馬尼拉的中國人也在該年提交一份請願書，要求以財政官作為他們的保護官。[60]不過顯然腓力四世並沒有應允他們的要求。

有時候，中國富商會在八連的中國人社群取得政治上的影響力，例如上文提到的「唐人甲必丹」李旦。[61]他在商業生涯的顛峰時期介入政治，當時恰好是日本、臺灣、福建的網路很活絡的數十年間，長崎後來也終於取代馬尼拉在中日貿易中的港口地位。他從事瓷器和絹絲的非法買賣，並成為馬尼拉的常來人長官，後來據說他被西班牙人強迫在槳帆船上工作，因此便逃往平戶。歷史學家魏思韓說有一名西班牙商人為了向他收取稍早他在馬尼拉為了擔保而欠下的債務，而到平戶去找他。[62]

3. 馬尼拉的日本人

我們已經從各種脈絡的文獻中，看到當時資料對馬尼拉日本人的描述呈現出一幅較為矛盾的圖像。首先，無論是在東南亞其他日本町或在日本本土，日本人與同胞的連結都十分緊密。再者，海上商人與他們在母國的地方領主有著歷史上的緊密連繫，這讓他們對馬尼拉的社會秩序構成潛在威脅。他們要和平融入當地社會還有一個阻礙，據說在迪勞最早期的移民中，有一些人是來自卡加煙省的阿帕里的倭寇聚落。[63]當西班牙人與這些自立為王的日本人相遇、發生軍事衝突，並見識到其中一些人強悍的個性，他們對日本人的看法被大大影響。[64]不過，雖然對日本人誣蔑和刻板印象的標籤無所不在，但西班牙對日本人卻沒有像對中國人一般，有「常來人」這種帶有貶義的稱呼。

在一五六〇年代第一批西班牙人抵達馬尼拉，當時他們發現一個有二十名日本人的社群，其中有一位名叫巴勃羅（Pablo）的天主教徒，他是在日本改信耶穌會的。[65]初期曾有個別的日本商人積極取對馬尼拉的控制。在一五八五年，日本人與菲律賓人合謀於邦板牙（Pampanga）發動叛變，邦板牙是西班牙在呂宋的第一個省分，叛變最後蔓延到緊鄰殖民地首都的湯都。一些經商的日本移民在馬尼拉近郊，與馬加特・薩拉馬特（Magat Salamat）和奧古斯丁・德・勒加茲皮（Agustín de Legazpi）合作。薩拉馬特是湯都的首領，也是一名前西班牙領導人的兒子，他和勒加茲皮都是該地區原本的原住民首領。由於對喪失權力感到不滿，他們要日本人派士兵來協助他們對抗西班牙人。[66]日本人真的在一五八七年送來一個中隊，還帶來許多武器，包括鳥銃（arquebus）。[67]來自平戶的天主教徒若翰・加約船長（Juan Gayo）就是在那一年乘坐日本船來到馬尼拉，他也參與了日本人在湯都發動謀反後的密謀。最後，所有受到懷疑的謀反者都被處死，就連他們的通譯迪奧尼西奧・費爾南德斯（Dionisio Fernandez，他也是一名日本人天主教徒）也無法倖免於難。[68]

在那之後，西班牙人的疑心就未曾稍歇。一五九二年戈麥斯・佩雷斯・達斯馬里尼亞斯（Gómez Pérez Dasmariñas）寫了一封信，宣稱有三、四十名日本間諜裝扮成朝聖者，假裝要拜會馬尼拉的教堂，實則是要來偷學港口的設備。[69]有傳言說秀吉的使者原田貴衛門想成為迪勞的領導者，這個傳聞也很符合西班牙人的想像，[70]尤其如果我們同意原田也是在一五八六／八七年，從長崎被送來的十一名商人之一。[71]當時有一名目擊者對日本人和中國異教徒移民間的矛盾關係提出警告，指出中國異教徒移民不值得信任，因為之前他們大部分的人都在日本做過生意。[72]他力陳有許多來自卡加煙的日本人現在都在馬尼拉，而且原田貴衛門本身就涉入卡加煙的倭寇貿易。[73]在一五九七年殖民當局發動第一次驅逐之前（總共有三次驅逐），貝納維德斯主教形容殖民政府與日本的關係是「戰爭」。他也慨嘆總督不願意正視日本人的威脅，批評城市的防禦性不足，個人還得依靠廉價的中國勞力把家重新蓋得像堡壘一樣。[74]當家康對反海盜的運動表示鼓勵後，西班牙人也覺得有必要公開處罰日本的麻煩製造者。在一五九九年，一組西班牙小分隊於斯帕爾．佩雷斯（Gaspar Pérez）船長的指揮下，追擊呂宋沿岸的非法日本船隻。佩雷斯俘獲海盜船後，把船上的日本船員全都殺了，只留下一個活口帶到馬尼拉，「當著日本人和中國人面前處決」。[75]

十七世紀的前十年間，馬尼拉增加了許多日本移民。但隨著日本移民的爭執日增，西班牙當局也開始嘗試減少移民人數。在一六〇六和一六〇七年，日本居民對皇家法庭暨最高法院下達的驅逐令表達反抗，該指令要求他們只能在郊區工作。[76]方濟各會修士在第一次事變中想平息紛爭，[77]但日本人最後被西班牙和菲律賓聯軍打敗了。據說聯軍在第二次事變中還燒毀日本人的房子。[78]在那之後，想留在島上的日本人就必須先交出武器，才能踏上陸地。[79]一六〇八年西班牙皇室頒布的命令，是為了回覆埃爾南多·德·洛斯·里奧斯·科羅內爾的報告內容。皇家命令交待總督限制日本人口，但同時又指示要盡一切努力避免與日本人發生衝突，也不可做出任何會激怒日本統治者的事。[80]到了隔年一六〇九年，據稱有日本人與中國人合作發起暴動，殺了幾名西班牙人，其中包括卡多索船長（Cardoso）。[81]腓力三世寫了一封信，該封信在一六一一年被送達馬尼拉。信中表示地方當局應禁止日本人入境菲律賓，但顯然馬尼拉並沒有採取任何具體措施。[82]

迪勞的治理有時被看作是在方濟各會監督下的自治。方濟各會是從臨近的一所修道院中監看迪勞，這類似於道明會、耶穌會和中國人的合作。而究竟這是否代表日本人或西班牙人在統治他們，這個問題到現在都還沒完全獲得解答。據說在一六二七年，一名叫作若翰·蘇安的船長（Juan Suion，他很可能是朱印船商人糸屋隨右衛門）是馬尼拉日本人的首領。[83]

前文提及日本對天主教徒的迫害，是驅使日本人社群前往馬尼拉的新推動力。在一六一四年秋天，有一大群日本天主教徒逃到馬尼拉，並且永久定居在那裡。內藤忠俊（一五五〇年——一六二六年，教名為「如安」〔Juan〕，故又名內藤如安）成為日本人社群的領導人。內藤忠俊是所謂的天主教大名，也是入侵朝鮮的指揮官，曾協助小西行長與明朝進行和平談判。與他同去馬尼拉的還有另一名貴族高山右近（一五五二年——一六一五年），高山的教名是唐・儒斯定（Don Justo），他是大阪的高槻大名，後來又受封在明石，但最後被德川秀忠剝奪權力。[84]兩人都受到若翰・德・席爾瓦總督和主教的熱忱歡迎，定居在聖米格爾。在一六一六年，有一群逃避鎮壓的耶穌會教士帶著許多不願意放棄信仰的日本天主教徒在馬尼拉登陸。[85]

結果，馬尼拉的日本移民一直增加，到了一六二三年已經超過三千人。[86]馬尼拉新集結的日本天主教徒吸引了菲律賓的耶穌會士，他們之前都只是日本事務的背景人物，並不曾漂洋過海、往北加入他們「在那片土地上」的葡萄牙弟兄。第一批難民來到馬尼拉後，開始以日文治理這個新社群。[87]在這整個地區，改信天主教的新教徒都以馬尼拉作為信仰核心，之中還有某些人以馬尼拉為門戶，轉往美洲其他天主教城市。例如在墨西哥城，大教堂裡就有一座禮拜堂是為了紀念第一批日本殉教者而蓋的。教堂的建造者是一名被處死的日本教徒的親戚。[88]虔誠的日本天主教徒在馬尼拉也不乏精神指引，例如耶穌會就在一六二九年組織了大型慶典，為一五九七年的殉教者祈福[i]，慶典的大部分經費是由市政府支出。[89]在一六三二年又有另外兩艘船載來總共大約兩百名日本宗教難民，其中許多人都還患病。[90]同

i 編按：指日本於一五九七年在長崎處死二十六名天主教徒，此事件被稱為「二十六人的殉教」。

一段時間有許多日本天主教徒選擇搬到越南而飛馬尼拉，他們是受到被日本驅逐出境的耶穌會教士鼓舞。[91]但在一六四〇年代後，因為沒有新人前來，日本人移民開始逐漸減少。

雖然這些日本新移民的奉獻精神被耶穌會中支持他們的人大加讚賞[92]，但平民身分的西班牙人並不認為他們內心有什麼不同，依然對他們保持警戒。事實上，這些日本人的現身帶來更多複雜性，也讓馬尼拉殖民政府面臨更多困難。[93]在一六二〇年，腓力三世下令總督和皇家法庭暨最高法院應採取一切適當措施，將日本人暴動的風險減到最小，並警告他們不能損及貿易關係和友誼。這封信送抵馬尼拉前，法哈多總督（Fajardo）已經寫信告知國王：「有一大部分日本人已遭到驅逐，在之前很長一段時間中，他們的人數的確不像現在這麼少。」但翌年有一則皇家命令則很關鍵地指出：由於馬尼拉當局的「疏忽和草率」，其實日本人還是被准許留下來。皇家命令並指示日本人的人數不應超過五百人。[94]

4. 文化與社會議題

在探討到對多元文化的管理議題時，如果想接觸到當地人對爭議性問題的聲音，另一種可能的方法是具體的個案研究。將微觀歷史融入較大圖像，會創造出一個全新的脈絡，舉例來說，像我們討論有關中國天主教徒髮型的奇聞軼事，這個看似微不足道的審美特徵時。中國人在受洗後究竟能否保留長髮，還是必須剪掉頭髮，這個問題引發馬尼拉教會和世俗政府的激烈衝突。他們的爭議點在於髮型是否屬於儀式和習慣的範疇。到底要不要強迫改變信仰的中國人斷髮，以符合「教徒的穿著」，這件事讓馬尼拉和馬德里當局陷入兩難。正反兩派展開激烈爭論，直到國王自己放棄該條律法。在一五八七年六月二十三日，國王下達命令給聖地亞哥．德．維拉總督，規範在任何情況下教會都不能違反新皈依者的意願，剪去他們頭髮。[95]然而這個難以圓滿的議題並未從此畫下句點。在一五九〇年，薩拉薩爾主教聲稱如果中國人不願意斷髮，會對基督信仰帶來重大風險。但在米格爾．德．貝納維德斯主教任內，當地情況也沒什麼改變。兩名中國社群的重要人物洛倫佐．昂加克（Lorenzo Ungac）和唐．薩爾瓦多．陶伊葛姆（Don Salvador Tuigam）在宿霧受洗時，主教力勸負責的神父絕對不要剪去他們頭髮，但主教的勸說沒有被落實。[96]大部分傳道士都沒看到一幅更大的圖像，而頑固地堅持要剪掉頭髮，直到十七世紀。殖民地當局對於多民族的治理仍缺乏整體層面的連續性。[97]中國天主教徒只要留著「西式」短髮，就絕對不可能再回鄉。既然這個作法只適用於改變信仰的人，我們很難理解何以願意妥協和適應環境的人，反而要受到處罰？髮型議題在社會政策中一再被提起，因此成為「阻學習」（dis-learning）現象的鮮明例子。在此同時，西班牙人想阻止中國人完全的同化，例如安東尼奧．德．莫伽在一五九六年說過「最好不要讓中國教徒穿得和西班牙人一樣」，又與這條規定形成明顯對比。[98]

戈麥斯・佩雷斯・達斯馬里尼亞斯總督對中國人的規範，抱持寬厚但矛盾的態度，這將世俗政府與天主教教會之間的衝突推向高峰。達斯馬里尼亞斯總督想容許當地非天主教徒中國人祭祀他們的異教神明，並准許他們在中國新年時施放煙火。[99] 然而在其他情況下，總督又實施嚴厲舉措並展現暴躁的脾氣，這對中國人的生命構成威脅。達斯馬里尼亞斯總督最後死於他在任內想保護的華僑之手，這說明了一些事。該起事件原委，是他在一五九三年要求兩百五十名中國人擔任西班牙槳帆船划槳手，並從皇室財庫支付他們每月兩比索的薪水。[100] 但他規定如果中國商人拒絕，就會被強制驅逐。於是中國人便殺了西班牙人，其中也包含達斯馬里尼亞斯總督。他在一五九三年十月二十五日的西班牙遠征隊裡，擔任軍事指揮官的職務。[101] 因應身亡總督的兒子路易斯・佩雷斯・達斯馬里尼亞斯的要求，數個月後有一艘中國戰艦載了七名官員抵達馬尼拉灣。[102] 他們聲稱是來搜索中國叛徒與召回中國移民，所以臨時總督和其他高階西班牙人也禮貌地接待了他們，但他們仍懷疑中國人在暗中準備要發動侵略。[103]

在馬尼拉的社會經濟方面，有趣的一件事是如同賈晉珠（Lucille Chia）指出，相對多數的中國移民其實並不是文盲。[104] 中華帝國晚期的確有愈來愈多商人階級和仕紳加入學習經典的行列，並習得精緻的書寫技巧。他們將之應用於起草家譜、管理記帳和作抵押，這也符合西班牙觀察家所見到的景象。西班牙人經常對馬尼拉中國人的高度書寫能力感到佩服。[105] 雖然學術界也有持反面觀點者，不過中國人確實很快就懂得複雜的技術，並投入馬尼拉的印刷業。而且他們能以通事身分可靠地完成工作，包括向有興趣的西班牙人傳授書法和中國古典文學，這些都足以支持正方的說法。[106] 道明會經營的八連印刷廠出版的刊物，就是正面論點的明證。第一批書籍在一五九〇年代晚期出版，不過和亞洲的其他傳道中心一樣，最常見的印刷品仍是宗教書籍的翻譯。

還有一個尚無定論的問題：信仰天主教的卡斯提亞人和遵行儒家思想的中國人，兩者在文化與政治上的差異，是否為馬尼拉帶來跨文化交流？要了解口頭之外的交流產生的影響，其中一個方法就是重新檢視中國人在一六〇三年的暴動，還有西班牙軍隊招來惡評的反應方式。我在前文中已提過這次事件，不過對事件的分析留待本節細究。[107] 在十七世紀早期，華僑和殖民地官員間的緊張關係浮上檯面。在一六〇三年，有三名中國官員來到馬尼拉，他們宣稱是要來尋找傳說中的甲米地金山。然而焦慮的西班牙領導人卻誤以為這項宣稱代表他們一直以來的憂慮成真了——中國即將展開侵略。[108] 許多流傳後世的文字描寫西班牙人對這件事予施予的嚴厲懲罰，還指控西班牙人屠殺了數千名中國人。如今的真相大概很難釐清，因為當時對事件的描述會依作者的立場而有極大不同。[109] 據說西班牙人燒了中國的絹絲市場，因為他們注意到該地區居民準備發動攻擊。[110] 在接下來幾星期中，西班牙與菲律賓的聯軍和日本士兵大概殺了一萬五千名到三萬名中國人。[111] 中國人和西方人圈子聲稱這起事件有大量受害者，不過他們沒有具體證據可以支持。[112]在一封西班牙寫給中國的官方書信中，西班牙駁斥有人聲稱遭殺害的人多達三萬人的主張，表示死亡的人數連一半都不到。[113]我們不僅無法獲得一六〇三年福建移民具體可靠的人數，甚至連中國人和西班牙都很有可能因為他們一直需要母國和墨西哥總督轄區提供財務和軍事支援，而誇大了移民人數。官方承認的福建移民是六千人，然而即便實際人數是兩倍，再加上幾百名來來去去的商人，還是得不到上述那樣多的數字。軍火不足也是（考據人數的）另一大阻礙。前文已經提過由於西班牙人極為欠缺武器、火藥和人力，因此很難相信西班牙人能對敵手施以這麼巨大的懲罰，即便他們有日本人和菲律賓人的支持。八連的市長若翰・包蒂斯塔・德・拉・維拉效忠於殖民政府，他是一名中國天主教徒，名字讀起來是Eng Kang。這件事當然對西班牙人有助益，然而也因此加速西班牙與中國人的對立。[114]

是什麼導致了社會如此高程度的動盪不安？首先是中國人要繳額外的稅。他們的居住地被隔離開來，還受到政府和教會的壓迫。第二個可能的解釋是西班牙人忌妒中國移民控制了大部分的馬尼拉市場，而且一直在累積財富。[115]中國人聚集在一起，被認為違抗了腓力四世的「皇家詔令」（cédula real），該命令禁止中國人離開他們的八連。反中國人的宣傳指控他們毀壞聖物、與荷蘭人合作，還殺了一名卡斯提亞的省級大市長。[116]有一份關於聖加百列醫院（Hospital de San Gabriel，由道明會經營）的管理文件指出，到醫院接受治療的必要條件是受洗。[117]既然先前殖民當局以寬容為考量，那麼這件事又代表什麼呢？那就是天主教團的傳教士想成為馬尼拉城內和鄰近非西班牙民族的保護者，但當他們再次發現不容易達到自己期望的角色時，便會愈來愈涉入日常政治，而對被保護者的需求變得愈來愈少同理。

然而，一六〇三／〇四年的事件不像我們想像的那樣為中菲關係畫下句點。如果從停靠馬尼拉的中國船隻數量來判斷，從一六〇二年到一六〇五年之間，船隻的數量是在十五到十八艘之間變動。值得注意的是到了一六〇七年，船隻數量遽增為三十九艘。[118]有好幾年間，馬尼拉的貿易都是由具有影響力的福建商人船長所主導，例如Guansan、Sinu和Guanchan。他們在一六〇五年說服其他商人回到馬尼拉。Guansan是與西班牙官員合作的中國商人之一，他會同時幫忙呈送中國官員的信件和西文的回覆。[119]在一六〇六年，中國商人恢復與馬尼拉的貿易，他們重新定居在重建後的八連，並再度開始為西班牙人工作。[120]官方紀錄顯示在一六〇六年，有六千五百三十三名中國人來到馬尼拉，其中有一千五百名中國人獲得居住許可，而有大約兩千人留下來。[121]在一六〇七年西班牙官員的報告中，有一萬四千名中國商人來到馬尼拉。[122]西班牙人對這種快速恢復的狀態表達熱烈歡迎，因為自從整個中國人供應系統因反叛事件而崩壞後，馬尼拉這座城市和城裡的居民都面臨幾年匱乏的日子。[123]不過西班牙還是不承認有必要開放中國移民進駐，其後也不曾停止對中國人的中傷。[124]

對於這起惡名昭彰的事件，中國的反應完全彰顯出信仰天主教的卡斯提亞人，和遵奉儒家思想的中國人在文化和政治上的分歧。由於中國方遭受巨大損失，大多數人期待中國皇帝會替他的人民遭受不義展開復仇。但明朝廷依然不是很贊成私人從事國外貿易的行為，因此並不承認這些海外社群移民是中國的子民。雖然明朝官員的確討論過這件事，也對「呂宋首領」竟然不經允許就處罰中國商人一事感到氣憤不已，但明朝從來沒採取實際行動對付西班牙人。[125]皇帝明白表示他不會為了普通商人發起戰爭，更別提為了在中國境外發生的事展開復仇。[126]這不僅反映出儒家的社會階級，也彰顯出偉大的天朝感覺遭受人民背叛的苦澀感。在其後的幾個世紀，天朝便不斷指責中國移民背叛了他們的祖國。[127]明朝皇帝唯一作出的反應，就是要求馬尼拉的皇家法庭暨最高法院主持正義。[128]中國當局指控東南亞華僑遺棄了「家鄉的祖墳」，這被視為對華僑名譽的中傷。而這類指控背後所包含的，是血緣和家的傳統，以及儒家的重要概念：祖先崇拜。[129]

從比較中立的角度觀察外交關係，我們會發現這次事件的確鼓勵明朝和菲律賓西班牙人進行罕見的直接通信。明朝皇帝一直被認為重視維持東亞軍事霸權。如果我們看過中國對萬曆朝鮮之役（壬辰倭亂）的反應，再看看中國官方在一六〇三年馬尼拉中國人「叛亂」後不情願的回應，就能發覺明朝對朝貢國和維持現狀的重視，遠超過對人民的重視。朝鮮過去是與中國進行朝貢貿易最久而且最忠誠的夥伴，因此秀吉進攻朝鮮會把中國也捲進來。但海外中國人遭受侵犯，就不會被當作是對國家的直接侮辱或潛在威脅。

在一六三九年、一六六二年、一六八六年和一七六二年，馬尼拉又發生類似的屠殺事件。我們必須了解反叛的重複發生是肇因於社會衝突始終未解決，而社會衝突的起因，則是在審判中的差別待遇與種種外部因素。馬尼拉的差別待遇招致暴動，接著又帶來報復，[130]而通常衝突是源自中國和西班牙移民不均的人數。在一六三九年，兩艘馬尼拉蓋倫帆船的損失和隨後的經濟剝奪引發了叛亂。[131]在西班牙編年史中，西班牙人將其稱作「戰爭」(guerra)，對英雄般的西班牙勝利者極盡溢美之詞，甚至還加上令人起疑的誇大說法。[132]據說在兩萬六千名反叛的中國人中，有一萬七千至兩萬兩千人，是遭到三百名卡斯提亞士兵和三百名菲律賓盟軍所殺。[133]在一六〇三年和一六三九年，都有日本居民向西班牙人提供重大協助與情報，這種微妙的觀察補充說明了亞洲內部持續存在的紛爭。[134]在一六三九年，菲律賓內陸發生的叛亂是要對抗社會不公和高度的經濟壓力。叛亂蔓延到八連，最終導致武裝衝突的升級。[135]戰鬥從一六三九年十一月持續到一六四〇年三月，毀滅性的戰火讓馬尼拉市大部分地方遭到破壞。到了一六六二年，菲律賓又因為中國海域不穩定的地緣政治，再次引爆中國與西班牙的武裝衝突。鄭氏家族當時主張對中國海域和福建擁有主權，他們對馬尼拉的西班牙主權造成威脅，甚至要求福建當局前往掌管八連的審判。[136]

5. 海上馬尼拉與一六二四年之後的發展

常常在歷史某個時間點之後，港口城市就變得不再引人注目。對於馬尼拉來說，一六二〇年代無疑是個轉捩點。馬尼拉的「沒落」與歐洲城市中心——例如威尼斯或安特衛普（Antwerp）——在歷史上某個時間點的經濟循環有異曲同工之妙。[137]從短期來看，馬尼拉只是失去它原本可與大員（編按：今臺南安平）或長崎一較高下的吸引人之處；不過從長期來看，其實是大區域的貿易體系在整個十七世紀都發生改變。外部的發展，包括軍事上比較強勢的「中國」商人社群、日本荷蘭人、臺灣、巴達維亞和麻六甲的興起，充分解釋馬尼拉衰退的原因。馬尼拉已經不再是中日貿易夠吸引人的中間港口，而且整體而言，伊比利人的東南亞貿易也已經不再穩定。一方面有西班牙與荷蘭人的海上衝突，另一方面葡萄牙商人在馬尼拉的影響力也日益增長。

失去地理上的優勢也使馬尼拉來自日本的利益日漸減少，因此我們可以說馬尼拉在新的海上空間變成半邊陲地位。根據荷蘭東印度公司和英國東印度公司的描述，在新的三邊貿易網絡中，馬尼拉和西班牙人直到十七世紀的前二十年間，都變成像被動參與的角色。卡斯提亞人在日本的地位變得日益複雜，因為荷蘭和英國分別在一六〇九年和一六一一年在平戶設立商館，並下定決心要控制日本沿海的國外貿易，因此荷蘭和英國人很樂見西班牙人失去在日本的根基。[138]馬尼拉發生的事始終不乏人談論，這說明馬尼拉的重要性絕對不容忽略。[139]但我們同時也能排除馬尼拉就此完全衰落的可能性。英國人似乎對西班牙人和歐洲現實政治（realpolitik）在東亞扮演的角色特別有興趣，這反映在英國高效率的全球資訊網絡的證據上。[140]

其他有關外部利益的例子，證實了港口城市的重要性。在一六一九年到一六二一年間荷蘭人封鎖馬尼拉，他們的目標是西班牙人和中國人。如果認為這件事是肇因於歐洲的政治衝突，那就太過簡化整體事件。荷蘭人的出擊應該被視作商業策略，也是馬尼拉體系擴張後帶來的直接後果，因為馬尼拉體系此時已變得更競爭也更暴力。[141]在亞洲範圍內，特許貿易公司將大量精力投注在干擾中國和西班牙的貿易上。一六二一年新教徒的商業同盟已經配備多達九艘船，[142]而在十七世紀頭幾十年間，荷蘭和英國私掠船隻攻擊商船的行為，更增進馬尼拉在政治上的重要性。[143]在一六〇九年四月，腓力二世和荷蘭共和國（United Provinces）於安特衛普簽訂《十二年停戰協定》（Twelve Years' Truce）。該條約目標是讓荷蘭取得除卻西班牙人和葡萄牙人的港口外，在亞洲進行貿易的權利，以終止戰爭的行動。[144]不過我們也在前文看到亞洲海域的現實狀況並非如此，亞洲情勢在一六一八年又開始重新升溫，而英國與荷蘭的圍攻則使前往馬尼拉的中式帆船貿易一直中斷到一六二二年。

即使是到了一六四〇年代，我們也不能說馬尼拉已經衰落了，而是應該說，相較於其他比較後期才發展起來的東南亞貿易中心，馬尼拉顯得停滯不前。來自阿卡普科的蓋倫帆船還有福建的中式帆船變得比較少。但馬尼拉作為白銀的交換地，這個角色在大致上還是維持不變。而中國移民在一六四四年後也依然存在，所以馬尼拉作為港口城市的主要特徵還是沒有改變。遲至一六七三年，萬丹的英國東印度公司還想在越南的東京和馬尼拉間建立貿易，這件事就可作為馬尼拉尚未衰退的證明。由於希望能與日本重啟貿易，英國努力爭取與馬尼拉貿易的許可，但由於一場在倫敦的外交失敗事件，導致英國鎩羽而歸。當時一名英國東印度公司的商人寫到馬尼拉「可被證明幾乎與日本一樣好」。那名商人聲稱在馬尼拉的貿易是「自由開放給所有國家」，因此他建議從越南的東京引進便宜生絲賣過去，便「可以獲得很高的利潤，〔……〕當地的中國人會把生絲織成美麗的衣料，供人裁製服裝，之後便可〔將商品〕進口到新西班牙」。[145] 儘管英國的計畫從未付諸實行，他們的想法證明了馬尼拉的重要性——馬尼拉是自由的全球貿易中心，同時也指出美洲市場對亞洲商人依然很有吸引力。總而言之，這些事實和被呈顯出的數據，應該足以讓我們重新檢討在一六三〇年代馬尼拉整體走向衰落的說法。

6. 結語

這段時期馬尼拉在微觀層面特定的社會和法律事務發展，是否足以標示它作為一座具有開創性的近代港口城市？在這裡我想提醒大家注意馬尼拉的獨特性。我絕非表示馬尼拉市是最開放、最重要或最成功的城市，當然也沒說它比同地區其他港口城市更有優勢。但由於馬尼拉參與了正式和非正式的網絡，加上它的地緣因素和帝國本質，這讓它確實擁有一些我們無法否認的獨特發展。簡而言之，馬尼拉的全球成就表現在它作為特殊的海洋中心，以及在政治結構上相對平等的主張。沒有證據顯示東亞移民一定得歸順卡斯提亞皇室，這只是彰顯馬尼拉自由精神的例子之一。不過在治外法權部分，馬尼拉的外國商人確實沒取得什麼進展，亞洲商人也不太堅持這件事。甚至這些亞洲商人的統治者，還發出完全相反的信號。荷頓・富伯（Holden Furber）對此總結，認為外國商人享有治外法權是一種習慣問題。如果一國的統治者假設他們的外國商人會尊重當地規則，就不會替出門在外的商人要求這類權利。[146]

代理人是對經濟制度造成負面影響的因素之一。馬尼拉和其他港口城市不一樣，在與外部世界交易時，馬尼拉缺少一群特定商人擔任主要協調者或中間人。不過這並非表示馬尼拉在文化或政治上沒有中間人。多民族環境的重要成就之一，就在於它有創造全球中介的潛力。人們流動的身分間接證明制式的程序並不存在。城市社會的特徵就是不斷變動、有能力適應，並且在當地的談判會不間斷地進行。港口城市確實造就正面的社會流動，會有一定數量的移民找到更好掌握機會的方法，移動到和原本不同的社會階級。我們必須將馬尼拉完全放在這個背景下，才能理解馬尼拉的多元文化社會本質。然而另一方面，沒被解決或甚至常常未能被表達出的問題會造成摩擦，並導致血腥的叛亂。有些移民遭受到法律或社會政策的歧視，移民間不均等的地位加上永遠缺乏的人力，成為城市社會最大的挑戰。

新教徒的來臨是馬尼拉的絆腳石。因此，新教徒在平戶設立數個商館，是馬尼拉一個重要的轉折點。這促使「福建—九州—海外日本町」之間有了網絡的聯繫，得以避開馬尼拉。從馬尼拉所具備的地域優勢角度來看，我們可以說這項變化致使馬尼拉失去它的優勢。也因如此，馬尼拉必須一邊想辦法應付成功的對手們，一邊還要解決龐大的海外帝國造成的負擔。我們可能會認為在一六三〇年代後，馬尼拉已經不再被當作東南亞的港口城市，而是成為一個中轉港或一個伊比利人的前哨站，主要被用於雙邊操作。關於我們在多大程度上能把馬尼拉稱為多元民族社會，尤其當不同族群大致上仍被隔絕在所屬聚落，我想未來針對這個問題還需進行批判性的重估。

終章

在一五七一年到一六四四年之間，西班牙、中國和日本在馬尼拉相遇。三者的交流對於形塑各方政治與經濟的發展，都扮演重要的角色。中國需要白銀、日本人對中國的絹絲有興趣，而西班牙人則必須在距離廣大帝國幾千哩之遙的地方，維持這個殖民地。這些基礎建構起以馬尼拉為中心的三邊關係。以微觀研究作為這類大主題的基底，可以為宏觀的發展進程帶來較細膩的觀點；而在比較大的圖像，例如跨文化貿易和近代國家的形成中加入案例研究，也可以替看似微小的事件提供一個比較具脈絡的觀點。簡言之，處理這類複雜問題時，如果要避免過度空泛，可被證明為有效的方法就是將比較和連結結合在一起。這種作法並非只適用於近代馬尼拉，而是可被適用於各種地區、時期和主題。上述的許多因素有助於解釋馬尼拉的特殊之處。它沒有固定一群商人擔任中間人角色，這點不像其他歐洲人治理的港口城市。多民族的環境創造出極具適應性、流動性和彈性的全球行動者。我們應該能預期在這個背景下的社會具有很高的流動性，但實際情況到底發展到什麼程度，這還需要更細緻的探討。我希望能在未來研究中，將馬尼拉與其他港口城市作系統性比較，以為我們提供新的答案。

馬尼拉體系對菲律賓、中國、日本、美洲，最後則是伊比利半島之間形成的跨文化貿易，可謂至關重大。為了掌握歷史相遇的複雜本質，本研究將微觀和巨觀的歷史橋接起來，這不僅有助於本研究四個主要的發現，也強調本研究所選擇的比較和連結方法是有效的。

我的第一個發現著重在政治、文化和心態在近代貿易與商業關係中扮演的重要角色。換句話說，馬尼拉的例子顯示要完全理解經濟發展，不能只靠經濟學的論證和量化數據。中國對白銀的需求當然是大部分商業互動背後的驅動力，雖然我們不能否認這點，但實際的交易模式依然不是單由供需所決定。貿易使節團的隱藏任務、協商傳統，使節團出於政治或文化考量，而決定對貿易規定加以遵守或反抗的態度，這些都成為一切作法何以會成功或失敗的真正決定要素。雖然各個中央政府都努力想管理和控制海上貿易，但非國家身分的行動者也一直在嘗試找出各種漏洞和縫隙，以規避國家的管控。

我的第二個發現是在這整段時期中，「地方」和「中央」的二元主義，對南中國海的各種發展歷程都有重大影響。其中的例子包括非法商人成為被半整合進體系的供應商，還有地方當局表現得與主權勢力無異。一方面連結可以一路被追溯到福建漁村、日本港口和墨西哥城鎮之間的交易和合作，但同時中央政府也極力展開鎮壓。雖然政府以外的團體幾乎不遵守統治菁英的官方政策，但他們和一些被稱為邊陲的地區，卻成為貿易體系的重要支柱。福建私營商人在缺乏政府支持下，仍建立起從日本經菲律賓再延伸到亞洲大陸的商業網絡。然而在馬尼拉，大部分西班牙商人則冀望政府在歐洲內外，都能保持強大的政治地位。日本開始密集參與馬尼拉貿易時，日本國內由武士貴族建立起的新政府，則正忙於確立國家的穩定。由本書進行的比較和連結中，可以看出日本最終成為這三國中最強大的國家。

我的第三個發現是外交的多重特點，例如語言、溝通、知識的收集和表達，這些都在實際上形塑了一個國家的外交事務。大部分研究在討論馬尼拉在世界史中扮演的角色時，都低估了官方和外交交流的矛盾作用。然而，即使有頻繁的交流，也不會自動形成穩定的外交關係。中國與西班牙的官方關係從未達到認真層級，而日本與卡斯提亞帝國間的關係，則在可互相達成協議的熱絡，還有無知與侵略之間搖擺。對日本來說，加強與西班牙和中國官員的接觸，確實加速了幕府的國家形成和經濟體制再組織。尤其是西班牙帝國和呂宋島為新型態的外交接觸，提供大好的試驗場，但有時他們也成為具侵略性的地緣政治活動瞄準的目標。

地方與中央的二元性在大部分的外交交流中都很重要。只要能達到權宜效果，西班牙人也會與非主權者對話或作出回應。最初日本人要在國際關係中找到新定位，也曾經表現出這類實用主義或外交算計的傾向，例如我在前文所舉的中介外交（intermediary diplomacy）例子。這三個國家的共通點都是擔心展露自身劣勢。他們收集資訊、傳播知識或理解他者的方法有極大不同，這相較於他們思想體系的類似性，呈顯出尖銳的對比。

成功的協商通常取決於互蒙其利的主題。打擊海盜這個例子就很能說明不同人馬在共通目標下，很容易在手段與方法上達成共識。協商的本質帶來許多挑戰，例如要如何創造法律的空間和信任，以及跨文化通信時要如何選擇文化、商業與政治的中間人。整體來說，先前的研究都低估語言和通信的影響。語言問題如流利程度、不同書寫格式、文化的紀錄、修辭和術語等，對馬尼拉的影響比過往研究要以為的大得多。濫加詮釋書信，以及書函是否被確實送達的不穩定性，只是協商各方必須承受諸多風險中的其中兩項。我們身為歷史學家，也必須留意避免轉述不正確的訊息、讓誤解繼續存在。同時我們必須願意學習有關「他者」的事、或向「他者」學習。

最後一項發現，是馬尼拉對鄰近多族群地區表現出「開放地帶」（open zone）的特徵。馬尼拉這個港口城市具有特殊的環境，雖然各個種族互相隔離開來，所以僅具備有限程度的社會融合，但其性格還是呈現出混雜的社會和司法環境。西班牙殖民者具有管控權力，理論上西班牙負責掌管城市施政和社會互動。各方之間權力的不均，自然會促使不同行動者表現妥協。因此，儘管殖民地法律存在差別待遇，但福建和日本流寓者依然支持殖民地。然而華僑似乎還是對當地情況適應得較好，這由中國移民人數與日俱增的現象就可看出。不管是社會壓力或任何形式的納貢，都沒有阻止他們一再返回、甚至永久移居到菲律賓。

這類歷史研究都必須處理全球和地方之間，連續性或關聯性發生改變的問題。全球性的流動和需求，一方面會讓地方空間去領域化（deterritorialised），但同時也會創造新的地方性空間。唯有同時考慮當地的歷史，才能真正看見全球歷史中，世界上不同區域存在各個面向的相互依賴和重疊，以及它們是如何形成地方與國家的歷史。這種作法也順帶提醒我們許多發生過的轉變與擾亂。從一五七一年到一六四四年之間，這段時期不是靜態的，也並非呈現線性發展。所有「阻學習」（dis-learning）的歷程，都根源於三邊關係的曖昧性。其中顯著的例子有中國人的暴動和他們後來的橫死、荷蘭人的封鎖，以及日本官方接觸模式的改變。每一次在馬尼拉發生屠殺後，福建商人又會再回來；每一次日本展現對西班牙的侵略態度後，西班牙人（或者為傳教士，或者為殖民當局）又會試圖恢復友善關係。而儘管日本官方頒布貿易禁令，地方的日本人口還是一直航往馬尼拉。不過馬尼拉的地利優勢其實很脆弱，一旦發生摩擦或改變，其他的吸引力就很容易喪失。

儘管如此，我們從這方面還是很難釐清是否該把一六四〇年代，看作一個轉捩點。無論是從日本或從中國歷史觀點來看，都有強烈的證據支持一六四〇年代是個停頓處。但若就近觀察馬尼拉的情況，則結論就會完全相反。如同我在上文指出，如果從西班牙人角度來看，那事情就不一樣了。知識分子和政府當局建議強化天主教普世性、審慎進行與鄰國外交，並放鬆中國與新西班牙的貿易禁令。受到物質和精神慾望的驅使，西班牙人反而又回到七十年前他們的事業的起點。

謝辭

本書和最初的論文是在許多人的幫助和支持下完成的，我想在此對這些人致上誠摯的謝意。一切的起點是我在大學時期的交換學生計畫，它將我這個作日本研究和研讀歷史的學生，從維也納帶到大阪的桃山學院大學。我於二〇〇五年秋天抵達，旋即上了一堂近代日本外交關係的課，授課教師是藤田加代子，她成功地對全球連結的理解方式提出挑戰，教我要對既有的歐洲擴張、與日本和中國在全世界的定位論述提出質疑。從那之後，我便決意將世界上不同區域、或不同研究領域之間的理解差距填補起來。這個計畫的第一步是比較試驗性的，我以二〇〇七年在維也納大學（University of Vienna）的博士研究作為起點，那裡的同僚和老師也都鼓勵我要超越所謂「歐洲擴張」的既有論述。

我在維也納大學的經濟社會史研究所（Institut für Wirtschafts- und Sozialgeschichte）擔任教學與研究助理，這讓我能夠在歐洲、亞洲和北美進行研究直到二〇一二年。共四年的任職期間，我得益於許多討論、宣傳和教授我的研究題目及相關主題的機會。尤其是我在深具啟發的「伊拉斯謨世界計畫」（Erasmus Mundus）中教導碩士學程——「全球研究：歐洲觀點」（Global Studies: A European Perspective）除了對維也納的國際學生進行授課，我還有機會在上海復旦大學的暑期課程中教課，這讓我受益良多。

不過，對於一本成功的書來說，最關鍵的時刻還是選對了指導教授。我要對我在維也納的博士導師：皮爾·弗里斯（Peer Vries），致上深沉的謝意，他絕對是這個職位的不二人選。他教導我如何用大框架看事情，並且帶我進入他巨大的全球網絡、遨翔於全球歷史之中。他既是一位深思熟慮的導師，也是誠實的朋友，而且他還極富耐性、懂得要求、富批判力，並且提供我許多幫助。他促使我變得更為敏銳、塑造了我的想法，但是卻從不干涉我自己的工作方式，而且最重要的，他總是相信我和我的計畫。

還有其他兩名維也納大學的前輩同僚也對本書幫助良多：我大學時期的導師弗里德里希·埃德爾邁耶（Friedrich Edelmayer）和埃里希·蘭德施泰納（Erich Landsteiner），他們兩人都從一開始就很鼓勵我，也對我的想法提出挑戰。

除了維也納之外，我在其他地方也感受到許多學者的情義。如果沒有許多機構和個人的慷慨支持，我的論文和這本書將無法問世。文獻資料四散於各處，所以我需要分別前往西班牙、義大利、日本和美國。我特別想指出在二〇〇八／〇九年之間，我以研究生的身分在東京大學進行研究時，受到日本文部科學省的資助。我也獲得奧地利科學學會（Österreichische Gesellschaft für Wissenschaft，ÖFG）、西奧多・科爾納基金（Theodor Körner Fonds）和芝加哥的紐伯里圖書館（Newberry Library）慷慨地資助我進行檔案研究及參與會議。我還想要特別感謝塞維亞（Seville）的西印度群島綜合檔案館（Archivo General de Indias）、羅馬的羅馬社會檔案館（Archivum Romanum Societatis Iesu，ARSI）、東京大學史料編纂所和東洋文庫的工作人員，尤其是前田秀人，他是如此盡力地協助我在松浦史料博物館的研究。

我以學生身分在東京大學的日本史學科研讀時，十分得益於我的學術導師村井章介和藤田覺的慷慨協助。我經常加入他們的授課討論和讀書小組，因此得以接觸到最新的研究成果。

在實際撰寫和修訂的過程中，我十分榮幸地在完成博士學位之後不久，就獲得日本學術振興會（JSPS）的博士後研究獎學金。若是沒有這份獎學金讓我在日本專注於寫作和研究，本書將不會有太多可令人稱道之處。我特別要將這件事歸功於接待我的導師羽田正，他在得知我們兩人對於港口城市有共通興趣之後，便在百忙之中極力援助我。他會撥冗討論我最新的發現與想法、修飾我的日文，還協助我進行乏味的紙本工作。羽田的友誼讓我得以回溯日本文獻、加入東洋文化研究所的跨學科研究團體，尤其是躋身羽田周圍充滿活力的研究小組。他們定期的聚會、討論會和工作坊，以及對撰寫新的全球史的清晰關注，都對精進我的研究方法帶來極大價值。

在寫作本書的幾年間，我有機會與歷史研究和東亞研究的重量級學者接觸。在攻讀博士時，我有幸與幾位學者討論、諦聽他們帶來的許多啟發，並得到他們寶貴的見解。這幾位學者包括理查德・馮・格蘭（Richard von Glahn）、亞歷杭德拉・伊利戈因（Alejandra Irigoin）、濱下武志、蕭婷（Angela Schottenhammer）和埃里克・萬豪特（Eric Vanhaute）。他們也和其他人一樣對我提出挑戰，讓我以新的方式思考。我在二〇一三年初作為一位學術人的短暫流浪期間，在名古屋遇到池內敏與高橋公明，他們毫不遲疑地帶我到名古屋大學、引薦我進入當地的學術界，這實在讓我獲益良多。我也要向弗洛倫蒂諾・羅道（Florentino Rodao）和埃米利奧・索拉（Emilio Sola）表達我誠摯的謝意，在他們的協助下，我才能夠在馬德里和埃納雷斯堡（Alcalá de Henares）舉辦聚會、與西班牙學界討論我的研究方法。我得到許多學者的寶貴意見，包括歐陽泰（Tonio Andrade）、包樂史（Leonard Blussé）、亞當・克拉洛（Adam Clulow）、本傑明・艾爾曼（Benjamin Elman）、安潔・弗呂希特（Antje Flüchter）、貝尼托・J・萊加達（Benito J. Legarda）、松井洋子、安德烈亞斯・奧比諾斯（Andreas Obenaus）和島田龍登。我要特別感謝伊川健二、喬巴・奧拉（Csaba Oláh）、清水有子、鄭維中和雅保多（Ubaldo Iaccarino）與我分享他們對於東亞歷史的知識和重要的文獻資料。阿久根晉、松居宏枝和大塩量平還協助我組織我的想法，並引領我進入日本學術界各個複雜的領域。這個計畫還不時會與年輕的學者進行討論；許多討論是發生在維也納的跨文化研究促進會（Verein zur Förderung interkultureller Studien，VSIG），那裡是一個傳播和論證新想法的大好平臺，形成一種很有益的環境。

還有許多人一起協助我完成這本書，恕我無法在這裡一一唱名，但是我絕對沒有遺忘任何人，也希望將來有一天能回報他們的慨然相助。

我還要對臼井和樹、屋良健一郎致上十二萬分的感謝。我在東京大學時，是他們耐心地協助我閱讀和解釋近代的日本文獻，讓我獲益良多。我在研究課堂上與他們定期的討論，鼓舞我追求更多想法，也進一步加深我對日本史的理解、擴大我的觀點。

我深深感激許多同僚和朋友對我的原稿提出評論或是協助我做校對：感謝艾胥莉．赫斯特（Ashley Hurst）和艾米麗．阿西（Emily Arthy）快速而且耐心地幫忙處理語言及用辭問題。在論文草稿還未經潤飾的初期，已經有約翰．N．克羅斯利（John N. Crossley）和安德烈斯．佩雷斯．里奧博（Andrés Pérez Riobó）的努力協助，後來更有埃伯哈德．克賴斯海姆（Eberhard Craislheim）、麗莎．赫爾曼（Lisa Hellman）與漢娜．麥高伊（Hanna McGaughey）的仔細閱讀，以及提出的重要評論。

我要感謝安妮利可．弗里斯—拜恩斯（Annelieke Vries Baaijens），她提供精美製作的地圖讓讀者更容易理解本書，她還對我的敘述作出潤飾。我也想感謝阿姆斯特丹大學出版社（Amsterdam University Press）的工作人員，他們以專業協助這本書的編製。此外，我要對兩位匿名審稿人提出的洞見致上深沉謝意，並且對邁克爾・米特勞爾獎（Michael Mitterauer Preis）、伯勞周年紀念獎（Böhlau Jubiläumspreis）、ICAS最佳論文獎（ICAS Best Dissertation Prize）與奧地利科學部卓越獎（Award of Excellence of the Austrian Wissenschaftsministerium）等獎項的匿名評審團成員，以及不吝頒發這些獎項給我的各機構致上謝意（上述獎項皆於二○一三年頒發）。

外子馬蒂（Matti）不僅一直鼓勵我的寫作，也無條件支持我所有的生涯選擇。如果沒有他自始至終的支持，我必定無法如此完美結合我人生中真正在乎的兩件事：研究和滿足的家庭生活。最後我要感謝我的父母和手足，是他們的愛與扶持一路支持著我。我尤其感謝他們提供我在世界各地作研究時，經常遺漏但絕對需要的事物——一個溫暖穩定、總有一天會歸返的家。

碧兒姬・特倫—威納（Birgit Tremml-Werner）

寫於名古屋，二○一四年十月

查爾斯王子則可能與（或已經確定要與）西班牙國王的女兒結婚。」

141 Cocks（1883）, Diary, pp. 325-326；就連考克斯都批評荷蘭人在馬尼拉的野蠻行徑，並說他們對待中國俘虜太過殘酷。同前註，p. 327：「但荷蘭人去年在馬尼拉的野蠻行為太過分了，例如他們在奪得中國中式帆船後，即使那些可憐的人已經投降，荷蘭人還是把他們砍成碎片，並把許多人丟進海裡。我們的人救了他們其中許多人到我們船上。」

142 Cocks（1883）, Diary, pp. 172; 187：在同一年還另外策畫十四艘船的出征。

143 Kempe（2010）, 'Remotest Corners', p. 353.

144 Lach, Vankley, Asia, vol. 3, book 4, p. 10.

145 並參照Hoang（2005）, 'Japan to Manila', p. 83。

146 Furber（1976）, Rival Empires, p. 311.

129 MacNair（1923）, 'Relation', p. 30; Elman（1990）, Classicism, pp. 19-25; Freedman（1966）, Lineage and Society.

130 更多參考資料可參見Andaya（2004）, 'Interactions', p. 5。

131 BR 29, pp. 194-196; 168-171：在兩艘馬尼拉蓋倫帆船中，較大的一艘在一六三八年前往阿卡普科途中遭逢船難，並失去整船貨物。

132 Pastells（1925）, Historia General, vol. 1, p. 249. 火光對馬尼拉的西班牙人而言一律代表威脅，如果他們心生懷疑，就會歸咎於中國人。一名馬尼拉市民對一六三九年暴動的描述是：'Al principio del alzamiento, dió orden al Gobernador por atajar el fuego, que pasasen a cuchillo a cuantos sangleyes gentiles o cristianos vivían en los pueblos cercanos a Manila, por la sospecha que de ellos se tenía executóse en muchos este rigor, y socorriendo la gracia de Dios a algunos, no quisieron perder las almas con las vidas, y así recibieron antes el bautismo.'

133 De la Costa（1961）, Jesuits, pp. 389-392; Santamaria（1966）, 'Chinese Parián', pp. 103-105.

134 AGI Filipinas 7, r. 1, n. 18, 'Carta de Acuña sobre temas de gobierno', 15 July 1604.

135 Wills（2010）, 'Maritime Europe', pp. 59-60.

136 AGI Filipinas 7, r. 1, n. 18, 'Carta de Acuña sobre temas de gobierno', 15 July 1604; Busquets（2007）, 'Frailes de Koxinga', pp. 393-422, http:／／www.ugr.es／~feiap／ceiap1／ceiap／capitulos／capitulo24.pdf（瀏覽日期為二〇一二年二月五日）。

137 Braudel（1977）, Afterthoughts, p. 26.

138 Massarella（2001）, '"Ticklish Points"', pp. 43-50.

139 Cocks（1883）, Diary, p. 50, 8 July 1618：「去年乘載西班牙人作戰的馬尼拉艦隊，也因為天候而全部耗損，還有許多摩爾人、中國人和五十名西班牙人溺斃。因此西班牙人又重建八艘全新的蓋倫帆船加以取代。我認為有關那八艘蓋倫帆船的事只是謊言，因為西班牙不可能這麼突然就製造出船隻。此外，法國也派出八艘蓋倫帆船，在兵員或戰事上協助西班牙人。西班牙國王還下令派遣一組蓋倫帆船艦隊，取道好望角（Cape Bona Speranza）而來。馬尼拉人加入他們後，他們一行人前往摩鹿加群島。但卻說他們是要與薩伏依公國（Duke of Savoy）開戰。」

140 Cocks（1883）, Diary, p. 55：「他也寫到西班牙國王如何與薩伏依公國展開激烈的戰爭，而威尼斯和土耳其是站在薩伏依那一邊。此外，英國的

115 若翰・吉爾舉出在一五九〇年到一六〇〇年這十年間經商的幾名船長。其中最富有和最有影響力的是一名叫作「Guansan」的人。他在一五九九年於甲米地登記的貨物為137,761比索。可參見Gil（2011），Chinos, p. 79。

116 Pastells（1925），Historia General, vol. 1, p. 248; vol. 9, p. 305：塞瓦斯蒂安・烏爾塔多・德・科奎拉（於一六三五年至一六四四年在職）辯稱西班牙人的殘酷報復行為（在八連放火）只是對暴力襲擊的必然反擊，都是因為兩萬四千名中國人發起武裝暴動在先。

117 Von den Driesch（1984），Grundlagen, p. 321.

118 Chaunu（1960），Philippines, pp. 148-160; BR 14, pp. 50-52：在一六〇五年寫給腓力三世的一封信中，也確認有十八艘載著商品的船隻抵達，船上有五千五百名中國人。

119 Gil（2011），Chinos, p. 80.

120 AGI Filipinas 74, n. 58, 'Testimonio de Luis de Salinas sobre sangleyes', 15 June 1605.

121 BR 14, pp. 186-191; Díaz-Trechuelo（1966），'Role of the Chinese', p. 184; Pastells（1925），Historia General, vol. 1, p. 100: 'Y que toca a las licencias para venir de China navios a contratar a Luzon, no esta tan mal el darlas, que ni el Rey ni los demas quieren perder el mucho provecho que tienen con la mucha plata que de aquí se llevan cada año; pues esta se queda en china sin salir de alla un real, y las haciendas que nos dan en trueque della se consumen y acaban en muy breve tiempo, y asi podemos decir que son en esto tan intresados o mas los chinos que los Castillas.'

122 AGI Filipinas 29, n. 94, 'Carta de los oficiales reales sobre varios asuntos', 14 July 1607.

123 AGI Filipinas 27, n. 48, 'Copia de cédula aumentando derecho sobre mercaderias chinas', 20 November 1606.

124 AGI Escribanía 403B, Legajo 1 de pleytos de Manila, 1614／1620.

125 Wade, MSL, http:／／epress.nus.edu.sg／msl／entry／3136（瀏覽日期為二〇一三年九月十日）。

126 並參照Borao（1998），'Massacre of 1603', p. 33。

127 McKeown（2011），'Social Life', p. 70.

128 AGI Filipinas 74, n. 60, 'Testimonio de memoriales de Benavides sobre sangleyes', 7 July 1605.

舉動「顯然是中國海外移民史上很新的事」。

103 Bernal（1966）, 'Chinese Colony', p. 51.

104 Chia（2011）, 'Chinese Books', pp. 259-283.

105 有關中華帝國晚期的知識傳統，可參見Elman（1990）, Classicism, p. 23；有關西班牙人的描述，可參見何塞・德・阿科斯塔（José de Acosta），阿科斯塔圍《西印度自然和精神的歷史》（Historia Natural y Moral de las Indias，1590）的作者，他在祕魯寫下的De Procuranda Indorum Salute（1588）一書中，指出書籍和見諸文字的文件，對中國移民具有文化和社會上的重要性。同時參照Camuñez（1988）, Sínodo, p. 209。

106 Van der Loon（1966）, 'Manila Incunabula'. 八連的印刷廠是由道明會經營，第一批書在一五九〇年代晚期出版。和亞洲其他教區的印刷廠一樣，八連印刷廠的主要出版物是翻譯宗教的著作。

107 下文中的段落主要是參考我在Journal of World History 23／3中的文章。可參見Borao（1998）, 'Massacre', pp. 22-29，其中有對於該起事件依照時間排序的大致介紹。有關中國人的觀點，可參見張維華（1934），《明史佛郎機呂宋和蘭意大里亞四傳注釋》，pp. 90-101。

108 有關傳說中的金山，可參見Zhang（1934）, Ming shi folangji, p. 91。

109 AGI Filipinas 7, r. 1,n. 12, 'Carta de Acuña sobre sublevación de sangleyes, galeras', 8 August 1603; AGI Filipinas 35, n. 68, 'Carta de Juan de Bustamante sobre la sublevación de los sangleyes', 18 December 1603; AGI Filipinas, 19, r. 6, n. 91, 'Carta de audiencia sobre asuntos de gobierno', 30 June 1605.

110 AGI Filipinas 84, n. 118, 'Carta del cabildo eclesiástico de Manila sobre sublevación de sangleyes', 11 December 1603.

111 AGI Filipinas 7, r. 1, n. 28, 'Carta de Acuña al virrey de Ucheo sobre castigo al sangleyes', 1 July 1605; Merino（1980）, Cabildo, p. 36. 馬尼拉市政府的第一手資料顯示叛變的中國人多達兩萬名。

112 中國人紀錄裡的人數資料，從大約一萬人到三萬人不等。可參見Wade, MSL, http:／／epress.nus.edu.sg／msl／entry／3169（瀏覽日期為二〇一三年九月十日）。

113 AGI Filipinas 7, r. 1, n. 28, 'Carta de Acuña al virrey de Ucheo sobre castigo de sangleyes', August 1605. 耶穌會教士每年會寫信給羅馬提交報告，該年的信中反映出了解事件另一個截然不同的觀點。可參見ARSI Phil 1, f. 22, P. Angelo Armano（Manila）。

114 並參照Wills（2010）, 'Maritime Europe', p. 57。

84 中西祐樹（2014），《高山右近 キリシタン大名への新視点》。ARSI Phil 11, ff. 67-69 v.（Ukondonus）. 有關他在日本過的天主教徒一生，可參見Laures（1954）, Takayama Ukon。

85 ARSI Phil. 9, f. 246.

86 Zaide（1949）, Philippines, p. 351.

87 ARSI Phil 11, f. 74；岩生成一（1937），《南洋日本町の研究》，pp. 294-297; 355; 361-363；Borao（2005）, 'Colonia', p. 13。

88 AHN Diversos, 'Documentos de India', f. 329（1637）.

89 AGI Filipinas 8, r. 1, n. 12, 'Carta de Niño de Távora sobre La India, conflictos oídores', 27 November 1630.

90 岩生成一（1937），《南洋日本町の研究》，pp. 294-297。

91 五野井隆史（2008），「ヴェトナムとキリスト教と日本--16・17世紀コーチシナにおけるキリスト教宣教を中心にして」，pp. 47-49; 51-52。五野井估計在一六一八到一六一九年之間，至少有五百名日本天主教徒搬到費福（Faifo，即會安）的日本町，這是法屬印度支那最大的日本人天主教社群。

92 Colín（1900-1902）, Labor Evangélica, vol. 1, pp. 745-750.

93 AGI Filipinas 74, n. 94, 'Carta de García Serrano sobre incidente de Dilao', 1 August 1622. 很難完全釐清事該起變是否和日本移民有關。

94 Schurz（1939）, Manila Galleon, p. 101；岩生成一（1937），《南洋日本町の研究》，pp. 292-293。

95 Ayers（ed.）（1700-1746）, Cédulas reales, no. 22（1587）；也可參見Gil（2011）, Chinos, p. 429。

96 Chirino（1969）, Relación de las Islas Filipinas, p. 61; Colín（1900-1902）, Labor Evangélica, vol. 3, p. 14，同時參照Gil（2011）, Chinos, p. 430。

97 有關薩拉薩爾主教和維拉總督之間的爭論，可參見AGI Filipinas 34, n. 75, 'Carta de Santiago de Vera sobre situación general', 26 June 1587。

98 BR 10, p. 83.

99 Colín（1900-1902）, Labor Evangélica, vol. 1, p. 623；有關於煙火，可參見Gil（2011）, Chinos, p. 431。

100 Escribanía 403B, Legajo 1 de pleytos de Manila, 1614／1620, f. 96.

101《東西洋考》卷五和《明實錄》有對此事件的詳細描述，這起事件同時被稱為「潘和五事件」。

102 Ch'en（1968）, Chinese Community, p. 143. 陳荊和認為這種保護華僑的

63 有一些文獻和歷史學家稱其為「卡加煙王國」。可參見Zaide（1949），Philippines, p. 346。

64 東洋文庫，'Filipinas y el Japón'，p. 11。

65 AGI Patronato 24, r. 17, f. 6r，同時參照Iaccarino（2013），'Comercio y Diplomacia', p. 47。

66 Agoncillo（1960）, Short History, p. 135.

67 東洋文庫，'Filipinas y el Japón'，p. 14；Camuñez（1988）, Sínodo, p. 72。

68 AGI Filipinas 18A, r. 5, n. 31, 'Carta de Vera sobre situación, comercio, japoneses', 26 June 1587; BR 7, pp. 95-110.

69 AGI Filipinas 18B, r. 2, n. 8, 1592，同時參照Ch'en（1968）, Chinese Community, p. 99。

70 BR 9, p. 48；有關日本人陰謀的更多詳情，可參見BR 9, p. 40：安東尼奧・羅培茲（Antonio López）警告大家要小心常來人異教徒，並提防他們與日本人合作。

71 AHN, Diversos-Colecciones, 26, n. 9，同時參照Iaccarino（2013），'Comercio y Diplomacia', p. 110。

72 這都是從通譯安東尼奧・羅培茲那裡得知的，羅培茲曾經與一名叫作唐・巴爾塔薩（Don Baltasar）的日本人討論過這件事。唐・巴爾塔薩那時已經在日本和卡加煙之間旅行七年，並且途經琉球。可參見AGI Patronato 25, r. 50, 'Trato del embajador del Japón con Gómez Pérez Dasmariñas', 1593。

73 BR 9, p. 40.

74 BR 10, p. 164.

75 BR 10, p. 211.

76 同時參照岩生成一（1937），《南洋日本町の研究》，p. 286。

77 Morga（2008）, Sucesos, p. 248.

78 Schurz（1939）, Manila Galleon, p. 248.

79 岩生成一（1937），《南洋日本町の研究》，pp. 261-265。

80 Schurz（1939）, Manila Galleon, pp. 100-101; BR 10, p. 211.

81 並參照岩生成一（1937），《南洋日本町の研究》，p. 287。

82 同時參照岩生成一（1937），《南洋日本町の研究》，p. 289。在可取得的西班牙資料中並沒有任何證據。從一六〇七年到一六一二年之間的所有紀錄，都強調西班牙與日本「皇帝」之間的關係良好。

83 岩生成一（1937），《南洋日本町の研究》，pp. 209-213。

Chinos, pp. 237-244. 附錄IX與XI提到許多擔任常來人行政長官的中國人名字。Gil（pp. 237-238）對設立該職位的理由說明如下：'Era una cómoda manera de ejercer un control más riguroso sobre ese grupo por medio de una persona integrada en él y afecta al poder, una persona a quien, llegado el caso, se pudieran exigir responsibilidades.'

49 Gil（2011）, Chinos, p. 47. 一六一九年的常來人行政長官便是Chunquian。

50 BR 16, p. 197：「中國人有他們自己民族的行政長官——一名天主教徒。他也有自己的官員和助手。」

51 並參照Wills（2010）, 'Maritime Europe', p. 56。

52 Gil（2011）, Chinos, p. 239.

53 Cunningham（1919）, Audiencia, pp. 250-251.

54 AGI Filipinas 36, n. 62, 'Carta de Miguel Talledo pidiendo empleo', 16 July 1610.

55 Von den Driesch（1984）, Grundlagen, p. 301.

56 BR 23, p. 36.

57 如同對一六三一年的描述：'Cien pesos y cien fanegas de arroz en cáscara y dos arrobas de vino de Castilla para celebrar, que es la mitad que se da a los dos religiosos que administran en la Iglesia de Parián, y se le pague de la caxa de dicha comunidad de los sangleyes; por haber constado por los papeles que presentó tenerlos en doctrina y administrandoles los santos sacramentos y para ella tomen la razon los dichos tenedores de la orden en los papeles de dicha caxa de comunidad, para que en todo tiempo conste.' 同時參照Pastells（1925）, Historia General, vol. 1, p. 255。

58 BR 10, pp. 166-167. 主教提出兩封中國人的請願書，由道明會的索里亞（Soria）以使者的身分帶到西班牙。請願書直到一六〇〇年四月才到腓力三世手上。

59 可參見下列題名的請願書：'King to the President and oidores', 21 December 1630，並參照Cunningham（1919）, Audiencia, p. 253.

60 AGI Filipinas 8, r. 1, n. 12, 'Carta de Niño de Távora sobre La India, conflictos oidores', 27 November 1630.

61 Ollé（2009）, 'Manila', p. 91；有關於馬尼拉的其他中國人個人，可參見Gil（2011）, Chinos, p. 123。

62 Wills（1979）, 'Maritime China', p. 217.

（1966）, 'Chinese in the Philippines', p. 30。

40 例如馬科斯・德・拉・庫巴（Marcos de la Cueba）的案件就記錄在AGI Escribanía 403B, Legajo 1 de pleytos de Manila, 1614／1620: 'En ir a hazer causas de diputación al dicho Parián siendo contra cédula expressa de Su Magestad que les prohibe al hazerlo y manda que privativamente el alcalde que fuere del Parián tenga el conocimiento de todas las causas de sangleyes que se ofrecieren sin que otra ninguna justicia se entremeta a conocer de ellas las qual dicha cédula esta mandada guardar y cumplir por la real audiencia y así no se puede decir exceder yo sino antes los dichos alcaldes y diputados pues van contra tantos mandalos y provisiones.'

41 Recopilación de Leyes de Indias, book 5, title 3, law 24.

42 Merino（1980）, Cabildo, p. 213.

43 BR 10, p. 83. 莫伽在一五九八年力主要「採取行動，讓常來人不要像現在一樣因法官、治安官和通譯的緣故而深受其苦。這些人會用各種藉口和誣蔑之詞，欺騙和搶奪常來人，並犯下許多詐欺、強制和賄賂的行為」。也可參見Pastells（1925）, Historia General, vol. 1, p. 261。

44 AGI Escribanía 403B, Legajo 1 de pleytos de Manila, 1614／1620, f. 100：不屬於湯都的大市長管轄權範圍內的常來人天主教徒，不須為他們的大市長支付金錢，而應由國王代替支付薪水。'Los sangleyes cristianos que están en la jurisdicción del alcalde mayor de Tondo pagan ninguno alclade mayor de aquella jurisdicción sino que Su Magestad paga a el dicho alcalde mayor y sin el dicho salario el dicho alcalde tiene sus aprovechimientos de poyos y firmas que es de consideración y esto sabe y responde a esta pregunta.'

45 在早期幾十年中，市長職位的定價是兩千比索，但據稱它們通常只賣到一千比索，這表示皇家財庫會蒙受重大損失。可參見AGI Escribanía 403B, Legajo 1 de pleytos de Manila, 1614／1620。

46 AGI Escribanía 403B, Legajo 1 de pleytos de Manila, 1614／1620, f. 95；有關政策爭議，可參見Pastells（1925）, Historia General, vol. 6, p. 208。

47 Escribanía 403B, Legajo 1 de pleytos de Manila, 1614／1620：在一六一一年和一六一四年之間，有四名市長，包含安東尼奧・阿澤奧（Antonio Arzeo）、埃爾南多・德・阿瓦洛斯（Hernando de Avalos）、路易斯・德・孔特雷拉斯（Luis de Contreras）和馬科斯・德・拉・庫巴，遭到高階層中國人（包含天主教徒和受人尊敬的通譯）公開指控其濫用職權。

48 Guerrero（1966）, 'Chinese in the Philippines', pp. 30-31; Gil（2011）,

其實不應讓常來人設置八連。如果法官仍在那裡設置，就只是為了自己的利益，因為他們可以從那裡和船隻上攫取想要的收穫（如同在馬尼拉一樣）。這可能足證將帶來極大的害處和傷害，因而（至少）前來貿易的船隻必須在儘快處理好貨物之後，與乘船前來的人一起回航。這不過是說常來人搭乘他們的船隻抵達時，要注意到公告禁止他們帶許多人前來。懲罰應該要嚴厲，常來人返航時，也應該儘可能的帶走很多人，不要把很多會傷害這個國家的人留下來，好讓這個國家從中解脫。」

25 Boyajian（1993）, Portuguese Trade, p. 237.

26 Adshead（1988）, China, p. 210.

27 常來人的首長Chunquian在一六一九年被指控剝削、詐騙，在與中國人居民往來中也多有擅權之事。同時參照Gil（2011）, Chinos, p. 47。

28 可參見BR 6, pp. 167-168; Ch'en（1968）, 'Chinese Community', p. 73：「應任命一名天主教徒擔任當地原住民的保護官，他有權保護原住民和負責他們的訴訟〔……〕。他的職務包括照管絲市場和居住在馬尼拉的中國人。」

29 Camuñez（1988）, Sínodo, pp. 75-76.

30 Gil（2011）, Chinos, p. 215; Camuñez（1988）, Sínodo, p. 75. 他們通常有西班牙血統，而且享有固定收入。

31 AGI Filipinas 8, r. 1, n. 12, 'Carta de Távora sobre la India, conflictos oidores', 27 November 1630.

32 Gil（2011）, Chinos, p. 75.

33 Gil（2011）, Chinos, pp. 223-225.

34 San Agustín（1698）, Conquistas, p. 381.

35 Ayers（ed.）（1700-1746）, Cédulas reales, no. 45（1593）.

36 可參見Ayers（ed.）（1700-1746）, Cédulas reales, no. 71（1591）: 'Por ser ya esta población de sangleyes de muchos vecinos, y que cada día se van aumentado se les podría conceder que hiziesen elección de alcaldes y regidores y otros oficiales de justicia y gobierno mayormente que es gente que vive con publicia.' 關於選舉權，可參見前註：'Que hiziesen elección de alcaldes y regidores y otros oficiales de justicia y gobierno mayormente que es gente que vive con publicia, y tienen discreción para governarse.'

37 BR 10, p. 82.

38 BR 10, p. 81.

39 Recopilación de Leyes de Indias, book 2, title 5, law 55，並參照Guerrero

Grundlagen, p. 232。

7 Siehe Recopilación de Leyes de Indias, book 6, title 18, law 7 issued by Philip IV, 14 June 1627，同時參照Murakami（1915）, 'Japan's Early Attempt'。

8 AGI Escribanía de Cámara, 409B, ff. 407-409. 同時參照Borao et al.（2002）, Spaniards in Taiwan, vol. 2, pp. 560-562。

9 Pastells（1933）, Historia, vol. 8, p. 246.

10 Nuchera（1995）, Encomienda, p. 241.

11 AGI Filipinas 29, n. 94, 'Carta de los oficiales reales sobre varios asuntos', 14 July 1607.

12 岩生成一（1937），《南洋日本町の研究》，p. 335。

13 日本居民在一六三〇年代的確有上繳費用。岩生成一，p. 298。在一六三七年，登記有上繳費用的日本家庭共有218戶。同時參照岩生成一（1937），《南洋日本町の研究》，p. 298。

14 BR 3, pp. 155-180.

15 BR 3, pp. 168; BR 7, pp. 228-229.

16 Morga in BR 10, pp. 83; 150. 馬尼拉大主教伊格納西奧・德・桑蒂瓦涅斯在一五九七年六月寫下這段描述，送呈腓力二世。Medina（1630）, Historia, pp. 68-69.

17 Guerrero（1966）, 'Chinese in the Philippines', pp. 27-28.

18 渡辺美季（2012），《近世琉球と中日関係》，p. 42。

19 AGI México 28, n. 49, 'Carta del virrey marqués de Guadalcázar', 13 March 1617.

20 Fok（1987）, 'Early Ming Images', pp. 143-156. Wills（1998）, 'Relations', pp. 337-338; Disney（2009）, Portugal, pp. 141-144.

21 Camúñez（1988）, Sínodo.

22 Von den Driesch（1984）, Grundlagen, p. 267.

23 Ladero Quesada（1995）, 'Spain circa 1492', p. 100; BR 7, p. 221; Dasmariñas to Felipe II on 20 June 20 1591. BR 8, p. 274：「他們在講道壇上說總督將要下地獄了，因為中國人有他們自己的法律，除非我們先根據在該國原住民之間發現的法律和習俗治理我們自己，否則我們將無法要求他們，因為那在過去和現在都是他們的法律。」AGI Filipinas 76, n. 41, 'Carta del obispo de Nueva Segovia Miguel de Benavides sobre quejas de los chinos', 5 July 1598.

24 BR 7, pp. 154-155; BR 10, pp. 83-84：「群島上某些西班牙人極少的城鎮，

Asiens, pp. 25; 29; 64-68; Osterhammel（2009）, Verwandlung der Welt, pp. 28-45。

140 Berg（2004）, 'Pursuit of Luxury', pp. 85-142；有關消費模式的文化交流影響，可參見Muslow（2003）, 'Konsumtheorie und Kulturtransfer', p. 134。

141 Chia（2006）, 'Butcher', pp. 509-534.

142 BR 7, p. 225：「他們製作的商品遠比在西班牙做得更漂亮，有時甚至便宜到我都不好意思提及。」BR 7: 226：薩拉薩爾主教讚美他們的優點在於能夠「精確地製作產品」。

143 AGI Escribanía 403B, Legajo 1 de pleytos de Manila, 1614／1620：米格爾・昂特指出：「共和國的所有工作都是由非天主教徒常來人擔任；他們會是鞋匠、裁縫、鐵匠、木匠、刺繡匠師、帽商和其他所有必需的職業，西班牙人不會擔任這些職業，他們開的店也不超過五、六間，而且只提供卡斯提亞的貨物和禮品」。

144 Camuñez（1988）, Sínodo, pp. 77-78.

145 Seijas（2008）, 'Portuguese Slave Trade', p. 22.

146 AGI Filipinas 330-4-40v-42r, 'Real Cédula', 1638，同時參照Seijas, 'Portuguese Slave Trade', p. 21。

147 De Sousa（2013），「16—17世紀のポルトガル人によるアジア奴隷貿易—ヴィクトリア・ディアス ある中国人女性奴隷を追って」，pp. 229-281。

148 Lorenzo（1996）, Manila-Acapulco Slave Trade.

149 De Sousa（2013）, '16-17 seiki', pp. 242-249; Oropeza（2011）, 'Esclavitud asiatica', pp. 5-57.

第二章　行動者與代理人

1 這類許可是由「審問院法官」（Audiencia oidores）負責核發。AGI Filipinas 76, n. 53, 'Carta del Obispo de Nueva Segovia Diego de Soria, sobre alzamiento de sangleyes', 8 July 1594.

2 Von den Driesch（1984）, Grundlagen, p. 295.

3 Gil（2011）, Chinos, pp. 48-49.

4 Zaide（1949）, Philippines, p. 333.

5 Bernal（1966）, 'Chinese Colony', p. 47：一六一一年後，每年殖民政府都會對中國人課徵人頭稅，非中國天主教徒是每年八比索。

6 資料是根據Ríos Coronel 1621，並參照von den Driesch（1984）,

120 岡田章雄、加藤栄一（1983），《日欧交渉と南蛮貿易》，p. 157。

121 Ayers（ed.）（1700-1746），Cédulas reales, no. 91（1597）.

122 Cheng（2013），War, Trade and Piracy, pp. 13; 42.（鄭維中，《海上傭兵》，頁53-55;100-102。）

123 Morga（1890），Sucesos, p. 43.

124 岩生成一（1937），《南洋日本町の研究》，p. 291。岩生指出席爾瓦的艦隊共有十五艘船，其軍隊包括五百名日本人。

125 其背景也可參見Clulow（2007），'Japanese Mercenaries', pp. 15-34。可參見岩生成一（1937），《南洋日本町の研究》，pp. 246-256，其中描述山田長政號令七百名日本傭兵的有趣例子。Boxer（1963），Great Ship, p. 82：在一六一二年，有許多日本人取代黑奴成為私人的助手。

126 ARSI Phil 16, ff. 157-161v: Esc il Gov. G.P. 'Dasmariñas per andare a Maluco: egli avienne una violenza e disgratiata norte.'

127 BR 10, pp. 81-85.

128 同時參照Nuchera（1995），Encomienda, p. 241: 'Si estos no quisieran o no pudieran satisfacer las demandas laborales, se facultaba al gobernador para que convenciese a los naturales a que acudiesen a tales trabajos.'

129 Gil（2011），Chinos, pp. 703-742.

130 著名的通譯包括岷倫洛的尼古拉斯・拉米雷斯（Nicolás Ramírez）和若翰・桑森（Juan Sanson／Sauson），兩人都是精通卡斯提亞語的麥士蒂索常來人。同時參照Gil（2011），Chinos, p. 41。

131 De Sousa, Breites Manso（2011）'Os Portugueses'; BR 9, p. 45：例如西班牙商人若翰・德・索利斯的僕人路易斯（Luis），便是在一五九二年高母羨出使日本時擔任通譯。

132 Scott（1981），Boat Building, pp. 17-18.

133 BR 36, p. 95.

134 BR 18, pp. 175-176.

135 Scott（1981），Boat Building, p. 19：作者認為尤其是呂宋和薩馬（Samar）島之間的貝納迪諾海峽（Bernardino Straits），如果沒有當地人的知識將會很難通過。

136 Slack（2010），'Sinifying Mexico', p. 11.

137 Medina（1630），Historia, p. 102.

138 Morga（2008），Sucesos, p. 183; BR 13, p. 219.

139 有關文化轉移的一些影響，可參見Osterhammel（1998），Entzauberung

107 有關在阿瑜陀耶、河內或越南的東京等其他海外日本社群成功的故事，可參見岩生成一（1958），《朱印船貿易史の研究》。

108 岩生成一（1937），《南洋日本町の研究》，p. 282；Morga（1890），Sucesos, p. 367。

109 岩生成一（1937），《南洋日本町の研究》，pp. 365-367。

110 Brook（2010）, Troubled Empire, p. 225：一名福建的陳情人在一六三九年寫下「沿海居民已無其他謀求生計的方法。最窮的人就會結夥到海上謀生。最近海邊的限制遭到緊縮，他們沒有辦法獲得食物，所以就轉往打劫沿岸。」

111 BR 7, p. 229.

112 McKeown（2011）, 'Social Life', p. 62.

113 可參見Seijas（2008）, 'Portuguese Slave Trade', p. 21：早在一五八〇年代，葡萄牙人已經開始大量提供奴隸（包括黑人和亞洲人）給西班牙人；有關奴隸在菲律賓的整體情況，可參見Scott（1991）, Slavery。

114 Nuchera（1995）, Encomienda, p. 241.

115 AGI Filipinas 36, n. 62, 'Carta de Miguel Talledo pidiendo empleo', 9 November 1611.

116 AGI Escribanía 403B, Legajo 1 de pleytos de Manila, 1614／1620, f. 109: Capitán Juan de México, 1614: 'En esta ciudad no hay personas que usen los oficios que son necesarios en una republica sino son los sangleyes los cuales los usan y van a parar a sus manos todas las cosas que son necesarias para los dichos oficios y así de ninguna suerte se puede excusar el trato y comercio con los dichos sangleyes.' 也可參見BR 7, pp. 228-229。

117 AGI Escribanía 403B的紀錄顯示，有些住在馬尼拉的卡斯提亞居民家裡會僱用多達八名中國人。

118 這個詞在近代東南亞通常被用於指「通譯」。可參見Kaislaniemi（2009）, 'Jurebassos and Linguists', pp. 60-73。有關馬尼拉的通譯，可參見Cocks（1883）, Diary, p. 334，該書中提到埃爾南多・希門尼斯（Hernando Ximenes）是一名通譯，一六二二年在班塔姆和馬尼拉都有提供服務。菲律賓的早期西班牙殖民者用naguatatos來指中國通譯和通事，這個詞源自墨西哥的納瓦特爾語（Nahuatl）。可參見Gil（2011）, Chinos, p. 784。

119 我在近期一本討論亞洲海上世界的論文集中，討論中國通譯和中間人的角色：Tremml-Werner（2014）, 'Communication Challenges', pp. 235-255。

BR 10, p. 150：「他們每個月會根據常來人在花園裡的工作，付給他們一比索和一隻家禽。」有關中國人與耶穌會在菲律賓合作的動人故事，我是參考De la Costa（1961）, Jesuits, pp. 68-69。值得一提的是，塞德尼奧神父（Sedeño）決定應該以中文而非他加祿語，對新到來的中國人宣傳教義。Ollé（2006）, 'Formacion', p. 28.

90 Reid（1993）, Expansion and Crisis, pp. 311-319.

91 Hoerder（2002）, Cultures, 179.

92 Ayers（ed.）（1700-1746）, Cédulas reales, no. 91（1597）.

93 Escribanía 403B, Legajo 1 de pleytos de Manila, 1614／1620.

94 Ch'en, Chinese Community, p. 143，書中概括了《明史》和《東西洋考》的紀錄。

95 Ortiz Armengol（1958）, Intramuros.

96 Colín, Labor Evangélica（1900-1902）, vol. 1, p. 37.「Dilao」是他加祿語的「黃色」，也是一種開黃花的藥用植物。

97 Gil（1991）, Hidalgos y Samurais, pp. 102-103.

98 岩生成一（1937），《南洋日本町の研究》。

99 Pastells（1925）, Historia General, vol. 5, p. 101; Wray（2001）, 'Japanese Diaspora', p. 23：「馬尼拉的日本人曾經一度有更多的人口，並在一六二〇年代早期達於高峰，約有三千名居民。但在日本和馬尼拉的朱印船的往來中斷之後，他們的人數比其他城鎮（例如巴達維亞、阿瑜陀耶或河內）減少得更快。到了一六三七年只剩下八百名日本人，相較於此，西班牙居民有兩千人，中國人則有兩萬人。但這群馬尼拉的日本人似乎也比其他城鎮的日本人留得更久。」

100 Morga（2008）, Sucesos, p. 182；岩生成一（1937），《南洋日本町の研究》，p. 315。

101 De la Costa（1961）, Jesuits, p. 362.

102 伊川健二（2010），「豐臣秀吉とスペイン」，p. 77。

103 Schurz（1985）, Manila Galleon, p. 99.

104 Colín（1900-1902）, Labor Evangélica, vol. 1, p. 749; BR 36, p. 92.

105 Wray（2001）, 'Japanese Diaspora', p.8. 可參見《大日本史料》，pp. 12-38，元和七年七月二十七日，並參照Matsui（2009）, 'Legal Position', p. 29。也可見於Bhattacharya（2005）, 'Making Money', pp. 1-20。

106 岩生成一（1937），《南洋日本町の研究》，p. 342，其中引用了一六二一年的敘述。

176。

75 AGI Escribanía 403B, Legajo 1 de pleytos de Manila, 1614／1620, f. 103; BR 36, p. 91.

76 Torres-Lanzas（1928）, Catálogo, p. 259.

77 Escribanía 403B, Legajo 1 de pleytos de Manila, 1614／1620：安東尼奧．德．莫伽於一五九五年在聖加百列建立了八連，但後來該聚居地遭到燒毀。之後他就在離主要出入口大約六百步之遙的地方，建立一座新的「八連」。

78 Pastells（1925）, Historia General, vol. 1, p. 506.

79 同時參照Von den Driesch（1984）, Grundlagen, p. 294，其根據為一六〇六年的許可證。

80 其中的一人是Daus（1987）, Manila, pp. 40-41。他指出有建築界限的概念。

81 BR 7, p. 225.

82 同時參照Von den Driesch（1984）, Grundlagen, p. 321。

83 BR 7, p. 228；也可參見Domingo de Salazar, O.P.於一五九〇年六月二十四日寫給國王的信件，同時參照Retana（ed.）（1895／96）, Archivo, vol. 3, p. 68：「在八連四面剩餘的空間中，有一個大池塘，它的水來自流經河口的海水。池塘中央有一個小島，犯罪的常來人會在那裡遭受處罰，這樣就可以讓每一個人看到。池塘美化了八連，而且帶來很大好處，因為許多船隻會在滿潮時經由前面提集的河口開進池塘，把所有供給品運輸到八連，再分配給整座城市。」

84 Medina（1630）, Historia, p. 101: 'tenían una caja de comunidad, para gastos que se ofrecen'. 吉爾也描述過類似現象，他稱之為「Caxa del Parian」。可參見Gil（2011）, Chinos, pp. 290-297。這個制度始於岷倫洛，經費會被用在支持醫院與援助遭逢困境的社群成員。一開始是向每個居民收取兩里耳。在一六〇九年，席爾瓦總督核准這個計畫。巴達維亞的中國委員會「公館」（kongkoan）的原型也有類似計畫，相關描述可見Blussé（2003）, 'Kongkoan', p. 96。

85 Reid（2010）, Imperial Alchemy, p. 55.

86 Ch'en（1968）, Chinese Community, p. 107.

87 同時參照Gil（2011）, Chinos, pp. 145-148。

88 BR 7, p. 224.

89 耶穌會僱用了五百名中國人照顧他們在馬尼拉周圍的幾座花園。可參見

aquí representa la real persona de Vuestra Magestad avista de tan grande reinos y tantas naciones extrañas como aquí entran y salen cada día.'

61 Díaz-Trechuelo（2003）, 'Legazpi', pp. 49-66.

62 Reed（1978）, Colonial Manila, p. 15.

63 Reed（1978）, Colonial Manila, pp. 38-40.

64 也可參見Kagan（2000）, 'World without Walls', pp. 117-152。該研究甚至沒有提到馬尼拉。有關西班牙人和周遭穆斯林之間的衝突及妥協，可參見Majul（1973）, Muslims in the Philippines。

65 Lockard（2012）, 'Sea Common to All', p. 241.

66 巴達維亞政府會對中國的儀式課徵重稅，除此之外，有時還會禁止女性移民。可參見Blussé（2003）, 'Kongkoan', p. 96。

67 Villiers（1980）, 'Silk and Silver', p. 70.

68 Dyke（2011）, Merchants of Canton, p. 13.

69 Reid（2010）, Imperial Alchemy, p. 56.

70 有關Parian這個詞的起源，一名早期的中國移民米格爾・昂特（Miguel Onte）主張這個字的起源是他加祿語，與卡斯提亞的「絹絲市場」（alcaicería）同義。詹姆斯・華倫（James Warren）指出parian在他加祿語中意指「市場」。Warren（2012）,'Weather', p. 188.早幾代的學者還在爭論這個字究竟是來自中文或墨西哥語。中國人多稱呼「八連」為「澗內」，這證明它不是中文詞彙：Santamaria（1966）, 'Chinese Parián', pp. 68-69。

71 有關八連最初被建立的確切日期，在紀錄中從一五七六年到一五八一年都有。十七世紀不只中國移民的人數日益增加，中國人聚居地的數量也隨之增加。Santamaria（1966）,'Chinese Parian, pp. 84-90；一名中國移民指出第一座八連在一五七六年就已經開張：可參見Escribanía 403B, Legajo 1 de pleytos de Manila, 1614／1620。

72 根據達斯馬里尼亞斯總督在一五九一年寫給國王腓力二世的信，同時參照Santamaria（1966）, 'Chinese Parián', p. 90：「城市裡有中國商人貿易的八連絹絲市場。他們有兩百家店，大概僱用超過兩千名中國人。」有關八連歷史的彙整詳情，可參見Gil（2011）, Chinos, pp. 142-194。Ollé（2008）, 'Relaciones', pp. 65-80，文中根據豐富的多語素材和迷人的視覺素材，完成簡潔但令人信服的研究。

73 Gil（2011）, Chinos, p. 128.

74 AGI Contaduría 368, 71, ff. 86v-87v，並參照Gil（2011）, Chinos, pp. 174-

48 蘇克塔・馬宗達爾（Sucheta Mazumdar）的討論認為馬尼拉是跨太平洋的技術轉移門戶：Mazumdar（1998）, Sugar and the Society in China, pp. 75-79。

49 Wigen（2007）, 'Introduction' to Seascapes, p. 16.

50 尼爾斯・史汀斯高（Niels Steensgaard）等人已說明這個概念可以往回追溯到中世紀的地中海，反映在基督教徒與穆斯林之間達成的commenda協定（編按：commenda是十世紀左右在義大利發展的協定，作為有限合夥的早期形式。Commenda是投資夥伴和旅行夥伴之間的協議，以開展經常在海外的商業企業。）可參見Steensgaard（1973）, Carracks。

51 只有幾個名字留下紀錄，例如若翰・德・拉・克魯斯（Juan de la Cruz）、奧古斯丁・卡皮奧（Agustín Carpio）和若翰・桑森（Juan Sansón）都是中間人靈活網絡中的一部分。Slack（2010）, 'Sinifying New Spain', p. 11.

52 Videira Pires（ed.）（1987）, Viagem de Comércio.

53 Blussé（1986）, Strange Company, pp. 78-79.

54 並參照Bernal（1966）, 'Chinese Colony', p. 42。

55 Merino（1980）, Cabildo, pp. 54-56.

56 AGI Filipinas 6, r. 9, n. 173, 'Carta de Tello sobre asuntos de guerra; Borneo, Japón', 1600. 我們有理由相信文中誇大了日本人的侵略，為了要替在困境中的殖民地爭取更多支援。

57 東洋文庫，'Filipinas y el Japón'，pp. 22-23；由作者翻譯。

58 同時參照Zaide（1949）, Philippines, p. 341。莫伽的描述是否可靠，其實仍令人存疑。BR 10, pp. 81-82：「我們應該強制驅逐散居在列島各處的所有常來人，這樣才對我們——也就是那些一直受到殖民地官員和宗教保護的人——有利，因為他們（常來人）會把國家的錢財帶走，並對國家造成損害。」安東尼奧・德・莫伽還進一步指出，一名日本人和一名卡斯提亞移民之間的輕微爭吵，就會導致大型的武裝互鬥。也可參見東洋文庫，'Filipinas y el Japón'，p. 24。

59 Pastells（1925）, Historia General, vol. 1, pp. 235-240; Santamaria（1966）, 'Chinese Parian', pp. 76-81. 根據一六三四年的馬尼拉人口普查，我們可得知其職業和社會地位。

60 AGI Filipinas 18B, r. 7. n. 61, 'Carta de Tello sobre posible ataque de Japón', 19 May 1597: 'Y certifico a Vuestra Magestad que el sueldo que aquí tengo no me alcanza al gasto y presentación de casa y creados y todo es necesario a quien

34 Gil（2011）, Chinos, pp. 245-248.

35 Reed（1978）, Colonial Manila, pp. 21-26.

36 王賡武、潘翎和卡爾・A・特羅基（Carl A. Trocki）揭示了幾世紀以來中國海外史的多個面向：Wang（2004）, 'China Seas', pp. 7-22; Trocki（1999）, Opium, p. 15。他把從十六世紀到二十世紀前往東南亞的中國移民區分成五個時期。也可參見Pan（1990）, Sons of the Yellow Emperor。前文也指出在對近代日本人的海外探險所做的研究中，岩生成一的開創性嘗試具有重要的地位。可參見平山篤子（2003），「フィリピナス　督府創設期の対外関係（序）－カトリック帝国と東・東南アジア（1565-c.1650）」，pp. 67-91。

37 Curtin（1984）, Cross-cultural Trade, pp. 2-12. 貿易移民潮的概念可見於下列書籍：Cohen（1971）, 'Cultural Strategies', pp. 266-281；有關於日本移民的更廣泛研究，可參見Adachi（2006）, Japanese Diasporas。

38 有大約八萬人永久性遷移到南中國海上繁榮的日本町。可參見Ishizawa石澤良昭（1998）, 'Quartiers japonais', pp. 85-94; Wray（2002）, '17th-Century Japanese Diaspora', pp. 1-16。也可參見Ribeiro（2001）, 'Japanese Diaspora', pp. 53-83。

39 Reid（2010）, Imperial Alchemy, pp. 49-51.

40 Curtin（1984）, Cross-cultural Trade, pp. 5-7.

41 一九六四年，米爾頓・戈登（Milton Gordon）提出同化模型（the model of assimilation），這個模型在一九九〇年代被改進，重新以是否獲得工作作為判斷移民的最重要因素。

42 Schurz（1985）, Manila Galleon, p. 259.

43 Bentley et al.（2007）, Seascapes.

44 《明史》，呂宋列傳，卷323，8730，同時參照Lin（1990）,'Fukien's Private Sea Trade', pp. 167-215。張燮（1617），《東西洋考》也有出現與「過冬」同義的詞，書中提到「壓冬」（文義為「度過冬天」）的商人。同時參照Santamaria（1966）, 'Chinese Parián', p. 71. Díaz-Trechuelo（1966）,'Role of the Chinese', p. 176：氣象因素使許多福建人被迫留下。由於季風之故，旅行只能在五月和七月之間進行，福建商人因此通常沒有足夠時間進行交易。

45 Deng（1997）, Chinese Maritime Activities, p. 101.

46 Deng（1997）, Chinese Maritime Activities, p. 102.

47 Ng（1983）, Trade and Society, pp. 17-18.

20 Cohen(2000), East Asia, p. 205.

21 有關早期前往東南亞的中國人移民，可參見Chang(1995), 'First Chinese Diaspora'。

22 全球史的移民研究還有許多未開發的領域，很值得做比較式調查。全球社會史中的量化研究和質性研究深深改變我們對移民史的知識和理解。這個領域的近期範式，是以人為移民研究中心，在物質安全之外，還強調情緒、精神和智識等面向。Hoerder(2002), Cultures in Contact, p. 15；也可參見Lucassen et al.(eds)(2010), Migration History; Wang(ed.)(1997), Global History。

23 Ollé(2008), 'Relaciones', p. 75.

24 Villiers(1987), 'Portuguese Malacca', p. 52; Blussé, Gaastra(eds)(1981), Companies and Trade.

25 Villiers(1987), 'Portuguese Malacca', p. 52：「西班牙並沒有把馬尼拉發展成商業中心，他們沒有從該地將東南亞貨物輸出到西方，馬尼拉也從來不是當地島際貿易的中心，或菲律賓本地產品的重要貿易中心。」

26 Pratt(1992), Imperial Eyes, pp. 38-68.

27 Musselman(2009), 'Indigenous Knowledge', p. 32.

28 威拉德．J．彼得森(Williard J. Peterson)的詮釋，應該可適用於所有聚集在馬尼拉的族群：「在更一般層面上，那似乎顯示外來者在其所處社群中，可能會從觀察者移向參與者，不論他在這個想像的軸線上是以哪裡為起點。這個軸線的一端是船難擱淺的受害者，另一端則是亟欲融入的移民，在兩端中間則可插入旅行者、征服者、商人、傳教士和民族學者。」Peterson(1994), 'What to Wear?', pp. 403-421.

29 有關帝國如何考慮「知識經濟」，可參見Bayly(2003), Empire and Information。有關知識的建構與資訊傳遞，可參見Stutchey(ed.)(2005), Science。聚焦於西班牙的例子，可參見Navarro Brotons et al.(2007), Más Álla de la Leyenda Negra。

30 Cocks(1883), Diary, pp. 135; 175.

31 有關這些發展的討論，可參見Rafael(1993), Contracting Colonialism, pp. 23-26。

32 Shapinsky(2006), 'Polyvocal Portolans', p. 18，文中討論了中國沿海各種混雜語的發展。

33 Shapinsky(2006), 'Polyvocal Portolans', p. 19：作者提及永積洋子強調閩南方言——例如漳州和泉州人所講的福建話——具有重要性。

History'; Wills（2008）, 'South China Sea', pp. 1-24; Gipouloux（2009）, Méditerranée Asiatique, p. 161。

7　中島樂章（2013），「「交易と紛　の時代」の東アジア海域」，pp. 2-5; 19-22。

8　這裡所謂的海上空間概念不只包括海洋本身，還有其他與海洋密不可分的地點，例如港口、船隻、市場和作坊。學者們很贊成近代「區域全球化」的想法。伊比利的帝國主義便是該領域處理的主題之一。可參見例如：Hopkins（ed.）（2006）, Global History。

9　Lamikiz（2010）, Trade and Trust.

10　有關亞洲的商人網絡，可參見Lombard, Aubin（eds）（2000）, Asian Merchants。

11　Mulich（2013）, 'Microregionalism', pp. 72-94.

12　有關歐洲海外帝國殖民政策的範例，可參見Daniels, Kennedy（eds）（2002）, Negotiated Empires。

13　Abinales, Amoroso（2005）, State and Society, p. 24.

14　Braudel（1977）, Afterthoughts, pp. 27-31.

15　這兩座福建城市的商人都把他們的獲利投資到海外，或是移到其他繁榮的中國港口，例如廈門。

16　有關「貿易移民潮」的定義，可參見Curtin（1984）, Cross-cultural Trade, pp. 2-12。該書對貿易移民潮的定義是「相關網絡中的外國人之間的商人族群」。一般對大量移居海外者的定義包含更廣，因此只有部分概念適用於近代的馬尼拉中國人與日本人。實際情況是這類個體對自身的認識，通常建立於居住社會的對立面。他們對自己的認同與母國家鄉相互連結，雖然他們與家鄉的聯繫通常只是「不規律且間接的」。可參見Lovejoy（1997）, 'African Diaspora'。

17　Abu-Lughod（1989）, Before European, pp. 6; 37; 303. 麻六甲便是由中心衰落的一個明顯例子。當穆斯林中間人被當地商人取代後，麻六甲海峽的貿易據點就喪失重要性了。

18　我找不到一種方法可以嚴格區分不同類別的文化融合，例如近代港口城市的克里奧爾特人（creolité）、麥士蒂索人（mestizaje）、適應、模仿或全球化。有關這類概念的討論，可參見Burke（2009）, Cultural Hybridity, pp. 35-112。

19　Andrade（2006）, How Taiwan Became Chinese, chapter 6, http:／／www.gutenberg-e.org／andrade（瀏覽日期為二〇一三年十二月十一日）。

出版。直到十七世紀後半葉，日本社會才有更廣大的人口認知到「萬國」的概念。托比也指出這些圖雖然畫出全世界，但仍以東亞為地球的中心。

128 Morris-Suzuki（1996）, 'Frontiers of Japanese Identity', p. 46.

129 九州大學博物館在網站首頁放上這幅名作，並對圖中展示的四十國人做了詳實的描述。可參見http:／／record.museum.kyushu-u.ac.jp／bankoku（瀏覽日期為二〇一三年十二月十一日）。圖上用幾條直／橫線畫出表格，表格中描繪了四十國人。他們以日本人為始，接下來是明朝的中國人、韃靼人、臺灣人和其他東南亞國家的人。再往下才有日本人知道的歐洲國家國民，第一個是英國人。

130 這個圖表中最引人注意的應該是美洲原住民的形象，他們畫了典型的「印地安人」象徵，包括羽毛頭飾、弓和箭。

131 Toby（2008），「「鎖国」という外交」，p. 198。

132 可參見Blaeu（1644）, Nova Totius Terrarum。

133《謨區查抄本》表列出在菲律賓發現的人種圖表。一般認為這個計畫是受到戈麥斯・佩雷斯・達斯馬里尼亞斯總督的委託，其根據應該是米格爾・德・洛阿爾卡和方濟各會修士若翰・德・普拉森西亞在一五八〇年代的研究。其圖示可參見http:／／www.filipeanut.com／2011／09／the-boxer-codex（瀏覽日期為二〇一四年五月十一日）。

第一章 「馬尼拉夢」？港口城市馬尼拉

1 Darwin（2009）, Empire Project, p. 3.

2 在過去十年間，有許多針對東亞和東南亞的跨文化貿易中心研究，其中便彰顯出這類港口城市對整個區域在政治與文化上的重要性。Haneda（2009）, 'Introduction' to Asian Port Cities, pp. 3-4.

3 Phillips（2007）, 'Organization', pp. 71-86. 作者關注的焦點是一五八〇年到一六四〇年之間，西班牙與葡萄牙人的「海上帝國」在治理時動用的運輸與通訊網絡。作者認為哈布斯堡王朝的統治者能控制如此廣大的領土，要歸功於大量西班牙出身的家庭投入其中，還有一個堅實的船運網，以及強大的天主教連結。

4 這個詞首見於下列文獻：Curtin（2000）, World and the West, p. 1。

5 有關西班牙的行動者和其移民，可參見Merino（1980）, Cabildo, pp. 77-109的附錄。

6 有幾個跨學科的計畫嘗試從各種角度處理海洋的世界。可參見Andaya（2006）, 'Oceans Unbound', p. 685; Sutherland（2008）, 'Southeast Asian

143；也可參見Massarella（1990）, World Elsewhere, p. 79。

112 五味文彥等（1998），《詳説日本史研究》，pp. 216-219。

113 有關航海發展背景下的朱印船建造，可參見中村拓（1965），《御朱印船航海図》；村井章介（1997），《海から見た戦国日本——列島史から世界史へ》，p. 165：裝滿白銀的日本船隻逗留在中國和朝鮮，早期的歐洲人稱裝載處為「佐摩山（soma-sen）」。這些船有時會被認為是中國建造的五百至六百噸船隻。（譯按：佐摩山為石見銀礦附近地名，之後soma則被英荷兩國代稱為日本精銀。）

114 私人進行的探險旅程甚至可追溯回一五八〇年代，例如豐後的例子。

115 Adams（1850）, Memorials, p. 71.

116 有關這些點的相關討論，可參見Tremml（2009）, 'Neuzeitliche Schifffahrt', pp. 179-208。

117 並參照Gil（1991）, Hidalgos y Samurais, p. 191。

118 引用自Sugimoto, Swain（1978）, Science, pp. 177-178。

119 Murakami（1915）, 'Japan', p. 473.

120 Sola, Tremml-Werner（eds）（2013）, 'Relación', pp. 37-42, http:／／www.archivodelafrontera.com／archivos／una-relacion-de-japon-de-1614-sobre-el-viaje-de-sebastian-vizcaino（瀏覽日期為二〇一四年六月十二日）。

121 岩生成一（1958），《朱印船貿易史の研究》，pp. 231-232。

122 池田与右衛門（1943），《元和航海書》。

123 有關從菲律賓航往日本的航海知識的技術轉移，可參見Sugimoto, Swain（1978）, Science, pp. 179-185; Shapinsky（2006）, 'Polyvocal Portolans', p. 19。

124 可參見Curvelo（2011）, 'Aproximar a Distância', p. 256。有關德川時期的日本地圖繪製（也稱為「karuto」）和日本認為的海洋空間界線，可參見Yonemoto（1999）, 'Maps and Metaphors', pp. 169-187; Yonemoto（2003）, Mapping Early Modern Japan。

125 Morris-Suzuki（1996）, 'Frontiers of Japanese Identity', pp. 46-65; 50：改變日本觀念的有兩股力量。「首先是日本與中國的關係發生改變，再者則是與歐洲強權的相遇，為日本帶來力量。」

126 Berry（1999）, 'Was Early Modern Japan Culturally Integrated?', pp. 103-126; Berry（2006）, Japan in Print.

127 Morris-Suzuki（1996）, 'Frontiers of Japanese Identity', p. 46; Toby（2008），「「鎖国」という外交」，pp. 196-198：日後在江戶和京都也都有類似圖表

界的理解，並以此為根據分析中國帝國的權力論述。

96 Shapinsky（2006）, 'Polyvocal Portolans', pp. 17-18.

97 鄭若曾（2007），《籌海圖編》。十三卷中有對十四和十五世紀倭寇的著名描述，包括描述他們的路徑和武器，書中評論日本人的航海技術不佳。

98 鄭若曾（2007），《籌海圖編》，pp. 201-202。並參照Nakajima（2008）, 'Invasion of Korea', p. 149。

99 可參見Nakajima（2008）, 'Invasion of Korea', p. 150。

100 Shapinsky（2006）, 'Polyvocal Portolans', pp. 17-18.

101 Pastells（1925）, Historia General, vol. 1, pp. 50-51.

102 BR 14, p. 69.

103 AGI Filipinas 6, r. 7. n. 110, 'Carta de Pedro González de Carvajal sobre su viaje a Japón', 1594.

104 近代的日本航海史可參見飯田嘉郎（1980），《日本航海術史─古代から幕末まで》。

105 Cabezas（1995）, Siglo Ibérico, pp. 267-268. 其中列出有巴托洛梅烏・瓦茲・蘭代羅（「南蠻國王」）、塞巴斯蒂安・豪爾赫・馬克薩（Sebastián Jorge Maxar）、佩德羅・岡薩雷斯・德・卡瓦哈爾（是他帶佩德羅・包蒂斯塔前去日本）、曼努埃爾・路易斯（Manuel Luis）、佩德羅・卡梅洛（Pedro Camello）、豪爾赫・平托・巴博薩、多明戈・佩雷斯（Domingo Peres）。

106 Pastells（1925）, Historia General, vol. 1, p. 50.

107 AGI Patronato 25, r. 50, 'Trato del embajador del Japón con Gómez Pérez Dasmariñas', 1593. 也可參見AGI FIlipinas 6, r. 7, n. 107, 'Testimonio sobre embajador de Japón, Faranda y Juan Cobo', 1 June 1593: 'El portador de esta es Faranda Quiemo Xapon el qual va en un navio nuevo pintadas unas ojas coloradas en la popa es navio seguro y llevo ciento y veinte hombres chinos y xaponeses.'

108 岩生成一（1958），《朱印船貿易史の研究》，pp. 24-27。

109 石井謙治（1995），《和船》，pp. 2-9。

110 其中重要的元素來自中國的中式帆船和伊比利的蓋倫帆船。明顯的例子包括「末次船」和「荒木船」。末次氏以博多為根據地，於一六三〇年代加入日本海外貿易，其中的動人故事可參見Oka（2001）, 'Great Merchant', pp. 37-56。

111 Vivero（1988）, Relaciones, pp. 149-157; 165; Morga（2008）, Sucesos, p.

Arm。對於此概念和知識傳播的更全面研究，可參見Burke（2000）, Social History of Knowledge, vol. 1。

83 Brendecke（2009）, Imperium und Empirie.

84 有關康熙皇帝如何用來自海外的資訊，修正中國的國外貿易制度，可參見Gang（2013）, Qing Opening；有關近代早期中國的資訊傳播，可參見葛兆光（2010），《宅茲中國——重建有關「中國」的歷史論述》；葛兆光（2000），《七世紀前中國的知識、思想與信仰世界》。

85 Brook（2009）, 'Europaelogy?', pp. 269-294; Blussé（2003）, 'Kongkoan', p. 98：「中國的官方和朝代史中，一向對海外貿易或商業的紀錄沒有太大興趣，除非剛好碰觸到帝國統治者的某些政治或意識形態神經。」

86 田中健夫、村井章介（2012），《倭寇と勘合貿易》，p. 214。

87 Mendoza（2008）, Historia, pp. 263-268.

88 張燮（1981），《東西洋考》，pp. 250-252，並參照Cheng（2013）, War, Trade and Piracy, p. 22。（鄭維中，《海上傭兵》，頁62。）

89 Cocks（1883）, Diary, p. 285：「不過，這些人（中國商人）幾乎不太予以理會，他們告訴我中國皇帝派了間諜到西班牙人、葡萄牙人、荷蘭人以及我們會從事貿易的所有地方，只是要看看我們對其他人的行為，以及我們是怎麼對待陌生人的（尤其是對中國人的態度）。已經有人來到這個地方了，還被我們的朋友帶到英國人家裡，我盡我所能對待他們，還建議班萬丹（Bantam）、北大年（大泥）（Pattania）和暹羅（Syam）對所有中國人都這麼做。」

90 Wade, MSL, http:／／epress.nus.edu.sg／msl／entry／3116（瀏覽日期為二〇一三年十二月三日）。

91 包樂史強調中國明顯缺乏航海報導文學，因為中國船員沒有任何遊記流傳於後世。Blussé（2011）, 'Junks to Java', p. 222：「中國船員本身可能習慣了海上生活，所以他們不覺得把這些被他們視為理所當然的經驗寫下來有什麼用——假設他們有能力寫下來的話。」

92 Brook（2010）, Troubled Empire, pp. 217-218. 該地圖的影像可參見http:／／treasures.bodleian.ox.ac.uk／The-Selden-Map（瀏覽日期為二〇一四年一月二十二日）。

93 Batchelor（2014）, Selden Map; Brook（2013）, Mr. Selden's Map of China.

94 Wills（1979）, 'Maritime China', p. 215.

95 葛兆光（2010），《宅茲中國——重建有關「中國」的歷史論述》，pp. 91-94。葛兆光從中國的歷史研究、地圖和世界觀，探討中國對外在世

64 BR 23, pp. 93-94；永積洋子（2001），《朱印船》，pp. 83; 121；Schurz（1985）, Manila Galleon, p. 97。

65 岩生成一（1958），《朱印船貿易史の研究》; Pastells（1925）, Historia General, vol. 1, pp. 240-241。

66 永積洋子（1990），《近世初期の外交》，p. 54。

67 San Agustín（1698）, Conquistas, pp. 263-265.

68 Clulow（2014）, Company, pp. 122-123.（克拉洛，《公司與幕府》，頁189-191。）

69 永積洋子（1990），《近世初期の外交》，pp. 81-82。

70 Clulow（2014）, Company, p. 122.（克拉洛，《公司與幕府》，頁189-191。）

71 Clulow（2014）, Company, p. 123.（克拉洛，《公司與幕府》，頁192-194。）在這種情況下，日本當局試著說服荷蘭人進攻馬尼拉，以表現他們對將軍的忠誠。荷蘭東印度公司官員考慮到馬尼拉有堅固的防禦工事，因此無法驟下決定。不過平戶商館的議長尼古拉斯·庫克貝克（Nicolaes Coukebacker）確實詳細針對馬尼拉當時的情況進行報告。

72 這件事充滿著爭論。事件假設是根據梅鐸（Murdoch）的推測，以及渡邊和另一名教授圖吉（Tugi）在一九二〇年代的學術辯論。Watanabe（1929）, 'Japan Did Plan'. 荷蘭東印度公司的掙扎紀錄可見於該公司的日本日誌（Japan Dagregisters）。同時參照Clulow（2014）, Company, pp. 123-125。（克拉洛，《公司與幕府》，頁191-194。）

73 Jansen（2002）, Making, p. 75.

74 Matsui（2009）, 'Legal Position', p. 25.

75 Von Glahn（1996）, Fountain, p. 137.

76 鶴田倉造（2005），《天草島原の乱とその前後》。幕府軍有大約十二萬五千名士兵，靠著荷蘭人支援的大砲，幕府軍才能對兩萬七十名造反者發起圍攻。

77 永積洋子（1990），《近世初期の外交》，p. 61。

78 Carioti（2011）, 'Overseas Chinese'.

79 例如：川淵久左衛（1671），《呂宋覺書》，或是十八世紀近藤守重編纂的《外番通書》。

80 Boxer（1979）, Portuguese Embassy.

81 Kerry（2009）, Networks of Empire, p. 64.

82 有關資訊是如何透過流動進行傳遞，可參見Friedrich（2010）, Lange

20 August 1611.

44 Cocks（1883）, Diary, p. 274. AGI México 28, n. 49, f. 13, 'Carta del virrey marqués de Guadalcazár', 13 March 1617.

45 林復齋等（編）（1967），《通航一覽》，185／54。

46 Zaide（1949）, Philippines, p. 356.

47 原文出自《駿府記》的記載。

48 Cocks（1883）, Diary, p. 281.

49 Cocks（1883）, Diary, pp. 283-284.

50 歷史学研究会（2006），《日本史史料〈3〉近世》，pp. 130。

51 Cocks（1883）, Diary, p. 334.

52 Cocks（1883）, Diary, pp. 248-249. 他在一六二二年三月十一日寫到：「Torazemon殿下找我和坎普斯（Camps）船長過去，因為他要把日方大臣Oyen殿下的一些話轉告我們。所以我們去到他的屋邸，同在那裡的還有Cacazemor殿下、Stroyemon殿下與Jentero Donos殿下等大臣。他們手上拿著一些小東西或小玩意兒，告訴我們：持有這些東西的日本人說那是他們的，而不是西班牙人或葡萄牙人的，但是朝廷不會相信，因為我們已經證明了是我們背叛他們，違反朝廷的禁令把教士帶進日本。」

53 岩生成一（1937），《南洋日本町の研究》，p. 338。

54 清水有子（2012），《近世日本とルソン—「鎖国」形成史再考》，pp. 253-256；永積洋子（2001），《朱印船》，p. 120。

55 清水有子（2012），《近世日本とルソン—「鎖国」形成史再考》，pp. 234-236。

56 AGI Filipinas 85, n. 34 and Filipinas 20（1618）.

57 Pastells（1925）, Historia General, vol. 5／6.

58 Medina（1630）, Historia, p. 264; Zaide, Philippines, 356.

59 AGI Filipinas 8, r. 1, n. 6, 'Carta de Niño de Távora sobre materias de gobierno', 1 August 1629.

60 AGI Filipinas 8, r. 1, n. 17, 'Carta de Niño de Távora sobre materias de gobierno', 8 July 1632.

61 可參見AGI Filipinas 8, r. 1, n. 6, 'Carta de Niño de Távora sobre materias de gobierno', 1 August 1629。Medina（1930）, Historia, pp. 263-264.

62 Spate, Spanish Lake, p. 227，該書是根據BR 23, pp. 112, 114; BR 24, pp. 218-220。

63 Schurz（1985）, Manila Galleon, p. 96.

茲凱諾的傳記中還有另一件事值得注意：他在一五八六年和一五八九年之間是一名馬尼拉蓋倫帆船的商人。

35 有關維茲凱諾在日本停留期間的描述，以及主要相關文獻的綜覽，可參見Sola, Tremml-Werner（eds）（2013）, 'Relacion', http:／／www.archivodelafrontera.com／archivos／una-relacion-de-japon-de-1614-sobre-el-viaje-de-sebastian-vizcaino（瀏覽日期為二〇一四年六月十二日）。

36 Sola（1991）, Historia de un Desencuentro, p. 129. 甚至有些文獻指出他威脅將不與將軍見面就返回墨西哥。

37 AGI Escritura_cifra, 30, 'Carta original del Universal Señor del Japón, Hidetada Tokugawa（Minamoto Hidetada）, al duque de Lerma, en la que autoriza a los navíos españoles procedentes de Nueva España a tocar puertos japoneses, dejando los detalles del asunto a los padres franciscanos Fray Alonso Muñoz y Fray Luis Sotelo, que llevan cinco armaduras japonesas de regalo', 4 May 1610.

38 Gil（1991）, Hidalgos y Samurais, pp. 308; 399. 大泉光一（2005），《支倉常長：慶長遣欧使節の悲劇》，pp. 239-242。Massarella（1990）, World Elsewhere, pp. 169-171.

39 五野井隆史（2003），《支倉常長》，pp. 103-107；AGI Filipinas 1, n. 172, 'Consulta sobre regalo y carta para el rey de Boxi', 1616。

40 例如可參見AGI Contratación 5352, n. 21, 'Francisco de San Martín', 23 June 1616。AGI México 28, n. 46, 'Cartas del Virrey Marqués de Guadalcazar', 1 December 1616; AGI Filipinas 37, n. 13, 'Petición de Mariana de Espina de los gastos del embajador de Japón', 20 May 1615；也可參見Rodríguez-García（2005）, Armas Japoneses, p. 46。

41 五野井隆史（2003），《支倉常長》，pp. 200-209。

42 Cabezas（1995）, Siglo Ibérico, p. 318.

43 AGI Filipinas 37, n. 46, 'Decreto pidiendo información sobre prisioneros holandeses', 4 December 1616. 'Decreto del duque [de Lerma] al marqués de Salinas para que vea el papel incluso acerca de la contratación de Filipinas y la Nueva España con la China', January 1612. Sola（1999）, Historia de un Desencuentro, pp. 134-136. 總督、皇家法庭暨最高法院和馬尼拉市長反對一六一一年在日本和新西班牙之間開通直接航線的計畫：AGI Filipinas 163, l. 1, n. 1, 'Copia de capítulo de carta de la Audiencia de Filipinas al rey', 16 July 1611。AGI México 24, n. 88, 'Carta de Juan de Silva al rey',

Menegon）完整呈現在 http:／／ricci.rt.usfca.edu／biography／view.aspx?biographyID=1377（瀏覽日期為二〇一四年二月七日）。也可參見 González（1955），Misionero Diplomático。佛羅倫薩的道明會修士利勝被派到道明會位於菲律賓的轄區玫瑰省（Dominican Province Holy Rosary）。他於一六四八年抵達馬尼拉，並在一六五二年和一六五四年之間被分配到岷倫洛（Binondo）的聖加百列（St Gabriel）教區，他在中國醫院工作，並因此學會廈門方言。利勝在隔年加入道明會傳教團，與其他四名教友一起前往福建，並在廈門住下來，在那裡照顧從菲律賓歸國的福建人。

24 AGI Filipinas 201, 85r-88v, 'Testimonio de la respuesta de Sabiniano Manrique de Lara al tirano Cogsenia', 12 July 1662.

25 AGI Filipinas 201, 1, 'Expediente sobre el restablecimiento del presidio de Zamboanga', 1665／1686（fols. 109r-111v）, 30 July 1663.

26 范・德・龍（Van der Loon）參閱一七六二年版的《海澄縣志》，指出遭到殺害的人有百分之八十來自海澄。可參見 Van der Loon（1966）, 'Manila Incunabula', p. 1；不過，張燮的《東西洋考》（1618, 5.5b）則沒有提到兩萬五千名受害者中，有極大比例的人來自該地區。

27 可參見 Wills（2010）, 'Maritime Europe', pp. 60-61。

28 Cheng（2013）, War, Trade and Piracy, pp. 169-171.（鄭維中，《海上傭兵》，頁 345-350。）

29 Gil（2011）, Chinos, p. 110.

30 五野井隆史（2003），《支倉常長》。有關支倉率領的西班牙使節團，也可參見 Torres-Lanzas（1928）, Catálogo, pp. clxxxi -ccxv。支倉使節團的原始紀錄在二〇一二年於西班牙出版：Oizumi, Gil（eds）（2012）, Historia de la Embajada。

31 Torres-Lanzas（1928）, Catálogo, pp. clxxxii-clxxxiii：新西班牙當局和維茲凱諾極度不信任路易斯・索泰羅。

32 希皮奧內・阿瑪蒂（Scipione Amati）整理出索泰羅如何努力在仙臺創建天主教的布道團。Amati（1615）, Historia.

33 Lach, Vankley（1993）, Asia, vol. 3, book 4, p. 212.

34 在日本的其他歐洲商人並沒有注意到這個古怪的使節團。Cocks（1883）, Diary, p. 283. 有關西班牙一開始發給墨西哥總督皇家特許狀（cédula real）的新作法，可參見 AGI Filipinas 329, l. 2, ff. 72r-73v, 'Orden de descubrir y poblar Isla Rica de Oro y Rica de Plata', 27 September 1608。維

12 在本書研究的這段時期，尤其是與鄭家進行貿易的年間，經常可見到對sangley infieles、sangleyes cristianos和mestizos de sangleyes的紀錄。可參見AGI Contaduría 1230-1237，同時參照Gil（2011）, Chinos, pp. 715-723。

13 AGI Filipinas 21, r. 10, n. 47, 'Carta al Rey de D. Fernando de Silva, governador de las Islas Filipinas, dando cuenta de la jornada que D. Antonio Carreño de Valdés hizo a la Isla Hermosa', 30 June 1626. 並參照Borao et al.（2001）, Spaniards in Taiwan, vol. 1, p. 82。

14 VOC 1092, 1628 II, ff. 404-406，文中「有大衛・佩薩特（David Pessart）和文森特・羅梅津（Vincent Romejin）對西班牙人在臺灣的堡壘及其兵力的描述。他們是根據一些在柬埔寨的西班牙人所提供的資訊」, 10 September 1627。並參照Borao et al.（2001）, Spaniards in Taiwan, vol. 1, pp. 91-92。與中國的貿易準備可參見上註，p. 70。

15 AGI Filipinas 21, r. 3, n. 14, 'Carta de Tavora al rey', 1 August 1629，同時參照Borao（2001）, Spaniards in Taiwan, vol. 1, p. 138。

16 同時參照Borao et al., Spaniards in Taiwan, vol. 1, pp. 126-129。例如在一六二八年，於一六三八年向玫瑰聖母號（Nuestra Señora del Rosario）課徵。

17 Andrade（2011）, Lost Colony, pp. 30-31; Andrade（2006）, How Taiwan Became Chinese；有關鄭家的海上帝國，可參見Hang（2010）, Between Trade and Legitimacy。

18 Wills（1979）, 'Maritime China', p. 215.

19 鄭芝龍的一生可參見Busquets（2007）, 'Los Frailes de Koxinga', pp. 393-422。「鄭芝龍」的名字以日文發音是「Tei Shiryū」。

20 有關鄭芝龍和荷蘭人的事蹟，可參見Blussé（1981）, 'Sorcerer's', pp. 95-99。

21 Cheng（2013）, War, Trade and Piracy, p. 134（鄭維中，《海上傭兵》，頁280）：鄭芝龍的海軍將領崔芝在一六四六年一月二十六日向將軍捎去訊息，「信中懇請將軍提供正式貿易與軍事協助，以對抗滿清」。可參見林春勝、林信篤（編）（1958），《華夷變態》，卷1，pp. 11-14。編按：「老中」為江戶幕府官職名，直屬於征夷大將軍，負責統領全國政務。

22 AGI Contaduría 1233, f. 18v，並參照Gil（2011）, Chinos, p. 105。

23 利勝向西班牙人保證鄭成功是當真想建立友善關係，而且聲明所有軍事武力整備都是為了對抗韃靼人，而不是對準馬尼拉：AGI Filipinas 331, l. 7, ff. 178v-179v。利勝的傳記資料由歐金尼奧・梅內貢（Eugenio

154 Chaunu（1960）, Philippines, pp. 222-225. 在一六六三年和一六七三年之間，共有一百〇四艘登記在案的中國船隻來到馬尼拉；同前引用，pp. 165, 168。

155 並參照Ch'en, Chinese Community, 64-70。

156 Atwell（2005）, 'Another Look', pp. 467-491.

157 Von den Driesch（1984）, Grundlagen, p. 234.

158 Chaunu（1960）, Philippines, p. 148.

159 Reid（1993）, Southeast Asia, vol. 1, p. 288.

160 Chaunu（1960）, Philippines, pp. 114-115; 123-125：皮埃爾・肖努的數據顯示在一六五〇年代之後，與中國人貿易賺得的稅收有大幅下降。

第三章　地方與中央的緊張關係：地緣政治的戰略、情報與資訊收集

1 出自路易斯・佩雷斯・達斯馬里尼亞斯總督寫給國王的信，一五九六年七月八日。翻印於Borao et al., Spaniards in Taiwan, vol. 1, pp. 18-20。AGI Filipinas 18B, r. 7, n. 65, 'Carta de Tello sobre ataque japonés a Formosa y Manila', 19 June 1597.

2 Ng（1997）, 'Maritime Frontiers', p. 238，文中指出臺灣「非明朝勢力所及」。

3 翻印於Borao et al.（2001）, Spaniards in Taiwan, vol. 1, pp. 21-22。

4 Iaccarino（2013）, 'Comercio y Diplomacia', p. 38.

5 Kuno（1940）, Japanese Expansion; Pinto（2008）, 'Enemy at the Gates', p. 27.

6 Borao et al.（2001）, Spaniards in Taiwan, vol. 1, pp. 41-48.

7 他們的嘗試受到聖奧古斯丁修會的梅迪納的強烈批評，Medina（1630）, Historia；並參照Borao et al.（2001）, Spaniards in Taiwan, vol. 1, pp. 79, 84, 95, 114-115, 153。

8 一六二一年的紀念集中，清楚記載了科羅內爾對荷蘭人的態度，以及他認為應該如何將荷蘭人趕出亞洲。可參見Crossley（2011）, '1621 Memorial', http:／／www.csse.monash.edu.au／~jnc／Rios／1621Memorial.pdf（瀏覽日期為二〇一四年六月十二日）。

9 Blussé（1981）, 'Sorcerer's', p. 93.

10 Borao et al.（2001）, Spaniards in Taiwan, vol. 1, pp. xxvii-xxxii.

11 AGI MP-Filipinas 216, 'Pedro de Vera, Descripción del puerto de los Españoles en Ysla Hermosa', 1626.

139 Ch'en 陳荊和（1968）, Chinese Community, p. 126：「達斯馬里尼亞斯總督竭盡一切努力建造大型槳帆船。不論是要取代失去的船隻防衛菲律賓、在群島附近巡航，或是驅趕劫掠的英國私掠船及日本海盜，都亟需這種船，這樣才能夠維持菲律賓和墨西哥之間的航海路線安全。」

140 Cocks（1883）, Diary, p. 209.

141 Cocks（1883）, Diary, p. 302.

142 Cheng（2013）, War, Trade and Piracy, pp. 36-41.（鄭維中，《海上傭兵》，頁88-99。）

143 Borschberg（2010）, Singapore, p. 61.

144 Deng（1997）, Chinese Maritime Activity, p. 101，書中認為「極端家族生意的組織」是中國海上商人成功的關鍵。

145 Borao et al.（2001）, Spaniards in Taiwan, vol. 1, p. x.

146 鄭家的海上帝國最近得到了關注。例如可參見Hang杭行（2010）, Between Trade and Legitimacy。

147 Iwao（1985）, 'Li Tan', pp. 27-83; Andrade（2006）, How Taiwan Became Chinese, chapter 2.

148 Boxer（1941）, 'Rise and Fall', pp. 401-439.

149 並參照Slack（2010）, 'Sinifying New Spain', p. 23; Kuwayama（1997）, Chinese Ceramics, p. 16。

150 Cheng（2013）, War, Trade and Piracy, p. 95（鄭維中，《海上傭兵》，頁202-204。）; Chang（1983）, 'Evolution', pp. 289-290.

151 Von Glahn（1996）, Fountain, p. 123.

152 Von Glahn（1996）, Fountain, p. 124; Elvin（1973）, Pattern of the Chinese Past, p. 219.

153 San Agustín（1698）, Conquistas, p. 265: 'También llegó otra embajada del Mandarín o Gobernador de la Provincia de Tochen en China pidiendo la continuación del comercio, porque se había interrumpido mucho por temor de las correrías que hacían los holandeses, apresando los Champanes de China que volvían del comercio de Manila, que es para los Chinos el mas acomodado y rico, y para los españoles el más necesario por la variedad de mercadurías que conducen el señuelo de la plata que viene de la Nueva España que es el metal que mas estiman por no correr en China otra moneda, usando del precio intrínseco de este metal, sin cuño ni forma de moneda. Fue esta embajada bien despachada como sobre materia en que tanto se interesaba.'

該地也吸引許多中國人移民，他們靠著之前在家鄉學到的技術，就很容易謀生。」明朝的主要文獻指出由於貿易限制太過嚴厲，國外貿易的利潤都被「賤民」獨佔了；可參閱Brook（2008）, Vermeer's Hat, p. 170。

125 Wade, MSL, http:／／epress.nus.edu.sg／msl／entry／3191（瀏覽日期為二〇一三年六月十七日）。

126 泉州與漳州的本地競爭、還有圍繞著廈門的激烈爭議，是福建與馬尼拉貿易中的另一項特徵，賈晉珠（Lucille Chia）在二〇一一年的一場研討會中提出這一點。Chia（2011）, 'Beyond the Coast'.

127 AGI Filipinas 18 A, r. 5, n. 31, 'Carta de Vera sobre situación, comercio, japoneses', 26 June 1587. 'Junto a nosotros no hacemos también lo mismo en la provincia de Chincheo de adonde ellos traen tanta hacienda a esta tierra que si allá estuviese españoles enviarán a esta tierra sus haciendas con las cuales y con las que ellos traen no sería necesario que Portugueses viniesen aquí.'

128 Lin（1990）, 'Fukien's Private Sea Trade', pp. 196-197.

129 Wade, MSL, http:／／epress.nus.edu.sg／msl／entry／3205（瀏覽日期為二〇一三年六月十七日）。

130 李隆生（2010），《清代的國際貿易：白銀流入、貨幣危機和晚清工業化》，pp. 26-27。根據李隆生所列的（長崎之中國中式帆船）清單，每年停泊的船隻介於二十艘和七十艘之間。在某幾年間，會有一定比例的船被明確登記為「福建」船隻。

131 上原兼善（2006），「初期徳川政権の貿易統制と島津氏の動向」，p. 506；Clulow（2014）, Company, p. 145。.（克拉洛，《公司與幕府》，頁218-220。）

132 Chaunu（1960）, Philippines, pp. 202-205.

133 Adams（1850）, Memorials, p. 25.

134 西班牙於十七世紀在亞洲的宣傳中，經常會包括海盜的論述。除此之外，帝國間的通信也會把荷蘭稱作「荷蘭敵人」（enemigo holandés）。

135 AGI Filipinas 19, r. 3, n. 54, 'Relación de Morga de la jornada del corsario Noord', 20 November 1602.

136 AGI Filipinas 27, n. 124, 'Petición sobre comercio de Filipinas con China', 21 July 1621. 這封請願書的作者表示在當時，馬尼拉與中國的貿易已經中斷三年了。

137 Borschberg（2010）, Singapore, pp. 137-155.

138 Cocks（1883）, Diary, p. 171.

109 Torres-Lanzas（1928）, Catálogo, vol. 1, p. 450.

110 上原兼善（2006），「初期徳川政権の貿易統制と島津氏の動向」，p. 506。幕府決定放棄以關東作為海上貿易的中心，這點很值得注意。這似乎和三浦按針受封在位於關東的小面積三浦半島上互為矛盾，因為該項分封應該意在使三浦對抗頻繁往來九州的葡萄牙黑船。也可參見所理喜夫（1989），《古文書の語る日本史》，第6卷，pp. 168-169。

111 五味文彥等（1998），《詳說日本史研究》。

112 岸本美緒（2012），《地域社會論再考》，pp. 19-25。岸本美緒指出邊境商人與阿夫納．格雷夫（Avner Greif）描述的默伽獵（Magreb）商人體制有類似之處。

113 Chang（1990）, 'Chinese Maritime Trade', p. 74.

114 重印於 Wills（1979）, 'Maritime China', p. 19。

115 Wong（1997）, 'Confucian Agendas', p. 303，他在書中指出「世界史中，沒有第二個國家在兩千多年來一直面臨要確立地方性統治的挑戰」。

116 Lin（1990）, 'Fukien's Private Sea Trade', p. 186：「福建沿海地區較為富有及有權勢的家族會違法建造大型的遠洋船隻，並提供創業投資，把他們收養的子嗣送出海，進行實際的危險貿易。因此我們稱這是封建型態的管理。」

117 Elman（2002）, 'Rethinking Confucianism', p. 540.

118 Ng（1983）, Trade and Society, pp. 26-29.

119 Lin（1990）, 'Fukien's Private Sea Trade', p. 189. 文章總結了林仁川於一九八〇年代對海外中國人社群的商業性格研究。他認為「資本主義的萌芽」和地方仕紳對海禁的對抗有關。也可參見林仁川（1987），《明末清初私人海上貿易》。

120 Lin（1990）, 'Fukien's Private Sea Trade', p. 191.

121 Lin（1990）, 'Fukien's Private Sea Trade', p. 192.

122 Cheng（2013）, War, Trade and Piracy，書中第二章有對福建當局的描述。一六二二年之後中國沿海的潛在威脅名單還要再加上荷蘭人。

123 Wade, MSL, http:／／epress.nus.edu.sg／msl／entry／3169（瀏覽日期為二〇一四年三月十一日）；Ng（1997）, 'Maritime Frontiers', p. 235：在一六〇八年，明朝的地方政府官員還在抱怨稅監高才的驚人交易，他被指控與荷蘭人及來自呂宋的人進行違法交易，並收取總計三萬銀圓的稅金中飽私囊。

124 Ng（1997）, 'Maritime Frontiers', p. 245：「呂宋對技術性勞工有大量需求，

險。

93 Cooper（1989）, 'Early Europeans and Tea', p. 116；甚至在秀吉的傳記——一六二六年初次出版的《太閣記》——中，都有提到秀吉對呂宋壺的著迷。

94 上原兼善（2006），「初期徳川政権の貿易統制と島津氏の動向」，pp. 508。

95 吉永昭（1972），《城下町御用商人の性格について一資金調達を中心に一》。

96 五味文彦等（1998），《詳説日本史研究》，p. 244。這套制度在一六三一年套用於中國人，十年後則用於荷蘭商人。「長崎奉行」這個職位是秀吉在一五九二年創設的，並且指派肥前大名寺澤廣高擔任。

97 這是本多正純於一六〇四年五月三日所言。原件的複本可參見歴史学研究会（2006），《日本史史料〈3〉近世》，p. 130。

98 《大日本史料》，第12編之8，p. 652。

99 Gil（1991）, Hidalgos y Samurais, p. 90.

100 Iaccarino（2013）, 'Comercio y Diplomacia', p. 121；考克斯日記中有寫到路易斯・維蘭戈（Luis Vilango）。其他活躍於馬尼拉貿易中的葡萄牙人，還包括馬尼拉居民豪爾赫・平托・巴博薩（Jorge Pinto Barbosa），他與包蒂斯塔同行前往日本。還有澳門本地人多明戈・佩雷斯（Domingo Pérez）（皮雷斯〔Pires〕），以及瓦斯科・迪亞斯。

101 永積洋子（2001），《朱印船》，pp. 41; 48；Nagazumi（2004）, 'Ayutthaya', p. 248。

102 Boxer（1963）, Great Ship, p. 88.

103 可參見Boxer（1963）, Great Ship, pp. 77-78。

104 也可參見Clulow（2010）, 'Maritime Violence', p. 84。有馬的軍隊在一六一〇年對安德里亞・佩索阿（Andrea Pessoa）率領的葡萄牙船隻恩典聖母號（Nuestra Senhora da Graça）發動攻擊，並代表德川官府將其毀壞。

105 村上直次郎（編）（2005），《異國日記抄》，pp. 54-57。

106 同時參照Pastells（1925）, Historia General, vol. 5, p. 17; Cabezas（1995）, Siglo Ibérico, p. 450。

107 AGI Filipinas 79, n. 47, 'Carta del franciscano Diego Bermeo sobre Japón', 23 December 1604.

108 林復齋等（編）（1967），《通航一覽》，179／574。

（加藤清正）；可參見AGI Filipinas 6, r. 9, n. 140, 'Carta de Tello remitiendo copia de Cata Canzeyuno Camidono', 13 June 1597。

83 AGI Filipinas 6, r. 9, n. 175, 'Copia de carta del obispo de Japón al gobernador sobre Dayfu Sama', 1601. 日本的耶穌會主教在一六〇一年四月寄了一封信給特略總督，向他報告關原之戰一事，以及仍有剩餘勢力在反對家康（「Dayfusama」），還特別指出薩摩的反抗對該地的天主教徒造成重大威脅。

84 林復齋等（編）（1967），《通航一覽》，179／570（1602）：「敬告貴國：如在菲律賓沿海發現任何來自日本的非法商人，請將他們的名字造冊之後，將名單轉交給〔家康〕，家康會對非法商人採取必要措施。西班牙人不應與此等惡黨交易，即使他們出示了〔貿易〕許可！」

85 上原兼善（2006），「初期徳川政権の貿易統制と島津氏の動向」，p. 511。也包括來自博多的商人。

86 資料來源：永積洋子（2001），《朱印船》，p. 49；清水有子（2010），「「鎖国」政策の進展とスペイン」，p. 139。

87 Iaccarino（2013）, 'Comercio y Diplomacia', p. 117.

88 清水有子（2012），《近世日本とルソン—「鎖国」形成史再考》，pp. 309-313。

89 近藤守重（1983），《外番通書》，p. 176。

90 岩生成一（1937），《南洋日本町の研究》,pp. 335-336。塞巴斯蒂安・喬蒙（Sebastian Ciomon）賣了二十五缸（tinaja）餅乾，每個三比索，他總共賺了五百二十五比索金幣。

91 BR 20, pp. 232-233; Colín（1900-1902）, Labor Evangélica, vol. 1, p. 665. 還有一個例子是一位名叫西路易斯（Nishi Luis）的日本商人，他會說一口流利的西班牙語。他也是一名天主教徒，有幾年時間待在馬尼拉，然後在一六一四年搬回堺，又繼續從那裡往返呂宋。可參見永積洋子（2001），《朱印船》，p. 119。有關其他朱印船商人，包括京都的茶谷家和長崎的長谷川家，可參見Nagazumi 永積洋子（2004）, 'Ayutthaya', p. 242。

92 徳川義宣（1986），「「ルソンの壷」の意味するもの」，pp. 64-65：藝術史學者德川義宣指出，日本人於十六世紀在東南亞獲得的中國罐子被通稱為「呂宋壺」。他還批評媒體大肆宣傳《黄金の日日》時，誤導觀眾對呂宋壺的貿易想像。《黄金の日日》是NHK（日本放送協會）在一九六〇年代推出的電視劇，內容在講述海上商人呂宋助左衛門的冒

Global Entrepôt', pp. 1-25。

68 外山幹夫（1987），《松浦氏と平戸貿易》，p. 168。

69 可參見Laures（1941）, 'Ancient Document'。

70 AGI Filipinas 18 A, r. 5, n. 32, 'Copia de Carta de Vera al virrey sobre situación, japoneses', 26 June 1587. 有關九州與平戶的關係，也可參見AGI Filipinas 34, n. 64, 'Carta de Pablo Rodríguez sobre el rey de Firando', 7 July 1584。

71 Pastells（1925）, Historia General, vol. 1, pp. 47-49.

72 Pastells（1925）, Historia General, vol. 1, p. 50.

73 真榮平房昭用「地方—中央」的觀點對島津和呂宋貿易進行探討，並將之定義為邊陲的國外貿易。真栄平房昭（2004），「近世初期のルソン交流史を探る」。

74 永積洋子（1990），《近世初期の外交》；加藤栄一（1986），「八幡船・朱印船・奉書船：幕藩制国家の形成と対外関係」，pp. 120-134。

75 Mizuno（2004）, 'China in Tokugawa Foreign Relations', pp. 111; 116；上原兼善（2006），「初期徳川政権の貿易統制と島津氏の動向」，pp. 509-510：在一六〇〇年家康寫了第一封信給中國，要求恢復勘合符貿易。不過，他不是以個人的名義對皇帝提出要求，那封信有三位大名共同署名（寺沢正成、島津義弘和島津忠恆），而且是送信給福建省的軍事指揮官毛國器。

76 上原兼善（2006），「初期徳川政権の貿易統制と島津氏の動向」，pp. 509-510。

77 本書的翻譯是根據Aduarte（1640）, Historia, p. 251：'Yo he oído que trataís muy bien a los que van ahí deste mi reino, y se les he dicho a los que viven en el, para que lo sepan.'

78 上原兼善（2006），「初期徳川政権の貿易統制と島津氏の動向」，pp. 509-510。

79 Jansen（2002）, Making, p. 53.

80 有關薩摩和琉球的關係，可參見渡辺美季（2012），《近世琉球と中日関係》；Okamoto（2008）, 'Foreign Policy', pp. 35-55。

81 Hellyer（2009）, Defining Engagements, pp. 46-47.

82 BR 10, p. 171. AGI Filipinas 6, r. 9, n. 146, 'Carta de Tello sobre abandono de Mindano, embajada a Japón', 23 June 1598. 我們有理由相信特略是參考了他在一年前收到的一封信。發信者被稱為「Cata Canzuyeno Camidano」

51 並參照岩生成一（1958），《朱印船貿易史の研究》，pp. 14-15；Cheng（2013）, War, Trade and Piracy, p. 18。（鄭維中，《海上傭兵》，頁54-56。）

52 伊川健二（2010），「聖ペドロ・バウティスタと織豊期の日西関係」，pp. 25-44；Álvarez-Taladriz（ed.）（1973）, Relaciones。

53 林復齋等（編）（1967），《通航一覽》，179／567。

54 貨物後來被貴族分掉了，據說連天皇都拿到一些東西。

55 Uyttenbroeck（1959）, Early Franciscans, pp. 22-33; Gil（1991）, Hidalgos y Samurais, p. 75.

56 雅保多的博士論文有對此主題展開探討，他參考了博克瑟、阿爾瓦雷斯-塔拉德里茲（[Jose Luis]Álvarez-Taladriz）、勞雷斯、舒特（[Josef Franz] Schütte）和松田毅一（Matsuda）的著作。可參見Iaccarino（2013）, 'Comercio y Diplomacia', p. 74。

57 二十六名殉教的天主教聖人被公開行刑之後，耶穌會修士在長崎港的訊問中極為關注貨物遭到沒收一事，還有誰要為二十六人之死負責。可參見ARSI Jap／Sin 32, ff. 6-40。

58 Knauth, Confrontación Transpacífica, p. 21.

59 岡美穂子（2010），《商人と宣教師：南蛮貿易の世界》，pp. 130-135。

60 BR 17, p. 50.

61 永積洋子（2001），《朱印船》，p. 49。

62 Cheng（2013）, Trade, War and Piracy, pp. 21-24; 30.（鄭維中，《海上傭兵》，頁60-67; 75-77）

63 Cocks（1893）, Diary, p. 339：「絹絲現在已經不比我們的艦隊剛抵達時那麼值錢了，但我們還是會拿走大部分剩下來的絹絲，把要當禮物的送出去，其他的則保存到下一次季風之前；就像荷蘭人之前的作法。」

64 Plinius the Elder, Naturalis Historia, vol. 12, p. 84. 我是受到湯瑪斯・埃特爾（Thomas Ertl）在維也納大學（University of Vienna）的就職演講所啟發，'Die Seidenmetapher. Fäden eines sozialen Diskurses im europäischen Mittelalter', 31 October 2012.

65 Lieberman（2009）, Strange Parallels, vol. 2, p. 423；也可參見Miyamoto（2004）, 'Quantitative Aspects', p. 40。

66 AGI Filipinas 18A, r. 5, n. 32, 'Copia de Carta de Vera al virrey sobre situación, japoneses', 26 June 1587.

67 有關平戶在國外貿易中的重要位置，可參見Clulow（2010）, 'From

36 Reed（1978）, Colonial Manila, endnote 19.
37 Lockhart, Schwartz（1989）, Early Latin America, p. 152.
38 Ayers（ed.）（1700-1746）, Cédulas reales, no. 30（1589）.
39 同上註。
40 Cunningham（1919）, Audiencia, p. 158.
41 一名蓋倫帆船商人的敘述便很能說明早年的龐大獲利：「如果我載了兩百篤卡的西班牙商品，再加上一些法蘭德斯器皿到馬尼拉，便能在該國賺得一千四百篤卡。因此，我可以說靠著我從那裡帶到墨西哥的絲，一趟可以獲得兩千五百篤卡，如果那些高級絲都沒有被海水泡壞的話，還可以賺到更多。」並參照Regidor, Jurado, Mason, 'Commercial Progress of the Philippines', p. 10。
42 Chuan（1975）, 'Chinese Silk Trade', p. 256.
43 Chuan（1975）, 'Chinese Silk Trade', p. 256.
44 AGI Filipinas 339, l. 2, ff. 70r-71r, 'Orden al Virrey de Perú sobre prohibición de comercio', 11 January 1593. BR 25, p. 137. 雖然已經有一五九三年的規定，但在一五九七年時，還是有兩名祕魯商人——若翰・索利斯（Juan Solís）和愛德華多・安東尼奧（Eduardo Antonio）——活躍於澳門和日本。
45 Slack（2010）, 'Sinifying New Spain', pp. 7-34.
46 Cocks（1883）, Diary, p. 259（13 November 1613）. 有關英國在平戶的貿易據點，可參見藤野保（1985），《九州と外交・貿易・キリシタン》，pp. 129-161。
47 若翰・德・席爾瓦對日本商人渴望買到中國絲作了以下評論：'Los japoneses – que no pueden pasar sin seda – han de venir por ella a nuestro puerto trayéndonos la plata: somos dueños de todas sus contrataciones, Siam, China y Cambodia habiendo de pasar por este Estrecho, y así estimarán nuestra amistad y se abriría la puerta a la conversión, principalísimo fin de V.M.' AGI Filipinas 21, r. 10, n. 47, 'Carta al Rey de D. Fernando de Silva, governador de las Islas Filipinas, dando cuenta de la jornada que D. Antonio Carreño de Valdés hizo a la Isla Hermosa', 30 June 1626。並參照Borao et al.（2001）, Spaniards in Taiwan, vol. 1, p. 82。
48 有關日本絲織業的更多細節，可參見Jansen（1992）, China in the Tokugawa World, p. 17。
49 Hayami（2004）, 'Introduction', p. 16.
50 中島樂章（2009），「ポルトガル人日本初 航再論」，pp. 41-81。

的貢獻。大都會藝術博物館（Metropolitan Museum of Art）甚至有一個小型展覽專門展出馬尼拉蓋倫帆船上的產品。展品包括中國陶器和中國漢人的宗教藝術，http:／／www.metmuseum.org／toah／hd／mgtr／hd_mgtr.htm（瀏覽日期為二〇一三年十一月二十日）。「馬尼拉披巾」（mantón de Manila）直到今天還是佛朗明哥舞的必備服飾，它其實就是中國與西班牙文化轉移的標誌。傳統上，這種絲質披巾都會以花的圖案作為裝飾。它在中國的領土也絕非罕見。在馬德里的裝飾藝術博物館（Museo de Artes Decorativas）裡，可以欣賞到十九世紀初一件極為迷人的作品，展品的標示為'¿China o Filipinas?'也可參見http://www.passimblog.com/de-china-a-sevilla-pasando-por-manila（瀏覽日期為二〇一三年二月二十七日）。

24 Chuan（1975）, 'Chinese Silk', pp. 241-260.

25 AGS PTR. LEG. 89, doc. 298, 'Memorial del Reino pidiendo la prohibición de la importación de seda de China y Persia', August 1617.

26 BR 8, pp. 316-318.

27 Ayers（ed.）（1700-1746）, Cédulas reales, no. 3（1577）.

28 Montalbán（1930）, Spanische Patronat, p. 113. 在一五八三年，有一艘由弗朗西斯科・德・梅爾卡多（Francisco de Mercado）率領的馬尼拉蓋倫帆船，在廣東與福建交界附近的南澳島擱淺。全數馬尼拉蓋倫帆船的完整清單（包括抵達日期），可參見http:／／docs.google.com／viewer?a=v&pid=sites&srcid=ZGVmYXVsdGRvbWFpbnxtYW5pbGFnYWxsZW9ubGlzdGluZ3xneDoxNzhiZWQ3NDkzNjEwNTA3（瀏覽日期為二〇一四年六月七日）。

29 BR 6, pp. 279-280.

30 並參照Montalbán（1930）, Spanische Patronat, p. 115。

31 AGI Filipinas 18A, r. 5, n. 31, 'Carta de Vera sobre situación, comercio, japoneses', 26 June 1587.

32 AGI Filipinas 339, l. 2, ff. 70r-71r, 'Orden al Virrey de Perú sobre prohibición de comercio', 11 January 1593.

33 BR 25, p. 137.

34 Reed（1978）, Colonial Manila, p. 30.

35 AGI Filipinas 18B, r. 2, n. 4, 'Carta de G. P. Mariñas sobre oposición a la pancada', 31 May 1592. AGI Filipinas 18B, r. 2, n. 9, 'Carta de G. P. Mariñas sobre Pedro de Rojas', 6 June 1592.

點。

7 Hellyer (2009), Defining Engagements, p. 7.

8 Hellyer (2009), Defining Engagements, p. 11.

9 同時參照Iaccarino (2013), 'Comercio y Diplomacia', p. 81。字面的證據，是邀請信中表明取道前往阿卡普科的西班牙蓋倫帆船獲准在所有日本港口登陸，不須擔心遭受侵害。有關船難的細節可參見岸野久(1974)，「徳川家康の初期フィリピン外交--エスピリトゥ·サント号事件について」，pp. 21-36。

10 Wills (2010), 'Maritime Europe', p. 41.

11 Zhao (2013), Qing Opening的第一章有對此進行討論。

12 有的觀點認為幕府想要讓國外貿易制度化是為了在經濟上獲利，亞當·克拉洛的論證反對這個觀點。Clulow (2006), 'Pirating', p. 76.

13 Carioti (2010), 'Focusing on the Overseas Chinese', pp. 62-75. 帕特里夏·卡里奧蒂強調這段時期前往日本的中國移民十分多元。大多數在十六世紀晚期的中國新移民，可以被歸類為沿海低階層的「亡命之徒」。不過在一六三〇年代之後，也加入許多逃避滿州人的知識分子難民。

14 有關於中國與全球絹絲貿易的整合，可參見Cheong張榮祥(1997)，Hong Merchants。作者觀察十七和十八世紀的廣州貿易，檢視不同階段的歐洲和中國商人在廣州的連結性。

15 在一五八〇年代，有不同種類的中國絲輸入馬尼拉，均登錄於AGI Patronato 24, 66. f. 8，並參照Gil (2011), Chinos, p. 62。其中包括花錦、軟緞、成梱的絲線、白絲、織錦、生絲和亞麻布。有關中國絹絲和馬尼拉對日本需求的理解，也可參見Morga (1890), Sucesos, p. 351。

16 Borah (1943), Silk Raising.

17 並參照Israel (1981), 'Debate', pp. 170-180。

18 Bazant (1964), 'Evolution of the Textile Industry', pp. 56-61.

19 Bazant (1964), 'Evolution of the Textile Industry', p. 27.

20 BR 19, pp. 304-307. 這份報告推測如果控制中國和美洲之間的貿易，可以有多少獲利。有關美洲殖民地市場的中國商品，可參見Mazumdar (1998), Sugar and the Society, pp. 154-155。

21 並參照Iwasaki Cauti (1992), Extremo Oriente, p. 39。

22 García Fuentes (1980), Comercio español，書中論及卡斯提亞和安達盧西亞失去了絹絲中心的地位。Reed (1978), Colonial Manila, p. 30.

23 可參見Ho (1994), 'Ceramic Trade'。藝術史學者在這個領域中有重要

198 AGI Filipinas 1, n. 133; 'Consulta sobre carta de emperador de Japón', 13 May 1611.《大日本史料》，第12編之6，pp. 658-667；Massarella（1990）, World Elsewhere, p. 79。

199 有關比韋羅與家康協商之後的外交考量，可參見AGI Filipinas 1, n. 133, 13, 'Consulta sobre carta del emperador de Japón', 13 May 1611。

200 威廉·亞當斯經德川封爵之後，賜名三浦按針，他是史上唯一被封爵的歐洲人。

201 Murakami（1917）, 'Japan's Early Attempts', p. 473.

202 在一六一六年，那艘船又橫渡太平洋來到菲律賓，西班牙總督最後在菲律賓買下了它。須藤利一（1968），《船》，pp. 115-118。

203 有關於日本的天主教，可參見高瀬弘一郎（2002），《キリシタン時代の貿易と外交》。

204 Clulow（2014）, Company, p. 51.（克拉洛，《公司與幕府》，頁94。）：「不符合德川常規的來信會遭到毫無餘地的拒絕，如果對方統治者的合法性還未獲得確認，他派來的使者也會被阻擋於日本國界之外，而且不附任何理由的遣送回去。」這種狀況曾經發生在暹羅使節團、彼得·諾易茲（Pieter Nuyts，巴達維亞總督在一六二七年派遣的使者）與葡萄牙國王在一六四四年所派的代表團。葡萄牙代表團的部分，可參見Boxer（1979）, Portuguese Embassy, p. 205。

205 永積洋子（1990），《近世初期の外交》；與西班牙建立直接關係的轉捩點發生在迪亞哥·德·聖卡塔利那（Diego de Santa Catalina）到訪日本時。

第二章　地方與中央的二元主義

1 Carioti（2007）, 'International Role', p. 39.

2 許多歷史學家都討論過西班牙重商主義扮演的角色，還作出一些帶來爭議的結論。蕾吉娜·格雷夫專注於研究經濟策士群（arbitirastas）、行動者和代理人，她在近期強調的概念，是近代西班牙的契約君主制。可參見Grafe（2014）, 'Polycentric States', pp. 242-244；其他研究包括Kamen（1993）, Crisis and Change; Smith（1971）, 'Spanish Mercantilism', pp. 1-11。

3 Flynn, Giráldez（2008）, 'Born Again', p. 382.

4 Williamson, O'Rourke（2002）, 'When Did Globalisation Begin?', pp. 23-50.

5 Zhao（2013）, Qing Opening; Cheng（2013）, War, Trade and Piracy.

6 中島樂章（編）（2013），《南蛮·紅毛·唐人：一六 ‧ 一七世紀の東アジア海域》，書中收錄的論文，包括對中國海域的其他研究和新的研究觀

183 這位「大使」在外交關係中的成就，詳細紀錄可見AGI Patronato 53, r. 24; 'Méritos y servios: Francisco Moreno Donoso: Filipinas', 27 April 1620。他支持天主教布道團，並用自己的錢在豐後蓋了兩間教堂。

184 對於長年爭執的綜合描述，可參見Reyes Manzano（2005），'Mitos y Leyendas', pp. 62-63。

185 AGI Filipinas 19, r. 3, n. 35, 'Copia de Carta de Acuña al emperador japonés Dayfu Sama', 1 June 1602.

186 Torres-Lanzas（1928）, Catálogo, p. 26.

187 北大年在今天的泰國是重要的胡椒港，它在德川早期的對外關係中扮演重要的角色。德川的第一封外交信函，便是在一五九九年發給北大年蘇丹的信。

188 BR 14, p. 46.

189 那封信的抄本和翻譯可參見Clulow（2014）, Company, p. 57。.（克拉洛，《公司與幕府》，頁99-100。）

190 清水有子（2012），《近世日本とルソン—「鎖国」形成史再考》。

191 林復齋等（編）（1967），《通航一覽》，179／571（1604）。

192 雅保多的博士論文整理了各修會的人名和路徑。Iaccarino（2013），'Comercio y Diplomacia', pp. 71-72.

193 Lach（1993）, Asia, vol. 3, book 1, p. 209.

194 Willeke（1991）, 'Franziskanerklöster', pp. 227-238.

195 在一六〇四年，佩德羅・德・阿庫尼亞曾經告知西班牙國王，日本海盜又在呂宋附近作亂。可參見Schurz（1985）, Manila Galleon, p. 102。從西班牙人角度來看，日本和中國海盜是一五九〇年代威脅殖民地安全的眾多風險之一，因此他們不得不一直保持警戒。可參見Ayers（ed.）（1700-1746）, Cédulas reales, no. 30（1589）。

196 家康在一六〇九年所寄信件的原本，可參見AGI MP-Escritura_Cifra 30, 'Carta original del Universal Señor del Japón, Ieyasu Tokugawa（Minamoto Yeas）, al duque de Lerma, en la que autoriza a los navíos españoles procedentes de Nueva España a tocar puertos japoneses, dejando los pormenores del asunto al franciscano Fray Luis Sotelo', 28 December 1609。秀忠在一六一〇年五月四日的信件，可參見AGI MP-Escritura_Cifra 31。

197 林復齋等（編）（1967），《通航一覽》，179／574：他將日本商人驅逐出境，理由是這些商人「沒有特定目標，卻賴著不走」，他們「不知道自己想要什麼」，但是卻擾亂了馬尼拉的社會秩序。

利奧・索拉認為他的風格直率。對於與新西班牙直接貿易一事，家康堅持要得到一個答案，他還催促馬尼拉的總督盡速回覆。Sola（1999）, Historia de un Desencuentro, pp. 94-96. 日文原本可參見村上直次郎（編）（2005），《異國往復書翰集》，p. 84。

172 整體而言，家康對違法的海上商人顯得毫無寬貸。在幕府採取積極對外政策的三十餘年期間，他曾經請求幾位東南亞的統治者，根據當地法律嚴懲行為不端的日本商人。以柬埔寨為例，可參見近藤守重（1983），《外番通書》，p. 181；武田万里子（2005），《鎖国と国境の成立》，pp. 7-27；Kuno（1940）, Japanese Expansion。

173 林復齋等（編）（1967），《通航一覽》，179／570。

174 AGI Filipinas 19, r. 3, n. 38, 'Carta del fiscal Salazar sobre llegada de Acuña', 20 June 1602: 'En nombre de Dayfusama habia escrito Fray Jeronimo de Jesus al Gobernador de Manila sobre el trato y comercio entre japones y españoles, manifestandole haber preso y castigado a los japones y sangleyes, que en años precedentes habian ido a hacer daño a Filipinas.'

175 例如一六〇八年的一封信，可參見村上直次郎（編）（2005），《異國日記抄》，pp. 13-14。

176 Massarella（1990）, World Elsewhere, pp. 115-116. 英國和荷蘭商人在十七世紀早期享有某種程度的治外法權。幕府在一六一三年頒布命令，規定僱員犯罪的話，可由英國商館的負責人加以懲處。但是英國商館要遵照幕府的法令。

177 Cabezas（1995）, Siglo Ibérico, p. 319.

178 AGI Filipinas 19, r. 3, n. 51, 'Relación de lo sucedido a Lope de Ulloa en la Espíritu Santo', 26 July 1602.

179 Colín（1900-1902）, Labor Evangélica, vol. 1, pp. 19-23.

180 Sola（1999）, Historia de un Desencuentro, pp. 97-99. 那是由長崎葡萄牙人翻譯、要交給西班牙人的明文承諾。也可參見村上直次郎（編）（2005），《異國日記抄》，pp. 258-259。

181 村上直次郎（編）（2005），《異國日記抄》，pp. 253-254；中村拓（1965），《御朱印船航海図》，第1卷，pp. 235-236；AGI Filipinas 19, r. 3, n. 51, 'Relación de lo sucedido a Lope de Ulloa en la Espíritu Santo', 1602。

182 出自腓力三世一六〇九年七月四日腓力三世在塞哥維亞給唐・若翰・德・席爾瓦的「Cédula real」（皇家特許狀）。並參照東洋文庫，'Filipinas y el Japón'，p. 51。

Portugal, p. 138.

163 有關一五九〇年代外交通信中對「友誼」這個詞的誤導性翻譯，可參見Pastells（1925）, Historia General, vol. 3, pp. 56-57; 60。有關日本在一五九三年四月二十七日派遣的使者原田，書中概括為：'A lo que el emperador Cambacondono mi señor me envía con titulo de embajador a V. S. como a persona que está en nombre del Rey Felipe es a pedir y ligar desde ahora en adelante las paces que el estrecho vínculo de verdadera amistad y fraternidad.' 有關於用語和含義的理論分析，可參見Fraser（1994）, 'Genealogy', pp. 309-315。

164 荒野泰典說明德川在國際間的首次登場。荒野泰典（1987），「日本型華夷秩序の形成」。

165 在近代的短暫西日關係史中，關於幾個最重要事件的詳細研究可參見Gil（1991）, Hidalgos y Samurais。也可參見我自己對此複雜問題的想法：Tremml（2009）, 'Global History of Manila', pp. 184-202。

166 鈴木かほる(2010)，《徳川家康のスペイン外交》，p. 24。

167 原信的複印本可參見：朝尾直弘等（編）（1993）《岩波講座 日本通史 近世1》；村上直次郎（編）（2005），《異國日記抄》，pp. 198-199; 214。Gil（1991）, Hidalgos y Samurais, pp. 252-53：熱羅尼莫・德・赫蘇斯是一六〇〇年的「內府」「使者」，他曾於一五九四年和一五九八年之間待在日本一段時間。

168 Sola（1999）, Historia de un Desencuentro, pp. 86-88. 觀見的相關細節可參見Sola（2011）, 'Relación de Pedro Burgillos sobre el Japón del inicio de los Tokugawa', http:／／www.archivodelafrontera.com／wp-content／uploads／2011／07／A-PAC03-tokugawa.pdf（瀏覽日期為二〇一四年一月二十八日）。

169 林復齋等（編）（1967），《通航一覽》，179／570。

170 上原兼善（2006），「初期徳川政権の貿易統制と島津氏の動向」，p. 509。有另一個不同的版本指出，家康下令扣押六艘原本要從日本南部港口出海、前往菲律賓海域打結的船隻，並讓他們兩百多名船員被釘上十字架，以作為警告（耶穌會的文獻中記載為一百名）。

171 永積洋子（2001），《朱印船》，p. 47；林復齋等（編）（1967），《通航一覽》，179／576。AGI Filipinas 19, r. 3, n. 36, 'Traducción de carta de Tarazaua Ximono Cami a Acuna', 1 June 1602. 除了家康的信之外，他的下屬寺澤廣高（西班牙文獻中稱為Ximonocami）也寫了另一封信。埃米

155 Pérez (1916), Cartas VI, pp. 216-218; Willeke (1986), 'Notizen', pp. 261-271. 他們在京都興建了Iglesia de la Nuestra Señora de los Ángeles教堂與聖安娜(Santa Ana)醫院。大阪的修道院叫作Belén，教堂則是Iglesia de San Lazaro。

156 Morga (2008), Sucesos, pp. 78-84.

157 ARSI Jap／Sin 32, ff. 12-14.

158 有關方濟各會和耶穌會的觀察者對這些爭議拼湊出的圖像，以及范禮安對方濟各會行事方式的強烈批評，可參見Álvarez-Taladriz (ed.) (1973), Relaciones, p. 69。在德川統治期間，方濟各會修士成為日本和呂宋間的重要協調者。在法律上耶穌會的作法是對的，直到一六〇〇年，教宗克萊孟七世(Clement VII)才以「Onerosa pastoralis」指示所有托缽會修士有權進入日本，不過他們必須透過葡屬印度經營教會。教宗保祿五世(Paul V)遲至一六〇八年才取消所有限制。可參見Reis Correira (2005), 'Rivalries'。教宗西斯篤五世(Sixtus V)發布了簡略的Dum ad uberes fructus，根據方濟各會於一五八六年在菲律賓的前例，授權修士在「印度群島」和中國創辦布道團。

159 Girón (1965), Nippon, pp. 172-176. 莫伽也有提到那隻大象。Morga (2008), Sucesos, p. 81. 知名畫師狩野內膳畫的一面「南蠻屏風」就是以唐·佩德羅為重要特色，這面屏風現在是神戶市立博物館的收藏品之一。

160 AGI Filipinas 6, r. 9, n. 146, 'Carta de Tello sobre abandono de Mindanao, embajada a Japón', 23 June 1598.

161 BR 10, p. 211：「然而海盜就緊跟在他們之後而來，這讓我們懷疑他們是否達成同樣的協議並結盟，因此對他們做了一些調查、將他們的指揮官逮捕。但我們沒發現什麼重要的事。我派遣唐·璜·龍基略(Don Joan Ronquillo)將軍和若翰·德·阿爾塞加(Joan de Alcega)船長出動槳帆船和槳帆艇攻擊敵方；雖然敵方在他們的視線內，但他們最終沒有影響到瞄準的目標，因為他們的船隻不適當，而且還有暴風雨肆虐。我又派出加斯帕爾·佩雷斯(Gaspar Pérez)船長〔……〕；他的運氣比較好，遇到兩艘日本船隻，並戰勝等著他的那一艘，將船員全數殲滅。他把一名本城的日本人活捉回來，在日本人和中國人面前處死。」

162 在中世紀晚期，卡斯提亞和亞拉岡王權都是利用外交關係的概念，來鞏固他們在伊比利半島和歐洲的勢力。我在二〇一三年十二月十三日東京大學中世紀研究會的報告中有提出這一點。迪斯尼(Disney)則討論葡萄牙人在亞洲是如何利用「友誼」(amizade)。Disney (2009), History of

145 AGI Filipinas, 18B, r. 2, n. 12, 'Carta de G. P. Mariñas enviando cartas de Japón', 11 June 1592. BR 8, pp. 260-261. 信件分別在一五九一年、一五九二年、一五九三年和一五九七年被送往菲律賓。前三封信與送到臺灣的信類似。

146 朝尾直弘等（編）（1994）《岩波講座 日本通史 近世2》，第12卷，p. 42。

147 之前的學術文獻經常強調秀吉與德川家康的外交關係處於兩極。秀吉的外交關係充滿侵略性，而家康則多是睿智地一步步靠近外國統治者。這種論述方向可以追溯回當代西班牙人的描述。巴勃羅・帕斯得、以及艾瑪・H・布萊爾和詹姆斯・A・羅伯遜的書中，都只有兩者之間溝通失敗的描述。另一個例子是西班牙方濟各會修士萊哈爾薩（Lejarza）的書：Lejarza（1961）, Bajo la Furia de Taikosama。對兩方的相遇比較持平的描述，可參見Bernard（1938）, 'Débuts des Relations', pp. 99-137。

148 Pastells（1925）, Historia General, vol. 1, p. 51; Morga（2008）, Sucesos, p. 230.

149 AGI Filipinas 6, r. 7, n. 110, 'Carta de Pedro González de Carvajal sobre su viaje a Japón', 1594.

150 這封信最後沒有署名，也沒有任何慣用的正式祝福用語。

151 有關長谷川與南蠻貿易的關聯，可參見大石慎三郎（1986），《朱印船と南への先駆者》。

152 可參見村上直次郎（編）（2005），《異國日記抄》，pp. 102-104。

153 本多正信佐渡守在擔任岡崎大名時，就獲得家康的賞識。家康認為他既忠誠，又有政治上的長才，並委託他擔任參謀職務。本多是家康對外事務的首席參謀，因此經常要負責與西班牙人交涉。正信死後，他的工作大部分移交給兒子本多正純上野介，正純於一六〇六年陪同家康到駿府。正純以家康家臣的身分，連同五山的僧侶元佶與崇傳，一起負責起草與分發海上貿易許可證。幕府的財政是由京都富商庄三郎光次負責。「船奉行」一職由向井正綱将監出任，他也負責海上貿易。

154 來自長崎的熱羅尼莫・德・赫蘇斯向他的方濟會教友弗朗西斯科・德・拉斯・米撒（Francisco de las Misas）提出警告，說薩摩有可能發動佔領。岩生成一（1937），《南洋日本町の研究》，p. 262。岩生成一根據帕斯得記述，描寫日本的第三位使者長谷川宗仁（佩德羅・卡魯巴哈魯〔Pedro Karubaharu〕）在一五九三年的信中，指出如果兩國間的貿易中斷，日本就有可能出動軍隊。可參見岸野久（1986），「フィリピン貿易と助左衛門」，p. 43。

133 AGI Filipinas 34, n. 64, 'Carta del Pablo Rodriguez sobre el Rey de Firando', 7 October 1584; Uyttenbroeck（1959）, 'Early Franciscans', p. 128.

134 AGI Filipinas 84, n. 46, 'Carta del franciscano Juan de Plasencia sobre varios asuntos', 18 June 1585.

135 AGI Filipinas 34, n. 64, 'Carta de Pablo Rodríguez sobre el rey de Firando', 7 October 1584.

136 AGI Filipinas 34, n. 63, 'Traslado de carta del rey de Firando', 17 September 1584. 也可參見《大日本史料》，第十一編之七，p. 595；《日本学術普及会》，附錄五一六。松浦寄送的信件和禮物是由一艘葡萄牙船隻載運的。

137 Tremml（2012）, 'Waren sie nicht alle Piraten?', pp. 144-167.

138 ARSI Jap-Sin, 9, II.

139 薩拉薩爾主教提出的詢問也可證明該批訪客的存在。同時參照岸野久（1986），「フィリピン貿易と助左衛門」，p. 42。耶穌會修士約翰內斯・勞雷斯（Johannes Laures）指出這個早期天主教代表團的成員包括博多人唐・若翰・德・維拉（Don Juan de Vera）、兩名豐後人塔考阿・涅莫（Tacaua Niemo）和唐・巴拉薩・加納爾（Don Balatsar Garnal）、京都府的當地人巴勃羅・法蘭達・齊姆（Pablo Faranda Ziem）、豐後當地人熱羅尼莫・巴塔南貝・澤莫克塞羅（Jeronimo Batanambe Zemoxero）、平戶人安德烈斯・岡薩維斯・安布拉亞・亞法奇羅（Andres Gonzalves Ambraya Yafachiro）、豐後人約阿西姆・德・維拉（Joacim de Vera）、京都府人加布里埃爾・南加諾・托塔蒙（Gabriel Nangano Totamon）、堺人若翰・亞南吉亞・蓋尼莫托（Juan Yananguia Guenimoto）、兩名博多人若翰・山本・何塞吉里（Juan Yamamoto Josogiro）和萊昂・吉明索・伊克吉羅（Leon Giminso Ixogiro）。可參見Laures（1941）, 'Ancient Document', p. 7。

140 AGI Filipinas 6, r. 6, n. 61, 'Carta de Vera sobre pobreza de la gente de guerra', 26 June 1586.

141 清水有子（2010），「「鎖国」政策の進展とスペイン」，p. 139。

142 AGI Filipinas 18A, r. 5, n. 32, 'Copia de Carta de Vera al virrey sobre situación, japoneses', 26 June 1587.

143 AGI Filipinas 34, n. 75, 'Carta de Santiago de Vera sobre situación general', 26 June 1587. 有關從平戶出發、在東南亞進行的商業營利，可參見Clulow（2010）, 'Maritime Violence', p. 83。

144 Igawa（2010）, 'At the Crossroads', p. 83.

在那裡、或是只能進行貿易，該文的論證顯示西班牙和葡萄牙對此事件的相關文獻存在極大矛盾。同樣的，西班牙作法的真實用意也存在爭議。

120 Vande Walle／Kasaya（eds）（2001）, Dodonaeus in Japan, pp. 104-105，該書指出近代的交流包含三個要素：資訊、表達和理解。

121 曾經待在日本多年的路易士・佛洛伊斯（Luís Froís）匯編與日本有關的早期民族誌研究。第一本日文與葡萄牙文的字典便是由他所編寫，他也得利於與貴族的密切往來（例如織田信長）。可參見Froís（1599）, Rebus Iaponicis。在一六〇四年耶穌會報刊印製第一本字典《Vocabulario da Lingoa de Iapam》之前，耶穌會傳教士之間有幾本未出版的手稿流通，好幫助他們學習語言。可參見Ebisawa（1971）, 'Meeting of Cultures', p. 127。

122 Wade, MSL, http:／／epress.nus.edu.sg／msl／entry／1020（瀏覽日期為二〇一三年十二月二日）。

123 AGI Filipinas 30, n. 12 'Carta de Niño de Távora sobre la expedición a Isla Hermosa', 4 August 1628.

124 並參照Clulow（2014）, Company, p. 56，其根據為巴達維亞城日誌（Batavian Dagregisters）。（克拉洛，《公司與幕府》，頁99-100。）

125 並參照Kang（2010）, East Asia, p. 98。

126 Wade, MSL, http:／／epress.nus.edu.sg／msl／entry／3188（瀏覽日期為二〇一三年十二月四日）。

127 Hsü（2000）, Rise of Modern China, p. 95. 這三個政府的共通特性就是用語常帶貶義，對他者也缺乏同理心。例如我們可以聯想到西班牙把馬尼拉的中國人稱作「常來人」，或日本人稱歐洲人是「南蠻」。

128 張燮（1981），《東西洋考》，卷七。

129 Ollé（2002）, Empresa, p. 249：有一個很少用的詞「干西蠟」（ganxila），是用來指稱呂宋的卡斯提亞居民，它是指來自「干西蠟」王國（也就是卡斯提亞王朝）的人。

130 Wade, MSL, http:／／epress.nus.edu.sg／msl／entry／833（瀏覽日期為二〇一四年三月十七日）。

131 Ng（1997）, 'Maritime Frontiers', pp. 221; 248. 中國官員早在一六〇四年就知道荷蘭之前是由西班牙人治理。

132 Monumenta Nipponica是一本研究日本與西方的期刊，已擁有相當聲譽，在第一期可以發現一篇早期的史學研究，研究對象是日本與卡斯提亞最初的外交關係：Bernand（1938）, 'Débuts des Relations', pp. 99-137.

年來一直存在於克勞迪奧・阿奎維瓦和阿隆索・桑切斯之間，可參見ARSI Phil 9。Gil（2012）, Chinos, p. 121.

106 並參照Kamen（2002）, Spain's Road, p. 225。

107 並參照Retana（ed.）（1895／96）, Archivo, p. 42: 'La contratación con los de China es muy dañosa para los españoles y para los de estas yslas porque solamente traen hierro que es útil y otra cosa no porque sus sedas son falsas y sacan de acá plata y oro y cuanto mas durare la comunicación con nosotros sin guerra tanto mas platicos se irán haciendo. [...] Aquí me han dicho indios japones y chinos que los portugueses han llevado allá armas en especial arcabuzes como nosotros los usamos y a mi me vendío un chino un montante portugués y así les podrían enseñar el uso del artillería gruesa.'

108 Borao（2009）, Spanish Experience in Taiwan, p. viii.

109 AGI Filipinas 6, r. 3, n. 18, 'Carta de Sande sobre jornada de Borneo y pidiendo hábito', 29 July 1578.

110 Saunders（2002）, History of Brunei, pp. 54-60.

111 Reid（1999）, Charting, p. 225.

112 Ayers（ed.）（1700-1746）, Cédulas reales, no. 30（1589）.

113 那個島在中國被稱為「虎跳門」。可參見Ollé（2002）, Empresa, p. 254，「馬尼拉的西班牙人於一五九八年嘗試在廣東河口建立貿易據點。他們在廣東獲得良好的接待，花了大約七千里耳作為禮物錢，並且被告知他們可以在一個（被他們稱為「埃爾皮納爾」的）地方安頓下來，該據點的地理位置不明。葡萄牙人無法說服廣東當局不要接受西班牙人，因此另尋他途，發動了一次不成功的火船進攻，但是在中國掐斷對澳門的食物供應之後，也只好停火了。」並參照Wills（1998）, 'Relations', p. 349。

114 Pinto（2008）, 'Enemy at the Gates', pp. 11-43.

115 Pinto（2008）, 'Enemy at the Gates', p. 22.

116「葡萄牙指揮官萊奧內爾・德・索薩在一五五四年聲稱他與汪柏達成口頭協議，時任海岸巡防艦隊指揮官的汪柏允許葡萄牙在廣東進行貿易，條件則比照暹羅人。」並參照Souza（1986）, Survival of Empire, p. 17。

117 'Eram ladrones y levantados, y que eran gente que alçauan con los regnos donde entravan.' 並參照Boxer（1963）, Great Ship, p. 61。

118 BR 27, p. 110. 也可參見AGI Filipinas 329, l. 1, ff. 54v-56r, 'Orden de tratar sobre la entrada en China', 15 October 1603。

119 Pinto（2008）, 'Enemy at the Gates', pp. 11-43. 關於西班牙人是否有權住

任、已故的拉韋薩里斯總督時，桑德私自收下了禮物。可參見BR 4, pp. 38-40。

95 例如發動戰爭是為了保衛教會財產，或是為了達到天主教目的而宣稱王權，教宗便會聲稱這場「正義之戰」(guerra justa)是神聖的。可參見Rodríguez-Salgado (1988), Changing Face, p. 27。有些西班牙人認為對中國發起軍事遠征，是為了解放悲慘的人民，並拯救迷失的靈魂。可參見Retana (ed.) (1895／96), Archivo, p. 43；也可參見Morga (2008), Sucesos, pp. 219-220。

96 ARSI Phil 15, ff. 143-146：布拉斯・魯伊斯・德・埃爾南・岡薩雷(Blas Ruiz de Hernán González)率領西班牙士兵和葡萄牙人迪奧戈・維洛佐(Diogo Veloso)進入柬埔寨和寮國，在那裡被捲入繼承之爭。他們與一些意圖謀反的柬埔寨貴族聯合發起政變，並獲得從馬尼拉前來的菲律賓人日本軍支援，但仍然失敗了，有幾名西班牙將領在政變中喪命。可參見Zaide (1949), Philippines, pp. 284-286。達斯馬里尼亞斯派遣艦隊去柬埔寨支援，但在途中遭遇船難。他最後花了一年多時間才沿著廣東沿海前進到珠江三角洲的埃爾皮納爾(El Piñal)，過程主要是因為受阻於澳門的葡萄牙人。

97 Morga (2008), Sucesos, pp. 74-77.

98 Boxer (1953), South China, pp. 241-310.

99 Guerrero (1966), 'Chinese in the Philippines', p. 19. 有關於他對國王的請求，可參見Torres-Lanzas (1928), Catálogo, vol. 2, pp. 47-49。

100 他先是被驅逐出中國，之後再一五八三年二月逃往澳門；因為葡萄牙的耶穌會教士不願意與來自馬尼拉的其他同行合作，於是又從澳門回到馬尼拉。可參見Ollé (2002), Empresa, pp. 104-106; ARSI Phil 16, f. 21ff。第十六卷幾乎整本都是關於桑切斯的資金募集，和他努力說服卡斯提亞王朝為天主教的利益而介入中國。

101 Gil (2011), Chinos, p. 21.

102 Gil (2011), Chinos, p. 401；龍基略甚至在提交給西班牙國王的方案中，自告奮勇表示他要組織和招募人員。並參照Iwasaki Cauti (1992), Extremo Oriente, p. 62。

103 De la Costa (1961), Jesuits, p. 39.「孟加拉的阿隆索對中文只是略懂，但已經是龍基略的最好人選了。」

104 De la Costa (1961), Jesuits, p. 39.

105 桑切斯和范禮安都在他們的不同意見中搬出高層當局；相關爭論其實幾

83 Montalbán (1930), Spanische Patronat, p. 102.

84 Ollé (2002), Empresa, pp. 84-88.

85 Ollé (2002), Empresa, p. 137. 第二次使節團包括六名赤腳的方濟各會修士，熱羅尼莫・德・布爾戈斯（Jerónimo de Burgos）是他們的發言人。由於馬尼拉修士未能及時抵達，所以代表團和信件最後都沒有到達北京。可參見Hsu (2010), 'Writing', p. 328。文中指出第一封信寫於一五八〇年，第二封信則寫於一年之後。

86 Mendoza (2008), Historia, pp. 149-150.

87 Mendoza (2008), Historia, pp. 259-263. 這本手冊是根據他的同伴——其他奧古斯丁修會的修士（例如馬丁・德・拉達）——親眼所見的報導，以及米格爾・德・洛阿爾卡的報告。在一六五五年之前，歐洲已發行了好幾版，還被翻譯成三十八種不同語言，包括西班牙文、英文、義大利文、法文、拉丁文、德文和荷蘭文。可參見Lehner (2011), China in European Encyclopedias, p. 74。

88 AGI Patronato 24, r. 51, 'Carta de Felipe II al Rey de la China', 11 June 1580. 禮物清單可參見AGI Patronato 25, r. 3, 'Memoria de las Cosas que su M／d puede embiar al Rey de Thaibin', 1583。根據一份皇家財庫的紀錄，國王共花費了3,880,215里耳準備禮物，禮物內容主要是伊比利的文化財，例如粗紡毛織物和花絲絨、荷蘭帆布、貴重的床組用品（有鑲金裝飾）、兩套卡斯提亞風格的服裝、西班牙式的褲裝、一件緊身上衣、一頂貝雷帽、女用睡袍、十二副馬鞍、馬的挽具六組、一面威尼斯鏡子、瓷器和玻璃器皿，還有一幅畫（畫中是他的父親查理五世及當時在襁褓中的國王，還有聖母瑪利亞）。

89 Rodríguez-Salgado (1988), Changing Face, pp. 7; 33.

90 可參見Hsu (2010), 'Writing', pp. 326-327。

91 寫給萬曆皇帝的信可參見AGI Patronato 24, r. 51, 'Carta de Felipe II al Rey de la China', 1 June 1580。

92 Hsu (2010), 'Writing', pp. 323-344. 讓我震驚的是，作者將送出奢華禮物的行為，完全歸咎於是腓力二世在隱藏讓中國皇帝接受傳教士的意圖，而沒有考慮到東亞原本就有交換禮物的傳統。除此之外，作者也忽略西班牙人在亞洲的政治與經濟考量。

93 可參見Ollé (2002), Empresa, 68。

94 我找到一個充分的理由說明桑德何以對中國感受到敵意——自尊心受損。當一五七五年的中國使節團還在猶豫是否要把禮物交給桑德的前

nuestros grandes amistad y hermandad y se pondrían en lugar donde el Rey vive y en los otros lugares públicos padrones de piedra y en ellos escrito la hazaña de los castillas que no se habían querido hacer con Limahon antes le avan muerto para hacer bien al Rey de China el cual Omocon como vio al cosario tan destrocado y sin esperanza de navíos en que se ir el sabia.'

69 AGI Filipinas 34, n. 12, 'Copia de la carta de Lavezaris al Rey de China', 1575：那封信是由一名被稱作「Sinsay」的人起草，信中說明西班牙願意與中國建立友好關係。也可參見Retana（ed.）（1895／96）, Archivo, pp. 43-46，我們在該份資料中，可以讀到失望的拉韋薩里斯抱怨明朝不承認西班牙在殖民地菲律賓具有的正統地位，他也指控王望高偽造從馬尼拉帶回中國的信。

70 Ollé（2002）, Empresa, p. 63.

71 BR 27, p. 126.

72 Hsü（2000）, Rise of Modern China, 94.

73 Hsu（2010）, 'Writing', p. 325.

74 Boxer（1953）, South China, p. xlviii.

75 De la Costa（1961）, Jesuits, p. 83. AGI Filipinas 79, n. 5, 'Carta del francisco Pedro de Alfaro sobre China', 13 October 1579.

76 AGI Patronato 46, r. 11, 'Relación de viaje a China de Pedro de Alfaro y religiosos', 1578; AGI Filipinas 79, n. 4, 'Carta del franciscano Pedro de Alfaro sobre su llegada a China', 12 October 1579.

77 Mendoza（2008）, Historia, pp. 251-253. 他們無法取得兩廣總督的官方許可，因此決定走回原先計畫的路線，直到歐提茲（Ortíz）最後終於決定放棄。阿爾法羅則計畫在中國人船長的協助下偷偷潛進廣東。Montalbán（1930）, Spanische Patronat, p. 101.

78 AGI Filipinas 79, n. 4, 'Carta del francisco Pedro de Alfaro sobre su llegada a China', 12 October 1579.

79 AGI Filipinas 6, r. 4, n. 46, 'Pregón de Ronquillo prohibiendo salir sin licencia', 2 March 1582.

80 Iwasaki Cauti（1992）, Extremo Oriente, p. 60.

81 其後的幾年中，開始常常看到有些耶穌會修士仿效佛教僧侶的穿著和風格。佛教僧侶都蓄短髮，並穿著特別的長袍，他們會被一般平民視為「他者」。可參見Peterson（1994）, 'What to Wear?', p. 414。

82 Peterson（1994）, 'What to Wear?', p. 408.

節。

57 兵部在一六〇四年的報告中，指出必須鏟除中國南部沿岸的「惡黨」，這指的是來自呂宋的私營商人。Wade, MSL, http:／／epress.nus.edu.sg／msl／entry／3135（瀏覽日期為二〇一四年三月十四日）。

58 Wang（2003）, Anglo-Chinese Encounters, p. 50.

59 Wade, MSL, http:／／epress.nus.edu.sg／msl／entry／1020（瀏覽日期為二〇一四年三月十四日）。

60 Ollé（2002）, Empresa, p. 68.

61 Vasconcelos de Saldanha（2000）, 'Embassies'.

62 張維華（1934），《明史佛郎機呂宋和蘭意大里亞四傳注釋》，pp. 76-77。

63 Igawa（2010）, 'At the Crossroads', p. 80. 有關謎樣般的Sioco，可參見東洋文庫，'Filipinas y el Japón'，pp. 19-20；也可參見San Agustin（1698）, Conquistas, pp. 401-405。

64 Wade, MSL, http:／／epress.nus.edu.sg／msl／entry／1013（瀏覽日期為二〇一四年四月三日）。

65 Wade, MSL, http:／／epress.nus.edu.sg／msl／entry／1020（瀏覽日期為二〇一四年二月十一日）。明朝中國將非中國人都歸類為「蠻族」，同義的其他用語包括「四夷」和「蠻夷」。

66 此描述是根據弗朗西斯科．桑德總督在一五七六年提出的大膽計畫（他想用不到六千人的兵力征服中國），以及阿隆索．桑切斯神父想在中國建立傳教據點的冒失嘗試。可參見AGI Filipinas 6, r. 3, n. 26, 'Carta de Sande sobre corsario Limajón, reino de Taibin', 7 June 1576。

67 瓦爾特．德梅爾（Walter Demel）認為「代表團」和「使者」這類用語在這個脈絡中並不恰當。Demel（1992）, Fremde in China, p. 86: 'Von den Europäern wurden nämlich auch solche diplomatischen Missionen gerne als "Gesandtschaften" bezeichnet, die nicht etwa an den Kaiser, sondern nur an einen seiner Vizekönige in den südchinesischen Provinzen gerichtet waren. Die erste derartige Mission dürfte jene des Portugiesen Leonel de Sousa gewesen sein, der 1554 durch seine Verhandlungen in Kanton erreichte, daß der Handelsverkehr mit den Portugiesen wieder legalisiert wurde. Im Auftrag des Gouverneurs der Philippinen begab sich 1575 eine kleine spanische Delegation unter der Leitung des Augustiners Martín de Rada nach der Hauptstadt der Provinz Fujian.'

68 Retana（ed.）（1895／96）, Archivo, p. 30: 'El Rey de China haría con

原正純，那封信的謄本可參見歴史学研究会（2006），《日本史史料〈3〉近世》，pp. 121-122；Mizuno, 'China in Tokugawa Foreign Relations', pp. 119-120。

41 《大日本史料》中的《林羅山文集》，pp. 845-849。第二封信是由長谷川藤 署名。

42 Cheng（2013）, War, Trade and Piracy, pp. 20-21.（鄭維中，《海上傭兵》，頁56-61。）也可參見林復齋等（編）（1967），《通航一覽》5，pp. 340-344。

43 Boxer（1963）, Great Ship, p. 82.

44 Wills（1998）, 'Relations with Maritime Europeans', p. 351; Wills（2010）, 'Maritime Europe', p. 47.

45 明朝當局承認大部分活躍的「倭寇」都是中國人。TWYH《明實錄閩海關系史料》，106-110。並參照Cheng（2013）, War, Trade and Piracy, p. 21。（鄭維中，《海上傭兵》，頁60-62。）

46 朝尾直弘等（編）（2000）《岩波講座 日本通史 近世2》，第12卷，p. 35。

47 其詳情可參見《近世外交史料と国際関係》，第6卷。

48 張燮（1981），《東西洋考》，pp. 250-252；Cheng（2013）, War, Trade and Piracy, pp. 21-23。（鄭維中，《海上傭兵》，頁56-61。）

49 Toby（1985）, 'Contesting the Centre', p. 349.

50 這個主題掀起各種爭議，現已經超過三十年。荒野泰典主張日本並不認為自己的地位低於中國，隆納・托比則指出德川認為與明朝保持朝貢關係，會讓日本內部的統治權面臨風險。Iwahashi（2004）, 'The Institutional Framework', p. 94.

51 朝鮮國王通常會在日本的新將軍就任之後派遣使節團前往。

52 Ronald Toby（1994）, 'Indianess', pp. 323-351.

53 有關「日本型華夷秩序」，可參見荒野泰典（1987），「日本型華夷秩序の形成」，pp. 184-226；Batten（1999）, 'Frontiers and Boundaries', p. 176。高木昭作（2003），《将軍権力と天皇 秀吉・家康の神国観》。

54 這些觀察可以往回追溯到肯普弗對荷蘭東印度公司在日本的描述。其他細節可參見Clulow（2014）, Company, pp. 108-114.（克拉洛，《公司與幕府》，頁118-130）。

55 Cohen（2000）, East Asia, p. 213.

56 Allsen（2001）, Culture and Conquest, pp. 51-59. 元朝的蒙古人積極透過外交貿易尋求同盟。他們的範圍一直向外擴大，甚至觸及羅馬教皇的使

（一六〇〇年）。更多相關細節，可參見中西祐樹（編）（2014），《高山右近 キリシタン大名への新視点》。有關内藤ジュリア和其他重要的女性天主教徒，可參見Ward（2009）, Women Religious Leaders。

27 橋本雄（2013），《"日本国王"と勘合貿易》，pp. 75-97。

28 三木晴男（1997），《小西行長と沈惟敬—文禄の役、伏見地震、そして慶長の役》。

29 在中國與朝鮮的聯軍一路向前推進的壓力下，秀吉於一五九三年在軍事陣地名護屋（現今的佐賀縣）接見兩名中國使者。秀吉寫給妻子的一封私人信件中，透露出他對與中國關係和「朝鮮出兵」的結果有不切實際的幻想（「朝鮮出兵」是日文對入侵朝鮮的誤導性稱法，比較正確的用語應該是「侵略朝鮮」）:「明朝皇帝派遣使者來這裡提出和平協議，我也對他們提出我的條件。只要他們全數允諾，我也會接受他們的道歉，依照大明帝國和朝鮮的請託離開他們的國家、凱旋班師回朝。不過，我也下令我軍在朝鮮進行一些建設工作等，到完成之前還需要花上一些時間。」同時參照Boscaro（1975）, 101 Letters, p. 56。也可參見邊土名朝有（2008），《明代冊封体制と朝貢貿易の研究》。

30 北島万次（2012），《秀吉の朝鮮侵略と民衆》。

31 田中健夫（編）（1995），《前近代の日本と東アジア》，p. 19。兩名使者分別是謝用鋅和徐一貫。

32 Swope（2009）, Dragon's Head; Cheng（2013）, War, Trade and Piracy.

33 Kang（1997）, Diplomacy and Ideology, p. 85.

34 相國寺的西笑承兌在準備寫信給中國時，曾翻看《善鄰國寶記》。那封信在一六〇〇年乘船從日本送到中國，同一艘船上還載了薩摩商人鳥原宗安和中國的戰俘及使者（包括毛國器）。可參見Mizuno（2004）, 'China in Tokugawa Foreign Relations', p. 118。

35 加藤栄一（1986），「八幡船・朱印船・奉書船：幕藩制国家の形成と対外関係」，pp. 120-134。

36 渡辺美季（2012），《近世琉球と中日関係》，p. 3。

37 Jansen（1992）, Making, p. 86；有關於沖繩在中日關係中的複雜角色，也可參見Suzuki（2009）, Civilization and Empire。

38 上原兼善（2006），「初期徳川政権の貿易統制と島津氏の動向」，pp. 512-513。

39 Jansen（1992）, Making, p. 85.

40 本多正純在一六一一年十二月十六日起草那封信；本多在信中自稱為藤

根據「人臣に外交なし」(人臣無外交)的想法,「國書」是明朝外交禮節的一環,自然只能由中央統治者或國王送給另一國的中央統治者或國王。

12 Hsu (2010), 'Writing', p. 329. 作者強調哈布斯堡王朝國王聲稱他們對「舊世界和新大陸都有主權」。

13 Toby (1984), State and Diplomacy, p. 139.

14 田中健夫(編)(1995),《前近代の日本と東アジア》, p. 19; 33;檀上寬(2013),《永楽帝——華夷秩序の完成》, pp. 226-221。

15 Kang (2010), East Asia, p. 50.

16 橋本雄(2011),《中華幻想 唐物と外交の室町時代史》, pp. 244-256。

17 Swope (2009), Dragon's Head, p. 230.

18 朝尾直弘(1993),《天下一統》;一般咸認秀吉的自我膨脹是源自他的出身低微,這反映在他習慣用一些很大型的東西來彰顯自己的偉大。

19 可參見村井章介(2013),《富と野望の外交戦略 なぜ、大航海時代に戦国の世は統一されたのか》, p. 51。

20 村井章介(2013),《富と野望の外交戦略 なぜ、大航海時代に戦国の世は統一されたのか》, pp. 25-32。

21 Cohen (2000), East Asia at the Center, pp. 183-215.

22 藤田達生(2012),《秀吉と海賊大名—海から見た戦国終焉》。

23 Swope (2009), Dragon's Head, pp. 286-288.

24 Ng (1997), 'Maritime Frontiers', p. 248. 作者總結了明朝中國認為可以降服日本人的作法。其中的建議包括好好研究日本人、取得他們的優良武器(例如加農炮),並與他們進行貿易。鄭潔西找到的證據顯示,明朝曾經嘗試暗殺秀吉。中國對日本的情報收集包含三種元素:朝貢體系(根據朝鮮和琉球商人帶來的資訊)、中國私營商人搜集的情報,以及戰場上的交流。像在馬尼拉和長崎這些地方,當然也可以得到資訊。鄭潔西(2010),「万暦時期に日本の朝鮮侵略軍に編入された明朝人」, p. 344。

25 《明實錄》,卷242, 萬曆19年十一月壬午。

26 小西行長是堺的一個商人家庭中排行最末的么子。他很年輕時就加入秀吉政府,並在一五八四年受洗。小西行長在秀吉一五八七年的九州遠征中立有戰功,所以受封肥後國的南半部(包括天草島)。明朝代表要求小西行長派遣下屬內藤如安(一五五〇年—一六二六年)到北京當使者。小西行長在關原之戰中,與豐臣軍並肩作戰,戰敗後遭東軍處死

Orientalism; Hevia（2009）, 'Ultimate Gesture', pp. 212-234; Clulow（2014）, Company, pp. 26-30。.（克拉洛，《公司與幕府》，頁60-67。）

2 Biedermann（2005）, 'Portuguese Diplomacy in Asia', p. 15.

3 Black（2010）, History of Diplomacy, p. 14.

4 最著名的就是十三世紀去到中國的方濟各會修士。可參見Arnold（1999）, Princely Gifts, pp. 43-54。

5 亞洲的區域性國際體系，可參見Suzuki（2009）, Civilization and Empire，有關十六世紀東亞的世界體系，可參見Murai（2012）, Sekaishi, pp. 22-27。

6 高瀬弘一郎（1977），《キリシタン時代の研究》；清水有子（2013），「イベリア・インパクト論再考」。

7 亞當・克拉洛在近期的著作中，強調外交關係不是簡單的直線式過程，順利的協商可能只存在於幻想中。他進一步主張所有來到新的亞洲港口的歐洲人都想要「接觸到最高權威」，他們通常的作法就是寄送官方信件，並帶來禮物。Clulow（2014）, Company, p. 26. .（克拉洛，《公司與幕府》，頁60-61。）

8 當平等接觸的理論隨著《西發里亞條約》（Peace of Westphalia）在歐洲傳播時，平等談判的概念與我們今天的概念十分不同。我們今日所謂的平等，是兩邊的民族國家不論兩國大小或經濟實力如何，都享有同樣權利。是到一八一五年的維也納會議（Congress of Vienna）後，外交語言成為歐洲語言，外交才包含平等國家之間的通信。有關現代歐洲外交發展，可參見Black（2010）, Diplomacy, introduction, chapters 1 and 2。也可參見Hamilton, Langhorne（2011）, Practice of Diplomacy；中國的部分可參見Shin（2006）, Making of the Chinese State。

9 Biedermann（2005）, 'Portuguese Diplomacy in Asia', p. 26.

10 Auslin（2004）, Negotiating with Imperialism, p. 4；安潔・弗呂希特（Antje Flüchter）的理論性研究非常具有啟發性，尤其是她對亞洲和歐洲之間的政治知識流通的想法。相關細節可參見Flüchter（2008）, 'Sir Thomas Roe', pp. 119-143。

11 中國、朝鮮和日本的官方通信被稱為「國書」。這三個國家互相理解該文件的重要性和特殊性。田中和石井指出，國書必須以中央統治者的名義發出，而且理想上要以傳統中國曆法紀年。他們還進一步主張家康利用國書，透過與外國的外交通信，才確立他統一日本的地位具有合法性。可參見田中健夫、石井正敏（2009），《対外関係史辞典》，p. 280。

229 Gil（2011）, Chinos, pp. 95-98.

230 Spate（1979）, Spanish Lake, p. 228.

231 根據閔明我（Domingo Navarette）在遊記中所寫的觀察（由查爾斯・拉爾夫・博克瑟翻譯〔1975〕），p. 91：「〔澳門〕與日本和馬尼拉的貿易〔……〕使澳門得以蒸蒸日上，變得極為富裕，但是它不曾與馬尼拉競爭，也沒有人對比過這兩個城市的相似之處。我認為兩者在各方面的差異並不亞於馬德里和瓦爾萊卡斯（Vallecas）的差距，甚至還差得更多。因為馬尼拉的人是自由的，而澳門人則是中國的奴隸。」西班牙結束名義上對葡萄牙的統治之後，西班牙皇室就再度走向貿易保護主義，不再允許葡萄牙人進入馬尼拉。AGI Filipinas 330, l. 5, ff. 14v-15r, 'Orden sobre comercio de los portugueses con Manila', 10 December 1652.

232 Muntaner（2012）, 'Ports, Trade and Networks', p. 266.

233 並參照Gil（2011）, Hidalgos y Samurais, p. 236。

234 舉例來說：荷蘭東印度公司在一六四一年終於成功奪取麻六甲，並使用海上武力迫使商船都要經過麻六甲海峽，好讓該地成為大區域中的首要貿易中心。可參見Clulow（2010）, 'European Maritime Violence', p. 77。

235 根據永積洋子的計算，在朱印船貿易期間輸出的日本白銀共達兩千噸（2,066,556公斤）。其中，朱印船的運輸量為843,000公斤，葡萄牙船隻載送了650,700公斤至澳門，中國中式帆船有343,860公斤，荷蘭船隻則為228,996公斤。並參照村井章介（2013），《富と野望の外交戦略 なぜ、大航海時代に戦国の世は統一されたのか》，p. 23。

236 一般認為這種技術是在一五三〇年代從朝鮮引進日本，後來的幾十年間都在葡萄牙人的協助下進行提煉。「南蠻吹き」被用於黃金和白銀的精鍊，是一種經過改良的清理程序。可參見Souza（1968）, Survival of Empire, p. 48。

237 Asao（1991）, 'The Sixteenth-Century Unification', pp. 60-63.

238 岩生成一（1937），《南洋日本町の研究》，pp. 63-67; 328-330；Hellyer（1639）, Defining Engagements, pp. 51-71。

第一章　三邊的外交關係：南中國海的跨文化外交

1 解釋架構的一些面向可參見Watkins（2008）, 'Toward a New Diplomatic History', pp. 1-14。在過去幾十年中，研究者讓我們知道歐洲在亞洲的外交絕非直線式的簡單外交。也可參見下列書中的文章：Suzuki鈴木章悟 et al.（eds）（2013）, International Orders; Barbour（2003）, Before

220 Seijas（2008）, 'Portuguese Slave Trade', p. 21.

221 Gil（2011）, Chinos, p. 95.

222 Boyajian（1993）, Portuguese Trade, p. 155：書中估算葡萄牙在亞洲貿易的投資（約於一六〇〇年至一六二〇年）。

223 同時參照Cheng（2013）, War, Trade and Piracy, p. 28。（鄭維中，《海上傭兵》，頁70-73。; Chaunu（1960）, Philippines, p. 153.

224 有關明清改朝換代的爭論，像輸入中國的白銀減少和明清改朝換代究竟有沒有關聯，以及一六一九年至一六八九年的明清戰爭等，可參見下列文獻指出的不同觀點：Flynn, Giráldez（2002）, 'Cycles of Silver', pp. 391-427。

225 Souza（1986）, Survival of Empire, p. 83.

226 Boyajian（1993）, Portuguese Trade, p. 64.

227 Boyajian（1993）, Portuguese Trade, p. 239. 作者提到商人安東尼奧・馬丁斯・多爾塔（Antonio Martins d'Orta）在一六二九年於塞維亞收到價值二十萬銀圓（cruzado）的貨物，其中包括中國絲、珍珠、麝香和琥珀，每年由美洲發船的艦隊運來。博亞吉安在研究中還提到其他於一六三〇年代活躍在馬尼拉的墨西哥代理人，包括塞巴斯蒂安・德・若雷奇（Sebastián de Jaureqí）和弗朗西斯科・費爾南德斯・佩雷拉（Francisco Fernandes Pereira）（兩個人都是由墨西哥城的阿馬羅・迪亞斯〔Amaro Dias〕派遣而來），以及安東尼奧（António）和塞巴斯蒂安・瓦茲・達澤維多（Sebastão Vaaz d'Azevedo）；在一六三〇年代和一六四〇年代於馬尼拉，代表思茅・瓦茲・塞維利亞（Simão Vaaz Sevilha）的弗朗西斯科・達・席爾瓦（Francisco da Silva）和曼努埃爾・德・格拉納達（Manuel de Granada）。利馬的曼努埃爾・巴普帝斯塔・佩雷斯（Manuel Baptista Peres）也透過墨西哥的司馬（Simā）等人投入馬尼拉貿易。

228 Boyajian（1993）, Portuguese Trade, p. 240. 在一六三〇年代：安東尼奧・索亞雷斯（António Soares）被派往馬尼拉，為新基督徒商人經手中國貿易。馬尼拉的新基督徒還與澳門和果亞的新基督徒維持直接聯繫。豪爾赫・迪亞斯・德・蒙托亞（Jorge Dias de Montoia）於一六三〇年代和一六四〇年代住在澳門，並與迪亞斯・德・蒙托亞家族的方濟各會兄弟，與其他在馬尼拉和麻六甲的新基督徒進行貿易。馬尼拉的弗朗西斯科・達・席爾瓦聯合他的姻親——果亞和（印度的）科枝（Cochin）的曼努埃爾（Manuel）及加斯帕・達・科斯塔・卡塞雷斯（Gaspar da Costa Casseres）一起投入遠東。

202 Polónia, Barros（2012）, 'Commercial Flows', pp. 111-144.

203 De Sousa（2013），「16—17世紀のポルトガル人によるアジア奴隷貿易—ヴィクトリア·ディアス ある中国人女性奴隷を追って」，pp. 229-281。

204 Von Glahn（1996）, Fountain, p. 131.

205 Atwell（2004）, 'Another Look', pp. 467-491; Moloughney, Xia（1989）, 'Silver and the Fall', pp. 51-78.

206 同時參照村井章介（1997），《海から見た戦国日本——列島史から世界史へ》，p. 164；張維華（1934），《明史佛郎機呂宋和蘭意大里亞四傳注釋》，pp. 81-83。

207 Hesselink（2012）, 'Capitães Mores', pp. 14-15.

208 澳門急速成長，而居住在那裡的商人以中間人身分，在澳門與長崎的官方貿易中賺取大量利潤，這些論點從未受到挑戰。Chaunu（1962）, 'Manille et Macao', p. 579; Gipouloux（2009）, Méditerranée Asiatique, pp. 142-143.

209 Hesselink（2012）, 'Capitães Mores', pp. 8-9：這個職位在麻六甲船長、西班牙系猶太人（casados）和廣東商人之間很受歡迎。

210 Boxer（2002）, Portuguese Merchants; BR 10, pp. 192; 198-201; De la Costa（1961）, Jesuits, pp. 55-56. 譯按：這裡指殖民地主教人選可由西、葡兩國王決定，不受教宗干涉。

211 Hesselink（2012）, 'Capitães Mores', p. 2.

212 並參照Camuñez（1988）, Sínodo, p. 95。

213 Pinto（2008）, 'Enemy at the Gates', p. 16.

214 Boyajian（1993）, Portuguese Trade.

215 Pinto（2008）, 'Enemy at the Gates', pp. 17-18.

216 Álvarez-Taladriz（ed.）（1973）, Relaciones, pp. 11-13. 例如葡萄牙人瓦斯科·迪亞斯（Vasco Diaz）的船隻，就在一五九六年載送了方濟各會的修士去日本。

217 BR 7, p. 216. 也可參見Ayers（ed.）（1700-1746）, Cédulas reales, no. 30, XI. 有關葡萄牙商人的活動，可參見De Sousa（2010）, Early European Presence。

218 Barreto（2006）, Macau. 有關范禮安的參與，可參見Moran（1993）, Japanese and the Jesuits。

219 Villiers（1987）, 'Silk and Silver'.

ellos.'

182 並參照清水有子（2012），《近世日本とルソン—「鎖国」形成史再考》，pp. 62-63。

183 BR 7, p. 228；貨品的詳細清單可參見Guerrero（1966），'Chinese in the Philippines', p. 23；日本和中國的麵粉每擔賣十六里耳，而同樣數量的麵粉如果運自新西班牙，則要價八十里耳（BR 18, p. 179）。

184 Gorriz Abella（2010）, Filipinas, p. 101.

185 Morga（1966），《フィリピン諸島誌》，pp. 391-392。

186 Schurz（1985）, Manila Galleon, p. 163.

187 BR 7, pp. 96-105; Von den Driesch（1984）, Grundlagen, p. 248.

188 Cabezas（1995）, Siglo Ibérico, p. 448.

189 BR 18, pp. 175-176.

190 Van Dyke（2005）, Canton Trade, p. 15.

191 真栄平房昭（2008），「明朝の海禁政策と琉球：海禁・倭寇論を中心に」，pp. 61-76。

192 Nakajima中島樂章（2008）, 'Invasion of Korea', p. 156. 有關於加藤清正與菲律賓總督的通信，可參見村上直次郎（編）（2005），《異國日記抄》，pp. 82-83。

193 硝石的作用就像是氧化劑，硫磺和木炭則用作燃料。

194 可參見Needham（1986）, Science and Civilisation, p. 126; Souza（1986）, Survival of Empire, p. 76。

195 Filipinas 34, n. 24 'Relación de las cosas que se han de enviar a Filipinas', 1578; AGI Filipinas 29, n. 33, 'Carta de los oficiales reales sobre varios asuntos'（1580）.

196 Ayers（ed.）（1700-1746）, Cédulas reales, no. 71（1590）; BR 7: 89; Gil（2011）, Chinos, pp. 50-52.

197 Gil（2011）, Chinos, p. 91.

198 Gil（2011）, Chinos, pp. 100-108.

199 AGI Filipinas 18A, r. 5, n. 31, 'Carta de Vera sobre situación, comercio, japoneses', 26 June 1587.

200 AGI Filipinas 8, r. 1, n. 6, 'Carta de Niño de Tavora sobre materias de gobierno', 1 August 1629.

201 Villiers（1987）, 'Silk and Silver'；奴隸貿易可參見De Sousa, Beites Manso（2011）, 'Os Portugueses'。

169 有關馬尼拉蓋倫帆船官員的不公正作法，可參見BR 10, pp. 81-85。

170 可參見Schurz（1985）, Manila Galleon, pp. 74-78; 115, 133。

171 有關更大的貿易體系脈絡，可參見Oka, Gipouloux（2013）, 'Pooling Capital', pp. 75-91。

172 岡美穂子（2010），《商人と宣教師：南蛮貿易の世界》，pp. 99-100. 南蠻和葡萄牙在亞洲貿易的貨物清單包羅萬象，其中還有望遠鏡和捕獲船隻的戰利品，這是岡美的書中最值得被關注的貢獻。

173 Morga（1890）, Sucesos, pp. 350-351；岩生成一（1937），《南洋日本町の研究》，p. 334是根據Retana（ed.）（1895-1905）, Archivo, vol. 3, p. 84。路易斯・卡倫（Louis Cullen）將馬尼拉的西班牙人歸類為日本競爭者，兩者會互相競買中國絲。可參見Cullen（2003）, History of Japan, p. 22。

174 Katō（1976）, 'Japan-Dutch Trade', p. 45.

175 Boxer（1963）, Great Ship, p. 73.「簿記」（ontaduría）中登記的資料顯示甲米地的官員會固定向日本商船收取從價稅。

176 在大約一六〇〇年時，馬尼拉的日本人家戶共被課徵了218筆貢品。BR 27, pp. 79; 135.

177 AGI Filipinas 29, n. 94, 'Carta de los oficiales de la Real Hacienda de Filipinas', 14 July 1607.

178 AGI Filipinas 329, l. 2, ff. 97r-98r, 'Ordenes sobre comercio con China y Japón', 25 July 1609；還有在同一天起草的一則請願書：AGI Filipinas 329, l. 2, f. 100r, 'Petición de informe sobre regalo al emperador de Japón', 25 July 1609.

179 catana是傳統的日本刀。Pastells（1925）, Historia General, vol. 1, pp. 49-50.

180 日本的部分可參見林復齋等（編）（1967），《通航一覽》，179／566；也可參見岡田章雄、加藤栄一（1983），《日欧交渉と南蛮貿易》，pp. 227-228。

181 AGI Filipinas 7, r. 1, n. 18, 'Carta de Acuña sobre temas de gobierno', 15 July 1604: 'Con el emperador de Japón [...] se tiene toda buena correspondencia y también con sus vasallos que aquí vienen a contratar y el dinero que hacen de los harinas, jamones, atún, yerro, clabacon, armas y otras cosas que traen a vender lo llevan empleado en cueros de venado que los hay de la tierra y mercaderías de China como siempre lo han hecho este año por aver sucedido la perdida de la nao de Macan han traído algunos dineros y hecho empleo de

147 BR 10, pp. 81-85.
148 村上直次郎(編)(2005),《異國日記抄》, p. 69。
149 AGI Mexico 28, n. 49, 'Carta del virrey marqués de Guadalcázar', 13 March 1617.
150 並參照Álvarez-Taladriz(ed.)(1973), Relaciones, p. 69。
151 Medina(1630), Historia, pp. 68-69.
152 Gil(2011), Chinos, pp. 70-72.
153 約翰・達爾文在他近期的書中強調如果要了解帝國動態,「經濟和政治資源的運作」十分重要。Darwin(2009), Empire Project, p. 7.
154 其概述可參見Grau y Monfalcón(1640), Justificacion, pp. 11-21。
155 Seijas(2008), 'Portuguese Slave Trade, p. 21. 在一六三〇年代,葡萄牙人一直供應商品和奴隸給西班牙的殖民地,所以西班牙也樂得對他們違反貿易禁令睜一隻眼閉一隻眼。
156 BR 10, p. 81.
157 BR 10, pp. 84-85.
158 Quiason(1966), 'Sampan Trade', p. 169.
159 同時參照Quiason(1966), 'Sampan Trade', p. 168。
160 Braudel(1977), Afterthoughts, p. 40.
161 Bernal(1966), 'Chinese Colony', p. 45,文中指出中國人對討價還價的技巧高超。
162 雖然有些文獻認為「整批議價」是一個來歷不明的馬尼拉新詞,不過這個詞也用於澳門,在提到葡萄牙人於馬尼拉的貿易時使用。可參見Álvarez(2009), Costo del Imperio, p. 65; Souza(1986), Survival of Empire, pp. 58-62。
163 Curtin(1984), Cross-cultural Trade, pp. 134.
164 Ayers(ed.)(1700-1746), Cédulas reales, no. 45(1593). 這類政策的建議最初是出自戈麥斯・佩雷斯・達斯馬里尼亞斯(Gómez Pérez Dasmariñas)在一五九一年六月二十日所寫的一封信;腓力二世在一五九四年六月十一日的皇家特許狀中再次確認了他的命令。
165 Recopilación de Leyes de Indias, book 9, title 45, law 34.
166 Guerrero(1966), 'Chinese in the Philippines', p. 24. 有關於走私,也可參見McCarthy(1993), 'Between Policy and Prerogative', pp. 163-183。
167 Wills(1979), 'Maritime China', p. 356.
168 Álvarez(2009), Costo del Imperio, p. 65.

(2012),'Merchant's Ark', http:／／worldhistoryconnected.press.illinois.edu／9.1／chaiklin.html(瀏覽日期為二〇一二年三月十三日)。

140 Clulow(2014), Company, p. 26.(克拉洛,《公司與幕府》,頁60-61。)

141 在阿維拉・吉龍的描述中,早期的私營商人就已經有這種作法。Girón(1965), Nihon, pp. 270-275. 在一六四〇年代後,類似的作法在日本的荷蘭人之間也已經被制度化。荷蘭東印度公司與日本的貿易支柱之一,就是每年要前往江戶(hofreis naar Edo),並由荷蘭代表團為將軍帶去專屬的禮物。有關該儀式的說明,可參見Goodman(2000), Japan and the Dutch, pp. 24-28。

142 高瀬弘一郎(2002),《キリシタン時代の貿易と外交》,p. 102;也可參見AGI Filipinas 329, l. 2, f. 100r, 'Petición de informe sobre regalo al emperador de Japón', 25 July 1609。唐・若翰・德・席爾瓦(Don Juan de Silva)指出送給中國和日本國王的禮物價值為一千六百三十三比索。

143 有關送給日本的卡斯提亞製酒,可參見林復齋等(編)(1967),《通航一覽》,179／575;村上直次郎(編)(2005),《異國日記抄》,pp. 44; 69。AGI Filipinas 19, r. 3, n. 51;有關一五九二年和一六二三年在不同場合送給日本的禮物概覽,可參見Contaduría 1206(Caja de Filipinas, Cuentas)。也可參見清水有子(2012),《近世日本とルソン—「鎖国」形成史再考》, pp. 342-244; Sola(1999), Historia de un Desencuentro, pp. 204; 210-211。

144 馬爾多・J・麥克勞德形容過當酒從西班牙送到美洲時,都已經變質了,這件事讓教會菁英們感到十分惋惜。Macleod(1984), 'Spain and America', pp. 334-335; 367-369.

145 AGI Filipinas 7, r. 7, n. 88, 'Memoria de mercaderías que trae el embajador de Japón', 1600. 也可參見村上直次郎(編)(2005),《異國日記抄》, p. 68:在一六一二年送往新西班牙的貨物登記簿中,提到有五個金屏風。

146 有一些屏風被送住歐洲,甚至還因為哈布斯堡的往來連結,最後被送到奧地利的格拉茲(Graz)。「大阪城圖屏風」現在依然是艾根堡城堡(Eggenberg Castle)裡富麗堂皇的傢具擺設的一部分。可參見http:／／www.kleinezeitung.at／steiermark／graz／graz／1484215／index.do與http:／／www.museum-joanneum.at／upload／file／Schloss_Eggenberg[0].pdf(瀏覽日期均為二〇一三年二月二十三日)。在此值得一提的是,正因此處描述的貿易關係,讓「屏風」這種傢具出現了Spanische Wand的稱呼,而且它也在文藝復興時代的歐洲變得愈來愈受歡迎。

Cabezas（1995）, Siglo Ibérico, p. 447。

129 清水有子（2012），《近世日本とルソン—「鎖国」形成史再考》，pp. 303-313。

130 中島樂章徹底研究「九洲—福建—呂宋」的貿易，尤其是對日本藩主在一五九〇年代的參與有詳細的描述，且深具啟發性，他的研究反映規律的國外貿易關係是在德川政權之前就已確立。Nakajima（2008）, 'Invasion of Korea', pp. 145-168.

131 村上直次郎（編）（2005），《異國日記抄》，pp. 66-67。

132 村上直次郎（編）（2005），《異國日記抄》，pp. 202-209；AGI Filipinas 6, r. 9, n. 175, 'Copia de carta del obispo de Japón al governador sobre Dayfu Sama', 1601。

133 官方的貿易協議可參見村上直次郎（編）（2005），《異國日記抄》，pp. 46; 62；林復齋等（編）（1967），《通航一覽》，179／569與571。Sola（1999）, Historia de un Desencuentro, p. 95.

134 永積洋子（2001），《朱印船》，p. 41；Jansen（1992）, China in the Tokugawa World, p. 19。

135 並參照Colín（1900-1902）, Labor Evangélica, vol. 1, pp. 15-16。

136 舒茲強調絹絲輸出的重要性，因為這改變了新大陸的消費。Schurz（1985）, Manila Galleon, p. 32.

137 Recopilación de Leyes de Indias, book 9, title 44, law 2（29 July 1609）: 'La contratación, comercio y navegación que hubiere desde las Filipinas al Japón, se hicieron por los vecinos de los islas para no dar lugar a que los japoneses vengan a ellos.'

138 Cabezas（1995）, Siglo Ibérico, pp. 447-448，引用了馬尼拉皇家法庭暨最高法院在一六〇八年七月八日寫的一封信，信中描述這種規律的禮物交換：'Cada año se ha enviado un navío, en el cual van cartas y un presente de pañolos y algunas piezas de seda, vino y otras menudencias, que todo cuesta menos de ochocientos pesos; y es tan necesario esto, que si las cartas no fuesen a esta sombra, serían mal recibidas: recíbenlo allá con voluntad, y el gobierno（japonés）he enviado cada año cinco de armas, a su usanza, que son de poca defensa y valor, aunque parecen bien.'

139 瑪莎・柴克林（Martha Chaiklin）的總結為：「為了順利達成外交協商，統治者送給統治者、以及使節和統治者之間互送禮物，在全世界大部分地方都是普遍的作法，直到進入十九世紀後都是如此。」Chaiklin

117 Bernal（1966）, 'Chinese Colony', p. 44.
118 例如：Ayers（ed.）（1700-1746）, Cédulas reales, no. 71（1594）。
119 伊川健二（2007），《大航海時代の東アジア：日欧通交の歴史的前提》，p. 252。
120 岩生成一（1937），《南洋日本町の研究》，pp. 245-247；也可參見Borao（2005）, 'Colonia de Japoneses', pp. 25-53。
121 這個詞很可能是米格爾・德・洛阿爾卡創造出來的，他在報告中提到日本商人會定期造訪邦阿西楠進行貿易。同時參照岩生成一（1937），《南洋日本町の研究》，p. 250。
122 Gil（1991）, Hidalgos y Samurais, pp. 23-24；岩生成一（1937），《南洋日本町の研究》，p. 246；AGI Filipinas 6, r. 4, n. 49, 'Carta de Ronquillo sobre franciscanos, poblamientos', 16 June 1582。
123 AGI Filipinas 34, n. 75, 'Carta de Santiago de Vera sobre situación general', 26 June 1587; AGI Filipinas 18 A, r. 5, n. 31, 'Carta de Vera sobre situación, comercio, japoneses', 26 June 1587. 維拉的第二份報告中提到一封加斯帕從平戶寄來的信。瑪麗亞・格拉齊亞・彼得魯奇（Maria Grazia Petrucci）的研究特別指出在廣大東南亞背景中的這類商業安排。Petrucci（2010）, 'Pirates, Gunpowder and Christianity', pp. 59-72.
124 也可參見岩生成一（1937），《南洋日本町の研究》，p. 249。該聚落原本被命名為「美岸」（Vigan），詞源上讓人聯想到福建南部的商人，也證明中日曾經於十六世紀在伊羅戈斯（Illocos）和卡加煙合作。有關日人遭驅逐的詳情，可參見Borao（2005）, 'Colonia de Japoneses', pp. 25-53。（譯按：張燮《東西洋考》稱之為「密雁」，顯為閩南語讀音。）
125 AGI Filipinas 18A, r. 5, n. 32, 'Copia de Carta de Vera al virrey sobre situación, japoneses', 26 June 1587.
126 Filipinas 6, r. 7, n. 110 'Carta de Pedro González de Carvajal sobre su viaje a Japón', 1594.
127 Cabezas（1995）, Siglo Ibérico, p. 275.
128 在這裡必須強調這些商團包含日本、中國和西班牙的船隻：'El Santiago el Menor, que el año pasado envié a Japón, trajo pólvora, balas, hierro, y clavazón, de que teníamos gran necesidad para los almacenas reales, a causa de lo mucho que se gastó en la guerra de los sangleyes; también trajo cantidad de harinas particulares, que fue grandísimo provecho, y se cobró de flete a razón del tercio o cuarto, con que se suple un pedazo del gasto de navío.' 並參照

了蒐集數據的方法。

106 有關「澳門—長崎」貿易在近期的綜合論述，可參見Loureiro（2011），'Macau-Nagasaki Route', pp. 189-206，該文中把「黑船」的商業互動區分成四個階段，並分析該事業在各方面的成功。有關呂宋與日本的貿易在那幾十年間的價格，可參見AGI Patronato 46, r. 31, 'Memoria de mercaderías de nao portuguesa: de China al Japón'，未附日期。

107 Disney（2009）, History of Portugal, pp. 182-191.

108 AGI Filipinas 339, l. 1, ff. 80r-82r, 'Instrucciones de gobierno a Francisco de Sande', 29 April 1577. 皇室政府告訴桑德總督他們希望能維持與中國的友誼，而不是戰勝中國。有關拉達和洛阿爾卡在中國南部傳教的失敗，可參見Ollé（2002）, Empresa, p. 64。馬丁．德．拉達自己對旅程的描述（AGI Patronato 24, r. 22, 'Fray Martín de Rada a S. M. sobre la jornada de China', 1 April 1576）包括與中國有關的各項細節，該文日後也成為歐洲作家研究中國的重要資料。

109 AGI Filipinas 34, n. 75, 'Carta de Santiago de Vera sobre situación general', 26 June 1587.

110 歐洲商人多指福建商人從月港出發，從該處前往馬尼拉。歷史學家一直在爭議月港（Chincheo）到底是「漳州」還是「泉州」，不過現在普遍接受Chincheo是指月港。Ptak（2005）, 'Image of Fujian', p. 307. AGI Filipinas 18A, r. 5, n. 32, 'Copia de Carta de Vera al virrey sobre situación, japoneses', 26 June 1587.

111 BR 3, pp. 295-303.

112 岩生成一（1937），《南洋日本町の研究》，p. 335。商品被稱為chokidan。在一六一七年是由出售鋼鐵的日本商人萊昂．曼戈貝奧（Leon Mangobeo）收取稅金。他為每擔支付兩比索兩tomin及六十九grano（編按：tomín為一種古老的西班牙重量和貨幣單位，相當於一比索的八分之一；grano為那不勒斯的附屬硬幣，相當於金幣的百分之一）。日本船長路易斯．梅洛（Luis Melo）也在同一年帶去一百七十三個銀條，每個銀條支付三里耳，若是一般的黃金，同樣的稅金合中國的兩百二十四比索。

113 Zhang（2013）, 'Curious and Exotic Encounters', p. 67.

114 參閱Kang（2010）, East Asia, p. 132。

115 TePaske（2001）, 'New World Silver', p. 444.

116 BR 10, p. 179.

97 BR 8, pp. 81-85.

98 馬尼拉大都會（Metro Manila）的楊應琳博物館（Yuchengco Museum）展設在菲律賓發現的漳州陶器。展品包括福建製造商為了專門符合歐洲人需求，而生產的青花產品。西班牙蓋倫帆船聖地亞哥號（San Diego）在一六〇〇年於馬尼拉近海與荷蘭航海家奧利維爾・范・諾爾特（Olivier van Noort）發生軍事衝突，並因而沉沒，直到一九九一年才被打撈上岸。可參見Desroches, Casal, Goddio（eds）（1997）, Schätze der San Diego。有關荷蘭人與卡斯提亞王朝在菲律賓海域發生的第一次海戰，可參見Schmitt（ed.）（2008）, Indienfahrer, vol. 2, pp. 224-229。野上建紀對「有田町歷史民俗資料館」所作的研究，進一步強調日本瓷器在菲律賓受到廣泛使用，在宿霧南部新挖掘到的大批器具也顯示如此。此介紹出自京都外國語大學的拉丁美洲課程（二〇一四年二月二十六日）。

99 Ayers（ed.）（1700-1746）, Cédulas reales, no. 49（1593）: 'Y mandar de que adelante ninguna persona trate, ni contrate en parte alguna de China ni por cuenta de los mercaderes de los dichas islas se traiga ni pueda traer hacienda alguna de aquel reino a ellas sino que los mismos Chinos las traigan por su cuenta y riesgo.' 這個規定和「整批議價」（pancada）同樣在一六九六年正式廢止，但其實在大部分時間裡，私營商人都能成功地規避這個規定。也可參見BR 25, p. 137。

100 BR 8, p. 274.

101 很顯然的，有些馬尼拉蓋倫帆船也是同樣噸位（三百噸）。

102《明史》，呂宋列傳，卷323, 8730, Deng（1997）, Chinese Maritime Activities, p. 265，文中有關馬尼拉市場的內容提及：「中國人重新調整經營方式，在一五七五年、一五八〇年、一五九六年、一五九九年、一六二〇年和一六三一年航出更多船隻到馬尼拉。」也可參見Von Glahn（1996）, Fountain, p. 119。

103 Von Glahn（1996）, Fountain, p. 134.

104 比率的數據是根據佩德羅・德・巴埃薩（Pedro de Baeza）在一六〇九年的一份著名報告，他在該份報告中也描述套匯的作法。這個作法是基於中國豐富的黃金礦產；同時也參照Boxer（1970）, 'Plata es Sangre', p. 461。也可參見Atwell（1998）, 'Ming China', p. 404。

105 Wills（2010）, 'Maritime Europe', pp. 53-54，Wills在文中坦承在塞維亞的檔案館中，有關馬尼拉貿易貨品的數據是令人失望的。我同意他的看法，並在別無選擇下，也只能沿用肖努的數據，雖然有人批評肖努變更

社会」，pp. 21-47。

81 Quiason（1966）, 'Sampan Trade', p. 161；有關於在馬尼拉停泊的中國中式帆船數量，可參見Chaunu（1960）, Philippines, pp. 149-192：一五八一年——五九〇年：102，一五九一年——六〇〇年：119，一六〇一年——六一〇年：290，一六一一年——六二〇年：49，一六二一年——六三〇年：73，一六三一年——六四〇年：325，一六四一年——六五〇年：162（包括澳門）。從馬尼拉到長崎的旅程是四百西班牙里格（約一千六百公里），需要十五到二十天。AGI Filipinas 6, r. 7, n. 110, 'Carta de Pedro González Carvajal sobre su viaje' 1594.

82 BR 6, pp. 279-280：馬尼拉的西班牙人對美洲來的白銀只有極少量被留在菲律賓感到懊惱，而墨西哥的殖民者則抱怨中國絲製品的品質不良，又造成他們自己的絲製品價格崩跌。

83 AGI Filipinas 339, l. 1, f.332v-333v, 'Prohibición del comercio entre China y Nueva España', 19 June 1586.

84 Lin（1990）, 'Fukien's Private Sea Trade', pp. 167-215. Wills（2004）, 'Contingent Connections', pp. 167-203. 也可參見Elvin（1973）, Pattern of the Chinese Past, pp. 217-225。

85 Ayers（ed.）（1700-1746）, Cédulas reales, no. 22（1589）.

86 拉烏尼翁的阿戈（位於卡加煙附近）是伊哥洛特黃金的交易中心。

87 unker（1999）, Raiding, pp. 122; 193.

88 可參見Scott（1984）, Barangay, p. 248; Zaide（1949）, Philippines, p. 347。

89 Pastells（1925）, Historia General, vol. 1, p. 294. 傳統見解認為原住民無從得到白銀，這個見解已經遭到修正，可參見Cruikshank（2008）, 'Silver in the Provinces', pp. 124-151。

90 AGI Filipinas 27, n. 6, 'Carta del Cabildo Secular de Manila sobre Conquista', 17 July 1574.

91 岡田章雄、加藤栄一（1983），《日欧交渉と南蛮貿易》。

92 岩生成一（1937），《南洋日本町の研究》，251；岡美穂子（2010），《商人と宣教師：南蛮貿易の世界》，p. 109。

93 Jansen（1992）, China in the Tokugawa World, pp. 20-21. 鹿皮是從暹羅銷往日本的重要貿易商品。

94 Ayers（ed.）（1700-1746）, Cédulas reales, no. 30（1589）.

95 BR 10, p. 84.

96 Álvarez（2009）, Costo del Imperio, p. 64.

73 真栄平房昭（2008），「明朝の海禁政策と琉球：海禁・倭寇論を中心に」，pp. 61-76; AGI Filipinas, 18A, r. 5, n. 31, 'Carta de Vera sobre situación, comercio, japoneses', 26 June 1587. 呂宋北端的卡加煙有一個旅居該地的日本人聚落。當代的紀錄顯示那裡居住數百名日本人，雖然這個數據似乎不太可信。這件事也證明日本和呂宋之間，在早期就存有連結。可參見岩生成一（1937），《南洋日本町の研究》，pp. 245-247。也可參見Pastells（1925）, Historia General, vol. 1, p. 294：他提到萊加斯皮在一五六〇年代後期的一篇報告，總督在該篇報告中，聲稱日本人與中國人同乘幾艘商船前來，往南還遠至民都洛。

74 AGI Filipinas 6, r. 6, n. 61, 'Carta de Vera sobre pobreza de la gente de guerra', 26 June 1586.

75 BR 10, pp. 212-213：「由於很久以前就對中國人抱持的懷疑之心，也因為日本海盜會帶上中國人舵手和水手，因此我與管轄常來人的阿隆索・索约（Alonso Sauyo）做了一些調查，但沒有發現什麼重要的事。」

76 Medina（1630）, Historia, pp. 68-69. 梅迪納神父其實只是轉述十七世紀對中國常有的描述，和Timothy Brook（2008）, Vermeer's Hat, p. 170一樣。原始版本可參見Ng（1997）, 'Maritime Frontiers', p. 244。負責審查工作的袁楚（Yüan-ch'u）在一六三九年描述當時的狀況如下：「海洋就是福建人的稻田〔……〕窮人會加入海上的強盜集團，因此與海上的蠻夷產生連結。」BR 7, p. 214.

77 中島樂章（2007），「十六世紀末の福建－フィリピン－九州貿易」，pp. 55-92。

78 萊加斯皮一抵達馬尼拉，就告訴腓力二世中國人已經到訪過呂宋港口了。AGI Filipinas 6, r. 1, n. 7, 'Carta de Legazpi sobre falta de socorro y descubrimientos', 23 July 1567. 也可參見BR 3, p. 181：「自從我們到達以來，中國人一直來這裡進行貿易考察，因為我們一直試著與他們好好相處。因此，在我們待在這個島上的兩年期間，他們每年來的人數越來越多，還帶來更多船隻；而且他們比以前來的更早，因此我們可以確保他們的交易。」米格爾・洛佩斯・德・萊加斯皮還進一步提到日本人也經常來訪。

79 BR 3, p. 182.

80 有關中國在馬尼拉早期交易交換的貨物和商品，可參見Ch'en（1968）, Chinese Community, pp. 78-83。有關日本的白銀，可參見菅谷成子（1998），「16世紀後期のスペイン領フィリピン諸島-銀の流入と現地

60 Reid（2010）, Imperial Alchemy, pp. 49-56; 86，書中討論了「華僑」的認同和他們作為「他者」的歷史角色。

61 托梅・皮雷斯（Tomé Pires）的Suma Orientalis一書也有描述這個區域，他提到呂宋人時，說他們「強健且工作認真，但在與婆羅洲和麻六甲的貿易中，擁有的船隻不超過兩百到三百艘〔……〕呂宋距離婆羅洲十天旅程，擁有許多糧食、石蠟和蜂蜜，還有島際貿易，並直接向婆羅洲購買當地黃金」。並參照Scott（1984）, Prehispanic, p. 84。

62 Reid（2010）, Imperial Alchemy, p. 86.

63 Hamashita（2008）, 'Tributary Trade', pp. 12-19.

64 Lieberman（2009）, Strange Parallels, vol. 2, pp. 419-420.

65 弗林和吉拉德茲認為與中國交易的白銀應該被視為商品，而不是貨幣，但我們的確找到大量證據，支持白銀是被當作貨幣使用。例如可參見Grau y Monfalcón（1640）, Justificación, pp. 11-21。喬杜里（Chaudhuri）對印度的研究也有類似主張。他的結論是根據大衛・李嘉圖（David Ricardo）的敘述（李嘉圖提議要把白銀看作所謂的高價商品）。Chaudhuri（1978）, Trading World, pp. 100-104.

66 他們之中有許多人都精通於歐洲火器，海上經驗也很豐富，尤其是在信長於海上戰役取得成功之後。

67 Lieberman（2009）, Strange Parallels, vol. 2, pp. pp. 420-428. 岡田章雄、加藤栄一（1983），《日欧交渉と南蛮貿易》。岡美穂子有一篇備受期待的研究，揭示傳教士和歐洲商人之間的密切連結。岡美穂子（2010），《商人と宣教師：南蛮貿易の世界》。

68 Brook（2010）, Troubled Empire, p. 224.

69 可參見《明史》（一七七九年版），卷323。並參照Boxer（1963）, Great Ship, p. xxiv：「『倭』（日本人）的本性精明；他們手邊既有商品，也有武器，而且出沒於海岸各處。只要機會一來，他們就會亮出武器，無情地燒殺擄掠。要不然他們就會拿出商品，說他們正在去天朝朝貢的路上。東南海岸都深受他們所害。」

70 荒野泰典（1987），「日本型華夷秩序の形成」。

71 Wade, MSL, http:／／epress.nus.edu.sg／msl／entry／2675（瀏覽日期為二〇一三年十一月十七日）。

72 有關菲律賓、中國和日本之間日益成長的商業交換，近期有以下著作對「海盜」在其中的重要性加以說明：Igawa伊川健二（2010）, 'At the Crossroads', pp. 74-84。

的優勢、他們在東南亞的長期經驗和在地緣上的接近，這些都讓他們在一開始就享有優勢。這是歐洲人在西方早期擴張階段未曾擁有的。」可參見Quiason（1966）, 'Sampan Trade', p. 166。

47 Reid（2010）, Imperial Alchemy, p. 86.

48 來自琉球的最後一艘船在一五七〇年被遣往暹羅。有關琉球商人的海上活動，與該時期的正式外交交易，在《歷代寶案》中有詳細紀錄。這份文獻經過中國與日本歷史學家等人仔細分析。其概述可參見內田晶子、高瀬恭子、池谷望子（編）（2009），《アジアの海の古琉球—東南アジア・朝鮮・中国》。

49 Okamoto（2008）, 'Foreign Policy', pp. 35-55.

50 Hamashita（2011）, 'Lidao Boan', pp. 124-125；也可參見Hui（1996）, Overseas Chinese Business Networks。

51 有關該區域的繁榮交易發展，可參見Andaya（2004）, 'Interactions', pp. 2-17。

52 So（2000）, Prosperity; Ng（1983）, Trade and Society, pp. 12-13.

53 有關泉州穆斯林網絡的概論，可參見Donoso（2011）, Islam, pp. 190-213。

54 Laufer（2001）, 'Relations', p. 65；《明史》，卷323。Boxer（2004）, South China, p. xl: 'Itinerario del P. Custodio Fr. Martin Ignacio de Loyola, in: Real Academia de la Historia', Madrid, Col. Muñoz, no. 297, ff. 86-163. 這份西班牙文獻主張這些島嶼在古代臣屬於中國「皇帝」，然而中國皇帝在某個時間點蓄意放棄了這些島嶼。Guerrero（1966）, 'Chinese in the Philippines', pp. 15-16，也參考同一份文獻作出的類似主張。

55 有關舢板船的部分，可參見Van Tilburg（2007）, 'Vessels of Exchange', p. 42:「這個詞原本來自中文，意思為『三』塊『板』子，是在形容一艘簡單的小艇。」具有權威性的著作《關於船隻與海洋的牛津指南》（Oxford Companion to Ships and the Sea）一書，對這類船隻的定義是「典型的輕型小船；〔……〕航行於沿岸的舢板船適合單桅杆或風帆式的航行」。東亞海洋史的研究能幫助我們更理解這種相當開放且積極的交易模式。可參見早坂俊廣（編）（2013），《文化都市寧波》。

56 Clark（2002）, Community, p. 167.

57 Lockard（2010）, '"The Sea Common to All"', p. 225.

58 Iaccarino（2008）, 'Manila as an International Entrepôt', pp. 71-81.

59 Chang（1995）, 'First Chinese Diaspora', pp. 105-120.

Bernal（1966）,'Chinese Colony', p. 61：「這些物品的價值珍貴，它們被給予某些人的唯一原因，是那些被贈予的人是西班牙人。」

35 Villiers（1980）, 'Silk and Silver', p. 74.

36 AGI Escribanía 403B, Legajo 1 de pleytos de Manila, 1614／1620；也可參見Bauzon（1981）, Deficit Government, p. 14：大主教伊格納西奧・德・桑蒂瓦涅斯（Ygnacio de Santibañez）在一五九九年寫給國王的信中作了總結，他指出若是沒有蓋倫帆船貿易，菲律賓這個西班牙殖民地就不可能存在。

37 Merino（1980）, Cabildo, pp. 54-56：「它造成新西班牙的資本家投入不受控的投機買賣，他們透過馬尼拉的代理人使用通行證從中國輸入貨物，賺取大量利潤，並支付高達資本百分之八或十的酬金給代理人。」皇家法庭暨最高法院進行過的一場最重要的商業訴訟，可以回溯到一六五六年，事件緣由是有幾名墨西哥居民被排除在蓋倫帆船貿易之外。Cunningham（1919）, Audiencia, pp. 114-115.

38 Francesco D' Antonio Carletti. 也可參見Colla（2005）, 'Shonin Carletti'。

39 Carletti（1966）, Reise um die Welt, pp. 108-119.

40 可參見Elizalde Pérez-Grueso（2008）, 'Filipinas', p. 122。在一五八七年十一月初，托馬斯・卡文迪什在加利福尼亞的卡波聖盧卡斯海面，擄獲六百噸的馬尼拉蓋倫帆船聖塔安娜號，並將船上價值十二萬兩千銀圓的貨物洗劫而去。有悖常理的是卡文迪什的船其實裝不下他從西班牙人那裡打劫到的整船貨物。其結果是殖民政府將英國新教徒的海盜船，列為一五九〇年代菲律賓遭受到的最大威脅之一。可參見Ayers（ed.）（1700-1746）, Cédulas reales, no. 30（1589）。馬尼拉的反應可參見AGI Filipinas 34, n. 79, 'Carta de Santiago de Vera sobre el corsario inglés Cavendish y otros asuntos', 25 June 1588。

41 Pérotin-Dumon（2001）, 'The Pirate', p. 35.

42 Bauzon（1981）, Deficit Government, pp. 12-13.

43 Warren（2012）, 'Weather, History and Empire', pp. 183-220.

44 尼諾・德・塔沃拉總督在一六二三年的描述，並參照Merino（1980）, Cabildo, p. 56。

45 Reid（1999）, Charting, pp. 7-8; Ptak（2007）, Maritime Seidenstrasse, p. 168；莊為璣、鄭山玉（1998），《泉州譜牒華僑史料與研究》。

46 民答那峨和蘇祿的穆斯林為了購買中國絹絲，會定期到訪馬尼拉。「舢板商人對絹絲的獨佔（不論是生絲還是成品）、他們在船隻數量上享有

Oriente, pp. 21-54.

23 Iwasaki Cauti（1992）, Extremo Oriente, p. 127；六年後（一五八九年），一個葡萄牙商人若昂・達・伽瑪（João da Gama）自行出資，從澳門航行到阿卡普科（同前註，p. 66）。

24 Iwasaki Cauti（1992）, Extremo Oriente, pp. 127-139.

25 RAH Cortes 9／2265, f. 170, 'Sumario de un processo que se hizo en el Japón el año de 1592 a instancia, del regimiento de Amacao, ciudad de Portugueses en la China'. 並參照Iwasaki Cauti（1992）, Extremo Oriente, pp. 131-133。

26 AGI Filipinas 18 A, r. 7, n. 47, 'Carta de Audiencia de Filipinas sobre sublevaciones', 13 July 1589.

27 Yuste López（2007）, Emporios Transpacíficos, p. 123.

28 AGI Filipinas 329, L.3, ff. 144r-145v, 'Respuesta a Tavora sobre comercio con Peru', 24 December 1627.

29 Ayers（ed.）（1700-1746）, Cédulas reales, no. 9（1582）. 其他文獻提到的一個作法是向中國商人收取更高額的稅（其根據為Recopilación de Leyes de Indias book 8, title 15, law 21）。Guerrero（1966）, 'Chinese in the Philippines', p. 31，文中提到總值高達百分之十。BR 8, pp. 316-318. 量化研究也應該加入當時引進墨西哥的新財政措施；其中最著名的例子就是「alcabala」，它是一般的銷售稅，在一五七五年為百分之二，到了一六三六年則成長為兩倍（百分之四）。可參見McAlister（1984）, Spain & Portugal, p. 363。

30 Merino（1980）, Cabildo, p. 53; Ayer（ed.）, Manila mal governada: 'Daño muy considerable que se haré en las islas es permitir que los sangleyes chinos llevan todos los años para China casi un millón en plata podiéndose modificar tanta saca con que lleven mitad engendros o que los españoles sean mercaderes que entonces quedara la mas de la plata en tierra y no como se experimenta que no viniendo un año la nao de México no se halla un real en todos las islas.'

31 Schurz（1985）, Manila Galleon, p. 292; Borah（1954）, Early Colonial Trade.

32 一五九三年初的兩項皇家法令可參見Spate（1979）, Spanish Lake, pp. 161-164; BR 8, pp. 316-318; BR 17, pp. 29, 33-34, 41-44。

33 Schurz（1985）, Manila Galleon, p. 162.

34 君主關懷的焦點可見於Ayers（ed.）（1700-1746）, Cédulas reales, no. 30（1589）。相關規定可參見Pastells（1925）, Historia General, vol. 1, p. 265;

13 Attmann(1986), American Bullion. 也不乏矛盾的估計值存在。根據阿卡普科在一五八〇年代和一五九〇年代的官方簿記，平均一年有大約三噸運往馬尼拉的白銀登記在案。在一六二〇年代，白銀的官方數量增至每年二十噸，最後則固定在大約十噸。至於整個蓋倫帆船貿易的官方紀錄顯示大約有七百噸美洲白銀被運往馬尼拉。有關白銀流通的辯論集成，包括厄爾・杰斐遜・漢密爾頓(Earl Jefferson Hamilton)、丹尼斯・歐文・弗林、威廉・阿特維爾(William Atwell)、尼爾斯・史汀斯高(Niels Steengaard)、約翰・傑・泰帕斯克(John J. TePaske)、全漢昇、沃德・巴雷特(Ward Barrett)等人。可參見Alfonso Mola, Martínez-Shaw(2011), 'Era de Plata Española'。阿方索・莫拉(Alfonso Mola)和馬丁尼茲-蕭爾(Martínez-Shaw)批評弗林和吉拉德茲目前提出的數據太高，而泰帕斯克提出的數據則太低，他認為全漢昇的數據最為合理。全漢昇指出送往中國的美洲白銀數量如下：一五九八年為一百萬比索；一六〇一年：兩百萬比索；一六〇二年：兩百萬比索；一六〇四年：兩百五十萬比索；一六二〇年：三百萬比索；一六三三年：兩百萬比索。

14 Andaya(2004), 'Interaction', p. 5.

15 BR 10, p. 179.

16 盧克・克洛西(Luke Clossey)也提到把澳門和馬尼拉互做比較具有高度的可行性。Clossey(2008), Salvation and Globalization, p. 169. 有關澳門在其後幾世紀是如何融入全球經濟體，詳細分析可參見Van Dyke(2011), Merchants。在這裡可以稍微提起一件小事，「東方之珠」這個有正面意義的評價，其實同時是用來指馬尼拉和澳門。

17 Zhao 趙剛(2013), Qing Opening, p. 35. 康熙於一六八四年重新啟動中國的海上貿易，才使大量白銀又重新流入中國。

18 馬尼拉蓋倫帆船的大部分資料都來自權威文獻：Schurz(1985), Manila Galleon。有關一再發生的損失，可參見McCarthy(1995), 'Spectacle of Misfortune', pp. 95-105; MacLeod(1984), 'Spain and America', p. 354。馬爾多・J・麥克勞德(Murdo J. Macleod)將那些航行旅程比作那個時代的登陸月球之旅。

19 AGI Mexico 20, n. 1, 'Carta del Virrey Martín Enríquez', 19 October 1577.

20 Ayers(ed.)(1700-1746), Cédulas reales, no. 9(1582).

21 AGI Filipinas 6(20 July 1580), AGI Patronato 263, n. 1, r. 2(28 May 1581)，並參照Iwasaki Cauti(1992), Extremo Oriente, pp. 32-34。

22 BR 8: 316-318; BR 17: 29, 33-34, 41-44; Iwasaki Cauti(1992), Extremo

人或公司在其中買賣貨物；同時也是跨越空間的虛擬制度，其中也有同種交易的發生。虛擬市場可以到達多大規模、觸及多廣，都是取決於買家和賣家在某個時期實際上擁有的替代選項」。Wallerstein（2007）, World-Systems Analysis, p. 25.

6 AGI Filipinas, 339, l. 1, f. 41v, 'Petición de cuentas detalladas de la Hacienda de Filipinas', 4 June 1572.

7 Medina（1630）, Historia, p. 86. 這位十七世紀的作者進一步批評西班牙人不是好商人：'Y si los españoles no fueran tan arrojados, es cierto que el trato les hubiera salido más barato y los chinos no hicieran lo que quieren de ellos.'

8 Medina（1630）, Historia, p. 69: 'De suerte, que no me engañaré en decir, que el reino de la China es el más poderoso que en el mundo hay, y aún le podemos llamar el tesoro del mundo; pues allí se aprisiona la plata y se le da cárcel perpetúa.' 有關「白銀收納槽」的說法，可參見Flynn, Giráldez（1995）, 'Born with a "Silver Spoon"', p. 201-221；以及Frank（1998）, ReOrient, pp. 131-165；「白銀收納槽」理論與L．伊士曼（L. Eastman）論述的「白銀癮頭」有密切相關，其介紹可參見Von Glahn（1996）, Fountain, p. 245。奧多爾．加斯帕．德．阿亞拉（Oidor Gaspar de Ayala）在一五八四年宣稱中國人每年都把城市裡的錢拿走。可參見Gil（2011）, Chinos, 66。

9 Schottenhammer（2007）, 'East Asian Maritime World', p. 19; Li（2007）, 'Song, Yuan and Ming', pp. 124-128; Ming（2005）, 'Monetization of Silver', pp. 27-39.

10 Von Glahn（1996）, Fountain, pp. 124; 137-138.

11 跨太平洋白銀貿易會有許多不同估計值的原因，是因為精確的文獻及紀錄過於稀少。Von Glahn（1996）, Fountain, p. 138，該書的推測是「〔從菲律賓〕到中國的實際白銀輸入規模，極有可能高達三、四倍。在一六二〇年代和一六三〇年代，大部分來自馬尼拉的報告，都估計輸出到中國的白銀數量為每年約兩百萬比索（五萬一千一百公斤）」。他也提到比較保守的估計是每年一百五十萬比索（三萬八千三百二十五公斤）。

12 全漢昇對十七世紀進行的比較分析，證實有五萬公斤會以船運過太平洋，在馬尼拉短暫停留之後，最後停在中國。可參見Chuan（2001）, 'Arbitrage', pp. 241-260。也可參見McCarthy（1993）, 'Between Policy and Prerogative', p. 178。有關更多對近代馬尼拉的觀察，可參見BR 20, pp. 51; 69-70。

interacciones de competencia y rivalidad entre comunidades mercantiles en el sureste asiático.'

164 Stern（2014）, 'Companies', p. 178.

165 麻六甲蘇丹國（Melaka sultanate）是東南亞一個典型的重商主義國家，它處理商業和動產的方式，和傳統農業國家處理不動產的方式多少有點類似。可參見Reid（1993）, *Southeast Asia*, vol. 2, p. 205. Abu-Lughod（1989）, *Before European Hegemony*, p. 303。

166 有關於亞洲和歐洲對東南亞港口城市的社群繁榮有何貢獻，可參見Andaya（2004）, 'Interactions', pp. 1-57。

167 Delgado（1892）, *Historia*, pp. 212-215. 德爾加多在一七五一年完成了他的人種史。Cunningham（1919）, *Audiencia*, p. 228.

168 AGI Patronato 24. r. 61 'Cartas a los capitanes mayores de Macao, Ambon, Molucas', 1582; AGI Patronato 47, r. 21, 'Relación de las islas Molucas', 1606.

169 Crailsheim（2014）, 'Las Filipinas', pp. 139-141.

170 Von Glahn（1996）, *Fountain*, p. 121.

171 Wills（1979）, 'Maritime China', p. 211.

第二章　三邊貿易的三部曲：中式帆船貿易、跨太平洋貿易與糧食貿易

1 Brook（2008）, Vermeer's Hat, p. 170.

2 中國文人徐光啟（一五六二年——一六三三年）提倡門戶開放政策，並翻譯利瑪竇（Matteo Ricci）的著作。他也是十六世紀對馬尼拉交易動態表示支持的人之一。同時參照Zhao（2013）, Qing Opening, p. 52。同樣熱情的評價可參考Alfonso Mola, Martínez-Shaw（2011）, 'Era de la plata española'。有關絲輸入對晚明經濟結構的影響，可參見李隆生（2005），《晚明海外貿易數量研究—兼論江南絹絲產業與白銀流入的影響》。

3 相關爭論的整體描述，可參見Atwell（2004）, 'Another Look at Silver', pp. 467-491。有關中國是最終受惠者的論點，我是參考加州學派的學者，例如安德烈．岡德．弗蘭克（Andre Gunder Frank）。有關加州學派觀點的綜述——他們的研究經常過於低估代理人的角色——可參見Vries（2008）, 'California School', pp. 6-49。該篇文章指出過於輕忽中國和西方之間的制度性差異，會造成某些危險。我也贊同他的批評，而且許多有關馬尼拉的誤解都是出於這種疏忽。

4 Prakash（1976）, 'Bullion for Goods', pp. 159-187.

5 我是使用華勒斯坦的定義，將市場歸類為「既是有形的在地組織，供個

152 並參照Díaz-Trechuelo（1959）., *Arquitectura*, p. 11; Díaz-Trechuelo（2002）, *Filipinas*。

153 Pastells（1925）, *Catálogo*, p. 265.

154 AGI Escribanía 403B, Legajo 1 de pleytos de Manila, 1614／1620, f. 96；「feria」的制度可參見Gil（2011）, *Chinos*, pp. 37-58。

155 根據為法哈多・伊・坦扎（Fajardo y Tenza）總督在一六二一年九月二十一日寫給國王的信。並參照Murakami 村上直次郎（1917）, 'Japan's Early Attempts', p. 468。

156 Santamaría（1966）, 'Chinese Parián, p. 90；也可參見Brook（2008）, *Vermeer's Hat*, p. 170。

157 並參照Jansen（1992）, *China in the Tokugawa World*, p. 9。

158 Murillo de Velarde, *Historia*, libro 18, cap. 20: 'En noviembre de 1606 había en Manila mas de 3000 Japoneses pues se fuja allí este numero como limite en que debieran en cerrar los gobernadores a esta población extranjera.' 穆里略・德・維拉迪（Murillo de Velarde）是一名十八世紀的編年史家，他的編輯內容是根據傳教士的信件（指菲律賓領地和中國與日本的傳教士寫給馬尼拉的信）。有關對日本人移民人數的計算，五野井隆史指出在一五九三年到一六三三年之間，每一艘從日本開往東南亞目的地的商用中式帆船上，平均搭載了二三六·五人。五野井隆史（2008），「ヴェトナムとキリスト教と日本——16・17世紀コーチシナにおけるキリスト教宣教を中心にして」，p. 51。

159 可參見日本和西班牙之間早期貿易關係的一篇匿名報告。東洋文庫，'Filipinas y el Japón'，p. 15；岩生成一（1937），《南洋日本町の研究》，pp. 292-300。

160 Phillips（2007）, 'Organization', p. 82.

161 Kamen（2002）, *Spain's Road*, p. 206. 在關於菲律賓的章節出現事實和拼字錯誤的次數，應該可以反映出他對這個地區顯然不關心。

162 清水有子（2012），《近世日本とルソン—「鎖国」形成史再考》。

163 Ollé（2006）, 'Formación', p. 27: 'Este inicial optimisimo se vería transformado a las pocas décadas en un estrategia defensiva, con rápida construcción de murallas, con adopción de una posición pasiva y receptiva, que convierte a Manila en un entrepot, una ciudad de enlace, que no actúa ya según la lógica de dominación territorial importada de América sino según la lógica mercantil de la región, con captura de plazas clave, que marcaba las

141 對於菲律賓人口發展的整體研究，可參見Merino（1980）, *Cabildo*, pp. 35-36。在十七世紀初，整個殖民地的西班牙人（包括士兵在內）頂多約兩千兩百人。馬尼拉有三百戶人登記。在同一段時期，馬尼拉周遭地區已有超過兩萬名中國人居住，雖然西班牙的官方命令禁止他們人數超過六千人。

142 Knittler（2000）, *Europäische Stadt*, pp. 37-38.

143 Knittler（2000）, *Europäische Stadt*, pp. 43-44，書中列出要塞城市、大學城、港口城市和教會中心通常都呈現男性人口過多的失調狀況。有關西班牙領地的人口數據，和整體而言女性不足的狀況，可參見下列具有開創性的著作：Boyd-Bowman（1973）, 'Patterns of Spanish Emigration', pp. 580-604。

144 AGI Filipinas 6, r. 3, n. 23, 'Carta de Sande sobre jornada de China', 2 June 1576.

145 Bernal（1966）, 'Chinese Colony', p. 46; Iaccarino（2008）, 'Manila as an International Entrepôt', p. 77.

146 AGI Filipinas 18B, r. 7. n. 61, 'Carta de Tello sobre posible ataque de Japon', 19 May 1597.

147 Merino（1980）, *Cabildo*, pp. 35; 57-58；有關於馬尼拉西班牙人的市民名冊，可見前註的文件附錄：pp. 77-119。

148 並參照Merino（1980）, *Cabildo*, p. 38。

149 Morga（2008）, *Sucesos*, p. 14.

150 Mahoney（2010）, *Colonialism*, p. 67：在一五三六年為兩千人，一五四〇年代為約五千人，不過到了一五五五年已經有約八千人。雖然美洲某些地方的情況看起來比較適合西班牙人，不過整體來說，我們還是不能過於高估西班牙移民的人數。約翰．埃利奧特的估計是根據彼得．博伊德—鮑曼（Peter Boyd-Bowman）對移民的統計，他指出在十六世紀有二十四萬名移民，十七世紀則有四十萬名。其中最大宗是來自安達盧西亞和埃斯特雷馬杜拉（Extremadura）。可參見Elliott（1989）, *Spain and Its World*, p. 11。在這個脈絡中值得注意的還有馬格努斯．莫爾納（Magnus Mörner）計算的移民人數（參閱Burkholder, Johnson [2001], *Colonial Latin America*, p. 201），他指出在一五〇一年和一六〇〇年之間，移民人數為十萬四千六百一十人，在十七世紀的頭二十五年中則為七萬四千人。

151 可同時參見伊川健二（2007），《大航海時代の東アジア：日欧通交の歴史的前提》；大石慎三郎（編）（1986），《朱印船と南への先駆者》。

131 AGI Filipinas 18 A, r. 6, n. 43, 'Carta de Ayala sobre ventas de oficios, encomiendas', 29 June 1589.《印地安斯法律》(*Leyes de Indias*)是針對海外領土的一套命令和法律。《印度群島法律》最初是由天主教雙王通過，但經常被認為不足以讓母國真正在新大陸宣揚權威。不過，它對經濟事項的規定卻有助以國王名義徵稅(例如皇家伍一稅)。

132 可參閱Ollé(2006), 'Formacion', p. 41；並參照Deng(1997), 'Foreign Staple Trade', p. 266。中國人繳納的「*almojarifazgo*」也被列在AGI Contaduria 1204, f. 199v。

133 AGI Filipinas 18 A, r. 6, n. 43, 'Carta de Ayala sobre ventas de oficios, encomiendas', 29 June 1588. 資料是由里奧斯・科羅內爾在一六二一年收集的。並參照Von den Driesch(1984), *Grundlagen*, pp. 232-233。同一位作者在一六二六年僅列了兩萬兩千比索。

134 Chaunu(1960), *Les Philippines*, p. 92.

135 Gil(2011), *Chinos*, pp. 36-49.

136 公證人埃爾南多・里克爾(Hernando Riquel)在創立文件中所作的說明，一五七二年六月十九日。也參照Díaz-Trechuelo Spinola(1959), *Arquitectura Española*, p. 7。在三年後，也就是一五七四年的六月二十日，馬尼拉得到傑出而忠誠(insigne y leal; distingvished and loyal)的稱號，在一五九五年則是*cabeza de Filipinas*(意指菲律賓的首都)。它的紋章是一隻半獅半海豚的動物，還有城堡和皇冠圖案作為皇家的象徵，創作於一五九六年。也可參見BR 9, p. 211。

137 Doeppers(1972),'Development', p. 769; Reed(1978), *Colonial Manila*, p. 65：「以東南亞都市化為題的作者，似乎經常忽視、或只是附帶提及西班牙化城鎮〔在東南亞都市化中〕扮演的關鍵角色，即早期西班牙將伊比利孕育的大轉型(Great Transformation)轉移到菲律賓。除此之外，他們對西班牙〔重新安置馬尼拉的〕計畫具有的革命性影響，也通常缺少足夠描述。當還沒有什麼西方強權在好望角以東的地方取得一個據點之前，西班牙重新安置菲律賓的計畫，就已經帶動殖民地的都市化。」

138 Colín(1900-1902), *Labor Evangélica*, vol. 1, p. 53.

139 Burkholder, Johnson(2001), *Colonial Latin America*, pp. 85-91; Phillips(2007), 'Organization', p. 78.

140 Díaz-Trechuelo(2003), 'Legazpi', p. 51. 所有市長和市議員的名單可參見Merino(1980), *Cabildo*, pp. 120-124。審判權掌握在地方法官之手，他通常獨立於市政府之外。

'Financing', p. 64。

115 Montalbán（1930）, *Spanische Patronat*, p. 110.

116 Alonso（2003）, 'Financing', p. 70.

117 AGI Contaturía, leg. 1609 fols. 464 & 464v; cf. Alonso（2003）, 'Financing', p. 72.

118 Bauzon（1981）, *Deficit Government*, pp. 43-45. 在一五八〇年，這些大使館從菲律賓財庫支出一千五百比索。

119 並參照Bauzon（1981）, *Deficit Government*, p. 83。

120 AGI Contaduría 1609, fs. 464-464v，並參照Álvarez（2009）, *Costo del Imperio*, p. 157。

121 聖地亞哥．德．維拉在一五八五年六月二十日於馬尼拉寫給莫亞．伊．孔特雷拉斯（Moya y Contreras）大主教的信中提及這段內容。並參照De la Costa（1961）, *Jesuits*, p. 643。

122 其主張於一五八六年六月由國王批准。BR 6, pp. 297-298.

123 Montalbán（1930）, *Spanische Patronat*, pp. 118-119.

124 Legarda（1999）, *After the Galleon*, pp. 101-145. 因為蓋倫帆船貿易的結束和經濟作物輸出，讓這個數字在一八四〇年之後變成百分之九十。

125 Grau y Monfalcón（1640）, *Justificación*, pp. 11-14.

126 Reed（1978）, *Colonial Manila*, p. 30.

127 Subrahmanyam（2007）, 'World in Balance', pp. 10-11. 葡屬印度享有相當的自治，靠著關稅、稅收和其他納貢支撐其財務。有關葡萄牙在亞洲領土的組織可參見Feldbauer（2005）, *Portugiesen in Asien*, p. 82: 'Was die Portugiesen so zäh verteidigten, war keine Kolonie im spanisch-lateinamerikanischen Sinn.' 他們的統治權只及於錫蘭（Ceylon）、摩鹿加群島、果亞和古加拉特（Gujarat）的海岸地區。

128 可同時參考例如：Gipouloux（2009）, *Méditerranée Asiatique*, pp. 144-148; 160-161。雖然大部分學者都認可葡萄牙是第一個在亞洲建立據點的帝國，但他們卻忽略葡萄牙人在來到亞洲時的情況完全不同，它們的殖民動機也不同。而且葡萄牙人通常是等到荷蘭人帶著更細緻的強制手段抵達後，他們才取得成功。

129 Burkholder, Johnson（2001）, *Colonial Latin America*, p. 146; Reed（1978）, *Colonial Manila*, p. 90.

130 Mahoney（2010）, *Colonialism*, pp. 37-38; AGI Filipinas, 339, l. 1, f. 41v, 'Petición de cuentas detalladas de la Hacienda de Filipinas', 4 June 1572.

大學是道明會在一六一一年創立的聖多默大學（Santo Tomás）。可參見 Barrón（1992）, *Mestizaje*, p. 108。

102 Hausberger（2008）, 'Reich', p. 353. 也可參見 Elizalde Pérez-Grueso, Delgado Ribas（eds）（2011）, *Filipinas un País entre dos Imperios* 中的文章。

103 Abinales, Amoroso（2005）, *State and Society*, p. 53; Francia（2010）, *History*, pp. 67-69; Junker（1999）, *Raiding, Trading.*

104 Lach, Vankley（1993）, *Asia,* vol. 3, book 4, p. 202.

105 Pastells（1925）, *Historia General*, vol. 1, p. ccxlix：國王在一六二五年指示大主教米格・賈西亞・塞拉諾（Miguel García Serrano）只能將傳教工作指派給耶穌會教士。

106 Chirino（1969）, *Relación de las Islas Filipinas*, p. 20.

107 Phelan（1955）, 'Philippine Linguistics', p. 154.

108 Phelan（1955）, 'Philippine Linguistics', pp. 158-159. 為了讓福音在當地人中加速傳播，傳教士總共創立四個不同的印刷廠：一五九三年是道明會的印刷廠，一六〇六年是方濟會的印刷廠，一六一〇年是耶穌會的印刷廠，奧古斯丁修會的印刷廠則在大約一六一八年創立。

109 此處的數據是根據 De la Costa（1961）, *Jesuits*, p. 9：第一批抵達菲律賓的四位耶穌會修士是在一五八一年從墨西哥前來，他們的旅費由國王支付，這趟旅程還額外領有一千五百比索。他們乘坐蓋倫帆船聖馬丁號（San Martín）從阿卡普科出發，馬尼拉的第一位主教也在旅程中搭過同一艘船。該年的馬尼拉蓋倫帆船的乘客都很有代表性，而且彰顯傳播福音在當時政治上的重要性：除了九十六名官員之外，還有大約一百名乘客，包括多明哥・德・薩拉薩爾和他的祕書官、克里斯托瓦爾・德・薩爾瓦蒂埃拉（Cristóbal de Salvatierra）修士、十八名奧古斯丁修會的修士、六名方濟各會修士、以及四名耶穌會修士都在船上。

110 可參見 Parker（2013）, 'Converting Souls', pp. 55-71。

111 維森特・拉斐爾認為他加祿人的社會是透過儀式債務（ritual debt）的文化眼光看待基督信仰。有關宗教權威和神職人員的特權，可參見 Abinales, Amoroso（2005）, *State and Society*, p. 50。

112 可參見 Scott（1974）, *The Discovery of the Igorots*。

113 Reid（1993）, 'Islamization and Christianization', pp. 151-179；也可參見 Majul（1973）, *Muslims in the Philippines*, pp. 107-316; Saleeby（1976）, *Studies in Moro History*。

114 可參見 Phillips（2000）, 'Growth and Composition', p. 98; Alonso（2003）,

85 BR 10, p. 80. A quote by Antonio de Morga.

86 Cunningham (1919), *Audiencia*, p. 80.

87 可同時參見Villiers (1987), 'Portuguese Malacca', p. 53。

88 Bauzon (1981), *Deficit Government*, p. 10.

89 Grafe, Irigoin (2008), 'Bargaining', pp. 178; 204.

90 Bauzon (1981), *Deficit Government*, p. 8：「唯有在一五六五年和一五八三年之間、以及一五八九年和一五九五年之間，才可以說菲律賓的殖民政權是附屬於墨西哥總督府，因為當時在菲律賓沒有皇家法庭暨最高法院。」

91 Nuchera (1995), *Encomienda*, p. 188.

92 AGI Escribanía 403B, Legajo 1 de pleytos de Manila, 1614／1620; Phelan (1960), 'Authority and Flexibility', p. 59.

93 Bourne (1907), *Discovery, Conquest and History*. 約翰・萊迪・費倫（一九五九年）和維森特・拉斐爾（Vicente Rafael，一九九三年）都對宗教融合的調和論（syncretism）形式和所謂的菲律賓「民間天主教信仰」作了廣泛的研究。

94 BR 25, p. 137.

95 Lach, Vankley (1993), *Asia*, vol. 3,book 4, pp. 202-204. 教宗良十世(Pope Leo X)於一五一四年 將「Jus patronatus」(聖職推薦權)授予葡萄牙國王；有關宗教秩序對統治馬尼拉的貢獻，可參見AGI Filipinas 77, n. 15; 1602；也可參見Montalbán (1930), *Spanische Patronat*, pp. 108-110。

96 Lach, Vankley (1993), *Asia*, vol. 3, book 4, p. 200.

97 Montalbán (1930), *Spanische Patronat*, p. 110.

98 Francia (2010), *History*, p. 64.

99 Camuñez (1988), *Sínodo*, pp. 29-30. 普拉森西亞早期致力於收集他加祿語資料，創作成鼓吹當地人改變信仰的素材，這些都是他遺留到後世的財產之一。

100 Díaz-Trechuelo (2002), *Filipinas*, pp. 102-104.

101 菲律賓歷史學家維森特・拉斐爾主張天主教信仰將菲律賓人的國家合為一體，尤其他加祿人改變信仰，加速了這個過程。可參見Rafael (1993), *Contracting Colonialism*, pp. 6-19。費倫（一九五九年）在*Hispanization of the Philippines*一書中分析天主教信仰的菲律賓化。原住民兒童就讀的第一間學校（聖伊格納西奧〔San Ignacio〕）於一五八九年在馬尼拉開設，並由耶穌會經營。在一六二一年馬尼拉又增加一所大學。馬尼拉最早的軍事支出；p. 157；也可參見García Fuentes（1980）, *Comercio español con América*。

71 Crailsheim（2014）, 'Las Filipinas, zona fronteriza', pp. 141-149.

72 Díaz-Trechuelo（2002）, *Filipinas*, p. 125; Nuchera（1995）, *Encomienda*, pp. 188-212.

73 Bauzon（1981）, *Deficit Government*, p. 46.

74 意指補助金、收益或撥款。這種一般性的資金是為了支援「西班牙帝國裡無法自我支撐的據點」。理想上它是要從馬尼拉蓋倫帆船的貿易利潤和阿卡普科的貨物稅中籌得。Bauzon（1981）, *Deficit Government*, pp. 56-60.

75 這個制度並不是專門提供給菲律賓使用，而是整體適用於長年赤字的地區。Grau y Monfalcón（1640）, *Justificación*, pp. 9-10.

76 Alonso（2003）, 'Financing', p. 80; Díaz-Trechuelo（2002）, *Filipinas*, p. 108; Cosano Moyano（1986）, *Filipinas y Su Real Hacienda.*（譯按：比索即「八里耳銀幣」〔8 reals〕英文作rial-of-eight或piece of eight）

77 Bauzon（1981）, *Deficit Government*, p. 6.

78 Cunningham（1919）, *Audiencia*, pp. 32; 195-197. 在本書研究的較後段時期，總督的平均任期達到四・五年，到了一六〇九年則只有三・五年。總督的名單可參見BR 17, pp. 285-312。

79 AGI Patronato 25, r. 2, 'Expediente sobre gobierno Islas Filipinas', 1583；皇家法庭暨最高法院在成立當年，是由維拉總督和另外三名審計員組成最高機關，並由他們決定殖民地事務。可參見Cunningham（1919）, *Audiencia*, pp. 99-119。

80 Hausberger（2008）, 'Reich', p. 350.

81 阿隆索・桑切斯（Alonso Sánchez）是一名充滿雄心壯志的耶穌會修士，他的算計在後面的章節中還會有更多著墨。桑切斯在皇家法庭暨最高法院的暫時廢除背後，也作為推動的力量之一。

82 Cunningham（1919）, *Audiencia*, p. 79.

83 Hausberger（2000）, *Für Gott und König*；在殖民的前幾十年中，菲律賓都沒有正式引進西班牙的宗教法庭，也沒有自己的獨立法庭。無論是宗教控制或對異教徒的審判都是由墨西哥負責。不過這並非表示菲律賓沒有宗教壓迫：修正主義者在墨西哥挖出令人震驚的菲律賓人審訊檔案，足以推翻西班牙是兵不血刃征服菲律賓的說法。

84 Camuñez（1980）, *Sínodo.*

(2007), 'Holding the World in Balance' 就強調西班牙殖民地在推動皇室政策的檯面下動態。

56 Kamen(2012), *Spain's Road*, p. 202; De la Costa(1961), *Jesuits*, p. 13：「在一五八〇年代，馬尼拉有五里格〔大約為二十公里〕的地區被分成四個私人委託監護地，總人口為三千五百人，而一個皇室委託監護人的人口則是四千人。」

57 對殖民施政的詳細描述，可參見Von den Driesch(1984), *Grundlagen*, pp. 268-270；其研究反映出如何對待原住民的常見相反觀點。

58 Bishop Salazar as 'Las Casas of the Philippines'. 並參照Von den Driesch(1984), *Grundlagen*, p. 196。

59 Nuchera(1995), *Encomienda*, p. 178; Cunningham(1919), *Audiencia*, p. 21. 普遍存在的問題可參見Bauzon(1981), *Deficit Government,* p. 6。

60 Hausberger(2008), 'Reich', p. 352.

61 Yun-Casalilla, Comín Comín(2012), 'Spain', pp. 234-244.

62 Von den Driesch(1984), *Grundlagen*, pp. 200; 264-265.

63 Cunningham(1919), *Audiencia*, pp. 53-54. 馬尼拉在一五八一年至一五八二年之間、以及一五八六年舉辦了宗教會議，其目的是解決與原住民互動時愈來愈常碰到的二元論。該次會議由薩拉薩爾主教擔任主席。其結果對菲律賓群島的政治和司法的影響有限。

64 Alonso(2003), 'Financing the Empire', p. 80.

65 Alonso(2003), 'Financing the Empire', pp. 71-79.

66 Newson(2009), *Conquest and Pestilence*, p. 7. 姑且不論官方政策為何，我們的確經常看到文獻裡提到家庭幫佣，但是他們的確實地位到底為何，歷史學家還不清楚。

67 De la Costa(1961), *Jesuits*, p. 19; Nuchera(1995), *Encomienda*, pp. 135-200.

68 其英文翻譯版本在線上即可閱讀，這要歸功於約翰．N．克羅斯利的努力，http:／／www.csse.monash.edu.au／~jnc／Rios／1621Memorial.pdf(瀏覽日期為二〇一四年四月四日)。

69 Von den Driesch(1984), *Grundlagen*, p. 232；歷史學家萊斯里．保森甚至根據這類當代的敘述，計算出西班牙政府在一六一九年之前總共欠菲律賓人民一百萬比索(peso)(因為他們被迫強制勞動，還有其他不公平的貿易政策)。可參見Bauzon(1981), *Deficit Government*, p. 43。

70 Álvarez(2009), *Costo del Imperio*, p. 174. 財務資料顯示該時期有很高的

的攻擊，並獲得摩鹿加群島方面的支持，不過該次攻擊沒有成功。

42 Díaz-Trechuelo（2002）, *Filipinas*, pp. 58-59.

43 「委託監護制」（Encomienda）是在西班牙的海外殖民地（包含美洲和菲律賓）採用的勞動制度。屬於國王賦予殖民菁英的某種封建權力，授權他們可以向當地人民徵收貢品或獲取服務，當地人民則藉此換取保護和教化。

44 寫於一五六九年八月十四日的「皇家特許狀」（*cédula real*）於該年底送抵菲律賓。

45 Francia（2010）, *History*, p. 59.

46 本研究無法仔細探究西班牙殖民早期所做的努力。相關的精簡摘要，我是參考Gorriz Abella（2010）, *Filipinas antes de Filipinas*。該書作者對早期西班牙的報告（分別由米格爾．德．盧阿爾卡〔Miguel de Luarca〕、聖地亞哥．德．維拉和佩德羅．奇里諾所寫）進行廣泛的研究，並作出摘要和重新詮釋。

47 Villiers（1987）, 'Portuguese Malacca', p. 44.

48 Villiers（1987）, 'Portuguese Malacca', p. 45.

49 有關葡萄牙治下的麻六甲，可參見Pinto（2006）, *Portuguese and the Straits of Melaka*。

50 有關西班牙統治下的原住民族生活概況，可參見Newson（2009）, *Conquest and Pestilence*。紐森（Newson）反對大部分人提出在西班牙統治下，原住民人口減少的主張（雖然比不上美洲的毀滅性程度）。他的理由是複雜的交通和通訊網絡讓菲律賓群島許多地區，大致上沒受到西班牙佔領影響。有關西班牙與當地人口的直接互動，可參見Alatas（1977）, *Myth of the Lazy Native*。

51 Alvarez（2009）, *Costo del Imperio*, p. 134.

52 AGI Escribanía 403B, Legajo 1 de pleytos de Manila, 1614／1620, f. 95: 'Es cosa muy notario [...] no se les paga a los alcaldes del Parián cosa ninguna sino solo el aprovechamiento que tienen de las tiendas de los dichos sangleyes que de ellas la pagan al dicho alcalde cada mes dos reales [...] vienen a montar un muy grueso salario y a los dichos alcaldes ordinarios ni de la real caja ni de los dichos sangleyes se les da cossa ninguna.'

53 Larkin（1972）, *Pampangans*.

54 Schwartz, Lockhart（1989）, *Early Latin America*, p. 92.

55 最近幾年的研究專注在制度背後的社會政治動態。例如Subrahmanyam

宋，確立中國對該島嶼的宗主權。鄭和率領超過六十艘船隻，三次試圖迫使呂宋和周圍的島嶼歸順明朝。不過，這個確立宗主權的嘗試在永樂皇帝和麾下的艦隊司令死後，就沒有再繼續下去了。」

30 Scott（1981）, *Boat Building*, p. 23.

31 有關於菲律賓群島和東亞在西班牙時期之前的互動、以及據稱這種互動對群島在西班牙時期之前的經濟史造成的影響，美國商會（US Chamber of Commerce）的顧問群在一九〇五年提供了最重要的說明之一：可參見Regidor, Jurado, Warren, Mason（1925）, *Commercial Progress*, pp. 6-8。他們獨具一格地指出中國和日本對發展某些生產模式的貢獻（例如魚的養殖或金屬採集）。有關於中國何時對那些島嶼產生興趣，也可參見Von den Driesch（1984）, *Grundlagen*, p. 291。

32 最後是麥哲倫的海軍指揮官若翰・塞巴斯提安・艾爾卡諾完成了第一次環球旅行。

33 埃爾南・科爾特斯於一五二六年擔任新西班牙的總督和總司令，他主張西班牙應該擴大在太平洋的影響力。卡洛斯一世於一五二六年六月十日發給他皇家特許狀（*cédula*）。可參見下列文集中的文章：Martínez-Shaw, Alfonso Mola（eds）（2008）, *Ruta de España*。

34 Steinberg（2001）, *Social Construction of the Ocean*, pp. 62-65; 不過這類觀點在近代的學術研究中已經失去立足點。與此相反，今人普遍認為歷史中的太平洋是開放空間，不存在所謂核心，人群、貨物和思想在其中的移動彷彿不受到限制。可參見Matsuda（2006）, 'The Pacific', pp. 758-780。

35 Gaynor（2007）, 'Maritime Ideologies', p. 55.

36 Steinberg（2001）, *Social Construction of the Ocean*, pp. 75-84.

37 Kamen（2002）, *Spain's Road*, p. 200; Díaz-Trechuelo（2002）, *Filipinas*, pp. 51-52.

38 並參照Kamen（2002）, *Spain's Road*, p. 201。

39 Schurz（1985）, *Manila Galleon*, p. 181：烏達內塔暨全體船員往東北方航行，到達三十九度之處。他們又從那裡直直向前航行，到達位於三十四度的加州海岸，再從那裡繼續往南，最後終於在十月一日到達納維達港，並於同年十月八日抵達阿卡普科。可參見Macías Domínguez（2003）, 'Presencia española', p. 35；也可參見Spate（1979）, *Spanish Lake*, pp. 104-106。

40 Díaz-Trechuelo（2003）, 'Legazpi', p. 49.

41 西班牙文獻記載一次由貢薩洛・佩雷拉（Gonzalo Pereira）指揮艦隊發動

13 在若翰・德・普拉森西亞（Juan de Plasencia）的《天主教教義》（*Doctrina Christiana*）一書中可以找到一些範例，該書於一五九三年以木版印刷的他加祿語出版。

14 Crossley（2011）, *Ríos Coronel*, p. 11.

15 Scott（1994）, *Barangay*, p. 5; Zaide（1949）, *Philippines*, p. 67.

16 可參見Doeppers（1972）, 'Development of Philippine Cities', p. 770。

17 Abinales, Amoroso（2005）, *State and Society*, p. 28.

18 Junker（1999）, *Raiding*, pp. 131-137.

19 有關伊比利人到來之前，穆斯林和中國人在婆羅洲與呂宋之間的貿易路線，可參見Ptak（1992）, 'Northern Trade Route', pp. 38-41。

20 Scott（1991）, *Boat Building*, p. 23; Scott（1984）, *Prehispanic Source Materials*, pp. 65-68; 71-73.

21 有關於中國如何提及菲律賓，可參見Scott（1984）, *Prehispanic Source Materials*, pp. 65-77。

22 Scott（1984）, *Prehispanic Source Materials*, pp. 65-67. 中國史書上記載武端拉賈國派來的使節是李竾罕和加彌難。（按：《宋會要》卷一九七〈蕃夷〉:「真宗咸平六年九月，其王其陵遣使李竾罕副使加彌難等來貢方物……大中祥符四年二月……以金板鐫表……」）也可參見Abinales, Amoroso（2005）, *State and Society*, pp. 35-36。

23 趙汝适的紀錄是由威廉・亨利・斯科特翻譯的。Scott（1984）, *Prehispanic Source Materials*, pp. 68-69. 另一名中國官員汪大淵在一百二十五年後寫了《島夷志略》一書，其中也包括對貿易國的描述，那些貿易國也是來自今天菲律賓的幾個島嶼。

24 有關於中國和「呂宋（Lüsong）」在西班牙時期之前的關係，可參見Wang（1970）, 'China and Southeast Asia', p. 375。

25 會講中文的神父巴托洛梅・馬地內斯（Bartolomé Martínez）因船難而到達附近海岸時，還能夠替他在那邊遇到的二十名中國商人受洗。Scott（1994）, *Barangay*, p. 248.

26 並參照Scott（1994）, *Barangay*, p. 248。

27 Scott（1984）, *Prehispanic, Source Materials*, p. 67.

28 Wade, MSL, http:／／epress.nus.edu.sg／msl／entry／1599（瀏覽日期為二〇一三年七月十八日）。

29 BR 34, p. 189; Guerrero（1966）, 'Chinese in the Philippines', p. 16：「明朝的編年史指出在永樂皇帝即位後的第二年，便派遣鄭和率領艦隊前往呂

japoneses', 26 June 1587.

2 Tilly (1990), *Coercion*, p. 19; Daus (1983), *Erfindung des Kolonialismus*, p. 56: 'Härteste Ausbeutung nach unten und schamlose Unterschlagung nach oben waren die institutionalisierten Begleiterscheinungen.'

3 AGI Filipinas 84, n. 9, 'Carta de agustinos sobre situación en Filipinas', 8 June 1576. 馬丁・德・拉達控訴西班牙士兵和官員並未遵照國王的命令和平佔領，反而向當地人民索取貢品，整體上也沒有善待他們。

4 Crossley (2011), *Ríos Coronel*, p. 10.

5 有關為什麼卡斯提亞語從來沒被當作菲律賓官方通用語言，我參考的是文獻 Phelan (1955), 'Philippine Linguistics', pp. 153-170。也可參見 Rafael (2005), *Contracting Colonialism*; Díaz-Trechuelo (2002), *Filipinas*。

6 Colín (1900-1902), *Labor Evangélica*, vol. 1, pp. 43-44.

7 可參照里奧斯・科羅內爾於一六二一年寫的回憶錄的第二部分，由約翰・克羅斯利翻譯，http:／／www.csse.monash.edu.au／~jnc／Rios／1621Memorial.pdf（瀏覽日期為二〇一四年六月十五日）。

8 AGI Filipinas 6, r. 4, n. 52, 'Carta de Ronquillo sobre armada de Carrión contra Japón', 1 July 1582. 在這封寫給腓力二世的信中，總督請求國王放棄菲律賓，因為它只會不斷製造赤字。

9 在近代，「菲律賓人」（Filipino）這個詞並沒有被用作通用語彙，這個詞是在十九世紀民族運動時才出現的。它通常是指在菲律賓誕生的混血文化。有關該語義的發展和歷史名稱，可參見 Scott (1994), *Barangay*, p. 5; Zaide (1949), *Philippines*, pp. 6-8。

10 在編年史和其他出版品推波助瀾下，種族刻板印象在十六世紀末的歐洲迅速蔓延。例如可參考 Carletti (1966), *Reise um die Welt*, p. 110: 'Die beiden Stämme sind recht unterschiedlicher Art. Das trifft sowohl für ihre Sitten und Gebräuche als auch für ihren Körperbau und ihre Bewegungen zu. Die *moros* haben häßliche Körper und Gesichter, sind dunkelbraun und haben eine träge und feige Gesinnung. Die anderen aber sind von schönem, kräftigem und stattlichem Körperbau. Ihre Hautfarbe ist heller, und im Umgang mit Waffen sind sie gewandt.' 有關西班牙人對原住民和其儀式的描述，可參見 Morga (2008), *Sucesos*, pp. 290-291。

11 Barrón (1992), *Mestizaje*, pp. 101-103.

12 Francia (2010), *History*, pp. 39-40; Scott (1984), *Prehispanic Source*, pp. 35-43.

十九世紀之交，日本知識分子、同時也是長崎的荷蘭人通譯志筑忠雄延續了肯普弗的詮釋，他也認為封閉國家是為了保持日本的商業現狀。直到一八五〇年代之前，有一份未出版的譯本在私下流傳。不過，「鎖國」這個詞和它愈來愈負面的涵義，其實是在其後的幾個世紀才被創造出來的。當時有一名日本學者翻譯了肯普弗在十七世紀後期的著作，那本著作是描述「獨立於一隅」的日本，但是它的文字其實出乎意料的正面（首次出版於一七二七年）。

249 岩生成一（1953），'Kinsei Nisshi'。他提供的圖表顯示在一六〇〇年和一六六〇年之間，前來長崎的「中國」船隻，有大約三分之一都是來自東南亞。而在一六六〇年和一六八〇年之間，只有四分之一是來自中國本土。

250 有關這些限制政策，值得注意的是它們在一七一五年更加緊縮，那一年日本頒布一道被稱為《正德新例》）的法律，用來規範與中國和荷蘭的貿易（限制每年從巴達維亞僅能有兩艘船）。因此，一開始的「海禁」其實相對較有彈性，接下來一段時期日本的經濟思想則較為保守。其中帶頭的是主張金銀通貨主義的著名顧問新井白石，他堅持不會將貴重金屬出口。

251 有關琉球國這個有爭議的案件，可參見 Lewis（2009），'Center and Periphery', pp. 424-443; Toby（1984）, *State and Diplomacy*, p. 48；也可參見渡辺美季（2007），「琉球人か倭人か：十六世紀末から十七世紀初の中国東南沿海における「琉球人」像」。該篇文章討論的敏感議題，包括明朝官員會把日本人和琉球人混為一談。德川幕府開始認為強調琉球人的「外來性」是一大要務，以為創造某種「外來性」對琉球朝貢地位不可或缺。接下來進一步問題則是：琉球人如何看待他們自己，他們的歸屬感又何以為據？可參見渡辺美季（2012），《近世琉球と中日関係》，pp. 2-3。

252 我參考的是幾位歐洲經濟史學者近期編輯的書籍，Yun-Casalilla, O'Brien, Comín Comín（eds）（2012）, *The Rise of Fiscal States*.

253 Stern（2014）, 'Companies', pp. 177-195. 文中指出近代的經商企業通常需要國家作為後援。

254 Grafe（2014）, 'Polycentric States', p. 250.

第一章　全球舞臺的建立

1 AGI Filipinas 18 A, r. 5, n. 31, 'Carta de Vera sobre situacion, comercio,

236 該書於一九八一年重新出版。張爕（1981），《東西洋考》，共十二卷，卷四的內容是關於菲律賓，卷五是關於日本，卷七包括對進口稅的綜述。

237 http:／／www.upf.edu／materials／huma／central-historia／xinamon／docums／seglesdoc／folanji.htm（瀏覽日期為二〇一三年五月十五日）。

238 可參見Toby（2008），「「鎖国」という外交」，pp. 184-210。托比的論述分析了近代對外國人的描述。本段內容大部分是根據托比的探討。

239 Boscaro（1975）, *101 Letters of Hideyoshi*, p. 45.

240 有關於馬尼拉的蓋倫帆船，我們可以找到一六〇一年秋天的一個例子。林復齋等（編）（1967），《通航一覽》，179／567。航進日本的第一艘黑船是葡萄牙船隻，它於一五七一年在長崎下錨。因此，澳門和長崎的貿易就以那一年作為起始年。隆納・托比有一篇傑出的文章提到原本還以為他們是從印度來的。Toby（1994）, 'Indianess', p. 326.

241 Toby（2008），「「鎖国」という外交」，pp. 187-191；荒野泰典（2005），「近世日本における「東アジア」の「発見」」，pp. 21-52；三好唯義（2010），「「三国」から「五大陸」へ」，pp. 172-177。

242 木崎弘美（2005），《近世外交史料と国際関係》，pp. 15-26。

243 渡邊浩（2010），《日本政治思想史　十七～十九世紀》，pp. 12-30。

244 有關於「神國」，也可參見Souyri, *World Turned Upside Down*, pp. 7, 135-136; Totman（1982）, *Japan before Perry*, pp. 104-105; Hudson（1999）, *Ruins of Identity*, pp. 236-242。

245 村井章介（2013），《中世日本の內と外》，p. 147。

246 可參見Laver（2011）, *Sakoku Edicts*。

247 研究近代日本的歷史學家普遍接受幕府的對外限制政策並非明確為了鎖國（這要歸功於荒野泰典、隆納・托比等人的研究）。水野智仁出色的歸納了不同學者對德川時代日本外交的不同看法。可參見Mizuno 水野智仁（2004）, 'China in Tokugawa Foreign Relations', pp. 109-110；荒野泰典（2005），「近世日本における「東アジア」の「発見」」，pp. 21-52。十七世紀的宣傳口號在「攘夷」和「開國」之間反覆搖擺。山本博文（1999），『鎖国』と沿岸防備体制」，pp. 20-35。

248 這個概念本身的定義可以回溯到恩格爾貝特・肯普弗（Engelbert Kämpfer）筆下對日本的描述（於一八〇一年翻譯成日文）。肯普弗是一名為荷蘭東印度公司工作的德國醫生，他在一六九〇年代到訪出島、江戶和日本的其他地方（當時是由荷蘭獨佔歐洲與日本的交易）。並參照Toby（1984）, *State and Diplomacy*, 4; 13：托比的研究進一步告訴我們在拉有定期往來—— 'Estando como están las Islas Filipinas tan apartadas y remotas, y rodeadas de tantos y tan grandes reinos de infieles con la entrada y comunicación que tienen en Manila los Chinos, y Japonés e inteligencia de los naturales se puede recelar que aliados con los de la tierra podrían intentar alguna novedad a que son inclinadas y porque la mayor seguridad y fuerza que puede tener la tierra es la población de españoles.'

224 Kang（1997）, *Diplomacy and Ideology*, pp. 8-12; 14.「這種中國的世界秩序中，顯露出民族中心主義的意識型態〔……〕一旦與中國建立了朝貢關係，朝貢國就會使用中國的紀元，中國也會給他們很多禮物。」

225 對中國世界觀的說明，可參見Morris-Suzuki（1996）, 'Frontiers of Japanese Identity', p. 48。也可參見Kang（1997）, *Diplomacy and Ideology*, pp. 7-34。書中分析了德川政權的對外關係體制，並討論了實際與理論議題的分歧。

226 Wade（1997）, 'Some Topoi', pp. 136-137.

227 黃省曾（1982），《西洋朝貢典錄》; Sonnendecker（2005）, *Huang xingzeng*, http:／／www.diss.fuberlin.de／diss／servlets／MCRFileNodeServlet／FUDISS_derivate_000000003095／0_Sonnendeckergesamt.pdf（瀏覽日期為二〇一二年三月二十九日）。

228 Hamashita（2008）, 'Despotism', p. 32.

229 張燮（1981），《東西洋考》，4.7，p. 3。

230 Hamashita（2008）, 'Despotism', p. 31.

231 Junker（1999）, *Raiding*, p. 36.

232 張維華（1982），《明史歐洲四國傳注釋》；張維華（1934），《明史佛郎機呂宋和蘭意大里亞四傳注釋》。

233 可參見Lehner（2011）, *China in European Encyclopedias*, pp. 73-76，其中說明知識的形成和知識如何提升。他區分了建立「東—西」概念的潛文本（hypotext）和超文本（hypertext），並指出「歐洲對中國的描述或許應該被視為潛文本。在感知、學習交流和進一步過程中產生的文本，則可以被視為超文本」。

234 Darwin（2007）, *After Tamerlane*, p. 92. 有關澳門和廣東後來的國外貿易特區，以及常見的限制作法，可參見Van Dyke（2005）, *Canton Trade*, pp. 6-13。

235 AGI Patronato 1, 1-2, 24. 並參照Montalbán（1930）, *Spanische Patronat*, p. 95。

功於他們和中國之間以白銀和絲為主軸的交換，讓他們對主政者和當地其他商人都構成挑戰。永積洋子（2001），《朱印船》，p. 49。

211 Totman（1995）, *Early Modern Japan*, pp. 141-142; Shimada（2005）, *Intra-Asian Trade*, pp. 5-21.

212 可參見小葉田淳（1978），「江戸初期における海外交易」，p. 130。

213 Oka（2001）, 'Great Merchant', pp. 37-56.

214 Toby（1984）, *State and Diplomacy*, p. 5.

215 Yamamura, Kamiki（1983）, 'Silver Mines', pp. 329-362.

216 Jansen（1992）, *China in the Tokugawa World*, p. 39.

217 Borja（2005）, *Basques*. 雖然與目前的研究沒有直接相關，但我仍想指出在菲律賓的早期殖民時代，有些著名的殖民者，包括若翰・塞巴斯提安・艾爾卡諾（Juan Sebastián Elcano）、米格爾・洛佩斯・德萊加斯皮（Miguel López de Legazpi）、多明哥・德薩拉薩爾和馬丁・德拉達——的出身都是巴斯克人。

218 Mahoney（2003）, *Colonialism*, p. 2：「在現代世界歷史中，一個國家能成功地宣稱對一塊外國土地有統治權，就標示出它的殖民主義。」

219 與菲律賓有關的西班牙編年史已經列在本書緒論中。

220 Elliott（1989）, *Spain and Its World*, p. 9.

221 耶穌會的描述（像是路易士・佛洛伊斯〔Luís Fróis〕、范禮安〔Alessandro Valigano〕或陸若漢〔João Rodrigues〕的紀錄）主宰了日本相關資訊在十六世紀後半葉的流通。之後，還有非神職的西班牙人（例如貝納迪諾・德阿維拉・吉龍〔Bernardino de Avila Girón〕、羅德里戈・德比韋羅・伊貝拉斯科和塞巴斯蒂安・維茲凱諾）以及北歐商人（例如三浦按針〔William Adams〕、約翰・薩里斯〔John Saris〕和理查・考克斯〔Richard Cocks〕也記下旅行的所見所聞，如同Cooper（1965）, *They Came to Japan*, pp. 99-100; 119所描述的：「佛洛伊斯像是編年史家，記下了激動人心的事件，而考克斯筆下則是寫每天的生活。如果要討論日本的語言和文化，陸若漢的生花妙筆絕對當仁不讓。」至於近代來到日本的其他歐洲人，庫珀在書中的觀點是說他們像粗野的歐洲人在日本遇到高度的文明。

222 例如可參見米井力也（2010），「キリシタン時代のスペインと日本」，pp. 179-196。

223 Ayers（ed.）（1700-1746）, *Cédulas reales*, no. 105（1600），佩德羅・德・阿庫尼亞（Pedro de Acuña）告知其國王：中國與日本都和馬尼

198 這個詞專指伊比利人到來（十六世紀）後出現的貿易，而不包括九州網絡在之前與東南亞商人進行的交易。

199 這個詞在十七世紀發展出強烈的文化意涵，也用來和新教徒歐洲人作出區隔。新教徒歐洲人在十七世紀初被稱作「紅毛人」。

200 有關九州大名與耶穌會傳教士的關係，可參見Pacheco（1971），'Europeans in Japan', pp. 52-55。也可參見Kirsch（2004）, *Barbaren aus dem Suden*, pp. 53-60。

201 Elisonas（1991）, 'Christianity and the Daimyo', pp. 321-326.

202 反天主教法律的日文為《バテレン追放令》，頒布於一五八七年七月二十四日，或另記為六月十九日（日文文獻《松浦文書》中的日期是「七月」）。可參見歴史学研究会（2006），《日本史史料〈3〉近世》，p. 43。

203 木崎弘美（2005），《近世外交史料と国際関係》。

204 家康原本期待俗人修士能幫日本更直接被整合進馬尼拉體系，所以對修會的傳教士一開始表現出歡迎態度。

205 永積洋子（2001），《朱印船》，pp. 2-5；五野井隆史（2008），「ヴェトナムとキリスト教と日本--16・17世紀コーチシナにおけるキリスト教宣教を中心にして」，p. 45。日本研究者進一步在十七世紀起草的十六冊《長崎志》中找到一份紀錄，指出豐臣秀吉早期就曾經試著掌控國外貿易，他的作法是分發許可證給在長崎、京都和堺獲選的商人。

206 村井章介（2013）, *Nihoshi.*

207 五野井隆史（2008），「ヴェトナムとキリスト教と日本--16・17世紀コーチシナにおけるキリスト教宣教を中心にして」，p. 46。

208 Jansen（2002）, *Making*, p. 19；據稱他還支持馬尼拉。可參見ARSI Jap／Sin 32, f. 3: 'Que es el que tiene a cargo los negocios de las Filipinas, y el que las ha favorizado siempre antes.' ARSI Jap／Sin 32, ff. 3 v-4: 'Para que el sobre que le guardesse una provisión que en su lengua llaman xuyri, y por otra lengua chapa por lo cual el dicho Taycosama daba licencia para que los españoles libremente pudiessen andar por sus reinos, así por la mar, como por la tierra.'

209 永積洋子（2001），《朱印船》，p. 41; Jansen（1992）, *China in the Tokugawa World*, p. 19。如果要了解朱印狀貿易的範圍和規模，我們不能忽略日本在第一年就已經發出二十九份許可證了。在一六三五年這個制度被廢除之前，日本總共發出三百五十份許可證，有趣的是，其中有四十三份是給中國人，而三十八份是給歐洲船長和商人。

210 馬尼拉和阿瑜陀耶的日本人都在區域貿易中發揮極大的影響力，這要歸

184 Oláh（2009）, *Räuberische Chinesen.*

185 秀吉與外國君主的通信也是由同樣的幾位僧人起草。可參見Asao（1991）, 'Sixteenth-Century Unification', p. 69。

186 Oláh（2009）, *Räuberische Chinesen*, pp. 55-57：兩方之間在一五三九年的通信，顯示中國與日本商人交涉時適用的規則很嚴厲、絲毫沒有任何彈性。有關東亞的外交關係發展，近期的其他研究還包括Itō（2008）, 'Japan and Ryukyu', pp. 79-99。

187 Sugimoto山本正慶, Swain（1978）, *Science.*

188 朱莉麗（2013），《行觀中國：日本使節眼中的明代社會》。朱莉麗重新用十五和十六世紀的朝貢關係架構，審視了中日關係，她的觀察重點是興旺的港口及廟宇城市中的行動者。

189 Lidin（2002）, *Tanegashima*, p. 41. 堺的商人在一五四九年派出一個朝貢貿易代表團，但是中國官員拒絕讓他們進行朝貢儀式。「三艘嶄新的大商船將要啟航往南，前往大明朝（中國）。有大約一千名年輕人——他們都是畿內地區和畿內以西的富豪家子孫——他們有一天也會成為商人。」

190 Mizuno（2004）, 'China in Tokugawa Foreign Relations', p. 121.

191 橋本雄、米谷均（2008），「倭寇論のゆくえ」，pp. 80-90；田中健夫（1963），《倭寇と勘合貿易》。

192 永積洋子（2001），《朱印船》，pp. 2-3。

193 關於他們在日本從事的宗教工作，其綜合描述可參見Takizawa（2010）, *Historia de los Jesuitas*。

194 清水有子指出在一五九〇年代已經有為數眾多的受洗基督徒。清水有子（2010），「16世紀末におけるキリシタン布教の実態―洗礼者数の検討を通して―」。

195 區域從九州的博多延伸至朝鮮。像是在五島列島這種小島出現大量明朝瓷器，就足以說明交易的蓬勃進行。五島列島有幾世紀時間都是走私和倭寇的中心。

196 關於海盜在全球經濟中的重要性之脈絡說明，可參見Anderson（2001）, 'Pirates and World History', pp. 107-124。

197 查爾斯．拉爾夫．博克瑟在較早期的觀察中，也認為倭寇不只是海盜，通常比較像是自由商販。Boxer（1953）, *South China*, p. xl；對於各種倭寇事蹟的概述，可參見Elisonas（1991）, 'Christianity and the Daimyo', pp. 321-326。

175 Lieberman（2009）, *Strange Parallels*, vol. 2, p. 442.

176 Sakudo（1989）, 'Origins', pp. 33-34；山本博文（1998），《参勤交代》。

177 這個概念在學者之間引發激烈的爭論，而且已經不再被認為是最先進的想法。Hall（1991）, 'Bakuhan System', pp. 128-182. 霍爾認為日本不屬於封建體制。不過，德川時代日本國內的政治結構在本章討論中不佔有特殊角色，所以基於實用理由，我還是會使用這個概念。對於這個主題的討論和更精確的概念，我是參考下列書籍：Lewis, 'Center and Periphery', pp. 431-432。也可參見Ikegami池上英子（1995）, *Taming of the Samurai*。Hayami（2004）, 'Introduction', pp. 18; 22; 31，其中描述這種錯誤是如何發生的：賴山陽於十九世紀早期在一本通俗的歷史書中，主張日本的傳統體制是封建政體。「封建」這個詞在明治維新期間，由西方歷史學者翻譯成「feudalism」，速水融批評用封建來形容日本的農村秩序，但他也承認德川時代的日本和歐洲有相似之處。例如兩者都是由具有權力的君王，統治其疆域所及的領土，而社會中的軍人和農民階級也都沒有截然二分。也可參見Ching（2009）, 'Japan in Asia', p. 432。

178 有關權力的制度性擴散，可同時參見Ravina（1999）, *Land and Lordship*。

179 可參見Hellyer（2009）, *Engaging Encounters*, pp. 7-8。

180 在日本的對中國貿易中，我們不應該低估港口城市的間接接觸所帶來的巨大可能性。可參見Okamoto岡本弘道（2008）, 'Foreign Policy', pp. 35-55。一般人認為日本是中國小老弟這種印象，是因為在二十世紀下半葉，歷史學家（例如約翰・惠特尼・霍爾和喬治・艾莉森〔George Elison〕）在西方世紀塑造了這個形象。Elison（1972）, *Deus Destroyed*.

181 Kang（1997）, *Diplomacy and Ideology*, pp. 32-33：雖然足利義滿想與明朝中國建立正式關係，但一開始他作為日本領導者的身分並沒有獲得接受。直到他提出合適的「表」，表示日本接受中國是中心，也接受在官方信件中使用中國曆法，足利才於一四〇二年成為明朝的藩屬，可以以「日本國王」的頭銜遞交國書。也可參見今谷明（2000），《室町時代政治史論》。

182 關於這類主題，田中健夫的研究可謂領先群倫。例如可參考他在二〇〇五年編輯的《前近代の日本と東アジア》一書。

183 可參見Schottenhammer（2007）, 'East Asian Maritime World', pp. 22-23：中國的文獻指出是日本過於抗拒納貢，才造成該事件。中國指控日本只對貿易和賺取利潤有興趣，沒有對中國皇帝展現赤誠的歸順之心。所以與日本的貿易關係遲至一五三九年到一五四〇年才實現。

381。對於德川時代經濟改革的仔細論述，可參見羅伯特・貝拉（Robert Bellah）的經典之作《德川宗教（Tokugawa Religion）》。他主張石田梅岩努力鼓吹商業生產力，最後使得商人復興，也對十七世紀日本的經濟成長很有幫助。

159 Ōishi（1991）, 'Bakuhan-System', p. 22.

160 該名號的意思是「征服蠻夷的將軍」。

161 Jansen（2002）, *Making*, p. 35.

162 和泉清司（2011），《徳川幕府領の形成と展開》，pp. 3-30; Flath（2000）, *Japanese Economy*, p. 23。

163 玉井哲雄（2013），「東アジアのなかの城下町」，pp. 27-46。

164 長子繼承制的建立是為了避免將來的朝政之爭。Hall（1995）, 'Bakuhan System', pp. 164-165.

165 Jansen（2002）, *Making*, p. 36.

166 日本歷史學家認為近代日本在政治上的特徵，就是最高權威和實際權力是分開的，分別歸屬於天皇和實際統治的武士階級。高木昭作（2003），《将軍権力と天皇 秀吉・家康の神国観》。

167 有關德川如何建立統治，以及他與秀吉派之間的衝突，詳細論述可參見Hall（1995）, 'Bakuhan system', pp. 149-161。

168 大石歸納幕藩體制（這是德川的政體，由德川家光大力鞏固）的主要元素為：「控制大名，駕馭朝廷，管理對外關係，遵奉德川遺產。」Ōishi（1991）, 'Bakuhan-System', p. 22; Sakudo（1989）, 'Search of the Origins', p. 40.

169 當時有一個世俗知識分子的新流派在推廣和傳授新儒學道德，其中以林羅山最為出名，他擔任幕府的幕僚超過五十年時間，直到他於一六五七年過世為止。較簡潔的摘要可參見Ooms（1985）, *Tokugawa Ideology*, pp. 63-79。

170 Reischauer et al.（eds）（1973）, *Japan*, pp. 81-85.

171 Totman（1995）, Early Modern Japan, p. 69.

172 日本白銀的大量輸出，導致日本對國內的供給出現問題，終於在一六八八年頒布輸出禁令，也因此使銅在十八世紀的輸出增加。有關荷蘭人對這項賺錢事業的參與，可參見Shimada島田龍登（2005）, 'Intra-Asian Trade'。

173 深谷克己（1981），《幕藩制国家の成立》，pp. 2-5。

174 Hall（1991）, 'Bakuhan System', p. 147.

地方自治，各地藩閥靠著封臣／土地主的身分擴充他們對領土的權力。有關政治和經濟的轉折歷史，可參見Nagahara永元慶二, Yamamura山村耕造（1981）, 'Sengoku Daimyo', pp. 27-63。

142 Souyri（2001）, *World Turned Upside Down.* 雖然他的作品有時被批評不符合實證作法，證據也不足，但是本書既然名列日本人類學的重要研究之一，當然有相當充分的理由。有關具影響力的地方家族——例如織田、島津、後北条、上杉、武田、今川和毛利——的研究，可參見Ōishi大石慎三郎（1991）, 'Bakuhan System', p. 12。

143 其組織通常包括活躍於經濟或村莊事務的平民、強盜和自耕農，還有城市的團體與強盜。進一步的資訊可參見Kade Troost（1997）, 'Peasants, Elites, and Villages', pp. 91-109。

144 淨土宗的本願寺派和日蓮宗對地方層級的掌控有極大區別。也可稱為「淨土真宗」。Asao 朝尾直弘（1991）, 'Sixteenth-Century Unification', pp. 40-96. Elisonas（1991）, 'Christianity and the Daimyo', p. 331.

145 Ōishi（1991）, 'Bakuhan-System', pp. 6-18.

146 Hayami 速水融（2004）, 'Introduction', p. 1.

147 Iwahashi岩橋勝（2004）, 'The Institutional Framework', pp. 85-104.

148 小和田哲男（1989），《桶狭間の戦い 信長会心の奇襲作戦》。

149 安土和桃山代表兩位統一天下之人居住的城池。

150 例如比叡山的結盟或一向宗在整個國家都很活躍。可參見Ooms（1985）, *Tokugawa Ideology*, pp. 21; 35-39。

151 在這個背景下，必須提到日本在近代是東亞唯一製造槍枝的國家。有關步槍和武器被引進日本的記載，和信長早期的成功，可參見Varley（2007）,'Oda Nobunaga', pp. 105-125。

152 Hayami（2004）, 'Introduction', p. 2.

153 指《楽市楽座令》。Iwahashi（2004）, 'Institutional Framework', p. 92.

154 Ōishi（1991）, 'Bakuhan-System', p. 13.

155 有關豐臣秀吉如何確保絕對的權力，更細節的描述可參見Asao（1991）, 'Sixteenth-Century Unification', pp. 53-55；朝尾直弘（2004），《豊臣・徳川の政治権力》。

156「海の刀狩」，可參見永積洋子（2001），《朱印船》，p. 2。

157 Hall（1991）, 'Bakuhan System', pp. 130-145.

158 有關戰爭和賦稅制度改革在那段時期對日本造成的改變，可參見Nakabayashi中林真幸（2012）, 'Rise of a Japanese Fiscal State', pp. 380-

133 Wills（2010）, 'Maritime Europe', p. 35指出一五五七年已不再被視為確切的年份。在中文史料中，只有一處描述葡萄牙人取得該地時，有提到這個年份。這個租界的名稱是得自「媽閣」（Amagao）。「媽」是指女神「媽祖」。

134 中文的「華僑」或日文的「かきょう」原本是指中國的漢族移民，包括廣東人和福建人等；指在民族上屬於中國人、但是居住在中國之外的人，現在也依然稱為「華僑」。十八世紀的東南亞華僑歷史發展具有特別的驅動力，相關細節可參見菅谷成子（2001），「島嶼部「華僑社会」の成立」，pp. 211-238。

135 有關十六世紀中國南方人海外移民在經濟上的重要性，可參見Wang王賡武（2008）, 'China Seas', pp. 7-22。

136 有關福建商人的事跡，可參見Wang（1990）, 'Merchants without Empire, pp. 400-421; Deng鄧鋼（1997）, *Chinese Maritime Activities,* p. 160; Perotin-Dumon（2001）, 'Pirate', p. 34。

137 有關不同利益的中國人在這類事項上各自的態度，可參見Chang（1989）, 'Evolution of Chinese Thought', pp. 51-64；施堅雅從巨觀結構上觀察中國社群／區域從開始到結束的複雜循環，其理論絕對有助於了解明朝晚期的福建。Skinner（1971）, 'Chinese peasants', pp. 271-292。

138 Ng（1983）, *Trade and Society*, pp. 9-30：值得注意的農業改革包括開墾梯田增加稻獲量，並在十六世紀晚期從呂宋引進甘薯和花生，以實現高生產量（p. 10）。

139 同時可參見Jansen（2002）, *Making*, p. 60; Lieberman（2009）, *Strange Parallels*, vol. 2, p. 437。李伯曼指出日本的區域整合和「一國」這個概念，直到德川中期依然沒有太多進展。雖然有「國」這個字，但是通常是指區域的領土，而不是將日本視為一個整體。

140 關於德川中央政權的外交事務，我同意麥可・路易斯（Michael Lewis）的主張：「幕府在與亞洲、或後來與西方國家進行外交時，通常都表示它代表一整個『國家』。雖然有些領地有時候也會與『外國』接觸〔……〕主要是為了貿易目的，但這通常是經過幕府准許，或是至少得到默許。亞洲區域和西方國家都承認幕府代表『日本』，各領地的政府也同意（雖然只是被動的）江戶幕府有權制定『外交政策』，這都證明有一個前所未見、全新的政治權力中心出現了。」Lewis（2009）, 'Center and Periphery', p. 431.

141 日本戰國時期是一個戰爭頻傳、社會分裂的年代。該時代的主要特徵是屬印度支那（Indochina）和馬來半島等目的地的貨物清單，其中就有陶器。」

117 Wills（2010）, 'Maritime Europe', p. 34.

118 Cheng（2013）, *War, Trade and Piracy*, pp. 14-15.（鄭維中，《海上傭兵》，頁46-51。）

119 Braudel（1982）, *Civilization and Capitalism*, vol. 2, p. 164; Andaya（2004）, 'Interactions', pp. 1-57.

120 Ptak（2007）, *Maritime Seidenstraße*, pp. 277-289; Reid（1999）, *Charting*, pp. 1-14.

121 今天通常會將這個情況直接描述為「商人即海盜，海盜即商人」。Mann（2011）, *1493*, p. 126.

122 Wills（2010）, 'Maritime Europe', p. 34.

123 中文的「倭寇」、日文的「わこう」或韓文的「왜구」，依字面解釋是「日本人海盜」。但是這類團體的成員通常是中國人船員多過日本人船員。

124 有關中國船隻（中式帆船）的發展與它們在中國海域的運作，可參見小島毅（2006），《海からみた歴史と伝統—遣唐使．倭寇．儒教》，pp. 28-29。

125 Wills（2010）, 'Maritime Europe', p. 40；田中健夫（1963），《倭寇と勘合貿易》，pp. 208-209。

126 Wade, MSL, http:／／epress.nus.edu.sg／msl／entry／3036（瀏覽日期為二〇一〇年十二月三日）。

127 Lieberman（2009）, *Strange Parallels*, vol. 2, p. 420.

128 有關明朝服裝的簡短介紹，參見Mei（2011）, *Chinese Clothing*, pp. 40-43。

129 相關事件的簡介可參見Mann（2011）, *1493*, pp. 130-133。也可參見Deng（1997）, *Chinese Maritime Activities*, pp. 88-90，他在該段落中討論了武裝走私的頻繁程度和實力、其國際連結，以及政府官員和有影響力的家族提供的支持。

130 Wills（1979）, 'Maritime China', pp. 211-212; Wills（2010）, 'Maritime Europe', p. 33. 嘉靖年間，明廷任命朱紈為「巡視浙福都御史」專責抗倭，之後又任命胡宗憲巡撫浙江，使「巡撫」一職逐漸變為常設。

131 在海上交易中，馬匹是非常重要的商品，尤其是在明朝的朝貢貿易中。羅德里奇．普塔克考察了這種交易背後的物流和動力。他顯示有專門運輸馬匹的船。可參見Ptak（1999）, 'Pferde auf See', pp. 199-223。

132 Barreto（2000）, 'Macao'; Willis（ed.）（2002）, *China and Macau*.

98 Wills（1998）, 'Relations', pp. 334-335.
99 Chang 張彬村（1989）, 'Evolution of Chinese Thought', pp. 51-64.
100 Schottenhammer（2007）, 'East Asian Maritime World', pp. 24-25：作者對明末的外交事項作了概括的描述。她列舉了海上貿易的三種管理：「（1）對傳統意義的朝貢船隻進行管理；（2）對從福建的海澄航往海外的中國船隻之管理，這些中國船隻必須在該地納稅；以及（3）管理前來廣州和澳門交易貨品的商船。」
101 Schottenhammer（2007）, 'East Asian Maritime World', pp. 15-16.
102 Blussé（1986）, *Strange Company*, p. 104. 有關於海外政策的放寬，也可參見 Wade, MSL, http:／／epress.nus.edu.sg／msl／entry／800（瀏覽日期為二〇一三年十二月三日）。
103 Grove, Selden（2008）, 'Introduction', p. 7.
104 So（2006）, 'Logiques de Marché', pp. 1261-1291.
105 Hamashita（2008）, 'Despotism and Decentralization', p. 29. 濱下認為到了十六世紀末，朝貢體制已經構成了對外的穩固統治秩序，明朝和對明朝表忠心的鄰國之間有高度的相互依賴。
106 Deng（1997）, 'Foreign Staple Trade', pp. 253-283.
107 Kang（2010）, *East Asia*, p. 13.
108 Brook（2010）, *Troubled Empire*, p. 220.
109 Schottenhammer（2007）, 'East Asian Maritime World', p. 19：「開放貿易不是為了處理海盜問題作出的對應，而是國家內部的社經變化——尤其是小農失去了土地——帶來的結果。」
110 Liang（1970）, *Single Whip Method*.
111 其中有日本的白銀，總計為三千六百二十二到三千八百〇三公噸之間。Von Glahn（1996）, *Fountain*, p. 120.
112 Atwell（1998）, 'Ming China', p. 416.
113 Chang（1983）, 'Chinese Maritime Trade', pp. 8-12.
114 Jansen（2002）, *Making*, p. 65.
115 Brook（2010）, *Troubled Empire*, pp. 223-224; Wills（2010）, 'Maritime Europe', p. 24；海澄終於開放給海上貿易，這件事被認為對福建沿海的經濟轉型十分重要。
116 Clark（2002）, *Community, Trade, and Networks*, p. 167：「地方的陶器產業成長和經泉州的南海貿易量擴大有直接相關。陶器〔……〕的運輸是經由南海的貿易路線。例如《諸蕃志》列舉了送往近代印尼、菲律賓、法

87 有關這有個現象的歷史演進，可參見Huang（1988），'Lung-Ch'ing', pp. 511-581。在現代的學術著作中，關於中華帝國世界觀的歷史演進，其討論可參見葛兆光（2010），《宅茲中國——重建有關「中國」的歷史論述》，pp. 116-125。

88 Fairbank（1980），'Changing Chinese Views', p. 143; 濱下武志闡釋明朝中國在官方限制國外貿易政策與實施海禁的情況下，如何達到整合民族的複雜性。可參見Hamashita（2008），'China, East Asia and the Global Economy', p. 18。

89 Wang王賡武（1998），'Ming Foreign Relations', pp. 307-308; 311-313：「像是安南、占婆、朝鮮、暹羅、琉球、西洋、東洋日本和各個南蠻小國等海外國家，與我們有崇山大海之隔，並偏安一隅。他們的土地生產出的東西不足以供我們養活他們；如果合併，他們的人民也不會為我們提供助益。如果他們不切實際地侵擾我朝邊境，對他們來說絕非好事。如果他們並未替我們帶來麻煩，但我們卻不視實際需要、逕自發動軍隊去攻打他們，對我們也絕非好事。後代子孫是否會濫用中國的財富和權力、貪圖一時的軍事榮耀，而在沒有任何理由的情況下揮軍邊陲之地，造成生靈塗炭，讓我感到十分憂心。」（四方諸夷，皆限山隔海，僻在一隅。得其地不足以供給，得其民不足以。使令。若其自不揣量，來撓我邊，則彼為不祥）這段文字引用自祖傳禁令（皇明祖訓）的開篇第一段，其修辭饒富趣味。

90 對於朝貢貿易有幾篇論述，精簡的摘要可參見Kang（2010），*East Asia*, pp. 11-13。康燦雄認為費正清的論點著重其功能，魏思韓和凱思．泰勒（Keith Taylor）的研究則著重象徵性，兩者有所不同。

91 檀上寬（2012），《永楽帝：華夷秩序の完成》。

92 林仁川（1987），《明末清初私人海上貿易》，pp. 38-42，說明葡萄牙私營商人如何以泉州作為市場。更多的詳情可參見投稿至下列書籍的文章：Schottenhammer（ed.）（2001），*Emporium of the World*。

93 Hansen（2000），*Open Empire*, p. 383. Wills（2010），'Maritime Europe and the Ming', pp. 24-78.

94 Hamashita（2008），'Tribute Trade System', p. 15.

95 Schottenhammer（2007），'East Asian Maritime World', p. 24.

96 Schottenhammer（2002），*Songzeitliche Quanzhou*, pp. 88-145.

97 Schottenhammer（2007），'East Asian Maritime World', pp. 14-15. 張燮（1981），《東西洋考》，卷七。

域是「官」與「公」之間的競技場，而且不斷在變化。美洲白銀輸入和沿海的經濟走向商業化，使中國在一五〇〇年代晚期發生經濟變化，也促使這種公共領域出現。

71 有關疆界爭議的討論，可參見Crossley（ed.）（2006），*Empire at the Margins*。

72 Wills（1979），'Maritime China', pp. 201-238；有關中國對邊界區域的鞏固，可參見Miles（2008），'Imperial Discourse', pp. 99-136。特別針對海岸邊界：可參見pp. 112-117。

73 更多的相關細節可參見Brook（2010），Troubled Empire, pp. 39-41。

74 Mote（1999），*Imperial China*, pp. 757-761.

75 其詳細描述可參見Atwell（1998），'Ming China and the Emerging World Economy', pp. 376-416。

76 戴維・蘭德斯（David Landes）和埃里克・瓊斯（Eric Jones）都認為是中國出於文化優越感而缺乏興趣，也沒有能力。可參見Landes（1998），*Wealth and Poverty*; Jones（2003），*European Miracle*。

77 鄭和受資助進行了七次探險，通俗故事中通常稱之為「三寶太監下西洋（一四〇五年—一四三三年）」。這些探險也足以證明當時的中國對地理有詳細的認識。

78 中國在這幾次探險中表現得像海外霸主：「在這幾趟旅程中，鄭和的艦隊在蘇門答臘（Sumatra）征服了一塊行為招議的中國飛地；介入爪哇（Java）的內戰；侵略斯里蘭卡（Sri Lanka），並將其統治者俘虜後帶回中國；還掃平了蘇門答臘的強盜。」並參照Mann（2011），*1493*, p. 124。

79 可參見Elvin（1973），*Pattern of the Chinese Past*, pp. 137-172。進一步的研究可參見Deng（1999），*Premodern Chinese Economy*。

80 Schottenhammer（2009），'Vom Mongolischen', pp. 370-373.

81 明朝兵部在一六〇四年的報告中，指出他們必須鏟除在中國南部沿岸作惡的人，包括來自呂宋的私營商人。可參見Wade, MSL, http:／／epress.nus.edu.sg／msl／entry／3135（瀏覽日期為二〇一三年三月十四日）。

82 Kang（2010），*East Asia*, pp. 110-112.

83 Wills（1979），'Maritime China', p. 215.

84 Lieberman（2009），*Strange Parallels*, vol. 2, pp. 504-524; 576-622; Cohen（2000），*East Asia*, p. 221.

85 Brook（1997），'At the Margin', pp. 161-181.

86 Perkins（1969），*Agricultural Development*, p. 216.

Spain, Europe and the Wider World, p. 140; Navarrete（1792）, *Conservación.*

59 有關「擘畫者」的手稿和其運動的歷史，可參見Bonney（1995）, 'Early Modern Theories', pp. 162-230。他們特別批判出售官職的政策，這個政策在菲律賓也很常見。有關十七世紀西班牙知識分子的生活概述，可參見Robbins（2007）, *Arts of Perception*。有些「擘畫者」，例如若翰・安東尼奧・德・維拉・伊・祖尼加・伊・菲格羅亞・德・羅卡（Juan Antonio de Vera y Zuniga y Figuera de Roca）也會對西班牙當時的外交關係提出建言。

60 西班牙文獻經常提及當時的君主政治開始墮落，是肇因於「權臣」的影響力日益擴大。

61 有關西班牙對印度群島的幻想以及幻想破滅，可參見Elliot（2009）, *Spain, Europe and the Wider World*, p. 142。

62 包括一五八〇年和一五九〇年在亞拉岡發生的暴動，以及在瓦倫西亞（Valencia）的幾波饑荒。腓力三世從一六〇九年到一六一四年之間對摩里斯科人（Morisco）頒布驅逐令，使灌溉體制崩潰，對農村人口造成衝擊。可參見Pérez（2007）, *Aragón en la Monarquía de Felipe II*; Lomas Cortés（2008）, Expulsión de los Moriscos。同時，這個複合帝國也因為與尼德蘭之間的八十年爭戰而受到動搖。有一群想爭取自治的荷蘭人在一五六八年發動起義，使伊比利人在一六〇〇年後的海外航線變得極不穩固。

63 Kamen（2005）, *Spain, 1469-1714*, pp. 135; 161-168.

64 Parthesius（2010）, *Dutch Ships*; Gaastra（2003）, *Dutch East India Company*, pp. 13-40; Parry（1990）, *Seaborne Empire*, pp. 225-238; 273-293; Schmidt（2009）, 'Dutch Atlantic', pp. 163-190.

65 Schmidt（2009）, 'Dutch Atlantic', pp. 163-190.

66 有關大西洋發生的事件和歐洲反應的詳細描述，可參見Parry（1990）, *Seaborne Empire*, pp. 254-256。

67 Ladero Quesada（2008）, *Indias de Castilla.*

68 有關西班牙投入海戰和經濟競爭的概論，可參見McAlister（1984）, *Spain and Portugal*, pp. 429-430; Grafe（2011）, 'Strange Tale', pp. 86-87；主要攻擊行為包括英荷於一六二五年對加的斯進攻，還有荷蘭上將皮特・海因（Piet Heyn）在一六二八年俘獲運送白銀的艦隊。

69 可參見岸本美緒（2012），《地域社會論再考》，pp. 3-15。

70 Elman（2002）, 'Rethinking', p. 539; Wakeman（1998）, 'Boundaries of the Public Sphere', pp. 167-189. 威克曼（Wakeman）主張晚明時期的公共領

生產；以及必須為獨佔販賣的商品設定皇室和私人的專賣權」。有關西班牙帝國的財政議題，可參見Barrientos Grandon（2004）, *Gobierno*, pp. 131-147，與財務相關（hacienda）：pp. 183-194。

46 約翰・林奇（John Lynch）也強調十六世紀西班牙的貿易保護主義有眾多規定。Lynch（1992）, *Hispanic World in Crisis*.

47 Parry（1990）, *Seaborne Empire*, p. 102.

48 甚至有歷史學家提出「西班牙模型完全符合重商主義」，雖然這個說法有明顯的漏洞。可參考Picazo Muntaner（2012）, 'Ports, Trade and Networks', p. 256。對於西屬美洲重商主義的精簡描述，可參見Mahoney（2003）, *Colonialism*, pp. 36-44；有關西班牙的白銀貿易和塞維亞的角色，可參見Cipolla（1998）, *Conquistadores, Piratas y Mercaderes*。蕾吉娜・格雷夫（Regina Grafe）最近推翻了有關近代西班牙是落後國家的說法。她主張西班牙並不缺乏經濟或行政的聰明改革新作法。可參見Grafe（2014）, 'Polycentric States', pp. 241-267。

49 參閱Pellicer de Ossau（1640）, *Comercio Impedido*。

50 Crespo Solana（2006）, 'Iberian Peninsula', pp. 6-8；拉米基茲（Lamikiz）認為此制度是柯爾貝爾（Colbertian）模式的重商主義；Lamikiz（2010）, *Trade and Trust*, pp. 14-16。

51 Lamikiz（2010）, *Trade and Trust*, p. 50.

52 Goodman（1997）, *Spanish Naval Power*；也可參見Grafe（2011）, 'Strange Tale', pp. 81-116。

53 Edelmayer（2009）, *Philipp II*, pp. 254-257. 艾德邁爾（Edelmayer）引用了費利佩・斐迪南-阿梅斯托，很有說服力地指出那次戰敗不是軍事上的落敗，而是宣傳戰遭遇挫折，損及了西班牙人的形象。

54 Phillips（2007）, 'Organization', p. 73.

55 對於大洋州貿易一般因素的描述，我是援引Macleod（1984）, 'Spain and America', pp. 341-388。

56 這段描述是依據De Vries（1976）, *Economy of Europe*, pp. 27-28。腓力二世和腓力三世治下的國家破產分別發生在一五五七年、一五六〇年、一五七六年、一五九六和一六〇七年。可參見Braudel（1995）, *Mediterranean*, vol. 1, pp. 505-512。

57 相關討論可參見Parker（2001）, *The World Is Not Enough*；該書作者在較近期還有*Global Crisis*（2013）一書。

58 García Sanz（1998）, 'Contexto Económico', pp. 17-42. Elliott（2009）,

33 有關於西屬大西洋的不同掌控級別，可參見 Macleod（1984）, 'Spain and America', pp. 350-351。

34 這與特許公司的商人形成強烈的對比，特許商人在十七世紀的海外貿易中用巧計贏過了西班牙人。

35 珍・布爾班克（Jane Burbank）和弗雷德里克・庫珀（Frederick Cooper）討論過「歐洲以外的領土和非歐洲人」與君主國的整合。Burbank, Cooper（2010）, *Empires in World History*, p. 128.

36 清楚的定義可參見 Curtin（1984）, *Cross-cultural Trade*, pp. 137-144。

37 Lockart, Schwartz（1995）, *Early Latin America*, p. 127. 對於西班牙的海外方案這種「權宜的妥協」（modi vivendi），其生動介紹可參見 Schmitt（ed.）（2008）, *Indienfahrer* 2, p. 7 中的匯編。有關於近代殖民主義的不同意涵，可參見 Raman（2001）, *Framing 'India'*, p. 5，作者在書中描述了被殖民者與核心之間的特殊關係，並強調新領地不會直接併入殖民帝國。

38 Grafe, Irigoin（2008）, 'Bargaining for Absolutism, pp. 173-209. 道格拉斯・諾斯（Douglas North）的模型認為皇室的剝削和管制，造成殖民地的經濟發展落後。格雷夫（Grafe）和伊利戈因（Irigoin）則駁斥這個主張，他們主張西班牙帝國的管理完全不屬於中央極權或專制主義，反而主要是不同政治行動者之間的協商結果。也可參見 Marichal（2008）, 'Rethinking Negotiation', pp. 211-218。

39 有關西班牙與加泰隆尼亞（Catalonia）的衝突，可參見 Yun-Casalilla（2004）, *Marte Contra Minerva*, pp. 364-376。

40 De Vries（1976）, *Economy of Europe*, p. 116.

41 對皇室來說，更為有利的是可以獨佔西班牙和祕魯的水銀資源；可參見 Burkholder, Johnson（2001）, *Colonial Latin America*, p. 135。

42 美洲白銀的貿易絕對是西班牙在十六和十七世紀中整個海上貿易的主要支柱，這點毋庸置疑。Marichal（2006）, 'Spanish-American Silver Peso', pp. 25-52.

43 Alonso Mola, Martínez-Shaw（2008）, 'El Lago Español', pp. 47-64.

44 Parry（1990）, *Seaborne Empire*, pp. 105-110.

45 Fisher（1997）, *Economic Aspects*, pp. 43-68; McAlister（1984）, *Spain & Portugal*, p. 426, 書中概述船隊制度的規則包括「限制停靠港；印度群島和馬尼拉、墨西哥和祕魯之間的貿易必須加以管控；擴大貿易廳和塞維亞商人行會（Merchant Guild of Seville）的職責；對墨西哥城和利馬（Lima）的商人行會授予特許；限制美洲的絲、橄欖、酒和紡織品的

p. 62.

16 Phillips（2007）, 'Organization of Oceanic Empires', p. 72.

17 Lockhart, Schwartz（1989）, *Early Latin America.*

18 更細節的描述可參見 Barrientos Grandon（2004）, *Gobierno*, pp. 105; 108-111。Kamen（2002）, *Spain's Road*, p. 142; Burkholder, Johnson（2001）, *Colonial Latin America*, p. 81.

19 Phillips（2007）, 'Organization', p. 72.

20 Kamen（2002）, *Spain's Road*, p. 142.

21 Lamikiz（2010）, *Trade and Trust*, p. 97. 一份關於長距離通訊基礎設施的紀錄指出：官方郵件（*avisos*）的包裹船在一五二五年開始出現。它們往返於哥倫比亞的迦太赫那（Cartagena）、巴拿馬的波托韋洛（Portobelo）、墨西哥的維拉克魯茲（Veracruz）和哈瓦那（Havana）之間，但是航班非常不固定。有關於殖民地的行政，可參見 Barrientos Grandon（2004）, *Gobierno*, pp. 67-70。

22 Yun-Casalilla（2004）, *Marte contra Minerva*, pp. 405-407.

23 他們（letrados）把西班牙帝國整合在一起，為了推動其教育和培訓，大學的數量也增加了。有關顧問群的歷史可參見 Elliott（1989）, *Spain and Its World*, 16。

24 Kamen（2002）, *Spain's Road*, p. 142.

25 Parry（1990）, *Seaborne Empire*, pp. 22-23.

26 條約是在一四九四年六月七月於瓦拉多利德附近的托德西利亞斯簽署的，當時哥倫布已經從西印度群島返航了。教宗儒略二世（Julius II，一四四三年—一五一三年）於一五〇六年批准。原本的謄抄本可參見 Fonseca, Asencio（eds）（1995）, *Corpus Documental*, pp. 158-167。

27 Steinberg（2001）, *Social Construction of the Ocean*, pp. 79-86.

28 Barrientos Grandon（2004）, *Gobierno*, p. 75. 其中包括收取什一奉獻的權利，其中的一半會用於教會事務，另一半則用於皇家財政。

29 更多資訊可參見 Yun-Casalilla（2009）, 'Institutions', p. 5。

30 Elliott（1989）, *Spain and Its World*, p. 14; Mahoney（2010）, *Colonialism*, p. 38.

31 Kamen（2002）, *Spain's Road*, p. 142. 在十八世紀，位於美洲的行政單位又新增了新格拉納達（New Granada）和拉布拉他河（Rio de la Plata）兩個總督轄區。

32 Yun-Casalilla（2004）, *Marte contra Minerva*, pp. 114-128.

詞，用以解釋自然資源稀少的地區如何讓工業得以成長和發展，這個詞並由揚・德・弗里斯在歐美語系的學術界加以發揚光大。可參見De Vries（2008）, *Industrious Revolution*。

5 它作為海外代表，但不是歐洲領域的政權。

6 Kamen（1986）, *Spain, 1469-1714*, p. 129.

7 有關於卡斯提亞和亞拉岡運作權力的不同結構，可參見Ladero Quesada（1995）, 'Spain Circa 1492', p. 123。有關於美洲之伊比利屬帝國的概念化，可參見Curtin（1984）, *Cross-cultural Trade*, pp. 5-7。

8 有關於西班牙的司法和經濟制度，可參見Yun-Casalilla（2004）, *Marte Contra Minerva*。

9 Elliot（2006）, *Empires of the Atlantic World.*

10 Rodríguez-Salgado（1988）, *Changing Face*, p. 1. 有關於西班牙為了維護地中海的領地，而與鄂圖曼帝國發生的衝突（或其他戰鬥），可參見Abulafia（2011）, *The Great Sea*, pp. 446-457。

11 Parker（2010）, *Felipe II*, pp. 720-729; 759: 'Sol mihi semper lucet: el sol siempre brilla sobre mi', Kamen（2002）, *Spain's Road*, pp. 133, 153-155; Elliott（1989）, *Spain and Its World*, pp. 7-9. 也可參見 Kamen（2003）, *Empire*; Elliott（2006）, *Empires of the Atlantic World*。

12 詹姆斯・馬霍尼引用經貿史學者羅伯特・S・史密斯（Robert S. Smith）的著作，強調西班牙重商主義的結果就是「缺乏……單純的競爭」。並參照Mahoney（2003）, 'Colonialism', p. 8。

13 Elliott（1963）, *Imperial Spain.* 在約翰・埃利奧特和亨利・凱曼（Henry Kamen）的共同強力影響下，學術界廣泛接受西班牙在腓力二世去世之後便開始衰落。他們認為如果十六世紀是聯合、社會和平和經濟富有的世紀（這要歸功於美洲白銀的流入），十七世紀則是因起義、喪失中央集權和通貨膨脹而受到震撼的世紀，因為西班牙在軍事和霸權方面，已經落於荷蘭和英國之後了。

14 權臣是指皇室親信，在腓力三世和腓力四世在位期間都有讓他們擔任決定政策的大臣之職。有關於權臣的歷史和政治影響力，可參見Brockliss, Elliott（eds）（1999）, *World of the Favourite*; Vaca de Osma（1997）, *Nobles e Innobles Validos*; Williams（2006）, *Great Favourite*, pp. 54-78。有關於氣候改變和戰爭對十七世紀造成的總體危機，討論可參見Parker（2013）, *Global Crisis*。

15 Kamen（1971）, *Iron Century*, p. 291; Elliott（1961）, 'The Decline of Spain',

'Cultural Landmarks', pp. 43-44。現在的學術界已經普遍接受菲律賓是殖民主義創造出來的概念，例如Francia（2010）。

119 可參見Darwin（2007）, *After Tamerlane*, p. 23。

120 Darwin（2007）, *After Tamerlane*, p. 27.

121 山本有造（編）（2003），《帝国の研究—原理・類型・関係—》。

122 十七世紀中期的危機可參見Reid（1993）, *Southeast Asia*, vol. 2, p. 26。也可參見Rothermund（2009）, 'Krise des 17. Jahrhunderts', p. 57。這段時期還包括小冰期（small ice age）為期幾十年的高峰期（一五八〇年—一六三〇年），這是很有趣的一點。

123 Goldstone（1998）, 'Problem', pp. 249-284.

124 Lieberman（1999）, 'Transcending', p. 2. 書中認為在亞洲使用「近代」這個詞，是暗指「與歐洲有某程度的類似性」。他也指出「商業時代」和「近代」具有相關性。

125 Goldstone（1998）, 'Problem', p. 253.

126 Lieberman（1993）, 'Local Integration', pp. 475-572討論了歷史分期和定義東南亞空間的結構變化。

127 德川統治時期建立了穩定的政治、社會和宗教秩序（尤其是相較於之前那個世紀），這點大致上已經取得共識。因此在一五七〇年和一六〇〇年之前的時間，也可能被認為是近代之前的關鍵銜接時刻。可參見Lewis（2009）, 'Center and Periphery', p. 431。

第一章　比較十六、十七世紀的西班牙、中國與日本

1 Darwin（2007）, *After Tamerlane*, p. 23.

2 Parsons（2010）, *Rule of Empires*, p. 4; Burbank, Cooper（2010）, *Empires in World History*.

3 我在這裡使用亞當・斯密（Adam Smith）的古典定義，他描述政治經濟學是「政治家或立法者之學的分支，其目的在於富國裕民」，Smith（1981）, *Wealth of Nations*, pp. 678-679。

4 出於某些理由，本研究甚至也可以視為與所謂的「大分流」爭論略有相關。Pomeranz（2000）, *Great Divergence*, pp. 16-24; 225-263. 有關日本與「大分流」爭論，可參見Sugihara（2005）, *Japan, China*。也可參見島田龍登（2006），「近世日本経済のアジア史的意義 —『勤勉革命』論と『鎖国』の見直し論をめぐって—」，pp. 63-87。有關日本的特例發展，有一種解釋認為是消費模式的差異觸發了「工業革命」。速水融創造了一個

109 O'Brien (2001), 'Introduction', p. 7.

110 參閱Mahoney, 'Historical Comparative Analysis', p. 9, http://www2.asanet.org/sectionchs/09conf/mahoney.pdf(瀏覽日期為二〇一二年十二月五日);Goldstone(1998), 'Initial Conditions', pp. 829-845。

111 Konvitz (1978), *Cities and the Sea*, p. 31. 該書認為十七世紀早期是「新興港口城市的時代」。這個趨勢呼應了北歐的新興港口城市最初形成的概念,也符合阿姆斯特丹與倫敦這幾個典型的範例。

112 Parker (2010), *Global Interactions*, p. 136. 歷史學研究會在二〇〇五年和二〇〇六年之間出版了港口城市三部曲《シリーズ港町の世界史》,其研究就是專注在這個領域,包括:村井章介(編)(2005),《港町と海域世界》;深沢克己(編)(2006),《港町のトポグラフィ》;羽田正(編)(2006),《港町に生きる》。小島毅從二〇一三年開始編纂的新叢書《東アジア海域に漕ぎだす》也已經出版了五冊。其貢獻集中在沿海文化的文化、社會與政治面向。

113 Haneda (2009), 'Introduction' to *Asian Port Cities*, pp. 3-4.

114 港口城市的居民與內陸居民無疑是不一樣的。前者有時候被歸類為商業社群,而後者則被認為是行政社會的成員。柯文(Paul Cohen)把晚期的中華帝國區分成走向國外貿易中心的沿海地區、和廣大的內陸地區(「後方」),世界主義的想法在沿海地區非常盛行,而內陸地區則不環海、屬於農業地帶,而且以中國為中心。可參見Cohen (2003), *China Unbound*。

115 Trivellato (2002), 'Jews of Leghorn', pp. 59-89. 法蘭西絲卡・特里維拉托(Francesca Trivellato)在對遠航商人的研究中,帶進了網絡分析的方法。她主張對巨觀現象套用微觀的分析方法,認為這樣有助於縮小人類學與經濟史學對商人社群的理解差距。對於跨太平洋與環太平洋商人的類似現象,也有進行研究。可參見Ardash Bonialian (2012), *Pacífico hispanoamericano*。他另指出馬尼拉、阿卡普科和祕魯的卡亞俄(Callao)之間的興盛商業是由墨西哥商人主宰的,西班牙則積極的想要限制太平洋的商業發展。

116 Ribeiro da Silva, Antunes (2011), 'Cross-cultural Entrepreneurship', pp. 49-76.

117 Victor Lieberman (2009), *Strange Parallels*, vol. 2對「邊緣地帶」(rimland)的定義是指該地區位於經濟與政治的整合路徑上。

118 關於學者認為這個概念是怎麼建構出來的,可參見Legarda (2001),

球經濟整合、貿易和資本還有更多辯論，甚至可以追溯回韋伯和馬克思（Karl Marx）。過去幾十年中的重要人物包括一九六〇年代的施堅雅（G. William Skinner）、一九七〇年代到今天的伊懋可（Mark Elvin）、黃宗智（Philip Huang）、濮德培（Peter Perdue）和王國斌（R. Bin Wong）。這些作家多是以農村為研究對象；費利佩・斐迪南-阿梅斯托（Felipe Fernández-Armesto）經常比較中國、日本和歐洲（尤其是西班牙）的發展，並將它們歸為同一類：Fernández-Armesto（2001）, *Civilizations*, pp. 402, 473。

102 Elvin（1996）, 'High Equilibrium Trap', p. 33.

103 同時參見 Rueschemeyer, Mahoney（2005）, 'Comparative Social Analysis', pp. 3-40；馬克・布洛克（Marc Bloch）也倡導比較研究的方法，他指出不論是要對多元環境作出精細的對比或找到一致性的原則，這個方法都十分有用。Bloch（1989）, *Feudal Society*, vol. 1.

104 Lieberman（2003, 2009）, *Strange Parallels*, 2 vols. 書中針對六個不同地理區域的國家強權，對其興衰進行了極具開創性的研究，並用了比較的方法，發現橫跨不同環境的歷史連結。

105 埃里克・萬豪特（Eric Vanhaute）替研究全球歷史提出了兩種不同的路徑：進行全球的比較，或是尋找全球性的連結。Vanhaute（2009）, 'Who Is Afraid of Global History?', p. 31：「人類社會在體系性層級是互相連接的，分析上的大單位便決定了歷史的發展。」De Vries（2008）, *Industrious Revolution*, p. 4.

106 我同意德瑞克・馬薩雷拉（Derek Massarella）對於一六〇〇年左右的經濟趨勢的看法，他認為歐洲和東亞對長距離貿易的貢獻都遭到錯誤的解讀。Massarella, 'What Was Happening?', http:／／www.casahistoria.com／happeningin1600.pdf（瀏覽日期為二〇一三年十月十三日）。

107「聯動歷史」這個方法論的架構可以追溯到桑賈伊・蘇伯曼亞姆（他主張應該研究聯動歷史），這個方法成為研究全球史的主要方向之一。蘇伯曼亞姆在文章中提倡要專注於不同實體和地區之間的連結性，這樣在考察近代的歷史時，才能取得更廣泛的觀點。可參見 Subrahmanyam（1997）, 'Connected Histories', pp. 735-762。

108 雖然韋伯解釋了一些他認為是歐洲獨有的現象（例如資本主義或官僚政治），但是對於世界上不同文明之間的經濟、政治和宗教現象進行系統性比較時，他依然對大範圍的概括性論述抱持懷疑的態度。Turner（1993）, *Max Weber*, pp. 26, 32.

see BR V, pp. 134-187.

94 Blair, Robertson, *The Philippine Islands, 1493-1898*.

95 在艾瑪・布萊爾和詹姆斯・羅伯遜之前，已經有西班牙的文職官員文塞斯勞・埃米利奧・雷塔納（Wenceslao E. Retana，或許也可以說他是研究菲律賓的學者）投入整理一般大眾皆可看到的西班牙殖民政府重要文件。Retana（ed.）（1895-1905）, *Archivo del Bibliófilo Filipino*, 5 vols. 對於雷塔納成果的重要評價，可參見Cano（2008）, *Retana Revisited*；與Pastells, Torres y Lanzas（1925）, *Catalago de los Documentos Relativos a las Islas Filipinas*, 9 vols; Martinez de Zúñiga（1893）, *Estadismo de las Islas*。

96 過於表面的批評意見和相反論點，可參見Fernández-Armesto（2009）, 'I would be flattered', pp. 170-183。在全球史研究中引起重大學術爭論的特定方法和理論，可參見Engel, Middell, 'Bruchzonen der Globalisierung', pp. 5-38; Mazlish（1998）, 'Comparing Global History to World History', pp. 385-395; Armitage（2004）, 'Is There a Pre-History of Globalization?', pp. 165-175; Manning（2003）, *Navigating World History*; Bright, Geyer（1995）, 'World History in a Global Age', pp. 1034-1060。

97 在近期的學術成果中，想要結合這兩條研究路線的範例之一是Andrade（2011）, 'A Chinese Farmer', pp. 573-591。

98 Haneda（2009）, 'Introduction', p. 1；羽田正、小島毅（編）（2013），《東アジア海域に漕ぎだす（1）海から見た歴史》，pp. 3-37。

99 這個詞是大衛・巴索洛梅（David Bartholomae）和安東尼・彼得羅斯基（Anthony Petrosky）所創。可參見Bartholomae, Petrosky（1993）, *Ways of Reading*。

100 卡羅爾・A・米斯科夫斯基（Carole A. Myscofski）總結為：「一個人在接觸近代的官方歷史文件時，必須採取破壞式的態度。在使用那些文書時，必須採用與它們的構思或意圖相反的方式，設法取得那些紀錄從未試圖保留的材料、觀察和理解。」可參見http:／／digitalcommons.iwu.edu／cgi／viewcontent.cgi?article=1003&context=teaching_excellence（瀏覽日期為二〇一三年三月九日）。米歇爾・傅柯（Michel Foucault）（「被壓制的知識」〔subjugated knowledges〕）和卡羅・金茲堡（Carlo Ginzburg）也提倡類似的方法。我自己的研究也得益於他們這些在過去堪稱革命性的研究方法。

101 這個問題在「大分流」（the great divergence）的學術辯論中顯得很重要。Pomeranz（2000）, *Great Divergence*, pp. 16-24; 225-263. 對中國的全

參見莊為璣、鄭山玉（1998），《泉州譜牒華僑史料與研究》。中國沿海長期以來都有移民東南亞的傳統。因此，如果要分析馬尼拉各文化之間的關係，福建系譜這種特殊形式的史料便十分有價值，而它通常不為外在世界所知。

86 另一份相關史料是匯編明朝資料的《大明會典》，它於一五一〇年出版，內容是關於朝貢體制和國外貿易。Chang（1983）, 'Chinese Maritime Trade', p. 9.

87 張燮（1981），《東西洋考》。該文集有許多部分的內容是根據《明史》的紀錄。

88 陳壽祺（1964），《福建通志》；阮元、李默（編）（1981），《廣東通志》。

89 菲律賓各地的天主教修士都是根據民族誌的觀點收集資料和起草編年史。包括（根據出版日期的先後排列）Pigafetta（1534）, *Primo Viaggio Intorno al Globo Terracqueo*; Chirino（1604）, *Relación de las Islas Filipinas*；佩德羅・奇里諾（Pedro Chirino）在馬尼拉後方的內陸工作到一五九六年，接著調動到宿霧，並在那裡成為第一位協助中國移民社群的耶穌會修士；Aduarte（1640）, *Historia de la Provincia del Santo Rosario*; Colín（1663）, *Labor Evangélica*（由巴勃羅・帕斯得在一九〇〇年代早期編輯並重新出版）；de Santa Cruz（1693）, *Historia de la Provincia del Santo Rosario II*。

90 Mendoza（2008）, *Historia del Gran Reino de la China*. 原本於一五八六年出版，當時的書名為 *Historia de las Cosas más Notables, Ritos y Costumbres del Gran Reyno de la China*。在一五八八年出現了義大利文譯本（*Dell' Historia de la China*）和英譯本。雖然它的確是根據馬丁・德・拉達（Martín de Rada）等人親眼見聞的報導所寫成，但是作者本人從沒踏上中國土地。他不似與他同名的若翰・門多薩・馬得・德路那（Juan Mendoza Mate de Luna）那樣，親身去過中國。後者從塞維亞出發，過著周遊新大陸的商旅人生，他一路從祕魯到中國、馬尼拉、澳門，最後則到了墨西哥，許多殖民地紀錄中都有他的身影。可參見 Iwasaki Cauti（1992）, *Extremo Oriente*, pp. 65-105。

91 有關安東尼奧・德・莫伽這名派駐菲律賓和美洲轄區的高階皇家官員的起落，可參見 Elliott（2009）, *Spain and the Wider World*, pp. 16-17。

92 Crossley（2011）, *Ríos Coronel*.

93 米格爾・德洛阿爾卡參與了一五七四年到一五七五年之間從西屬菲律賓被派到中國的第一批使節團。Loarca（1582）, *Relación de las Yslas Filipinas*,

76 這種發展有部分是因為明朝中國和德川日本的中央政府都採取隔離政策和海上限制。

77 這個過度擴張的海外帝國在各地有「書記員」(*escribanos*)忙著留下紀錄，因為他們要讓母國長官和資助者得到最新消息。西印度群島綜合檔案館收藏了「菲律賓皇家法庭暨最高法院」(Audiencia de Filipinas)的大量文件輯，為本研究提供可觀的相關西班牙史料。「墨西哥皇家法庭暨最高法院」(Audiencia de México)和「皇家支援」(Patronato Real)的文件也提供了其他相關史料。

78 林復齋等(編)(1967)，《通航一覽》。其中匯編日本從一五八八年到一六二五年之間發布的外交關係文件。《異國日記》的首刷版本(1911)可參見村上直次郎(編)(2005)，《異國日記抄》。

79 《外蕃通書》(1818)的材料是長崎奉行近藤正斎(1771-1829)收集的。可參見近藤正斎(1901)，《新加通記類》，第17卷。

80 川淵久左衛(1671)，《呂宋覺書》。

81 值得一提的是幾乎沒有任何一份紀錄是用草書寫成的(草書是一種將各個文字簡化之後相連在一起的書法體，大體上還算容易辨識)。官僚化的加劇催生一種更快速的寫作方式，也使得狂書或行書等字體的流行。

82 三要元佶也以法號「元佶閑室」為人所知，當代也有人稱他為「学校様」，他跟隨西笑承兌一同起草「朱印狀」，其後幾年則大量投入「伏見版」活字印刷。《異國渡海御朱印帳》：收集海外貿易許可(朱印帳)的相關登記文件。也可參見《異國近年御書草案》，這份「國外貿易草案」包括一六〇四年到一六一一年之間，日本發給呂宋和宿霧的二十一份許可。

83 以心崇傳也被稱為「金地院崇傳」，他在江戶和駿府都建了金地院，之後便往返於這兩個將軍宅邸之間。在與中國明朝重啟貿易的談判中，崇傳扮演了重要的角色。在組織外國代表團和起草國書時，他也是關鍵性人物。他將所有外交紀錄編整在《異國日記》中。

84 在此須感謝韋杰夫(Geoff Wade)投入的苦心，將《明實錄》裡涉及東南亞的部分翻譯成英文。有關進一步資訊，可參見Wade, MSL, http:／／epress.nus.edu.sg／msl／(後文將以Wade, MSL and URL稱之)。在這方面，已有公開資料庫收集《明實錄》的大量紀錄，替非中文使用者提供極有用的工具，也提供有關明朝中國外交政策的大量資訊。

85 在中國帝國，一個人能否享有鄉紳的威望取決於家系。一份針對十六世紀和十七世紀福建系譜所作的調查，為我們的論述提供了重要資訊。可

逅》。

66 高瀨弘一郎（2002），《キリシタン時代の貿易と外交》；五野井隆史（2003），《大航海時代と日本》；五野井隆史（2002），《日本キリシタン史の研究》。

67 有關日本歷史研究中較嚴格的三分法（日本史、東方史和西方史），可參見羽田正（2011），《新しい世界史へ—地球市民のための構想》，pp. 14-30。

68 依羅馬字母順序排列：Clulow（2014），*Company*; Csaba（2009），*Rauberische Chinesen*；伊川健二（2007），《大航海時代の東アジア：日欧通交の歴史的前提》；Iaccarino（2008），'Manila as an International Entrepôt'；中島樂章（編）（2014），《南蛮・紅毛・唐人：一六・一七世紀の東アジア海域》；岡美穗子（2010），《商人と宣教師：南蛮貿易の世界》；Shapinsky（2006），'Polyvocal Portolans'; Shimada（2005），*Intra-Asian Trade*；清水有子（2012），《近世日本とルソン—「鎖国」形成史再考》。

69 張維華（1934），《明史佛郎機呂宋和蘭意大里亞四傳注釋》。

70 Fairbank（ed.）（1968），*The Chinese World Order.*

71 Arrighi, Hamashita, Selden（eds）（2003），*Resurgence.*

72 Cohen（1984），*Discovering History*, pp. 1-56; 149-198；二十世紀對近代中國的學術研究，可參見Zurndorfer（1988），'Guide', pp. 148-201；劍橋大學出版社（Cambridge University Press）最近出版了探討水力專制統治（hydraulic despotism）、封建制度、反帝國主義、中國民族主義和傳統主義的綜論式簡介，以及最近受到後現代主義影響的西方學術研究：Wilkinson（2012），*Chinese History*。

73 有關中國和日本在一六〇〇年左右新興的全球世界中究竟扮演何種角色，其相關研究可參見Von Glahn（1996），*Fountain*；岸本美緒（2012），《地域社會論再考》一書也把重點放在經濟面。

74 Huang（1988），'Lung-Ch'ing', pp. 511-581; Lin（1990），*Fukien's Private Trade*; Ollé（2002），*Empresa*; Schottenhammer（2007），*East Asian Maritime World.*

75 Andrade（2006），*How Taiwan Became Chinese*; Borao et al.（2002），*Spaniards in Taiwan*, 2 vols; Borao（2009），*Spanish Experience in Taiwan*; Brook（2008），*Vermeer's Head*; Brook（2010），*Troubled Empire*; Cheng鄭維中（2013），*War, Trade and Piracy.*

品交換—不論是互相交換，或是直接／間接地轉經其他洲——且金額足以對所有貿易夥伴產生重要的影響，就意謂著出現了〔全球貿易〕。」

59 Boxer（1951）, *Christian Century in Japan*, p. 362.

60 Toby（1984）, *State and Diplomacy*.

61 出版社使用的一些流行語——像是「海から見た」（從海上所見）或是「アジアのなかの日本」（亞洲中的日本）——指出其認為日本史是東亞這個大區域中無法切割的一部分。網野善彥主張中世紀的日本有多個中心，而且要「從海上」探討日本史；布魯斯．巴滕（Bruce Batten）則很強調中心與邊陲的概念，並且反對日本的異質性。Batten（2003）, *To the Ends of Japan*. 村井章介在理解日本史時，則選擇採用更大範圍的時間框架。村井章介（1997），《海から見た戦国日本——列島史から世界史へ》。有關「海から見たアジア」（從海上所見的亞洲）觀點的研究綜述，可參見Ching（2009）, 'Japan in Asia', p. 407。他談到日本「相對於亞洲的歷史位置」，並且參照愛德華．薩伊德（Edward Said）提出的「想像的地理」，其中指出了日本在世界經濟中的位置。中島樂章（2007），「十六世紀末の福建－フィリピン－九州貿易」，pp. 55-92。

62 包樂史的同儕和學生都很尊崇他那創新的學術研究，包括他的專著和他對文獻編纂的貢獻，收錄於Nagazumi永積洋子（2010）, *Large and Broad*；包樂史與日本相關的研究可參見Vermeulen, Van der Velde, Viallé, Blussé（eds）, *Deshima Dagregisters*（13 vols）; Fernández-Armesto, Blussé（eds）（2003）, *Shifting Communities*; Blussé（1996）, 'No Boats to China', pp. 51-76; Blussé（1986）, *Strange Company*。

63 同時可參見大石慎三郎（編）（1986），《朱印船と南への先駆者》。

64 直到今天，這些資料大部分都還在日本史研究中扮演重要角色。也有許多已經被東京大學史料編纂所編輯為叢書出版。其中與馬尼拉體系脈絡最有相關的出版物，包括翻譯安東尼奧．德．莫伽（Antonio de Morga）、巴勃羅．帕斯得（Pablo Pastells）、羅德里戈．德．比韋羅．伊．貝拉斯科（Rodrigo de Vivero y Velasco）和塞巴斯蒂安．維茲凱諾（Sebastián Vizcaíno）的相關史料，以及《日本關係海外史料》叢書，包括耶穌會修士的各冊紀錄（《イエズス会日本年報》），還有在日本的荷蘭與英國商行的商館日誌。

65 村上直次郎（1929），《ドン・ロドリゴ日本見聞録》; 岩生成一（1937），《南洋日本町の研究》; 奈良静馬（1942），《西班牙古文書を通じて見たる日本と比律賓》; 平山篤子（2012），《スペイン帝国と中華帝国の邂敘述旨在展示西班牙對殖民地的正面貢獻。

48 Barron(1992), *Presencia*; Yuste López(2007), *Emporios Transpacíficos.*

49 Lakowsky(1987), *De las Minas al Mar*; Iwasaki Cauti(1992), *Extremo Oriente.*

50 可參見Knauth(1972), *Confrontación Transpacífica*; Spate(1979), *Spanish Lake*; Israel(1974), 'Mexico', pp. 33-57; Cabezas(1995), *Siglo Ibérico*。最後一本還因為沒有引註而惡評如潮。

51 Díaz-Trechuelo(2001), *Filipinas*; Pérez-Grueso(2003), *Relaciones entre España y Filipinas*; Álvarez(2009), *Costo del Imperio.*

52 Gil(1991), *Hidalgos y Samurais*; Gil(2011), *Chinos*; Sola(1999), *Historia de un Desencuentro*; Rodao, Solano, Togores(eds)(1988), *Extremo Oriente Ibérico.*

53 同時參見Boxer(2004), *South China*, pp. xl-xli。也可參見Kamen(2003), *Empire*; Parker(2001), *The World Is Not Enough*。其中有一章專門在寫菲律賓，章名為〈東方之珠〉(The Pearl of the Orient)，pp. 197-237。

54 丹尼斯・歐文・弗林收集了幾篇關於菲律賓史的重要學術研究，重印於他的阿什蓋特・維洛倫(Ashgate Valorum)叢書《太平洋世界》(*The Pacific World*)中，其中包括：Laufer(1907), 'Relations of the Chinese', pp. 55-92; Paske-Smith(1914), 'Japanese Trade', pp. 139-164; Pearson(1968), 'Spain and Spanish Trade', pp. 117-138。有關於馬尼拉的城市史，我是參照Doeppers(1972), 'Development', pp. 769-792。

55 Martínez-Shaw, Alfonso Mola(eds)(2008), *Ruta.* 這本文集同時提供了全面性的綜論和極佳的例示。

56 可參見Ollé(2002), *Empresa*; Newson(2009), *Conquest and Pestilence*; Crossley(2011), *Ríos Coronel*; Warren(2012), 'Weather', pp. 183-220。

57 Reid(1993), *Southeast Asia*, vol. 2. 在近期出版物中有對該地區近代進行綜合性描述者，可參見Lieberman(2009), *Strange Parallels*, vol. 2；該叢書的第一輯比較沒明確著重在南中國海，但還是提供極有價值的洞察：Lieberman(2003), *Strange Parallels*, vol. 1。我也希望大家留意羅德里奇・普塔克(Roderich Ptak)的著作。Ptak(1998), *China.*

58 在這方面，丹尼斯・歐文・弗林和安東尼奧・吉拉爾德斯(Antonio Giráldez)針對跨太平洋的白銀流動，和它對近代世界經濟造成的影響，在經濟史學者之間引發激烈的爭論。Flynn, Giráldez(1995), 'Born with a "Silver Spoon"', p. 201：「當有人口居住的幾大重要洲開始持續進行產

38 Schurz（1985）, *Manila Galleon.*

39 Chaunu（1960）, *Les Philippines.* 他的研究是根據「關稅」（*almojarifazgo*）的紀錄。

40 卡門・尤斯特・洛佩茲（Carmen Yuste López）認為墨西哥城（Mexico City）商人才是後來幾十年中跨太平洋貿易的贏家。可參見Yuste López（2007）, *Emporios Transpacíficos*。她也指出一六四〇年之後的墨西哥商人享有馬尼拉的經濟利益。從結果上來說，墨西哥商人和中間人便成了十八世紀的馬尼拉蓋倫帆船貿易所創造之利益的主要獲益者。

41 Legarda（1999）, *After the Galleons*; Bauzon（1981）, *Deficit Government.*

42 在此只舉出他的許多著作中最著名的一本：Scott（1994）, *Barangay*。

43 Reed（1978）, *Colonial Manila*; Roth（1977）, *Friar Estates.*

44 這個爭議性的問題已經不再只有幾個歷史學家關注，它已成為大眾感興趣的題目。可參見Martínez Montes（2009）, 'Spain and China'（資料是於二〇一三年十一月二十二日存取）；也可參見Vilaró（2011）, *Sol Naciente*。

45 二十世紀後半葉的菲律賓史學家出自意識形態、種族、國家或對本地原住民的保護，似乎很難對依附理論（dependency theory）存而不論。提奧多羅・阿貢西洛（Teodoro Agoncillo）著作中的菲律賓中心態度就深為人所垢病。約翰・萊迪・費倫（John Leddy Phelan）的研究則讓我們看到就算在血統上不是菲律賓人，也可能提倡這種論點。可參見Phelan（1959）, *Hispanization*。其他有傾向性的國家史論述可參見Schmidt-Nowara（2008）, *Conquest of History*, pp. 175-180。

46 研究趨勢直到近期才發生改變，有學者開始重新檢討多元文化在菲律賓文化史的各面向中留下的遺緒。可參見Donoso（ed.）（2008）, *More Hispanic Than We Admit*；其他類似出發點的著作還包括Almario（ed.）（2003）, *Pacto de Sangre*; Abinales, Amoroso（2005）, *State and Society*。

47 所謂的「黑色傳奇」是指反西班牙的宣傳。它最早可以追溯到荷蘭獨立戰爭。不過原本的「黑色傳奇」文章只著重在政治與宗教議題，在較近期的西班牙抹黑歷史中，才開始強調西班牙的經濟表現如何失敗。這個詞是朱利安・朱德里亞斯（Julián Juderías）在二十世紀早期新創的，指涉對西班牙君主和人民帶有敵意的寫作。「黑色傳奇」指控西班牙以殘忍的手法宣揚天主教、在政治上施行暴政。有關「黑色傳奇」宣傳在腓力二世時帶來的影響，可參見Pérez（2009）, *Leyenda Negra*, pp. 53-139。西班牙的史學則以「粉紅傳奇」（*leyenda rosa*）加以回應，「粉紅傳奇」的始便展開具有開創性的日文研究。可參見田中健夫（1996），《前近代の国際交流と外交文書》；村井章介（1999），《中世日本の內と外》；村井章介（2013），《日本中世境界史論》。英文研究也在這幾年迎頭趕上。Kang（2010）, *East Asia*, p. 108：「貿易對體制的強化是兩面刃：它同時可以增強國與國之間的互動、和國內的國家機構發展。其帶來的圖像就是它〔……〕既受到國家法律、又有外交和協議的管控，國家也嘗試對貿易加以控制和限制，並從中獲利。」

27 有關於南中國海的流動網絡，我是參照Lockard（2010）, 'Sea Common to All', pp. 219-247。

28 安東尼・瑞德認為「馬來」人這個詞就像是東南亞史脈絡中的「中國」一樣，是一個「令人疑懼的標籤」。這個詞的涵義一直在改變。對歐洲人而言，它在十六世紀和十七世紀，一般是指從文化、語言上界定居住在麻六甲、汶萊和爪哇之間的人。可參見Reid（2010）, *Imperial Alchemy*, p. 81。

29 「倭寇」依照字面的解釋是指「日本人海盜」。但是這類團體的成員通常以中國商人居多。

30 真栄平房昭（2008），「明朝の海禁政策と琉球：海禁・倭寇論を中心に」，pp. 61-76。

31 聚集在馬尼拉的中國商人主要是閩人，他們也被稱作福建人或閩南人。菲律賓群島被整合進大範圍的區域網絡中，可以往回追溯到早幾個世紀；不過，的確是在歐洲人開始殖民之後，呂宋和維薩亞斯群島（Visayas）的吸引力才大幅增加。

32 最近期的例子之一是Gipouloux（2009）, *La Méditerranée Asiatique*。

33 Reed（1978）, *Colonial Manila*, pp. 27-30.

34 Legarda（2001）, 'Cultural Landmarks', p. 44：「大中華帝國和擁有豐富銀礦的美洲殖民地之間產生的貿易（菲律賓居於這整個事業的中心），為亞洲的貿易帶來全新的規模和新方向。它完成了世界貿易的循環。」

35 Francia（2010）, *History*, p. 30.

36 明顯的民族主義式菲律賓史書寫，可參見Morga（2008）, *Sucesos*。其中對菲律賓民族英雄荷西・黎剎（José Rizal）的註記；比較後期的例子可參見Zaide（1949）, *Philippines*。也有一些例外，例如：Jocano（1975）, *Philippines at the Spanish Contact*。這本給學生的讀物是根據早期西班牙時期的概述，提供了堪稱相當全面的第一手資料。

37 Felix（ed.）（1966）, *Chinese in the Philippines*是其中的一個例外。

16 塞爾吉・格魯辛斯基（Serge Gruzinski）認為在討論菲律賓的殖民化時，應該將其置放於伊比利半島殖民變動性的多元框架之下。Gruzinski（2004）, *Quatre Parties du Monde*, pp. 30-60.

17 Grove, Hamashita, Selden（eds）（2008）, *China, East Asia and the Global Economy*.

18 有關文化對於經濟發展的影響所扮演的角色，可參見Vries（2003）, *Via Peking Back to Manchester*; Jones（2006）, *Cultures Merging*；桑賈伊・蘇伯曼亞姆（Sanjay Subrahmanyam）特別歸納文化在亞洲對海事關係、政治經濟體、財政制度、地理和社會發揮的影響。Subrahmanyam（1990）, *Political Economy of Commerce*, pp. 9-45.

19 Lieberman（1999）, 'Transcending', p. 7.

20 中島樂章（2013），「「交易と紛　の時代」の東アジア海域」，p. 26。

21 Darwin（2007）, *After Tamerlane*, pp. 27; 42.

22 我很清楚「體系」（system）這個詞很常被使用，也難免產生問題，馬尼拉體系並不以「中心—邊陲」關係為其特徵，但這是一九六〇年代之後的社會學家所慣用的。我的概念借用了布勞岱爾（Braudel）的世界經濟學定義、以及約翰・達爾文（John Darwin）的全球歷史帝國理論。

23 這三個近代國家都是由一名世襲統治者支配，有清楚疆界的領土，且大致屬於農業經濟。並由高度發展的官僚結構支撐其統治。Goldstone（1991）, *Revolution and Rebellion*, p. 4。

24 離馬尼拉不遠的地方，在幾十年後發展出另一種體系。保羅・凡・戴克（Paul van Dyke）在他那本具有開創性的書中將其稱為「廣州體系」。Van Dyke（2005）, *Canton Trade*. 廣州體系從一七〇〇年持續到一八四二年。歐洲商人會用行會商人作保證人，擔保他們的良好行為和金融交易。戴克在描述交易與互動時，會特別著重知識的力量和使用語言當作政治工具，他以嚴謹的研究探討了外國商人受到的對待、會受到什麼機構和行動者的監督以及控制。保羅・凡・戴克的結論是中國特別喜歡維持國外貿易的和諧及掌控。

25 Adshead（2001）, *China in World History*, pp. 206-208. 雖然艾茲赫德嘗試將中國與西班牙的哈布斯堡王朝作對比的確有貢獻，但是他輕率的結論則是有問題的，例如他認為馬尼拉體系是中國與外部世界最重要的連結。

26 在解釋近代的東亞跨國關係時，日本歷史學家特別強調必須以外交和貿易的框架包含一切。例如田中健夫和村井章介，他們從一九七〇年代開

9 揚·德·弗里斯很早就承認這條貿易路徑的全球相關性：「馬尼拉與墨西哥的阿卡普科（Acapulco）之間的貿易可以終極地表達出國際貿易的冒險性準則。由於白銀在亞洲有極高的價值，而歐洲對絹絲也有極高的需求，所以西班牙人認為這很值得他們把白銀運到馬尼拉與絹絲交換，再把交換到的絹絲送回阿卡普科，繼續轉運到維拉克魯茲（Vera Cruz），然後送到西班牙。在十七世紀早期，任何狀況發生的小改變都會危及這條貿易之路。並參照De Vries（1976）, *Economy of Europe*, p. 115。

10 在這裡我用的是查爾斯·蒂利（Charles Tilly）對於國家（state）的簡單定義：「若強制手段益發累積和集中，它們便會產生國家；它們會創造出不同的組織，在界定清楚的疆域內，由這些組織控制最主要的集中強制手段，而且這些組織在某些方面會比該疆域內運作的所有其他組織都更具有優先性。」Tilly（1990）, Coercion, p. 19. 康燦雄（David Kang）在討論「國家」這個概念時，也同意韋伯（Max Weber）的推論——韋伯認為國家的定義是代表「一個社會共同體和領土，且在該領土內具有獨佔的合法暴力」。可參見Kang（2010）, *East Asia*, p. 26。有關如何將近代國家和國家建立概念套用到跨文化脈絡和用語的挑戰，可參見Flüchter, "Structures on the Move", 1-19。該書作者對國家的定義（p. 2）是「由社會行為創造出的現象，為相互作用的空間，也是建構行為的制度網絡」。

11 Bhattacharya（2008）, 'Making Money', pp. 1-20. 較為精簡的綜合式討論可參見Iaccarino（2008）, 'Manila as an International Entrepôt', pp. 71-81。

12 可參見Gipouloux（2009）, *La Méditerranée Asiatique*。

13 Bjork（1998）, 'Link', pp. 51-88; Escoto（2007）, 'Coinage', p. 213：「由西班牙殖民的菲律賓是一國的商業一開始就走錯路的典型例子。這座殖民地島嶼擁有興盛的國外貿易，東南亞沒有其他地方可與之爭鋒，但是其內陸的商業整體而言，卻是到十九世紀中期之前，都還止步於以物易物的制度。這種落差的根本原因是缺乏適當的貨幣。」作者認為墨西哥比索作為貨幣，不只延續了以物易物的制度，還使中國壟斷其國內市場。

14 有關西班牙人抵達時存在於東南亞的政體和彼此之間連結關係的概述，可參見Reid（1999）, *Charting*。

15 有關「中繼站論點」，可同時參見Boxer（1970）, 'Plata Es Sangre', pp. 457-478, Knauth（1972）, *Confrontación Transpacífica*，與Spate（1979）, *Spanish Lake*。有關「加州學派」對馬尼拉在全球經濟史中扮演的角色的想法，可參見著名的Frank（1998）, *ReOrient*一書。

註釋

推薦導讀

1 Suzuki Hideaki鈴木英明，"Kaiiki-Shi and World／Global History:A Japanese Perspective", in: Manuel Perez Garcia, Lucio De Sousa eds., *Global History and New Polycentiric Approaches: Europe, Asia and the Americas in a World Network System*,（Singapore: Palgrave Macmillan, 2018）, pp. 119-133 at 122.

緒論

1 Bishop Domingo de Salazar to King Philip II in 1588. 並參照Blair, Robertson, *The Philippine Islands, 1493-1898*（hereafter BR）, vol. 7, pp. 221-222。

2 揚・德・弗里斯（Jan de Vries）根據曼弗雷德・史泰格（Manfred Steger）的簡短摘要，做出以下定義：「全球化是指人類接觸的形式發生轉變，變得益發互相依賴和相互整合，社會關係的時間和空間面向也都變得壓縮，最終使得『世界趨向於一個整體』。」並參照de Vries（2010）, 'Limits of Globalization, p. 711。

3 Vanhaute（2012）, *World History*, pp. 9-23.

4 在約翰・克羅斯利（John Crossley）為西班牙士兵兼司法長官（procurador general）里奧斯・德・洛斯・科羅內爾（Ríos de los Coronel）所寫的傳記中，開頭幾章描述了幾位堅定來此追尋榮耀的個人，這個遠離母國的殖民地其實是由他們治理。可參見Crossley（2011）, *Ríos Coronel*。

5 當時的西班牙政治經濟體深受重商主義的想法支配。可參見Bonney（1995）, 'Early Modern Theories', pp. 171-172。

6 Flynn, Giráldez（1995）, 'Born with a "Silver Spoon"', p. 201.

7 Alfonso Mola, Martínez-Shaw（2011）, 'Era de la plata española'.

8 三邊貿易這個詞的原意是指歐洲製造的產品、非洲的奴隸和新大陸的資源以及農產品在大西洋進行交換。因此它與經馬尼拉進行的交易差距甚遠。太平洋也有其獨特的三邊貿易模式，它是指中國海域與美洲大陸和東亞及東南亞的周邊地區連接在一起。

Yuste Lopez, Carmen, *El Comercio de la Nueve Espana con Filipinas 1590-1785* (Mexico City: INAH, 1984).

——, *Emporios transpacificos. Comerciantes Mexicanos en Manila, 1710-1815* (Mexico City: Universidad Nacional Autonoma de Mexico, 2007).

Zaide, Gregorio F., *The Philippines since Pre-Spanish Times* (Manila: R.P. Garcia Pub. Co., 1949).

Zhang Weihua, *Ming shi Folangji Lusong Helan Yidaliya si zhuan zhu shi*, Yanjing xue bao zhuan hao 7 (Beijing: Hafo Yanjing Xue She, Min Guo 23, 1934).

——, *Ming shi ou zhou si guo zhuan zhu shi* (Shanghai: Shanghai Guji Chubanshe, 1982).

Zhang Xianqing, 'Trade, Literati, and Mission: The Catholic Social Network in Late Ming Southern Fujian', in M. Antoni J. Ucerler, SJ (ed.), *Christianity and Cultures: Japan & China in Comparison, 1543-1644* (Rome: Institutum Historicum Societatis Iesu, 2009), 169-198.

Zhang Yongjin, 'Curious and Exotic Encounters: Europeans as Supplicants in the Chinese Imperium, 1513-1793', in Shogo Suzuki, Yongjin Zhang, and Joel Quirk (eds), *International Orders in the Early Modern World: Before the Rise of the West* (London and New York: Routledge, 2013), 55-75.

Zhao Gang, *The Qing Opening to the Ocean: Chinese Maritime Policies, 1684-1757* (Honolulu: University of Hawaii Press, 2013).

Zheng Jiexi, 'Wanli jiki ni nihon no chōsen shinryaku ni hennyu sareta minchūjin', *Journal of East Asian Cultural Interaction Studies* (Kansai University) 2 (2010), 339-351. Zhu Lili, *Xing guan zhong guo: Riben shi jie yan zhong de ming dai she hui* (Shanghai: Fudan University Press, 2013).

Zhuang Weiji and Zheng Shanyu, *Quanzhou pu die hua qiao shi liao yu yan jiu* (Beijing: Zhonghua Huaqiao Chubanshe, 1998).

Zurndorfer, Harriet, 'A Guide to the "New" Chinese History: Recent Publications Concerning Chinese Social and Economic Development before 1800', *International Review of Social History* 33 (1988), 148-201.

Gelina Harlaftis, Ina Baghdiantz McCabe, and Ioanna Pepelasis Minoglou (eds), *Diaspora Entrepreneurial Networks: Four Centuries of History* (Berg, 2005), 73-93.

Yamamoto Hirofumi, '"Sakoku" to engan bōbi taisei', in Yōko Nagazumi (ed.), *Sakoku o Minaosu* (Tokyo: Yamakawa Shuppansha, 1999), 20-35.

——, *Sankin kōdai* (Tokyo: Kōdansha, 1998).

Yamamoto Noritsuna, *Nagasaki tōjin yashiki* (Tokyo: Kenkōsha, 1983).

Yamamoto Yuzō (ed.), *Teikoku kenkyū: genri, ruikei, kankei* (Nagoya, 2003).

Yamamura Kozo and Kamiki Tetsuo, 'Silver Mines and Sung Coins: A Monetary History of Medieval and Modern Japan in International Perspective', in John F. Richards (ed.), *Precious Metals in the Later Medieval and Early Modern Worlds* (Durham, NC: Carolina Academic Press, 1983), 329-362.

Yonei Rikiya, 'Kirishitan jidai no supein to nihon', in Bandō Shōji and Kawanari Yō (eds), *Supein to Nihon. Zabieru kara nis-sei kōryū no shinjidai-e* (Ōtsu: Kōrisha, 2010), 179-196.

Yonemoto Marcia, *Mapping Early Modern Japan: Space, Place, and Culture in the Tokugawa Period, 1603-1868* (Berkeley and Los Angeles: University of California Press, 2003).

Yoshinaga Akira, *Shiro shitamachi goyō shōnin no seikaku: shikin chōtatsu wo chūshin ni* (Tokyo: Yoshikawa, 1972).

Yuan Ruan Li Mo, *Guangzhou tongzhi* (Guangzhou: Guangzhou Renmin Chubanshe, 1981).

Yun-Casalilla, Bartolome, 'The Institutions and Political Economy of the Spanish Imperial Composite Monarchy (1492-1714). A Trans-"national" Perspective', paper presented at the XVth World Economic History Conference (August 2009).

——, *Marte contra Minerva: el Precio del Imperio Español, c. 1450-1600* (Barcelona: Crítica, 2004).

——and Francisco Comin Comin, 'Spain: From Composite Monarchy to Nation-State, 1492-1914', in Bartolome Yun-Casalilla, Patrick O'Brien, and Francisco Comin Comin (eds), *The Rise of Fiscal States: A Global History, 1500-1914* (Cambridge and New York: Cambridge University Press, 2012), 233-266.

——, Patrick K. O'Brien, and Francisco Comin Comin (eds), *The Rise of Fiscal States: A Global History, 1500-1914* (Cambridge and New York: Cambridge University Press, 2012).

——, 'Notizen zur Geschichte des alten Franziskanerklosters zu Fushimi in Japan (1602-1614)', *FRS* 68 (1986), 261-171.

Williams, Patrick, *The Great Favourite: The Duke of Lerma and the Court and Government of Philip III of Spain, 1598-1621* (Manchester: Manchester University Press, 2006).

Williamson, Jeffrey, and Kevin H. O'Rourke, 'When Did Globalisation Begin?', *European Review of Economic History* 6 (2002), 23-50.

Willis, Clive (ed.), *China and Macau: Portuguese Encounters with the World in the Age of the Discoveries* (Aldershot: Ashgate, 2002).

Wills, John Elliot, Jr., 'Contingent Connections: Fujian, the Empire, and the Early Modern World', in Lynn A. Struve (ed.), *The Qing Formation in World Historical Time* (Cambridge, MA: Harvard University Press, 2004), 167-203.

——, 'Maritime Asia, 1500-1800: The Interactive Emergence of European Domination', *The American Historical Review* 98/1 (1993), 83-105.

——, 'Maritime China from Wang Chih to Shih Lang: Themes in Peripheral History', in Jonathan D. Spence and John Elliot Wills (eds), *From Ming to Ch'ing* (New Haven, CT: Yale University Press, 1979), 201-238.

——, 'Maritime Europe and the Ming', in John E. Wills (ed.), *China and Maritime Europe, 1500-1800: Trade, Settlement, Diplomacy, and Missions* (Cambridge and New York: Cambridge University Press, 2010), 24-78.

——, 'Relations with Maritime Europeans, 1514-1662', in Denis Twitchett and Frederick W. Mote (eds), *Cambridge History of China: The Ming-Dynasty, Vol. 8, Part 2* (Cambridge and New York: Cambridge University Press, 1998), 333-375.

——, 'The South China Sea Is Not a Mediterranean: Implications for the History of Chinese Foreign Relations', *Zhongguo haiyang fazhanshi luwenji* 10 (2008), 1-24.

Wong Roy Bin, 'Confucian Agendas for Material and Ideological Control in Modern China', in Theodore Huters, Roy Bin Wong, and Pauline Yu (eds), *Culture & State in Chinese History* (Stanford, CA: Stanford University Press, 1997), 303-325.

Wray, William D., 'The 17th-Century Japanese Diaspora: Questions of Boundary and Policy', paper presented at the Thirteenth International Economic History Congress, Buenos Aires, 22-26 July 2002.

——, 'The 17th-Century Japanese Diaspora: Questions of Boundary and Policy', in

Ward, Haruko Nawata, *Women Religious Leaders in Japan's Christian Century* (Aldershot: Ashgate, 2009).

Warren, James F., 'Metaphorical Perspectives of the Sea and the Sulu Zone, 1768-1898', in Peter N. Miller (ed.), *The Sea: Thalassography and Historiography* (Ann Arbor: University of Michigan Press, 2013), 145-173.

——, 'Weather, History and Empire: The Typhoon Factor and the Manila Galleon Trade, 1565-1815', in Geoff Wade (ed.), *Anthony Reid and the Study of the Southeast Asian Past* (Singapore: Institute of Southeast Asian Studies, 2012), 183-220.

Watanabe Hiroshi, *A History of Japanese Political Thought, 1600-1901* (Tokyo: I-House Press, 2012).

Watanabe Miki, 'An International Maritime Trader: Torihara Souan, the Agent for Tokugawa Ieyasu's First Negotiations with Ming China', in Angela Schottenhammer (ed.), *The East Asian Maritime World, 1400-1800: Its Fabrics of Power and Dynamics of Exchanges* (Wiesbaden: Harrassowitz, 2008), 169-176.

——, *Kinsei ryūkyū to chūnichi kankei* (Tokyo: Yoshikawa Kōbunkan, 2012) 304.

——, 'Ryūkyūjin ka wajin ka: 16seikimatsu kara 17seikisho no chūgoku tōnan enkai ni okeru "Ryūkyūjin" zō', *Shigakuzasshi* 116/10 (2007), 1-36.

Watanabe, Shujiro, 'Japan Did Plan to Conquer the Philippines', *The Philippines Herald*, 9 August 1929.

Watkins, John, 'Toward a New Diplomatic History of Medieval and Early Modern Europe', *Journal of Medieval and Early Modern Studies* 38 (2008), 1-14.

Wheeler, Charles J., 'Cross-cultural Trade and Trans-Regional Networks in the Port of Hoi-An: Maritime Vietnam in the Early Modern Era', PhD dissertation (Yale University, 2001).

Wilkinson, Endymion, *Chinese History: A New Manual*, Harvard-Yenching Institute Monograph Series New Edition (Cambridge, MA: Harvard University Asia Center, 2012).

Willeke, Bernward H., 'Das Franziskanerkloster in Kyoto zu Anfang der Tokugawa Ara, 1603-1611', *Franziskanische Studien* (1989), 168-183.

——, 'Das Franziskanerkloster in Osaka, Sakai und Wakayama, 1603-1614', *Franziskanische Studien* 72 (1990), 257-271.

——, 'Fruhe Franziskanerkloster in Nagasaki (1595-1612)', *Franziskanische Studien* 73/2/3 (1991), 227-238.

——, *Sudostasien vor der Kolonialzeit* (Frankfurt am Main: Fischer Weltgeschichte, 2001).

Von den Driesch, Wilhelm, *Grundlagen einer Sozialgeschichte der Philippinen unter spanischer Herrschaft (1565-1820)*, Europaische Hochschulschriften, Reihe 3: Geschichte und ihre Hilfswissenschaften 249 (Frankfurt am Main: P. Lang, 1984).

Von Glahn, Richard, *Fountain of Fortune: Money and Monetary Policy in China, 1000-1700* (Berkeley and Los Angeles: University of California Press, 1996).

Vries, Peer, 'The California School and Beyond: How to Study the Great Divergence?', *Journal fur Entwicklungspolitik/Austrian Journal of Development Studies* 24/4 (2008), 6-49.

——, *Via Peking Back to Manchester: Britain, the Industrial Revolution, and China* (Leiden: Brill, 2003).

Wade, Geoff, 'Some Topoi in Southern Border Historiography', in Roderich Ptak and Sabine Dabringhaus (eds), *China and Her Neighbours: Borders, Visions of the Other, Foreign Policy 10th to 19th Century* (Wiesbaden: Harrassowitz, 1997).

Wakeman, Frederic, 'Boundaries of the Public Sphere in Ming and Qing China', *Daedalus* 127/3 (1998), 167-189.

Wallerstein, Immanuel, *World-Systems Analysis: An Introduction* (Durham, NC: Duke University Press, 2007).

Wang Gungwu, *Anglo-Chinese Encounters since 1800: War, Trade, Science and Governance* (Cambridge and New York: Cambridge University Press, 2003).

——, 'China and Southeast Asia, 1402-1424', in Nicholas Tarling and Jerome Ch'en (eds), *Studies in the Social History of China and Southeast Asia: Essays in Memory of Victor Purcell* (Cambridge and New York: Cambridge University Press, 1970), 375-401.

——, 'The China Séas: Becoming an Enlarged Mediterranean', in Angela Schottenhammer (ed.), *The East Asian 'Mediterranean': Maritime Crossroads of Culture, Commerce and Human Migration* (Wiesbaden: Harrassowitz Verlag, 2008), 7-22.

——, 'Ming Foreign Relations: Southeast Asia', in Denis Twitchett and Frederick W. Mote (eds), *The Cambridge History of China: The Ming Dynasty, 1368-1644, Vol.8, Part 2* (Cambridge and New York: Cambridge University Press, 1998), 301-332.

——(ed.), *Global History and Migrations* (Boulder, CO: Westview Press, 1997).

Learning Global History', *Osterreichische Zeitschrift fur Geschichtswissenschaften* 20/2 (2009), 22-39.

——, *World History: An Introduction* (London and New York: Routledge, 2012).

Van Tilburg, Hans Konrad, 'Vessels of Exchange: The Global Shipwright in the Pacific', in Jerry H. Bentley, Renate Bridenthal, and Karen Wigen (eds), *Seascapes, Littoral Cultures and Trans-Oceanic Exchanges* (Honolulu: University of Hawaii Press, 2007), 38-52.

Varley, Paul, 'Oda Nobunaga, Guns, and Early Modern Warfare in Japan', in James C. Baxter and Joshua A. Fogel (ed.), *Writing Histories in Japan: Texts and Their Transformations from Ancient Times through the Meiji Era* (Kyoto: International Research Center for Japanese Studies, 2007), 105-125.

Veen, Ernst van, and Leonard Blusse, *Rivalry and Conflict: European Traders and Asian Trading Networks in the 16th and 17th Century*, Studies in Overseas History 7 (Leiden: CNWS Publications, 2005).

Vermeer, Eduard B. (ed.), *Development and Decline of Fukien Province in the 17th and 18th Centuries*, Sinica Leidensia (Leiden: Brill, 1990).

Vermeulen, Ton, Paul van der Velde, Cynthia Vialle, and Leonard Blusse, *The Deshima Dagregisters: Their Original Tables of Contents*, 13 vols (Leiden: Leiden Centre for the History of European Expansion, 1986-).

Vicente, Marta V., 'Fashion, Race, and Cotton Textiles in Colonial Spanish America', in Prasannan Parthasarathi and Giorgo Riello (eds), *The Spinning World: The World of South Asian Textiles, 1500-1850* (Oxford and New York: Oxford University Press, 2009), 247-260. Videira Pires, Benjamim, SJ (ed.), *A Viagem de Comercio Macau-Manila nos Seculos XVI a XIX. Comunicacao apresentada ao V congresso da 'Associacao Internacional de Historiadores da Asia'* (Macau: Centro de Estudos Maritimos de Macau, 1987).

Vilaro, Ramon, *Sol Naciente. Historias Hispano-japonesas* (Barcelona: RBA Libros, 2011).

Villiers, John, 'Portuguese Malacca and Spanish Manila: Two Concepts of Empire', in Roderich Ptak (ed.), *Portuguese Asia: Aspects in History and Economic History (16th and 17th Centuries)*, Beitrage zur Sudasienforschung 117 (Stuttgart: Steiner Verlag, 1987), 37-57.

——, 'Silk and Silver: Macau, Manila and Trade in the China Seas in the Sixteenth Century'. Lecture delivered to the Hong Kong Branch of the Royal Asiatic Society at the Hong Kong Club, 10 June 1980.

Tremml-Werner, Birgit, 'Communication Challenges in Triangular Relations in the China Seas: A Survey of Early Modern "Manila Linguists"', in Angela Schottenhammer (ed.), *Tribute, Trade and Smuggling* (Wiesbaden: Harrassowitz, 2014), 235-255.

Trivellato, Francesca, 'Jews of Leghorn, Italians of Lisbon, and Hindus of Goa: Merchants Network and Cross-Cultural Trade in the Early Modern Period' (Badia Fiesolana: European University Institute, 2002), 59-89.

Trocki, Carl A., *Opium, Empire and the Global Political Economy: A Study of the Asian Opium Trade, 1750-1950* (London and New York: Routledge, 1999).

Troost, Kristina Kade, 'Peasants, Elites, and Villages in the Fourteenth Century', in Jeffrey P. Mass (ed.), *The Origins of Japan's Medieval World: Courtiers, Clerics, Warriors, and Peasants in the Fourteenth Century* (Stanford, CA: Stanford University Press, 1997), 91-109.

Tsuruta Kurazō, *Amakusa Shimabara no ran to sono zengo* (Kamiamakusa: Kamiamakusa-shi, 2005).

Tsutsui, William M. (ed.), *A Companion to Japanese History* (London: Blackwell, 2009).

Turner, Bryan S., *Max Weber: From History to Modernity* (London and New York: Routledge, 1993).

Ucerler, M. Antoni J., SJ (ed.), *Christianity and Cultures: Japan & China in Comparison, 1543-1644*, Bibliotheca Instituti Historici Societatis Iesu 68 (Rome: Institutum Historicum Societatis Iesu, 2009).

Uehara Kanetsugu, 'Shoki Tokugawa seiken no bōeki tōsei to Shimazushi no dōkō', *Shakai Keizai Shigaku* 71/5 (2006), 505-522.

Uyttenbroeck, Thomas, *Early Franciscans in Japan* (Himeji: Committee of the Apostolate, 1959).

Van der Loon, P., 'The Manila Incunabula and Early Hokkien Studies', *Asia Major: A British Journal of Far Eastern Studies* XII/1 (1966).

Vande Walle, W.F., and Kasaya Kazuhiko (eds), *Dodonaeus in Japan: Translations and the Scientific Mind in the Tokugawa Period* (Leuven: Leuven University Press, 2001). Van Dyke, Paul A., *The Canton Trade: Life and Enterprise on the China Coast, 1700-1845* (Hong Kong: Hong Kong University Press, 2005).

——, *Merchants of Canton and Macau: Politics and Strategies in Eighteenth-Century Trade* (Hong Kong: Hong Kong University Press, 2011).

Vanhaute, Eric, 'Who Is Afraid of Global History? Ambitions, Pitfalls and Limits of

Cien de Mexico, 2001).
TePaske, John J., 'New World Silver, Castile and the Philippines, 1590-1800', in John F. Richards (ed.), *Precious Metals in the Later Medieval and Early Modern Worlds* (Durham, NC: Carolina Tilly, Charles, *Coercion, Capital, and European States, AD 990-1990* (Oxford: Blackwell, 1990).
Toby, Ronald P., 'Contesting the Centre: International Sources of Japanese National Identity', *The International History Review* 7/3 (1985), 347-363.
——, 'The "Indianess" of Iberia and Changing Japanese Iconographies of Other', in Stuart B. Schwartz (ed.), *Implicit Understandings: Observing, Reporting and Reflecting on the Encounters between Europeans and Other Peoples in the Early Modern Era* (Cambridge and New York: Cambridge University Press, 1995), 323-351.
——, *'Sakoku' to iu gaikō* (Tokyo: Shōgakukan, 2008).
——, *State and Diplomacy in Early Modern Japan: Asia in the Development of the Tokugawa Bakufu* (Princeton, NJ: Princeton University Press, 1984).
Tokoro Rikio (ed.), *Komonjo no kagaru nihonshi: Edo jidai* (Tokyo: Chikuma Shobo, 1989).
Tokugawa Yoshinobu, '"Luson no Tsubo" no imi suru mono', in Shinzaburō Ōishi (ed.), *Shuinsen to minami he no senkusha* (Tokyo: Gyōsei, 1986), 62-75.
Totman, Conrad, *Early Modern Japan* (Berkeley and Los Angeles: University of California Press, 1995).
——, *Japan before Perry: A Short History* (Berkeley and Los Angeles: University of California Press, 1982).
Toyama Mikio, *Matsurashi to Hirado bōeki* (Tokyo: Kokusho Kankōkai, 1987).
Tremml, Birgit, 'The Global and the Local: Problematic Dynamics of the Triangular Trade in Early Modern Manila', *Journal of World History* 23/3 (2012), 555-586.
——, 'A Global History of Manila in the Beginning of the Modern Era', *Osterreichische Zeitschrift fur Geschichtswissenschaft* 20/2 (2009), 184-202.
——, 'Neuzeitliche Schifffahrt zwischen den Spanischen Philippinen und Japan', in Andreas Obenaus and Alexander Marboe (ed.), *Seefahrt und die Fruhe Europaische Expansion* (Wien: Mandelbaum, 2009), 179-208.
——, 'Waren sie nicht alle Piraten? Mit den wakō durch die Chinesischen Meere, ca. 1400-1660', in Andreas Obenaus, Eugen Pfister, and Birgit Tremml (eds), *Schrecken der Handler und Herrscher. Piratengemeinschaften in der Geschichte* (Wien: Mandelbaum Verlag, 2012), 144-167.

International Society (London and New York: Routledge, 2009).

——, Yongjin Zhang, and Joel Quirk (eds), *International Orders in the Early Modern World: Before the Rise of the West,* New International Relations (London and New York: Routledge, 2013).

Swope, Kenneth, *A Dragon's Head and a Serpent's Tail: Ming China and the First Great East Asian War* (Norman: University of Oklahoma Press, 2009).

Takagi Shōsaku, 'Hideyoshi's and Ieyasu's Views on Japan as a Land of the Gods and Its Antecedents, with Reference to the "Writ of Expulsion of Missionaries" of 1614', *Acta Asiatica: Bulletin of the Institute of Eastern Culture* 87 (2004), 59-84.

——, *Shōgun kenryōku to tennō. Hideyoshi, Ieyasu no Shinkokuken* (Tokyo: Aoki Shoten, 2003).

Takase Kōichirō, *Kirishitan jidai no bōeki to gaikō* (Tokyo: Yagi Publisher, 2002).

——, *Kirishitan jidai no kenkyū* (Tokyo: Iwanami Shoten, 1977).

Takeda Mariko, *Sakoku to kokkyō no seiritsu* (Tokyo: Doseisha, 2005).

Takizawa Osami, *La Historia de los Jesuitas en Japon Siglos XVI-XVII* (Alcala: Universidad de Alcala, 2010).

Tamai Tetsuo, 'Higashi Ajia no naka no shiroshita machi', in Chūsei toshi kenkyūkai (ed.), *Chūsei toshi kara shiromachi he* (Tokyo: Yamakawa Shuppansha, 2013), 27-46.

Tanaka Hidemichi, 'Hasekura Rokkoku eimon ga deatta su-peinjintachi', in Bandō Shōji and Kawanari Yō (eds), *Supein to Nihon. Zabieru ka-ra nissei kōryū no shinjidai-e* (Ōtsu: Kōrisha, 2000), 258-263.

Tanaka Takeo, *Wakō to kangō bōeki* (Tokyo: Shibundō, 1963).

——, *Zenkindai no kokusai kōryū to gaikō monjo* (Tokyo: Yoshikawa Kōbunkan, 1996).

——(ed.), *Zenkindai no nihon to higashiajia* (Tokyo: Yoshikawa Kōbunkan, 1995).

——(ed.), *Zenkindai no nihon to higashiajia* (Tokyo: Yoshikawa Kōbunkan, 2005).

——and Ishii Masatoshi, *Taigai kankeishi jiten* (Tokyo: Yoshikawa Kōbunkan 2009).

——and Murai Shōsuke, *Wakō to kangō bōeki* (Tokyo: Chikuma Shobo, 2012).

Tanaka-Van Daalen, Isabel, 'Communicating with the Japanese under Sakoku: Dutch Letters of Complaint and Attempts to Learn Japanese', in Nagazumi Yoko (ed.), *Large and Broad: The Dutch Impact on Early Modern East Asia: Essays in Honor of Leonard Blusse* (Tokyo: Tōyō Bunko, 2010), 100-129.

Tena, Rafael (ed.), *Domingo Chimalpahin: Diario* (1615) (Mexico: CONACULTA

Stern, Philip J., 'Companies: Monopoly, Sovereignty, and the East Indies', in Philip J. Stern and Carl Wennerlind (eds), *Mercantilism Reimagined: Political Economy in Early Modern Britain and Its Empire* (Oxford and New York: Oxford University Press, 2014), 177-195.

—— and Carl Wennerlind (eds), *Mercantilism Reimagined: Political Economy in Early Modern Britain and Its Empire* (Oxford and New York: Oxford University Press, 2014).

Stutchey, Benedikt (ed.), *Science across the Eurpean Empires, 1800-1950* (Oxford and New York: Oxford University Press, 2005).

Suarez, Thomas, *Early Mapping of the Pacific: The Epic Story of Seafarers, Adventurers and Cartographers Who Mapped the World's Greatest Ocean* (Singapore: Periplus Editions, 2004).

Subrahmanyam, Sanjay, 'Connected Histories: Notes towards a Reconfiguration of Early Modern Eurasia', *Modern Asian Studies* 31/3 (1997), 735-762.

——, 'Holding the World in Balance: The Connected Histories of the Iberian Overseas Empires, 1500-1640', *American Historical Review* 112/5 (2007), 1-33.

——, *The Political Economy of Commerce: Southern India, 1500-1650* (Cambridge and New York: Cambridge University Press, 1990).

Sugaya Nariko, 'Ajia no daitōshi Manila', *Supein shokumin toshi Manira no keisei to hatten* (Tokyo: Nihon Hyōronsha, 2001).

——, 'Tōshobu "kakyō shakai" no seiritsu', in Sakurai Yumio (ed.), *Tōnan higashi ajia kinsei kokkagun no tenkai* (Tokyo: Iwanami Shoten, 2001), 211-238.

——, '16 seikigo no supeinryō Firipin shotō: Gin no Ryūnyū to genchi shakai', in Ishii Yoneio (ed.), *Ryūkyū wo meguru nihon: Nankai no chiikikan kōryūshi* (Tokyo: Tokyo Daigaku Shuppankai, 1998).

Sugihara Kaoru, *Japan, China, and the Growth of the Asian International Economy, 1850-1949* (Oxford: Oxford University Press, 2005).

Sugimoto Masayoshi and David L. Swain, *Science and Culture in Traditional Japan: A.D. 600-1854*, MIT East Asian Science Series 6 (Cambridge, MA: MIT Press, 1978).

Sutherland, Heather, 'Southeast Asian History and the Mediterranean Analogy', *Journal of Southeast Asian Studies* 34/113 (2003).

Suzuki Kaoru, *Tokugawa Ieyasu no supein gaikō* (Tokyo: Shinjinbutsu Ōraisha, 2010).

Suzuki Shogo, *Civilization and Empire: China and Japan's Encounter with European*

So, Billy K.L., 'Logiques de Marche dans la Chine Maritime. Espace et Institutions dans Deux Regions Preindustrielles', *Annales Histoire, Sciences Sociales* 61/6 (2006), 1261-1291.

——, *Prosperity, Region, and Institutions in Maritime China: The South Fukien Pattern, 946-1368* (Cambridge, MA: Harvard University Press, 2000).

Sola, Emilio, *Historia de un Desencuentro. Espana y Japon, 1580-1614* (Alcala: Fugaz Ediciones, 1999).

—— (ed.), 'Relacion de Pedro Burgillos sobre el Japon del inicio de los Tokugawa', *Archivo de la Frontera* (Alcala de Henares, 2011), http://www.archivodelafrontera.com/wp-content/uploads/2011/07/A-PAC03-tokugawa.pdf.

—— and Birgit Tremml-Werner (eds), 'Una Relacion de Japon de 1614', *Archivo de la Frontera* (Alcala de Henares, 2013).

Solana, Ana Crespo, 'The Iberian Peninsula in the First Global Trade: Geostrategy and Mercantile Network Interests (XV to XVIII Centuries)', in Federico Mayo (ed.), *Global Trade before Globalization (VIII-XVIII)* (Madrid: Fundacion Cultura de Paz, 2006), 1-25.

Sonnendecker, Klaus, 'Huang Xingzeng. Verzeichnis der Akteneintrage zu Audienzen und Tributen vom westlichen Meer', PhD dissertation (Freie Universitat Berlin, 2005).

Souza, George Bryan, *The Survival of Empire: Portuguese Trade and Society in China and the South China Sea, 1630-1754* (Cambridge and New York: Cambridge University Press, 1986).

Spate, Oskar H.K., *The Spanish Lake: The Pacific since Magellan* (Minneapolis: University of Minnesota Press, 1979).

Steensgaard, Niels, 'The Seventeenth-Century Crisis and the Unity of Eurasian History', *Modern Asian Studies* 24/4 (1990), 683-697.

—— (ed.), *Carracks, Caravans and Companies: The Structural Crisis in the European-Asian Trade in the Early 17th Century* (Lund: Studentlitteratur, 1973).

Steger, Manfred B., *Globalization: A Very Short Introduction* (Oxford and New York: Oxford University Press, 2003).

Steichen, M., *The Christian Daimyos: A Century of Religious and Political History in Japan (1549-1650)* (Tokyo: Rikkyo Gakuin Press, 1903).

Steinberg, Philip E., *The Social Construction of the Ocean* (Cambridge and New York: Cambridge University Press, 2001).

Shapinsky, Peter D., 'Polyvocal Portolans: Nautical Charts and Hybrid Maritime Cultures in Early Modern East Asia', *Early Modern Japan: An Interdisciplinary Journal* 14 (2006), 4-26.

——, 'Predators, Protectors, and Purveyors: Pirates and Commerce in Late Medieval Japan', *Monumenta Nipponica* 64/2 (2009), 273-313.

——, 'With the Sea as Their Domain: Pirates and Maritime Lordship in Medieval Japan', in Jerry H. Bentley, Renate Bridenthal, and Karen Wigen (eds), *Seascapes, Littoral Cultures and Trans-Oceanic Exchanges* (Honolulu: University of Hawaii Press, 2007), 221-238.

Shimada Ryuto, 'The Intra-Asian Trade in Japanese Copper by the Dutch East India Company during the Eighteenth Century', PhD dissertation (Leiden University, 2005).

——, 'Kinsei nihon keizai no ajiashiteki shigi: "Kinpen meikaku" ron to "sakoku" no minaoshi wo megutte', *The Economic Review of Seinan Gakuin University* 1 (2006), 63-87.

Shimizu Yūko, 'Iberia inpakuto ronsikou', *Rekishigaku kenkyūkai* (2013).

——, *Kinsei nihon to ruson. 'Sakoku' keiseishi saikō* (Tokyo: Tokyodō Shuppan, 2012).

——, 'Nihon supein dankō (1624) no saikentō. Edo bakufu "sakoku" taisaku no keisei katei', *Rekishigaku kenkyū* 5 (2009), 1-16.

——, '"Sakoku" seisaku no shinten to supein', in Kawanari Yō, Bandō Shōji (ed.), *Nihon Supein kōryūshi* (Tokyo: Nenga Shobō Shinsha, 2010), 135-153.

——, '16seiki ni okeru kirishitan fukyō no jittai. Senreishasū no kentō wo tōshite', *The Bulletin of Meijigakuin University Institute for Christian Studies* 43 (2010).

Shin, Leo K., *The Making of the Chinese State: Ethnicity and Expansion on the Ming Borderlands* (Cambridge and New York: Cambridge University Press, 2006).

Skinner, William, 'Chinese Peasants and the Closed Community: An Open and Shut Case', *Comparative Studies in Society and History* 13/3 (1971), 270-281.

Slack, Edward R., 'The Chinos in New Spain: A Corrective Lens for a Distorted Image', *Journal of World History* 20/1 (2009), 35-67.

——, 'Sinifying New Spain: Cathay's Influence on Colonial Mexico via the Nao de China', in Walton Look Lai and Tan Chee-Beng (ed.), *The Chinese in Latin America and the Caribbean* (Leiden: Brill, 2010).

Smith, Robert S., 'Spanish Mercantilism: A Hardy Perennial', *The Southern Economic Journal* 38/1 (1971), 1-11.

Schmidt-Nowara, Christopher, *The Conquest of History: Spanish Colonialism and National Histories in the Nineteenth Century* (Pittsburgh: University of Pittsburgh, 2008).

Schmitt, Eberhard (ed.), *Indienfahrer 2. Seeleute und Leben an Bord im Ersten Kolonialzeitalter:(15.-18. Jahrhundert)*, Dokumente zur Geschichte der europaischen Expansion 7 (Wiesbaden: Harrassowitz, 2008).

Schottenhammer, Angela, *Das Songzeitliche Quanzhou im Spannungsfeld zwischen Zentralregierung und Maritimem Handel. Unerwartete Konsequenzen des zentralstaatlichen Zugriffs auf den Reichtum einer Kustenregion*, Munchener Ostasiatische Studien (MOS) 80 (Stuttgart: Franz Steiner Verlag, 2002).

——, 'The East Asian Maritime World, 1400-1800: Its Fabrics of Power and Dynamics of Exchanges: China and Her Neighbours', in Angela Schottenhamme (ed.), *The East Asian Maritime World, 1400-1800: Its Fabrics of Power and Dynamics of Exchanges*, East Asian Maritime History 4 (Wiesbaden: Harrassowitz, 2007), 1-87.

——, 'Vom Mongolischen Teilreich zum neuen Reich der Mitte', in Thomas Ertl, Michael Limberger (ed.), *Die Welt 1250-1500* (Wien: Mandelbaum, 2009).

——(ed.), *The Emporium of the World: Maritime Quanzhou, 1000-1400*, Sinica Leidensia 49 (Leiden: Brill, 2001).

Schurz, William Lytle, *The Manila Galleon* (Manila: Historical Conservation Society, 1985).

Schwartz, Stuart B. (ed.), *Implicit Understandings: Observing, Reporting and Reflecting on the Encounters between Europeans and Other Peoples in the Early Modern Era*, Studies in Comparative Early Modern History (Cambridge and New York: Cambridge University Press, 1995).

Scott, William Henry, *Barangay: Sixteenth-Century Philippine Culture and Society* (Quezon City: Ateneo de Manila University Press, 1994).

——, *Boat Building and Seamanship in Classic Philippine Society* (Manila: National Museum, 1981).

——, 'Filipinos in China before 1500', *Asian Studies* (1983), 1-19.

——, *Prehispanic Source Materials for the Study of Philippine History* (Quezon City: New Day Publishers, 1984).

——, *Slavery in the Spanish Philippines* (Manila: De la Salle University Press, 1991).

Seijas, Tatiana, 'The Portuguese Slave Trade to Spanish Manila, 1580-1640', *Itinerario* 32/1 (2008), 19-38.

of New Mexico Press, 1977).

Rothermund, Dietmar, 'Von der Krise des 17. Jahrhunderts zum Triumpf der Industriellen Revolution (1620-1850)', in Gerald Hodl, Peter Feldbauer, and Jean-Paul Lehners (eds), *Rhythmen der Globalisierung. Expansion und Kontraktion zwischen dem 13. und dem 20. Jahrhundert* (Wien: Mandelbaum Verlag, 2009), 55-84.

Ruangsilp, Bhawan, *Dutch East India Company Merchants at the Court of Ayutthaya: Dutch Perceptions of the Thai Kingdom c. 1604-1765*, TANAP monographs on the History of the Asian-European Interaction (Leiden: Brill, 2007).

Rueschemeyer, Dietrich, and James Mahoney, 'Comparative-Historical Analysis: Achievements and Agendas', in James Mahoney and Dietrich Rueschemeyer (eds), *Comparative Historical Analysis in the Social Sciences* (Cambridge and New York: Cambridge University Press, 2003).

Sakudo Yotaro, 'In Search of the Origins of the Modern Japanese Economy', in Mark W. Fruin, Tadao Umesao, and Nobuyuki Hata (eds), *Japanese Civilization in the Modern World IV: Economic Institutions*, Senri Ethnological Studies 26 (Osaka: National Museum of Ethnology, 1989), 31-49.

Saldanha, Antonio Vasconcelos de, 'Embassies and Tributes. Three Centuries of Portuguese Diplomatic Missions in China', *Ming Qing Yanjiu* (2000).

Sanchez-Aguilar, Frederico, *El Lago Espanol: Hispanoasia* (Madrid: F. Sánchez, 2003).

Santamaria, Alberto, O.P., 'The Chinese Parian (El Parian de los Sangleyes)', in Alonso Felix Jr.(ed.), *The Chinese in the Philippines, 1570-1770*, Vol. 1 (Manila: Solidaridad Pub, 1966), 67-118.

Satō Torao, *Firipin to Nihon: Kōryū 500nen kiseki* (Tokyo: Saimaru Shuppansha, 1994).

Saunders, Graham E., *A History of Brunei* (London and New York: Routledge, 2002).

Schaffer, Simon, Lissa Roberts, Kapil Raj, and James Delbourgo (eds), *The Brokered World: Go-Betweens and Global Intelligence, 1770-1820*, Uppsala Studies in History of Science 35 (Sagamore Beach, MA: Science History Publications, 2009).

Schmidt, Benjamin, 'The Dutch Atlantic: From Provincialism to Globalism', in Philip D. Morgan and Jack P. Greene (ed.), *Atlantic History: A Critical Appraisal* (Oxford and New York: Oxford University Press, 2009), 163-190.

nos seculos XVI e XVII (Museu Nacional de Arte Antiga, December 2005).

Rekishigaku Kenkyūkai, *Nihonshi shiryō. Kinsei* (Tokyo: Iwanami Shoten, 2006).

Renchuan, Lin, 'Fukien's Private Sea Trade in the Sixteenth and Seventeenth Centuries', in E.B. Vermeer (ed.), *Development and Decline of Fukien Province in the 17th and 18th Centuries*, Sinica Leidensia XXII (Leiden: Brill, 1990), 167-215.

Reyes Manzano, Ainhoa, 'Mitos y Leyendas sobre las Relaciones Hispano-japonesas durante los Siglos XVI-XVII', *BROCAR* 29 (2005), 53-75.

Ribeiro, Madalena, 'The Japanese Diaspora in the Seventeenth Century: According to Jesuit Sources', *Bulletin of Portuguese–Japanese Studies* 3 (2001), 53-83.

Ribeiro da Silva, Filipa, 'Crossing Empires: Portuguese, Sephardic, and Dutch Business Networks in the Atlantic Slave Trade, 1580-1674', *The Americas: A Quarterly Review of Inter-American Cultural History* 68/1 (2011), 7-32.

—— and Catia Antunes, 'Cross-cultural Entrepreneurship in the Atlantic: Africans, Dutch and Sephardic Jews in Western Africa, 1580-1674', *Itinerario: International Journal on the History of European Expansion and Global Interaction* 35/1 (2011), 49-76.

Richards, John F. (ed.), *Precious Metals in the Later Medieval and Early Modern World* (Durham, NC: Carolina Academic Press, 1983).

Robbins, Jeremy, *Arts of Perception: The Epistemological Mentality of the Spanish Baroque, 1580-1720* (London and New York: Routledge/University of Glasgow, 2007).

Roberts, Luke, *Mercantilism in a Japanese Domain: The Merchant Origins of Economic Nationalism in 18th-Century Tosa* (Cambridge and New York: Cambridge University Press, 1998).

Rodao, Florentino, *Espanoles en Siam, 1540-1939: Un Aportacional Estudio de la Presencia Hispana en Asia Oriental* (Madrid: Consejo Superior de Investigaciones Cientificas, 1997).

——, Francisco de Solano, and Luis E. Togores (eds), *El Extremo Oriente Iberico. Investigaciones Historicas: Metodologia y Estado de la Cuestion* (Madrid: AECI y CEH-CSIC, 1988).

Rodriguez-Salgado, Mia, *The Changing Face of Empire: Charles V, Philip II and Habsburg Authority, 1551-1559* (Cambridge and New York: Cambridge University Press, 1988).

Roth, Dennis Morrow, *The Friar Estates of the Philippines* (Albuquerque: University

Quiason, Serafin D., 'The Sampan Trade, 1570-1770', in Alonso Felix (ed.), *The Chinese in the Philippines 1570-1770*, Vol. 1 (Manila: Solidaridad Pub, 1966), 160-174.

Rafael, Vincente L., *Contracting Colonialism: Translation and Christian Conversion in Tagalog Society* (London and Durham, NC: Duke University Press, 1993).

Raman, Shankar, *Framing 'India': The Colonial Imaginary in Early Modern Culture* (Stanford, CA: Stanford University Press, 2001) 389.

Ravina, Mark, *Land and Lordship in Early Modern Japan* (Stanford, CA: Stanford University Press, 1999).

Rawski, Evelyn S., and Thomas G. Rawski, 'China's Economic Development and Global Interactions in the Long Run', paper prepared for the Harvard-Hitotsubashi-Warwick Conference "Economic Change around the Indian Ocean in the Very Long Run", Venice, 24 July 2008, http://www2.warwick.ac.uk/fac/soc/economics/events/seminars-workshops-conferences/conferences/econchange/programme/rawski_-_venice.pdf.Reed, Robert R., *Colonial Manila: The Context of Hispanic Urbanism and Process of Morphogenesis*

(Berkeley and Los Angeles: University of California Press, 1978).

Reid, Anthony, *Charting the Shape of Early Modern Southeast Asia* (Chiang Mai: Silkworm Books, 1999).

——, *Imperial Alchemy: Nationalism and Political Identity in Southeast Asia* (Cambridge and New York: Cambridge University Press, 2010).

——, *Southeast Asia in the Age of Commerce, 1450-1680: Expansion and Crisis* (New Haven, CT: Yale University Press, 1993).

Regidor y Jurado, Antonio María, and J.W.T Mason, *Commercial Progress in the Philippine Islands, Being, in Fact, a Manual Engrossing the Lessons of History as a Guide to American Security and Progress in the Philippines and for the Avoidance of Political Pitfalls Entailing Disaster to American Commerce* (Manila: American Chamber of Commerce of the Philippine Islands, 1925 [rpt. London, 1905]).

Reischauer, Edwin O., A.M. Craig, and John K. Fairbank (eds), *Japan: Tradition and Transformation* (Sydney: Allen & Unwin, 1973).

Reis Correra, Pedro Lage, 'Father Diogo de Mesquita (1551-1614) and the Cultivation of Western Plants in Japan', *Bulletin of Portuguese-Japanese Studies* 7 (2003), 73-91.

——, 'Rivalries between the Portuguese Padroado and the Spanish Patronazgo in Late XVI Century Japan', *Congresso Internacional A Presenca Portuguesa no Japao*

1986).

Polonia, Amelia, and Amandio Barros, 'Commercial Flows and Transference Patterns between Iberian Empires (16th-17th Centuries)', in Ana Crespo Solana and David Alonso Garcia (coords.), *Journal of Knowledge Management, Economics and Information Technology: Selforganizing Networks and GIS Tools: Cases of Use for the Study of Trading Cooperation (1400-1800)*(2012), 111-144, http://www.scientificpapers.org/special-issue-june-2012/.

Pomeranz, Kenneth, *The Great Divergence* (Princeton, NJ: Princeton University Press, 2000).

Prakash, Om, 'Bullion for Goods: International Trade and the Economy of Early Eighteenth Century Bengal', *IESHR* 13 (1976), 159-187.

Pratt, Edward E., 'Social and Economic Change in Tokugawa Japan', in William M. Tsutsui (ed.), *A Companion to Japanese History* (London: Blackwell, 2009), 86-100.

Pratt, Mary Louise, *Imperial Eyes: Travel Writing and Transculturation* (London and New York: Routledge, 1992).

Prieto, Ana Belen Sanchez, 'La Intitulacion Diplomatica de los Reyes Catolicos: Un Programa Politico y una Leccion de Historia', *Jornadas Cientificas sobre Documentacion en epoca de los Reyes Catolicos* III (2004), 273-301.

Ptak, Roderich, *China and the Asian Seas: Trade, Travel, and Visions of the Other (1400-1750)*, Variorum Collected Studies Series 638 (Aldershot Ashgate Variorum 1998).

——, *Die Maritime Seidenstrasse: Kustenraume, Seefahrt und Handel in Vorkolonialer Zeit* (Munchen: C.H. Beck, 2007).

——, 'The Image of Fujian and Ryūkū in the Letters of Cristovao and Vasco Calvo', in Angela Schottenhammer (ed.), *Trade and Transfer across the East Asian Mediterranean* (Wiesbaden: Harrassowitz, 2005).

——, 'Northern Trade Route to the Spice Islands: South China Sea – Sulu Zone – North Moluccas', *Archipel* 43 (1992), 38-41.

——, 'Pferde auf See: Ein Vergessener Aspekt des Maritimen Chinesischen Handels im Fruhen 15.

Jahrhundert', *Journal of Economic and Social History of the Orient* 34 (1999), 199-223.

——, *Portuguese Asia: Aspects in History and Economic History (16th and 17th Centuries)* (Stuttgart: Steiner, 1987).

Europeans and Other Peoples in the Early Modern Era (Cambridge and New York: Cambridge University Press, 1995), 403-421.

Petrucci, Maria Grazia, 'Pirates, Gunpowder and Christianity in Late Sixteenth-Century Japan', in Robert J. Antony (ed.), *Elusive Pirates, Pervasive Smugglers: Violence and Clandestine Trade in the Greater China Seas* (Hong Kong: Hong Kong University Press, 2010), 59-72.

Phelan, John Leddy, 'Authority and Flexibility in the Spanish Imperial Bureaucracy', *Administrative Science Quarterly* 5/1 (1960).

——, *The Hispanization of the Philippines: Spanish Aims and Filipino Responses, 1565-1700* (Madison: University of Wisconsin Press, 1959).

——, 'Philippine Linguistics and Spanish Missionaries, 1565-1700', *Mid-America* 37/3 (1955), 153-170.

Phillips, Carla Rahn, 'The Growth and Composition of Trade in the Iberian Empires, 1450-1750', in James D. Tracy (ed.), *The Rise of Merchant Empires: Long-Distance Trade in the Early Modern World, 1350-1750* (Cambridge and New York: Cambridge University Press, 1990), 34-98.

——, 'The Organization of Oceanic Empires: The Iberian World in the Habsburg Period', in Jerry H. Bentley, Renate Bridenthal, and Karen Wigen (eds), *Seascapes: Maritime Histories, Littoral Cultures, and Transoceanic Exchanges* (Honolulu: University of Hawaii Press, 2007), 71-86.

Picazo Muntaner, Antoni, 'Ports, Trade and Networks. One Example: Trade in Manila. Databases for a Historical GIS', in Ana Crespo Solana and David Alonso Garcia (coords.), *Journal of Knowledge Management, Economics and Information Technology: Self-organizing Networks and GIS Tools: Cases of Use for the Study of Trading Cooperation (1400-1800)* (2012), 253-274, http://www.scientificpapers.org/special-issue-june-2012/.

Pinto, Paulo Jorge de Sousa, 'Enemy at the Gates: Macao, Manila and the "Pinhal Episode" (End of the 16th Century)', *Bulletin of Portuguese/Japanese Studies* 16 (2008), 11-43.

——, *The Portuguese and the Straits of Melaka, 1575-1619: Power, Trade, and Diplomacy*, trans. Roy Roopanjali (Singapore: NUS Press, 2006).

Plinius the Elder, *Naturalis Historia*, Vol. 12. Edited by John Bostock (London: Taylor and Francis, 1855).

Pollack, David, *The Fracture of Meaning: Japan's Synthesis of China from the Eighth through the Eighteenth Centuries* (Princeton, NJ: Princeton University Press,

California Press, 1990).

Parsons, Timothy, *Rule of Empires: Those Who Built Them, Those Who Endured Them and Why They Always Fall* (Oxford and New York: Oxford University Press, 2010).

Parthasarathi, Prassannan, *Why Europe Grew Rich and Asia Did Not: Global Economic Divergence, 1600-1850* (Cambridge and New York: Cambridge University Press, 2011).

Parthesius, Robert, *Dutch Ships in Tropical Waters: The Development of the Dutch East India Company (VOC) Shipping Network in Asia*, Amsterdam Studies in the Dutch Golden Age (Amsterdam: Amsterdam University Press, 2010).

Paske-Smith, M., *Western Barbarians in Japan and Formosa in Tokugawa Days* (New York: Paragon Book Reprint Co., 1968).

Paske-Smith, M.T., 'The Japanese Trade and Residence in the Philippines: Before and During the Spanish Occupation (Tokyo 1914)', in Dennis O. Flynn and Arturo Giraldez (eds), *The Pacific World: Lands, Peoples and History of the Pacific, 1500-1900* (Farnham: Ashgate, 2009), 139-164.

Pastells, Pablo, *Historia General de Filipinas* (Barcelona 1925).

Pearson, M.N., 'Spain and Spanish Trade in Southeast Asia (Wiesbaden 1968)', in Dennis O.

Flynn and Arturo Giraldez (eds), *The Pacific World: Lands, Peoples and History of the Pacific, 1500-1900* (Farnham: Ashgate, 2009), 117-138.

Perez, Jesus Gascon, *Aragon en la Monarquia de Felipe II: Oposicion Politica* (Zaragoza: Rolde de Estudios Aragoneses, 2007).

Perez, Joseph, *La Leyenda Negra* (Madrid: Gadir Editorial, 2009).

Perkins, Dwight H., *Agricultural Development in China, 1368-1968* (Chicago: Aldine Pub. Co., 1969).

Perotin-Dumon, Anne, 'The Pirate and the Emperor: Power and Law of the Seas, 1450-1850', in C.R. Pennell (ed.), *Bandits at Sea: A Pirate Reader* (New York: New York University Press, 2001), 25-54.

Perry, Mary Elizabeth, and Anne J. Cruz, *Cultural Encounters: The Impact of the Inquisition in Spain and the New World* (Berkeley and Los Angeles: University of California Press, 1991).

Peterson, Williard J., 'What to Wear? Observation and Participation by Jesuit Missionaries in Late Ming Society', in Stuart B. Schwartz (ed.), *Implicit Understandings: Observing, Reporting and Reflecting on the Encounters between*

(Princeton, NJ: Princeton University Press, 1985).

Oropeza, Debora, 'La Esclavitud Asiatica en el Virreinato de la Nueva Espana, 1565-1673', *Historia mexicana* 61/1 (2011), 5-57.

Osma, Jose Antonio Vaca de, *Los Nobles e Innobles Validos* (Barcelona: Planeta de Agostini, 1997).

Ortiz Armengol, Pedro, 'El Galeon de Manila, Larga Navegacion', *Congreso Internacional las Sociedades Ibericas y el Mar a Finales del Siglo XVI* (1998), 233-241.

——, *Intramuros de Manila* (Madrid: Ediciones de Cultura Hispanica, 1958).

Osterhammel, Jurgen, *Die Entzauberung Asiens. Europa und die Asiatischen Reiche im 18. Jahrhundert* (Munchen: Beck, 1998).

——, *Die Verwandlung der Welt. Eine Geschichte des 19. Jahrhunderts* (Munchen: Beck, 2009).

Owada Tetsuo, *Okehazama no tatakai: Nobunaga kaishin no kishū sakusen* (Tokyo: Gakken, 1989).

Owen, Norman G., *Prosperity without Progress: Manila Hemp and Material Life in the Colonial Philippines* (Berkeley and Los Angeles: University of California Press, 1984).

Pacheco, Diego, 'The Europeans in Japan', in Michael Cooper, SJ (ed.), *The Southern Barbarians: The First Europeans in Japan* (Tokyo: Kodansha, 1971), 35-76.

Pan, Lynn, *Sons of the Yellow Emperor: The Story of the Overseas Chinese* (New York: Kodansha America, 1990).

Parker, Charles H., 'Converting Souls across Cultural Borders: Dutch Calvinism and Early Modern Missionary Enterprises', *Journal of Global History* 8/1 (2013), 50-71.

——, *Global Interactions in the Early Modern Age, 1400-1800* (Cambridge and New York: Cambridge University Press, 2010).

Parker, Geoffrey, *Felipe II. La Biografia Definitiva* (Barecelona: Editorial Planeta, 2010).

——, *Global Crisis: War, Climate Change and Catastrophe in the Seventeenth Century* (New Haven, CT: Yale University Press, 2013).

——, *The Grand Strategy of Philip II* (New Haven, CT: Yale University Press, 1998).

——, *The World Is Not Enough: The Imperial Vision of Philip II of Spain* (Waco, TX: Baylor University Press, 2001).

Parry, J.H., *The Spanish Seaborne Empire* (Berkeley and Los Angeles: University of

Oka Mihoko, 'A Great Merchant in Nagasaki in the 17th Century: Suetsugu Heizo II and the System of Respondencia', *Bulletin of Portuguese/Japanese Studies* 2 (2001), 37-56.

——, *Shōnin to senkyōshi: Nanban bōeki no sekai* (Tokyo: Tokyo Daigaku Shuppankai, 2010).

—— and Francois Gipouloux, 'Pooling Capital and Spreading Risk: Maritime Investment in East Asia at the Beginning of the Seventeenth Century', *Itinerario* 37/3 (2013), 75-91.

Okada Akio and Katō Eiichi, *Nichiō kōryū to nanban bōeki* (Kyoto: Shinbunkaku Shuppan, 1983).

Okamoto Hiromichi, 'Foreign Policy and Maritime Trade in the Early Ming Period: Focusing on the Ryukyu Kingdom', *Acta Asiatica: Bulletin of the Institute of Eastern Culture*, 95 (Studies of Medieval Ryukyu within Asia's Maritime Network) (2008), 35-55.

Olah, Csaba, *Rauberische Chinesen und Tuckische Japaner: Die Diplomatischen Beziehungen zwischen China und Japan im 15. und 16. Jahrhundert* (Wiesbaden: Harrassowitz, 2009).

——, 'Troubles during Trading Activities between Japanese and Chinese in the Ming Period', in Angela Schottenhammer (ed.), *The East Asian Mediterranean: Maritime Crossroads of Culture, Commerce, and Human Migration* (Wiesbaden: Harrassowitz, 2008), 317-331.

Olle, Manel, 'El Imagen Espanola de China en el Siglo XVI', in Carlos Martinez-Shaw and Marina Alfonso Mola (eds), *La Ruta de Espana a China* (Madrid: El Viso, 2008), 81-96.

——, *La Empresa de China. De la Armada Invencible al Galeon de Manila* (Barcelona: Acantilado, 2002).

——, 'La Formacion del Parian de Manila. La Construccion de un Equilibrio Inestable', in Pedro San Gines Aguilar (ed.), *La Investigacion sobre Asia Pacifico en Espana* (Granada: Editorial Universidad de Granada, 2007), 27-49, http://www.ugr.es/~feiap/ceiap1/ceiap/capitulos/capitulo02.pdf.

——, 'Las Relaciones de China y Espana en el Siglo XVI', in Carlos Martinez-Shaw and Marina Alfonso Mola (eds), *La Ruta De Espana a China* (Madrid: El Viso, 2008), 65-80.

——, 'Manila in the Zheng Clan Maritime Networks', *Review of Culture* 29 (2009), 91-103. Ooms, Herman, *Tokugawa Ideology: Early Constructs, 1570-1680*

463-492.

Newson, Linda, *Conquest and Pestilence in the Early Spanish Philippines* (Honolulu: University of Hawaii Press, 2009).

Ng Chin-Keong, 'Maritime Frontiers, Territorial Expansion and Hai-fang during the Late Ming and High Ch'ing', in Roderich Ptak and Sabine Dabringhaus (ed.), *China and Her Neighbours: Borders, Visions of the Other, Foreign Policy 10th to 19th Century*, South China and Maritime Asia 6 (Wiesbaden: Harrassowitz, 1997), 211-258.

——, *Trade and Society: The Amoy Network on the China Coast, 1683-1735* (Singapore: Singapore University Press, 1983).

Nichols, Robert Lee, 'Struggling with Language: Indigenous Movements for Linguistic Security and the Politics of Local Community', *Ethnicities* 6/1 (2006), 27-51.

Nogami Takenori, 'Hizen Ware Transported by Galleon Ships: Including the Role of Chinese Junks Around the South China Sea', *The Journal of Sophia Asian Studies* 23 (2005), 239-260.

Nuchera, Patricio Hidalgo, *Encomienda, Tributo y Trabajo en Filipinas (1570-1608)* (Madrid: Ediciones Polifemo, 1995).

Nukii Masayuki, *Toyotomi seiken no kaigai shinryaku to chōsen gihei no kenkyū* (Tokyo: Aoki Shoten, 1996).

O'Brien, Patrick, 'Historiographical Traditions and Modern Imperatives for the Restoration of Global History', *Journal of Global History* 1 (2006), 3-39.

—— (ed.), *Urban Achievement in Early Modern Europe: Golden Ages in Antwerp, Amsterdam and London* (Cambridge and New York: Cambridge University Press, 2001).

Ogborn, Miles, *Global Lives: Britain and the World, 1550-1800* (Cambridge and New York: Cambridge University Press, Cambridge, 2008).

——, *Indian Ink: Script and Print in the Making of the English East India Company* (Chicago: University of Chicago Press, 2007).

Ogura Sadao, *Shuinsenjidai no nihonjin. Kieta Tōnan Ajia no nazo* (Tokyo: Chūō Kōronsha, 1989).

Ōishi Shinzaburō, 'The Bakuhan System', in Nakane Chie and Ōishi Shinzaburo (eds), *Tokugawa Japan: The Social and Economic Antecedents of Modern Japan* (Tokyo: University of Tokyo Press, 1991), 11-36.

—— (ed.), *Shuinsen to minami he no senkusha* (Tokyo: Gyōsei, 1986).

——(ed.), *Sakoku wo minaosu* (Tokyo: Yamakawa Shuppansha, 1999).
——(trans. and ed.), *Hirado Oranda shōkan nikki*, 4 vols (Tokyo: Iwanami Shoten 1970).
Nakabayashi Masaki, 'The Rise of a Japanese Fiscal State', in Bartolome Yun-Casalilla et al., *The Rise of Fiscal States: A Global History, 1500-1914* (Cambridge and New York: Cambridge University Press, 2012), 378-397.
Nakajima Gakushō, '16 seikimatsu fukken-firipin-kyūshūbōeki', *Shien* 144 (2007), 55-92.
——, 'The Invasion of Korea and Trade with Luzon: Kato Kiyomasa's Scheme of the Luzon Trade in the Late Sixteenth Century', in Angela Schottenhammer (ed.), *The East Asian Maritime World, 1400-1800: Its Fabrics of Power and Dynamics of Exchanges* (Wiesbaden: Harrassowitz, 2008), 145-168.
——,'"Kōeki to funsō no jidai" no higashi ajia kaiiki', in Nakajima Gakushō (ed.), *Namban, kōmō, tōjin: 16, 17 seiki no higashi ajia kaiki* (Kyoto: Shibunkaku Shuppan, 2013), 3-33.
——, 'Portogaru nihonhatsu raikō sairon', *Shien* 146 (2009), 41-81.
——(ed.), *Namban, kōmō, tōjin: 16, 17 seiki no higashi ajia kaiki* (Kyoto: Shibunkaku Shuppan, 2013).
Nakajima Keiichi, 'The Establishment of Silver Currency in Kyoto', *International Journal of Asian Studies* 5/2 (2008), 219-234.
Nakamura Hiroshi (ed.), *Goshuinsen kōkaizu* (Tokyo: Nihon Gakujutsu Shinkoukai, 1965).
Nakamura Tadashi (ed.), *Eiinbon ikoku nikki Konchiin Suden gaikō monjo shusei* (Tokyo: Tōkyō Bijutsu, 1989).
Nakanishi Hiroki (ed.), *Takayama Ukon kirishitan daimyō no shinshiten* (Kyoto: Miyaobi Shuppansha, 2014).
Nara Shizuma, *Supein komonjo wo tsūjite miru nihon to Firipin* (Tokyo: Dainippon Yūbenkai, 1942).
Navarro Brotons, Victor, and William Eamon (eds), *Mas alla de la Leyenda Negra: Espana y la Revolucion Cientifica/Beyond the Black Legend: Spain and the Scientific Revolution* (Valencia: Universidad de Valencia, C.S.I.C., 2007).
Needham, Joseph, *Science and Civilisation in China, Pt. 7: Military Technology: The Gunpowder Epic* (Cambridge and New York: Cambridge University Press, 1986).
Nelson, Thomas, 'Slavery in Medieval Japan', *Monumenta Nipponica* 59/4 (2004),

Congress (San Francisco, CA: The Macmillan Company, 1917).

Murray, Alan, and Rajit Sondhi, 'Socio-political Influences on Cross-cultural Encounters: Notes towards a Framework for the Analysis of Context', in Werner Enninger, Karlfried Knapp, and Anneliese Knapp-Potthoff (eds), *Analyzing International Communication* (Berlin, New York, Amsterdam: Mouton de Gruyter, 1987), 17-35.

Murray, Dian, 'Silver, Ships, and Smuggling: China's International Trade of the Ming and Qing Dynasties', *Ming Qing Yanjiu* 3 (1994), 91-144.

Muslow, Martin, 'Konsumtheorie und Kulturtransfer. Einige Perspektiven fur die Forschung zum 16. Jahrhundert', in Wolfgang Schmale (ed.), *Kulturtransfer. Kulturelle Praxis im 16. Jahrhundert* (Wien and Innsbruck: Studienverlag, 2003).

Musselman, Elizabeth Green, 'Indigenous Knowledge and Contact Zones: The Case of the Cold Bokkeveld Meteorite, Cape Colony, 1838', *Itinerario* 33 (2009), 31-44.

Muto, Giovanni, 'The Spanish System: Centre and Periphery', in Richard Bonney (ed.), *Economic Systems and State Finance* (Oxford: Clarendon Press 1995), 231-260.

Myscofski, Carole A., 'Against the Grain: Learning and Teaching', *Honorees for Teaching Excellence*, Paper 4 (2001), http://digitalcommons.iwu.edu/teaching_excellence/4/.

Nagahara Keiji and Yamamura Kozo, 'The Sengoku Daimyo and the Kandaka System', in Nagahara Keiji, John Whitney Hall, and Yamamura Kozo (eds), *Japan before Tokugawa: Political Consolidation and Economic Growth, 1500 to 1650* (Princeton, NJ: Princeton University Press 1981), 27-63.

Nagazumi Yōko, 'Ayutthaya and Japan: Embassies and Trade in the Seventeenth Century', in Mark Caprio et al. (eds), *Japan and the Pacific, 1540-1920* (Aldershot: Ashgate Varium, 2004), 241-258.

——, *Kinsei shoki no gaikō* (Tokyo: Sobunsha, 1990).

——, *Shuinsen* (Tokyo: Yoshikawa Kōbunkan, 2001).

——, '17 seiki shotō supeinryō firipin seifu no nihonkankei monjo', *Nantō shigaku* 63 (April 2004).

—— (ed.), *Large and Broad: The Dutch Impact on Early Modern Asia: Essays in Honor of Leonard Blusse*, Tōyō Bunko Research Library 13 (Tokyo: Tōyō Bunko, 2010).

Miyoshi Tadayoshi, '"Sankoku" kara "gotairiku" he', in Arano Yasunori, Ishii Masatoshi, and Murai Shōsuke (eds), *Kinseiteki sekai no seijuku* (Tokyo: Yoshikawa Kōbunkan, 2010), 172-187.

Mizuno Norihito, 'China in Tokugawa Foreign Relations: The Tokugawa Bakufu's Perception of and Attitudes toward Ming-Qing China', PhD dissertation (Ohio State University, 2004).

Moloughney, Brian, and Xia Wenzhong, 'Silver and the Fall of the Ming Dynasty: A Reassessment', *Papers on Far Eastern History* 40 (1989), 51-78.

Montalban, Francisco J., *Das Spanische Patronat und die Eroberung der Philippinen. Nach den Akten des Archives von Indien in Sevilla* (Freiburg im Breisgau: Herder & Co, 1930).

Moran, J.F., *The Japanese and the Jesuits: Alessandro Valignano in Sixteenth-Century Japan* (London and New York: Routledge, 1993).

Morner, Magnus, *Race Mixture in the History of Latin America* (Boston: Little Brown, 1967).

Morris-Suzuki, Tessa, 'The Frontiers of Japanese Identity', in Hans Antlov Stein Tonnesson (ed.), *Asian Forms of the Nation* (Richmond: Curzon Press, 1996), 41-66.

Mote, Frederick W., *Imperial China, 900-1800* (Cambridge, MA: Harvard University Press, 1999).

Moyano, Jose Cosano, *Filipinas y su Real Hacienda* (Cordoba: Monte de Piedad y Caja de Ahorros de Cordoba, 1986).

Mulich, Jeppe, 'Microregionalism and Intercolonial Relations: The Case of the Danish West Indies, 1730-1830', *Journal of Global History* 8/1 (2013), 72-94.

Murai Shōsuke, *Chūsei nihon no uchi to soto* (Tokyo: Chikuma Shobo, 2013).

——, *Nihon chūsei kyōkaishiron* (Tokyo: Iwanami Shoten, 2013).

——, *Tomi to yabō no gaikō senryaku. Naze, daikōkai jidai ni sengoku no yo wa tōitsu saretanoka* (Tokyo: NHK Shuppan, 2013).

——, *Umi kara mita sengoku nihon: Rettōshi kara sekaishi he* (Tokyo: Chikuma Shinso, 1997).

—— (ed.), *Minato machi to kaiiki sekai*, Rekishigaku kenkyūkai (Tokyo: Aoki Shoten, 2005).

Murakami Naojirō, 'Japan's Early Attempts to Establish Commercial Relations with Mexico', in H. Morse Stephens and Herbert E. Bolton (eds), *The Pacific Ocean in History: Papers and Addresses Presented at the Panama-Pacific Historical*

780.

Matsui Yoko, 'The Legal Position of Foreigners in Nagasaki during the Edo Period', in Masashi Haneda (ed.), *Asian Port Cities, 1600-1800: Local and Foreign Cultural Interactions* (Singapore: NUS Press, 2009), 24-42.

Mazlish, Bruce, 'Comparing Global History to World History', *Journal of Interdisciplinary History* 28/3 (1998), 385-395.

Mazumdar, Sucheta, *Sugar and the Society in China: Peasants, Technology, and the World Market* (Cambridge, MA: Harvard University Press, 1998).

McAlister, Lyle N., *Spain & Portugal in the New World* (Minneapolis: University of Minnesota Press, 1984).

McCarthy, William J., 'Between Policy and Prerogative: Malfeasance in the Inspection of the Manila Galleons at Acapulco, 1637', *Colonial Latin American Historical Review* 2/2 (1993), 163-183.

——, 'A Spectacle of Misfortune: Wreck, Salvage, and Loss in the Spanish Pacific', *The Great Circle* 17/2 (1995), 95-105.

McCoy, Alfred W., and Ed C. de Jesus, *Philippine Social History: Global Trade and Local Transformations* (Honolulu: University of Hawaii Press, 1982).

McKeown, Adam, 'The Social Life of Chinese Labor', in Wen-Chin Chang and Eric Tagliacozzo (eds), *Chinese Circulations: Capital, Commodities and Networks in Southeast Asia* (Durham, NC: Duke University Press, 2011), 62-83.

Mei Hua, *Chinese Clothing* (Cambridge and New York: Cambridge University Press, 2011).

Merino, Luis, *The Cabildo Secular or Municipal Government in Manila*, trans. Rafael Lopez (Iloilo: Research Center of the University de San Agustín, 1980).

Miki Haruo, *Konishi Yukinaga to Shin Ikei: Bunroku no eki, fushimi jishin, soshite keichō no eki* (Tokyo: Nihon Tosho Kankōkai, 1997).

Miles, Steven, 'Imperial Discourse, Regional Elite, and Local Landscape on the South China Frontier, 1577-1722', *Journal of Early Modern History* 12/2 (2008), 99-136.

Ming Wan, 'The Monetization of Silver in the Ming (1368-1644): China's Links to the Global Economy', *Ming Qing Yanjiu* (2005), 27-39.

Miyamoto Matao, 'Quantitative Aspects of the Tokugawa Economy', in Hayami Akira, Saito Osamu, and Ronald P. Toby (eds), *The Economic History of Modern Japan, 1600-1990*, Vol. 1 (Oxford and New York: Oxford University Press, 2004).

——, 'The Spanish-American Silver Peso: Export Commodity and Global Money of the Ancien Regime, 1550-1800', in Steven Topik et al., *From Silver to Cocaine: Latin American Commodity Chains and the Building of the World Economy, 1500-2000* (Durham, NC: Duke University Press, 2006), 25-52.

Marks, Robert B., *Tigers, Rice, Silk, and Silt: Environment and Economy in Late Imperial South China*, Studies in Environment and History (Cambridge and New York: Cambridge University Press, 1998).

Martin, Felipe Ruiz, *La Monarquia de Felipe II* (Madrid: Real Academia de la Historia, 2003).

Martinez Montes, Luis Francisco, 'Spain and China in the Age of Globalization (Part I)', *The Globalist*, 9 June 2009, http://www.theglobalist.com/spain-and-china-in-the-ageof-globalization-part-i/.

Martinez-Shaw, Carlos, and Marina Alfonso Mola, 'El Lago Espanol o la Primera Exploracion del Pacifico', in Carlos Martinez-Shaw and Marina Alfonso Mola (eds), *La Ruta de Espana a China* (Madrid: El Viso, 2008), 47-64.

——and Marina Alfonso Mola (eds), *La Ruta de Espana a China* (Madrid: El Viso, 2008).

Massarella, Derek, 'Some Reflections on Identity Formation in East Asia in the Sixteenth and Seventeenth Centuries', in Mark Hudson, Donald Danoon, Gavan McCormack and Tessa Morris-Suzuki (eds), *Multicultural Japan: Palaeolithic to Postmodern* (Cambridge and New York: Cambridge University Press, 1996), 135-152.

——, '"Ticklish Points": The English East India Company and Japan, 1621', *Journal of the Royal Asiatic Society of Great Britain & Ireland*, Third Series, 11/1 (2001), 43-50.

——, *A World Elsewhere: Europe's Encounter with Japan in the Sixteenth and Seventeenth Centuries* (New Haven, CT: Yale University Press, 1990).

Massarella, 'What Was Happening?', http://www.casahistoria.com/happeningin1600.pdf.

——and I.K. Tytler, 'The Japonian Charters: The English and Dutch Shuinjo', *Monumenta Nipponica* 45/2 (1990), 189-205.

Mathes, W. Michael, 'A Quarter Century of Trans-Pacific Diplomacy: New Spain and Japan, 1592-1617', in Mark Caprio and Matsuda Koichiro (eds), *Japan and the Pacific, 1540-1920* (Aldershot: Ashgate Variorum, 2005), 57-85.

Matsuda, Matt K., 'The Pacific', *AHR Forum: Oceans of History* 111/3 (2006), 758-

Abolition and Emancipation II/1 (1997).
Lucassen, Jan, et al. (eds), *Migration History in World History: Multidisciplinary Approaches* (Leiden: Brill, 2010).
Lynch, John, *The Hispanic World in Crisis and Change, 1598-1700* (Oxford: Wiley-Blackwell, 1992).
MacLeod, Murdo J., 'Spain and America: The Atlantic Trade, 1492-1720', in Leslie Bethell (ed.), *Colonial Latin America* (Cambridge and New York: Cambridge University Press, 1984).
MacNair, H.F., 'The Relation of China to Her Nationals Abroad', *The Chinese Social and Political Science Review* 7 (1923), 23-43.
Maehira Fusaaki, 'Kinsei shoki no luson kōryūshi wo saguru. Shūen ryōiki no shiten kara', in Kagoshima Junshinjyoshi daigaku kokusai bunka kenkyu senta-, in *Shinsatsumagaku, Satsuma, Amami, Ryūkyū* (Kagoshima: Nanpōshinsha, 2004).
Mahoney, James, *Colonialism and Postcolonial Development: Spanish America in Comparative Perspective*, Cambridge Studies in Comparative Politics (Cambridge and New York: Cambridge University Press, 2010).
——, 'Comparative-Historical Analysis: Generalizing Past the Past', paper presented at the ASA Mini-Conference: Comparing Past and Present, Berkeley, CA, 12 August 2009, http://www2.asanet.org/sectionchs/09conf/mahoney.pdf.
——and Dietrich Rueschemeyer (eds), *Comparative Historical Analysis in the Social Sciences* (Cambridge and New York: Cambridge University Press, 2003).
Majul, Cesar Adib, *Muslims in the Philippines* (Quezon City: University of the Philippines Press, 1973).
Mann, Charles C., *1493: Uncovering the New World Columbus Created* (New York: Alfred A. Knopf, 2011).
Manning, Patrick, *Migration in World History* (London and New York: Routledge, 2005).
——, *Navigating World History: Historians Create a Global Past* (New York: Palgrave Macmillan,
2003).
Mantecon, Carlos Marichal, and Matilde Souto, 'Silver and Situados: New Spain and the Financing of the Spanish Empire in the Caribbean in the Eighteenth Century', *Hispanic American Historical Review* 74/4 (1994), 587-613.
Marichal, Carlos, 'Rethinking Negotiation and Coercion in an Imperial State', *Hispanic American Historical Review* 88/2 (2008), 211-218.

in Comparative World History 1 (Cambridge: Cambridge University Press, 2003).

——, *Strange Parallels: Southeast Asia in Global Context, c. 800-1830, Vol. 2: Mainland Mirrors: Europe, Japan, China, South Asia, and the Islands*, Studies in Comparative World History 2 (Cambridge: Cambridge University Press, 2009).

——, 'Transcending East-West Dichotomies: State and Culture Formation in Six Ostensibly Disparate Areas', in Victor Lieberman (ed.), *Beyond Binary Histories: Re-Imagining Eurasia to c. 1830* (Ann Arbor: University of Michigan Press, 1999), 19-102.

Lin Renchuan, *Ming mo qing chu si ren hai shang mao yi* (Shanghai: Huadong Shifan Daxue Chubanshe, 1987).

Linhart, Sepp, 'Japan im 17. Jahrhundert: Abschliesung oder erster Schritt zur Errichtung eines Imperiums?', in Peter Feldbauer and Bernd Hausberger (eds), *Die Welt im 17. Jahrhundert. Globalgeschicht*, Vol. 4 (Wien/Essen: Mandelbaum/Magnus Verlag, 2008), 311-342.

Lockard, Craig, '"The Sea Common to All": Maritime Frontiers, Port Cities, and Chinese Traders in the Southeast Asian Age of Commerce, ca. 1400-1750', *Journal of World History* 21/2 (2010), 219-247.

——, *Southeast Asia in World History* (Oxford and New York: Oxford University Press, 2009).

Lockhart, James, and Stuart B. Schwartz, *Early Latin America: A History of Colonial Spanish America and Brazil* (Cambridge and New York: Cambridge University Press, 1989).

Lomas Cortes, Manuel, *La Expulsion de los Moriscos del Reino de Aragon: Politica y Administracion de una Deportacion (1609-1611)* (Teruel: Centro de Estudios Mudejares, 2008).

Lombard, Denys, and Jean Aubin (eds), *Asian Merchants and Businessmen in the Indian Ocean and the China Sea* (Oxford and New York: Oxford University Press, 2000).

Loureiro, Rui Manuel, 'The Macau-Nagasaki Route (1570-1640): Portuguese Ships and their Cargoes', in Richard W. Unger (ed.), *Shipping and Economic Growth, 1350-1850* (Leiden: Brill, 2011), 189-206.

Lovejoy, Paul E., 'The African Diaspora: Revisionist Interpretations of Ethnicity, Culture and Religion under Slavery', *Studies in the World History of Slavery,*

(Washington 1907)', in Dennis O. Flynn, Arturo Giráldez, and James Sobredo (eds), *European Entry into the Pacific: Spain and the Acapulco-Manila Galleons* (Aldershot: Ashgate, 2001), 55-92.

Laures, Johannes, SJ, 'An Ancient Document on the Early Intercourse between Japan and the Philippines', *Cultura Social* XXIX/337/338 (1941), 1-15.

——, *Takayama Ukon und die Anfange der Kirche in Japan* (Munster: Aschendorffsche Verlagsbuchhandlung, 1954).

Laver, Michael, *The Sakoku Edicts and the Politics of Tokugawa Hegemony* (New York: Cambria Press, 2011).

Legarda, Benito J., *After the Galleons: Foreign Trade, Economic Change and Entrepreneurship in the Nineteenth-Century Philippines* (Madison: University of Wisconsin Center for Southeast Asian Studies, 1999).

——, 'Cultural Landmarks and Their Interactions with Economic Factors in the Second Millennium in the Philippines', *Kindaamon* XXIII (2001), 29-70.

——, 'The Nineteenth Century Philippines. A Colonial Economy?', *Kindaaman* XXV (2003), 43-59.

Lehner, Georg, *China in European Encyclopedias, 1700-1850* (Leiden: Brill, 2011).

Lewis, Michael, 'Center and Periphery', in William M. Tsutsui (ed.), *A Companion to Japanese History* (London: Blackwell, 2009).

Li Kanging, 'A Study of the Song, Yuan and Ming Monetary Policies within the Context of Worldwide Hard Currency Flows During the 11th and 16th Centuries and Their Impact on Ming Institutions and Changes', in Angela Schottenhammer (ed.), *The East Asian Maritime World 1400-1800: Its Fabrics of Power and Dynamics of Exchanges* (Wiesbaden: Harrassowitz, 2007), 99-136.

Li Ryusei, *Qingdai de guoji maoyi: baiyin liuru* (Taibei, 2010).

——, *Wan ming hai wai mao yi shu liang yan jiu: jian lun jiang nan si chou chan ye yu bai yin liu ru de ying xiang* (Taibei, 2005).

Liang Fang-Chung, *The Single-Whip Method of Taxation in China*, trans. Wang Yu-ch'uan, Harvard East Asian Monographs 1 (Cambridge, MA: East Asian Research Center, 1907).

Lidin, Olof, *Tanegashima: The Arrival of Europe in Japan* (Copenhagen: Nias Press, 2002).

Lieberman, Victor, 'Local Integration and Eurasian Analogies: Structuring Southeast Asian History, c. 1350-c. 1830', *Modern Asian Studies* 27 (1993), 475-572.

——, *Strange Parallels: Southeast Asia in Global Context, c. 800-1830, Vol. 1*, Studies

1542-1639 (Mexico: Universidad Nacional Autonoma de Mexico, 1972).
Kobata Atsushi, 'Edo shoki ni okeru kaigai kōeki', in Kobata Atsushi (ed.), *Nihon keizai no kenkyū* (Tokyo: Shibunkan, 1978).
Kojima Tsuyoshi, *Umi kara mita rekishi to dentō: Kentōshi, wakō, jukyō* (Tokyo: Bensei Shuppan,2006).
Kondō Morishige, 'Gaiban tsūsho', in Kaitei shiseki shūran (ed.) (Kyoto: Rinsen Shoten, 1983).
Konvitz, Josef W., *Cities and the Sea: Port City Planning in Early Modern Europe* (Baltimore, MD: Johns Hopkins University Press, 1978).
Kuno Yoshi S., *Japanese Expansion on the Asiatic Continent*, Vol. 2 (Berkeley and Los Angeles: University of California Press, 1940).
Kuwayama, George, *Chinese Ceramics in Colonial Mexico* (Honolulu: University of Hawaii Press, 1997).
Lach, Donald F., *Asia in the Making of Europe, Vol. 2, Book 3: A Century of Wonder. The Scholarly Disciplines* (Chicago: University of Chicago Press, 1994).
——, Edwin J. Vankley (1993), *Asia, Vol. 3, Book 4: A Century of Advance. East Asia* (Chicago: University of Chicago Press, 1993).
Ladero Quesada, Miguel Angel, *Las Indias de Castilla en sus Primeros Anos: Cuentas de la Casa de la Contratacion (1503-1521)* (Madrid: Dykinson S.L., 2008).
——, 'Spain circa 1492: Social Values and Structures', in Stuart B. Schwartz (ed.), *Implicit Understandings: Observing, Reporting and Reflecting on the Encounters between Europeans and Other Peoples in the Early Modern Era* (Cambridge and New York: Cambridge University Press, 1995), 96-133.
Lakowsky, Vera Valdes, *De las Minas al Mar. Historia de la Plata Mexicana en Asia: 1565-1834* (Mexico City: Fondo de Cultura Economica, 1987).
Lamikiz, Xabier, *Trade and Trust in the Eighteenth-Century Atlantic World: Spanish Merchants and Their Overseas Networks*, Royal Historical Society Studies in History New Series (London: Royal Historical Society, 2010).
Landes, David S., *The Wealth and Poverty of Nations: Why Some Are So Rich and Some So Poor* (London: Little Brown, 1998).
Lane, Kris E., *Pillaging the Empire: Piracy in the Americas, 1500-1750* (Armunk, NY: M.E. Sharpe, 1998).
Larkin, John A., *The Pampangans: Colonial Society in a Philippine Province* (Berkeley and Los Angeles: University of California Press, 1972).
Laufer, Berthold, 'The Relations of the Chinese to the Philippine Islands

Kang, Etsuko Hae-Jin, *Diplomacy and Ideology in Japanese-Korean Relations: From the Fifteenth to the Eighteenth Century* (Basingstoke: Palgrave Macmillan, 1997).

Katō Eiichi, 'Bahansen, Shuinsen, Hōshosen. Bakuhan seikoku no keisei to taigai kankei', in Shinzaburō Ōishi (ed.), *Shuinsen to minami he no senkusha* (Tokyo: Gyōsei, 1986), 120-134.

——, *Bakuhansei kokka no seiritsu to taigaikankei* (Kyoto: Shibunkaku Shuppan, 1998).

——, 'The Japan-Dutch Trade in the Formative Period of the Seclusion Policy – Particularly on the Raw Silk Trade by the Dutch Factory at Hirado, 1620-1640', *Acta Asiatica: Bulletin of the Institute of Eastern Culture* 30 (1976), 34-84.

——, 'Unification and Adaption: The Early Shogunate and Dutch Trade Policies', in Leonard Blusse and Femme S. Gaastra (eds), *Companies and Trade: Essays on Overseas Trading Companies during the Ancien Régime* (Leiden: Leiden University Press, 1981).

Kawamura Y., 'Obras de Laca del Arte Namban en los Monasterios de la Encarnacion y las Trinitarias de Madrid', *Real Sitios* 147 (2001).

Kempe, Michael, '"Even in the Remotest Corners of the World": Globalized Piracy and International Law, 1500-1900', *Journal of Global History* 5/3 (2010), 353-372.

Kirsch, Peter, *Die Barbaren aus dem Suden. Europaer im Alten Japan 1543 bis 1854* (Wien: Mandelbaum, 2004).

Kisaki Hiroyoshi, *Kinsei gaikō shiryō to kokusai kankei* (Tokyo: Yoshikawa Kōbunkan, 2005).

Kishida Hiroshi, *Daimyō ryōkoku no keizai kōzō* (Tokyo: Iwanami Shoten, 2001).

Kishimoto Mio, *Chiiki shakairon saikō* (Tokyo: Kenbun Shuppan, 2012).

Kishino Hisashi, 'Firipin Bōeki to sukemon, kiemon', in Shinzaburō Ōishi (ed.), *Shuinsen to minami he no senkusha* (Tokyo: Gyōsei, 1986), 34-47.

——, 'Tokugawa no shoki firipin gaikō – Espiritu Santo gō jiken ni tuite', *Shien* 35/1 (1974), 21-36.

Kitajima Manji, *Hideyoshi no chōsen shinryaku to minjū* (Tokyo: Iwanami Shoten, 2012).

Klein, H.S., and J. TePaske, 'The Seventeenth-Century Crisis in New Spain: Myth or Reality?' *Past and Present* 90 (1981), 116-135.

Knauth, Lothar, *Confrontacion Transpacifica. El Japon y el Nuevo Mundo Hispanico*

(Universidad de Alicante, 2011).
——(ed.), *More Hispanic Than We Admit: Insights into Philippine Cultural History* (Manila: Vibal Foundation, 2008).

Jocano, F. Landa (ed.), *The Philippines at the Spanish Contact: Some Major Accounts of Early Filipino Society and Culture* (Manila: MCS Enterprises, 1975).

Jones, Eric, *Cultures Merging: A Historical and Economic Critique of Culture* (Princeton, NJ: Princeton University Press, 2006).

——, *The European Miracle, Environments, Economies and Geopolitics in the History of Europe and Asia* (Cambridge and New York: Cambridge University Press, 2003).

Junker, Laura Lee, *Raiding, Trading, and Feasting: The Political Economy of Philippine Chiefdoms* (Honolulu: University of Hawaii Press, 1999).

Kaempfer, Engelbert, 'Kaempfer's Japan: Tokugawa Culture Observed', in Beatrice M. Bodart-Bailey (ed. and trans.) (Honolulu: University of Hawaii Press, 1999).

Kagan, Richard, *Clio and the Crown: The Politics of History in Medieval and Early Modern Spain* (Baltimore, MD: Johns Hopkins University Press, 2009).

——, 'A World without Walls: City and Town in Colonial Spanish America', in James Tracy (ed.), *The Urban Enceinte in Global Perspective* (Cambridge and New York: Cambridge University Press, 2000), 117-152.

Kaislaniemi, Samuli, 'Jurebassos and Linguists: The East India Company and Early Modern English Words for "Interpreter"', in Alpo Honkapohja, R.W. McConchie, and Jukka Tyrkko (eds), *Symposium on New Approaches in English Historical Lexis (HEL-LEX 2)* (Somerville,MA: Cascadilla Proceedings Project, 2009), 60-73.

Kamen, Henry, *Empire: How Spain Became a World Power, 1492-1763* (New York: Harper, 2003).

——, *The Iron Century: Social Change in Europe, 1550-1660* (London: Weidenfeld and Nicolson, 1971).

——, *Spain, 1469-1714: A Society of Conflict* (London and New York: Routledge, 2005).

——, *Spain's Road to Empire: The Making of a World Power* (London: Allen Lane, 2002).

Kang, David C., *East Asia Before the West: Five Centuries of Trade and Tribute* (New York: Columbia University Press, 2010).

Modern Japan (Cambridge, MA: Harvard University Press, 1995).

Ikeya Machiko, Uchida Akiko, and Takase Kyōko (eds), *Ajia no umi no koryūkyū: Tōnanajia, chōsen, chūgoku* (Ginowan: Yōjushorin, 2009).

Imatani Akira, *Muromachi jidai seijishiron* (Tokyo: Hanawa Shobo, 2000).

Ishii Kenji, *Wasen*, 2 vols (Tokyo: Hosei Daigaku Shuppankyoku, 1995).

Ishizawa Yoshiaki, 'Les Quartiers Japonais dans l'Asie du Sud-Est au XVIIeme siecle', in Nguyen The Anh and Alain Forest (ed.), *Guerre et Paix en Asie du Sud-Est* (Paris: Harmetton, 1998),85-94.

Israel, J.I., 'Debate: The Decline of Spain: A Historical Myth?', *Past and Present* 91 (1981), 170-180.

——, 'Mexico and the "General Crisis" of the Seventeenth Century', *Past and Present* 63 (1974), 33-57.

——, *Race, Class and Politics in Colonial Mexico, 1610-1670* (Oxford and New York: Oxford University Press, 1975).

Itō Kōji, 'Japan and Ryukyu during the Fifteenth and Sixteenth Centuries', *Acta Asiatica: Bulletin of the Institute of Eastern Culture* 95 (2008), 79-99.

Iwahashi Masaru, 'The Institutional Framework of the Tokugawa Economy', in Hayami Akira, Saito Osamu, and Ronald P. Toby (eds), *The Economic History of Modern Japan, 1600-1990,* Vol.1 (Oxford and New York: Oxford University Press, 2004), 85-104.

Iwao Seiichi, 'Li Tan, Chief of the Chinese Residents at Hirado, Japan, in the Last Days of the Ming Dynasty', *Memoirs of the Research Department of the Toyo Bunko* 17 (1958), 27-83.

——, *Nanyō nihonmachi no seisui* (Taipei: Taipei Teikoku Daigaku, 1937).

——, *Shuinsen bōekishi no kenkyū* (Tokyo: Kōbundo, 1958).

Iwasaki Cauti, Fernando, *Extremo Oriente y Peru en el Siglo XVI* (Madrid: Editorial MAPFRE, 1992).

Izumi Seiji, *Tokugawa bakufuryō no keisei to tenkai* (Tokyo: Dōseisha, 2011).

Jansen, Marius, *China in the Tokugawa World* (Cambridge, MA: Harvard University Press, 1992).

——, *The Making of Modern Japan* (London: Belknap Press of Harvard University Press, 2002).

——(ed.), *Warrior Rule in Japan* (Cambridge and New York: Cambridge University Press, 1995).

Jimenez, Isaac Donoso, 'El Islam en Filipinas (Siglos X-XIX)', PhD dissertation

——, 'The Lung-ch'ing and Wan'li Reigns 1567-1620', in Denis Twitchett and Frederick W. Mote (eds), *The Cambridge History of China: The Ming-Dynasty, 1368-1644*, Vol. 7, Part 1 (Cambridge and New York: Cambridge University Press, 1988), 511-581.

——, *Taxation and Governmental Finance in Sixteenth-Century Ming China* (Cambridge and New York: Cambridge University Press, 1974).

Huang Xingzeng, *Xiyang chao gong dian lu* (Ann Arbor: University of Michigan Press, 1982).

Hudson, Mark J., *Ruins of Identity: Ethnogenesis in the Japanese Islands* (Honolulu: University of Hawaii Press, 1999).

Huffman, James L., *Modern Japan: A History in Documents* (Oxford and New York: Oxford University Press, 2010).

Hui Po-Keung, 'Overseas Chinese Business networks: East Asian Economic Development in Historical Perspective', PhD dissertation (State University of New York, 1996).

Iaccarino, Ubaldo, 'Comercio y Diplomacia entre Japon y Filipinas en la era Keichō (1596-1615)', PhD dissertation (Universitat Pompeu Fabra Barcelona, 2013).

——, 'Manila as an International Entrepot: Chinese and Japanese Trade with the Spanish Philippines at the Close of the 16th Century', *Bulletin of Portuguese/Japanese Studies* 16 (2008), 71-81.

Igawa Kenji, 'At the Crossroads: Limahon and Wakō in Sixteenth Century Philippines', in Robert J. Antony (ed.), *Elusive Pirates, Pervasive Smugglers: Violence and Clandestine Trade in the Greater China Seas* (Hong Kong: Hong Kong University Press, 2010), 74-84.

——, *Daikōkai jidai no higashi Ajia. Nichiō tsūkō no rekishiteki zentei* (Tokyo: Yoshikawa Kōbunkan, 2007).

——, 'Kan shina kaiiki to chūkinsei no nihon', *2010 nendo nihonshi kenkyukai daikai kobetsu hokoku* (2010).

——, 'Sei Pedro Bautista to shokuhōki no sainichi kankei', *Machikaneyama Ronsō* 44/10 (2010), 25-44.

——, 'Toyotomi Hideyoshi to supein', in Bandō Shōji and Kawanari Yō (ed.), *Nihon Supein Kōryūshi* (Tokyo: Nenga Shobō Shinsha, 2010), 69-83.

Iida Yoshihirō, *Nihon kōkaijutsushi. Kōdai kara bakumatu made* (Tokyo: Hara Shobō, 1980).

Ikegami Eiko, *The Taming of the Samurai: Honorific Individualism and the Making of*

Hirayama Atsuko, 'Firipinasu sōtoku fūsōsetsuki no taigaikankei. katorikku teikoku to higashi, tōnanajia (1565-c.1650)', *Tezukayama gakujutsu ronshū* 10 (2003), 67-91.

——, 'Spanish Perception of Empire and People of Ming China as Revealed by the First Great Uprising of the Chinese in Manila 1603', *Tezukayama Journal of Economics and Business* 17 (2007), 73-100.

——, *Supein teikoku to chūka teikoku* (Tokyo: Hosei Daigaku Shuppankyoku, 2012).

Ho Chuimei, 'The Ceramic Trade in Asia, 1602-82', in A.J.H. Latham and Heita Kawakatsu (ed.), *Japanese Industrialization and the Asian Economy* (London and New York: Routledge, 1994).

Hoang Anh Tuan, 'From Japan to Manila and Back to Europe: The Abortive English Trade with Tonkin in the 1670's', *Itinerario* 29/3 (2005), 73-92.

Hoerder, Dirk, *Cultures in Contact: World Migrations in the Second Millennium* (Durham, NC: Duke University Press, 2002).

Höpfl, Harro, *Jesuit Political Thought: The Society of Jesus and the State, c. 1540-1630* (Cambridge and New York: Cambridge University Press, 2004).

Hopkins, A.G. (ed.), *Global History: Interactions between the Universal and the Local* (Basingstoke: Palgrave Macmillan, 2006).

Horiuchi, Anick, 'When Science Develops Outside State Patronage: Dutch Studies in Japan at the Turn of the Nineteenth Century', *Early Science and Medicine* 8/2 (2003), 148-172.

Horsley, M.W., 'Sangley: The Formation of Anti-Chinese Feeling in the Philippines: A Cultural Study of the Stereotypes of Prejudice', PhD dissertation (Columbia University, 1950).

Hoyos, Rafael Gomez, *La Leyes de Indias* (Medellin: Ediciones Universidad Catolica Bolivariana, 1945).

Hsu, Carmen Y., 'Writing on Behalf of a Christian Empire: Gifts, Dissimulation, and Politics in the Letters of Philip II of Spain to Wanli of China', *Hispanic Review* 78/3 (2010), 323-344.

Hsu, Immanuel, *The Rise of Modern China* (Oxford and New York: Oxford University Press, 2000).

Huang, Ray, 'Fiscal Administration during the Ming Dynasty', in C.O. Hucker (ed.), *Chinese Government in Ming Times: Seven Studies* (London and New York: Columbia University Press, 1970), 415-449.

——(ed.), *Minato machi ni ikiru* (Tokyo: Aoki Shoten, 2006).

Hang Xing, 'Between Trade and Legitimacy, Maritime and Continent: The Zheng Organization in Seventeenth-Century East Asia', PhD dissertation (University of California, 2010).

Hansen, Valerie, *The Open Empire: A History of China to 1600* (New York: Norton, 2000).

Hashimoto Yū, *Chūka gensō. Karamono to gaikō no muromachi jidai* (Tokyo: Bensei Shuppan, 2011).

——, *Chūsei nihon no kokusai kankei. Higashi ajia tsūkōken to niseshi mondai* (Tokyo: Yoshikawa Kōbunkan, 2005).

——, *Muromachi 'Nihon kokuō' to kangō bōeki* (Tokyo: NHK Shuppan, 2013).

——and Yonetani Hitoshi, 'Wakōron no yukue', in Shiroki Momoki (ed.), *Introduction to Asia's Maritime Historical Research* (Tokyo: Iwanami Shoten, 2008), 80-90.

Hausberger, Bernd, 'Das Reich, in dem die Sonne nicht unterging. Die iberische Welt', in Jean-Paul Lehners and Peter Feldbauer (eds), *Die Welt im 16. Jahrhundert. Globalgeschichte* (Wien und Essen: Mandelbaum/Magnus Verlag, 2008), 335-372.

——, *Fur Gott und Konig. Die Mission der Jesuiten im kolonialen Mexiko*, Studien zur Geschichte und Kultur der Iberischen und Iberoamerikanischen Lander 6 (Wien and Munchen: Oldenbourg Verlag fur Geschichte und Politik, 2000).

Hayami Akira, 'Introduction', in Hayami Akira, Saito Osamu, and Ronald P. Toby (eds), *The Economic History of Modern Japan, 1600-1990,* Vol. 1 (Oxford and New York: Oxford University Press, 2004), 1-35.

Hayasaka Toshihiro (ed.), *Bunka toshi Ninpo,* Higashi ajia kaiiki kogidasu 2 (Tokyo: Tokyo Daigaku Shuppankai, 2013).

Hellyer, Robert I., *Defining Engagements: Japan and Global Contexts, 1640-1868*, Harvard East Asian Monograph 326 (Cambridge, MA: Harvard University Press, 2009).

Hentana Chōyū, *Mindai sakuhō taisei to chōkō bōeki no kenkyū* (Naha: Shinsei Shuppan, 2008).

Hesselink, Reinier H., 'The Capitaes Mores of the Japan Voyage', *International Journal of Asian Studies* 9/1 (2012), 1-41.

Hevia, James L., '"The Ultimate Gesture of Deference and Debasement": Kowtowing in China', *Past and Present*, Supplement 4 (2009), 212-234.

La Martiniere, 2004).

Guerrero, Milagros C., 'The Chinese in the Philippines, 1570-1770', in Alonso Felix Jr. (ed.), *The Chinese in the Philippines, 1570-1770* (Manila: Solidaridad Pub, 1966), 15-39.

Gunn, Geoffrey C., *Encountering Macau: A Portuguese City-state on the Periphery of China, 1575-1999* (Boulder, CO: Westview Press, 1996).

Hall, John W., 'The Bakuhan System', in John W. Hall (ed.), *The Cambridge History of Japan, Vol.4: Early Modern Japan* (Cambridge and New York: Cambridge University Press, 1991).

——, 'The Bakuhan System', in Marius Jansen (ed.), *Warrior Rule in Japan* (Cambridge and New York: Cambridge University Press, 1995).

Hamashita Takeshi, 'The Lidao Boan and the Ryukyu Maritime Tributary Trade Network with China and Southeast Asia, the Fourteenth to Seventeenth century', in Wen-Chin Chang and Eric Tagliacozzo (eds), *Chinese Circulations: Capital, Commodities and Networks in Southeast Asia* (Durham, NC: Duke University Press, 2011), 107-129.

——, 'The Tribute Trade System and Modern Asia', in A.J.H. Latham and Kawakatsu Heita (eds), *Japanese Industrialization and the Asian Economy* (London and New York: Routledge, 1994).

——, 'The Tribute Trade System and Modern Asia', in Linda Grove, Hamashita Takeshi, and Mark Selden (eds), *China, East Asia and the Global Economy: Regional and Historical Perspectives* (London and New York: Routledge, 2008), 12-26.

——, Linda Grove, and Mark Selden, *China, East Asia and the Global Economy: Regional and Historical Perspectives* (London and New York: Routledge, 2008).

Hamilton, Earl J., *El Tesoro Americano y la Revolucion de los Precios en Espana, 1501-1650* (Barcelona: Critica, 1975).

Hamilton, Keith, and Richard Langhorne, *The Practice of Diplomacy: Its Evolution, Theory and Administration* (London and New York: Routledge, 2011).

Haneda Masashi, *Atarashii sekaishi he. Chikyū shimin no tame no kōsō* (Tokyo: Iwanami Shoten, 2011).

——, *Umi kara mita rekishi*, Higashi Ajia kaiiki ni kogidasu 1 (Tokyo: Tokyo Daigaku Shuppankai, 2013).

——(ed.), *Asian Port Cities 1600-1800: Local and Foreign Cultural Interactions* (Singapore: NUS Press, 2009).

——, 'The Problem of the "Early Modern" World', *Journal of the Economic and Social History of the Orient* 41/3 (1998), 249-284.

Gomi Fumihiko et al., *Shōsetsu nihonshi kenkū* (Tokyo: Yamagawa Shuppansha, 1998).

Gonoi Takashi, 'Betonamu to kirisutokyō to nihon. 16,17 seiki kōchishina ni okeru kirisutokyō senkyō wo chsūshin wo', *Bulletin of Cultural Research Institute* (Aoyama Gakuin Women's Junior College) 16 (2008), 41-55.

——, *Daikōkai jidai to nihon* (Tokyo: Watanabe Shuppan, 2003).

——, *Hasekura Tsunenaga* (Tokyo: Yoshikawa Kōbunkan, 2003).

Gonzalez, Jose Maria, *Un Misionero Diplomatico. Vida del Padre Victorio Riccio* (Madrid: Ediciones Studium, 1955).

Goodman, David, *Spanish Naval Power, 1589-1665: Reconstruction and Defeat* (Cambridge and New York: Cambridge University Press, 1997).

Goodman, Grand K., *Japan and the Dutch, 1600-1853* (Richmond: Curzon Press, 2000).

Gorriz Abella, Jaume *Filipinas antes de Filipinas. El Archipielago de San Lazaro en el Siglo XVI* (Madrid: Ediciones Polifemo, 2010).

Grafe, Regina, *Distant Tyranny: Markets, Power, and Backwardness in Spain, 1650-1800* (Princeton, NJ: Princeton University Press 2012).

——, 'Polycentric States: The Spanish Reigns and the "Failures" of Mercantilism', in Philip J. Stern and Carl Wennerlind (eds), *Mercantilism Reimagined: Political Economy in Early Modern Britain and Its Empire* (Oxford and New York: Oxford University Press, 2014), 241-267.

——, 'The Strange Tale of the Decline of Spanish Shipping', in Richard W. Unger (ed.), *Shipping and Economic Growth, 1350-1850* (Leiden: Brill, 2011), 81-116.

——and Alejandra Irigoin, 'Bargaining for Absolutism: A Spanish Path to Nation-State and Empire', *Hispano-American Historical Review* 88/2 (2008), 173-209.

Greenberg, Michael, *British Trade and the Opening of China, 1800-42* (Cambridge and New York: Cambridge University Press, 2008).

Greif, Avner, *Institutions and the Path to the Modern Economy: Lessons from Medieval Trade* (Cambridge and New York: Cambridge University Press, 2006).

Grove, Linda, Hamashita Takeshi, and Mark Selden (eds), *China, East Asia and the Global Economy: Regional and Historical Perspectives* (London and New York: Routledge, 2008).

Gruzinski, Serge, *Les Quatre Parties du Monde. Histoire d'une Mondialisation* (Paris:

Soria (eds), *El Pensamiento Economico en la Escuela de Salamanca* (Salamanca: Ediciones Universidad de Salamanca, 1998), 17-42.

Gaynor, Jennifer L., 'Maritime Ideologies and Ethnic Anomalies', in Jerry H. Bentley, Renate Bridenthal, and Karen Wigen (eds), *Seascapes: Maritime Histories, Littoral Cultures, and Transoceanic Exchanges* (Honolulu: University of Hawaii Press, 2007), 53-68.

Ge Zhaoguang, *Qi shi ji zhi shi jiu shi ji zhong guo de zhi shi si xiang yu xin yang* (Shanghai: Fudan Daxue Chubanshe, 2000).

——, *Zhai zi zhong guo: chong jian you guan zhong guo de li shi lun shu* (Beijing: Zhonghua Shuju, 2010).

Geyer, Michael, and Charles Bright, 'World History in a Global Age', *The American Historical Review* 100/4 (October 1995), 1034-1060.

Gil, Juan, 'En Busqueda de la China. Del Atlantico al Pacifico', in Carlos Martinez-Shaw and Marina Alfonso Mola (eds), *La Ruta De Espana a China* (Madrid: El Viso, 2008), 33-46.

——, *Hidalgos y Samurais. Espana y Japon en los Siglos XVI y XVII* (Madrid: Alianza, 1991).

——, 'La idea de la China. De los seres al Catay', in Carlos Martinez-Shaw and Marina Alfonso Mola (eds), *La Ruta de Espana a China* (Madrid: El Viso, 2008), 19-32.

——, *Los Chinos en Manila. Siglos XVI y XVII* (Lisbon: Centro Cientifico e Cultural de Macau, I.P., 2011).

Gil, Juan Jose, and Koichi Oizumi (eds), *Historia de la Embajada de Idate Masamune al Papa Paulo V (1613-1615)* (Madrid: Ediciones Doce Calles, S.L., 2012).

Gipouloux, Francois, *La Mediterranee Asiatique. Villes portuaires et Reseaux Marchands en Chine, au Japon et en Asie du Sud-Est, XVIe-XXIe Siecle* (Paris: CNRS Editions, 2009).

Goble, Andrew Edmund, 'Medieval Japan', in William M. Tsutsui (ed.), *A Companion to Japanese History* (London: Blackwell, 2009), 47-67.

——, Kenneth R. Robinson, and Haruko Wakabayashi (eds), *Tools of Culture: Japan's Cultural, Intellectual, Medical, and Technological Contacts in East Asia, 1000-1500s* (Ann Arbor, MI: Association for Asian Studies, 2009).

Goldstone, Jack, 'Initial Conditions, General Laws, Path Dependence, and Explanation in Historical Sociology', *American Journal of Sociology* 104/3 (1998), 829-845.

Francia, Luis H., *A History of the Philippines: From Indios Bravos to Filipinos* (New York: Overlook Press, 2010).

Frank, Andre Gunder, *ReOrient: Global Economy in the Asian Age* (Berkeley and Los Angeles: University of California Press, 1998).

— and Barry K. Gills, 'World System Cycles, Crises, and Hegemonic Shifts, 1700 BC to 1700 AD', in Andre Gunder Frank and Barry K. Gills (eds), *The World System: Five Hundred Years or Five Thousand?* (London and New York: Routledge, 1993), 143-200.

Fraser, Nancy, 'A Genealogy of Dependency: Tracing a Keyword of the US Welfare State', *Signs* 19/2 (1994), 309-336.

Freedman, Maurice, *Chinese Lineage and Society: Fukien and Kwangtung* (London: Athlone Press, 1966).

Friar, Jose Maria Lorenzo, *A History of the Manila-Acapulco Slave Trade, 1565-1815* (Tubigon, Bohol: Mater Dei Publications, 1996).

Friedrich, Markus, *Der Lange Arm Roms? Globale Verwaltung und Kommunikation im Jesuitenorden 1540-1773* (Frankfurt am Main: Campus Verlag, 2011).

Fujino Tamotsu (ed.), *Kyūshū to gaikō, bōeki, kirishitan* (Tokyo: Kokusho kankōkai, 1985).

Fujita Tatsuō, *Hideyoshi to kaizoku daimyō: umikara mita sengoku shūen* (Tokyo: Chūōkōron Shinsha, 2012).

Fukasawa Katumi (ed.), *Minatomachi no topogurafi*, Rekishi kenkyūkai (Tokyo: Aoki Shoten, 2006).

Fukaya Katsumi, 'Ryōshu kenryoku to bukei kan'i. Bakufusei to tennō', in Katsumi Fukaya (ed.), *Bakuhansei kokka no seiritsu* (Tokyo: Yuhikaku, 1981).

Furber, Holden, *Rival Empires of Trade in the Orient, 1600-1800* (Minneapolis: University of Minnesota Press, 1976).

Gaastra, Femme, *The Dutch East India Company: Expansion and Decline* (Zutphen: Walburg Pers, 2003).

Garcia, Jose Manuel Rodriguez, 'Las Armas Japonesas del Rey de Espana', *CLIO: Revista de historia* (June 2005), 42-46.

Garcia Fuentes, L., *El Comercio Espanol con America* (Sevilla: Excma. Diputacion Provincial de Sevilla, 1980).

Garcia Sanz, Angel, 'El Contexto Economico del Pensamiento Escolastico: El Florecimiento del Capital Mercantil en la Espana del Siglo XVI', in Ricardo Robledo Hernandez, Francisco Gomez Camacho, and Fundacion Duques de

——, 'I Would Be Flattered to Think That Anyone Saw Me as Globally Broad-Minded', *Osterreichische Zeitschrift fur Geschichtswissenschaften* 20/2 (2009), 170-183.

Fidel de Lejarza, O.F.M., *Bajo la Furia de Taikosama*, 2 vols (Madrid: Editorial Cisnernos, 1961).

Fisher, John Robert, *The Economic Aspects of Spanish Imperialism in America, 1492-1810* (Liverpool: Liverpool University Press, 1997).

Flath, David, *The Japanese Economy* (Oxford: Oxford University Press, 2000).

Fluchter, Antje, 'Sir Thomas Roe vor dem indischen Mogul: Transkulturelle Kommunikationsprobleme zwischen Reprasentation und Administration', in Stefan Haas and Mark Hengerer (eds), *Im Schatten der Macht. Kommunikationskulturen in Politik und Verwaltung 1600-1950* (Frankfurt/Main: Campus Verlag, 2008), 119-143.

——, 'Structures on the Move. Appropriating Technologies of Governance in a Transcultural Encounter', in Antje Fluchter, Susann Richter (eds.), *Structures on the Move. Technologies of Governance in a Transcultural Encounter* (Heidelberg: Springer, 2012), 1-27.

Flynn, Dennis O., and Arturo Giraldez, 'Born Again: Globalization's Sixteenth-Century Origins (Asian/Global Versus European Dynamics)', *The Pacific Economic Review* 13/3 (2008), 359-387.

——and Arturo Giraldez, 'Born with a "Silver Spoon": The Origins of World Trade in 1571', *Journal of World History* 6 (1995), 201-221.

——and Arturo Giraldez, 'Cycles of Silver: Global Economic Unity Through the Mid-Eighteenth Century', *Journal of World History* 13 (2002), 391-427.

——and Arturo Giraldez, 'Silk for Silver: Manila-Macao Trade in the 17th Century' (1996), in Debin Ma (ed.), *Textiles in the Pacific, 1500-1900* (Aldershot: Ashgate Variorum, 2005), 33-49.

——, Arturo Giraldez, and James Sobredo (eds), *European Entry into the Pacific: Spain and the Acapulco-Manila Galleons* (Aldershot: Ashgate, 2001) Fok, K.C., 'Early Ming Images of the Portuguese', in Roderich Ptak (ed.), *Portuguese Asia: Aspects in History and Economic History (16th and 17th centuries)* (Stuttgart: Steiner, 1987), 143-156.

Fonseca, Luis Adao da, and Jose Manuel Ruiz Asencio (eds), *Corpus Documental del Tratado de Tordesillas* (Valladolid: Sociedad V Centenario del Tratado de Tordesillas 1995).

Elman, Benjamin A., *Classicism, Politics, and Kinship: The Ch'ang-chou School of New Text Confucianism in Late Imperial China* (Berkeley and Los Angeles: University of California Press, 1990).

——, 'Rethinking "Confucianism" and Neo-Confucianism" in Modern Chinese History', in Benjamin A. Elman, John B. Duncan, and Herman Ooms (ed.), *Rethinking Confucianism: Past and Present in China, Japan, Korea, and Vietnam* (Berkeley and Los Angeles: University of California, 2002), 518-554.

——, John B. Duncan, and Herman Ooms (ed.), *Rethinking Confucianism: Past and Present in China, Japan, Korea, and Vietnam*, UCLA Asian Pacific Monograph Series (Berkeley and Los Angeles: University of California, 2002).

Elvin, Mark,'The High Equilibrium Trap: The Causes of the Decline of Invention in the Traditional Chinese Textile Industry', in Mark Elvin (ed.), *Another History: Essays on China from a European Perspective*, The University of Sydney East Asian Series 10 (Sydney: Wild Peony, 1996), 20-63.

——, *The Pattern of the Chinese Past* (Stanford, CA: Stanford University Press, 1973).

Engel, Ulf, and Matthias Middell, 'Bruchzonen der Globalisierung, Globale Krisen und Territorialitatsregimes. Kategorien eine Globalgeschichtsschreibung', *Comparativ* 15/5-6 (2005), 5-38.

Escoto, Salvador P., 'Coinage and Domestic Commerce in the Hispanic Colonial Philippines',*Philippine Quarterly of Culture and Society* 35/3 (2007), 196-212.

Fairbank, John K., 'Changing Chinese Views of Western Relations, 1840-95', in John K. Fairbank and Kwang-Ching Liu (eds), *Cambridge History of China, Vol. 11, Late Ch'ing, 1800-1911, Part 2* (Cambridge and New York: Cambridge University Press, 1980), 142-202.

——, 'China's Foreign Policy in Historical Perspective', *Foreign Affairs* 47/3 (1969), 449-463.

——, 'Tributary Trade and China's Relations with the West', *East Asian Quarterly* 1/2 (1942), 129-144.

Feenstra, Robert (ed.), *Hugo Grotius, Mare Liberum, 1609-2009* (Leiden: Brill, 2009).

Feldbauer, Peter, *Die Portugiesen in Asien 1498-1620* (Essen: Magnus Verlag, 2005).

Felix, Alonso, Jr. (ed.), *The Chinese in the Philippines, 1570-1770*, Vol. 1 (Manila: Solidaridad Pub, 1966).

Fernandez-Armesto, Felipe, *Civilizations* (London: Pan Books, 2001).

——, 'The Role of the Chinese in the Philippine Domestic Economy (1570-1770)', in Alonso Felix Jr.(ed.), *The Chinese in the Philippines, 1570-1770*, Vol. 1 (Manila: Solidaridad Pub., 1966), 175-211.

Diaz-Trechuelo Spinola, Maria Lourdes, *Arquitectura Espanola en Filipinas (1565-1800)* (Sevilla: Escuela de Estudios Hispano-americanos de Sevilla, 1959).

Disney, A.R., *A History of Portugal and the Portuguese Empire: From Beginnings to 1807* (Cambridge and New York: Cambridge University Press, 2009).

Doeppers, Daniel F., 'The Development of Philippine Cities before 1900', *Journal of Asian Studies* 21/4 (1972), 769-792.

Dominguez, Isabelo Macias, 'Presencia Espanola en el Pacifico', in SEACEX Sociedad Estatal para la Accion Cultural Exterior (ed.), *Catalogo on-line. Filipinas, Puerto de Oriente. De Legazpi a Malaspina* (2003), 27-47.

Earle, Peter, *The Pirate Wars* (London: St. Martin's Press, 2003).

Ebisawa Arimichi, 'The Meeting of Cultures', in Michael Cooper, SJ (ed.), *The Southern Barbarians: The First Europeans in Japan* (Tokyo: Kodansha, 1971), 125-144.

Edelmayer, Friedrich, *Philipp II: Biographie eines Weltherrschers* (Stuttgart: Kohlhammer, 2009).

Elison, George, *Deus Destroyed: The Image of Christianity in Early Modern Japan*, Harvard East Asian Series 72 (Cambridge, MA: Harvard University Press, 1972).

Elisonas, Jurgis, 'Christianity and the Daimyo', in John W. Hall (ed.), *The Cambridge History of Japan: Early Modern Japan*, Vol. 4 (Cambridge and New York: Cambridge University Press, 1991), 301-372.

Elizalde Perez-Grueso, Maria Dolores, 'Filipinas, Plataforma hacia Asia', *Torre de los Lujanes* 63 (2008), 117-134.

—— and Josep M. Delgado Ribas (eds), *Filipinas un Pais entre dos Imperios* (Barcelona: Eds Bellaterra, 2011).

Elliott, John H., 'The Decline of Spain', *Past and Present* 20 (1961), 52-75.

——, *Empires of the Atlantic World: Britain and Spain in America, 1492-1830* (New Haven, CT: Yale University Press, 2006).

——, *Spain and Its World, 1500-1700: Selected Essays* (New Haven, CT: Yale University Press, 1989).

——, *Spain and the Wider World, 1500-1800* (New Haven, CT: Yale University Press, 2009).

——, 'The Foreign Staple Trade of China in the Premodern Era', *The International History Review* 19/2 (1997), 253-283.

——, *Maritime Sector, Institutions, and Sea Power of Premodern China* (Santa Barbara, CA: Greenwood Press, 1999).

——, *The Premodern Chinese Economy: Structural Equilibrium and Capitalist Sterility* (London and New York: Routledge, 1999).

Dery, Luis Camara, *Pestilence in the Philippines: A Social History of the Filipino People, 1571-1800* (Quezon City: New Day Publishers, 2006).

De Sousa, Lucio, *The Early European Presence in China, Japan, the Philippines and Southeast Asia (1555-1590): The Life of Bartolomeu Landeiro* (Macau: Macau Foundation, 2010).

——, '16-17 seiki no porutogarujin ni yoru dorei bōeki: Vikutoria Dias: aru chūgokujin jyōsei dorei wo otte', in Nakajima Gakushō (ed.), *Namban, kōmō, tōjin: 16, 17 seiki no higashi ajia kaiki* (Kyoto: Shibunkaku Shuppan, 2013), 229-281.

——and Deus Beites Manso, M.D., 'Os Portugueses e o Comercio de Escravos nas Filipinas (1580-1600) (The Portuguese and the Slave Trade in the Philippines [1580-1600])', *Revista de Cultura/ Review of Culture* (Macau: Instituto Cultural do Governo da Regiao Administrativa Especial de Macau, Ed. Internacional), 40 (October 2011).

Desroches, Jean-Paul, Gabriel Casal, and Franck Goddio, *Die Schatze der San Diego* (Berlin: Argon Verlag GmbH, 1997).

De Vries, Jan, *Economy of Europe in an Age of Crisis, 1600-1750* (Cambridge and New York: Cambridge University Press, 1976).

——, *The Industrious Revolution: Consumer Behavior and the Household Economy, 1650 to the Present* (New York: Cambridge University Press, 2008).

——, 'The Limits of Globalization in the Early Modern World', *Economic History Review* 63/3 (2010), 710-733.

Diaz-Trechuelo, Maria Lourdes, 'El Tratado de Tordesillas y su Proyeccion en el Pacifico', *Revista Espanola del Pacifico* 4 (1994).

——, *Filipinas. La Gran Desconocida (1565-1898)* (Pamplona: Ediciones Universidad de Navarra, 2001).

——, 'Legazpi y la Integracion de Filipinas en el Imperio Espanol de Ultramar', in Alfredo Jose Morales Martinez (ed.), *Filipinas, Puerta de Oriente. De Legazpi a Malaspina.* (Sociedad Estatal para la Acción Cultural Exterior, 2003), 49-66.

of California Press, 1919).
Curtin, Philip D., *Cross-cultural Trade in World History* (Cambridge and New York: Cambridge University Press, 1984).
——, *The World and the West: The European Challenge and the Overseas Response in the Age of Empire* (Cambridge and New York: Cambridge University Press, 2000).
Curvelo, Alexandra, 'Aproximar a Distancia. A Experiencia Ultramarina Iberica e a Criacao de Imagens Pelodurante a Idade Moderna', in Alexandra Curvelo and Madalena Simões (eds), *Portugal und das Heilige Romische Reich (16.-18. Jahrhundert); Portugal e o Sacro Imperio (seculos XVI-XVIII)* (15; Munster: Aschendorff Verlag, 2011), 253-263.
Cvetkovich, Ann, et al. (eds.), *Articulating the Global and the Local: Globalization and Cultural Studies* (Boulder, CO: Westview Press, 1997).
Dai Yixuan, *Ming shi fo lang ji zhuan jian zheng* (Beijing: Zhongguo shehui kexue chubanshe, 1984).
Daniels, Christine, and Michael V. Kennedy (eds), *Negotiated Empires: Centers and Peripheries in the Americas, 1500-1820* (London and New York: Routledge, 2002).
Danjyō Hiroshi, *Eiraku tei: kai chitsujo no kansei* (Tokyo: Kodansha, 2012).
Darwin, John, *After Tamerlane: The Global History of Empire since 1405* (London: Lane, 2007).
——, *The Empire Project: The Rise and Fall of the British World-System, 1830-1970* (Cambridge and New York: Cambridge University Press, 2009).
Daus, Ronald, *Die Erfindung des Kolonialismus* (Wuppertal: Hammer, 1983).
Davids, Karel, 'Dutch and Spanish Global Networks of Knowledge in the Early Modern Period: Structures, Connections, Changes', in Lissa Roberts (ed.), *Centres and Cycles of Accumulation in and around the Netherlands during the Early Modern Period* (Zurich: Lit, 2011), 29-52.
De la Costa, Horacio, *The Jesuits in the Philippines* (Cambridge, MA: Harvard University Press, 1961).
Demel, Walter, *Als Fremde in China. Das Reich der Mitte im Spiegel fruhneuzeitlicher europaischer Reiseberichte* (Munchen: Oldenbourg, 1992).
Deng, Gang, *Chinese Maritime Activities and Socioeconomic Development, c. 2100 B.C.-1900 A.D.*, Contributions in Economics and Economic History (London: Greenwood Press, 1997).

1971).

——(ed.), *They Came to Japan: An Anthology of European Reports on Japan, 1543-1640* (Berkeley and Los Angeles: University of California Press, 1965).

Corpus, O.D., *The Economic History of the Philippines* (Quezon City: University of the Philippines Press, 1997).

Costa, Joao Paulo Oliveira e, *O Japao e o Cristianismo no Seculo XVI. Ensaios de Historia Luso-Niponica* (Lisbon: Sociedade Historica da Independencia de Portugal, 1999).

Craig, Robert T., 'Communication Theory as a Field', *Communication Theory* 9/2 (1999), 125-129.

Crailsheim, Eberhard, 'Las Filipinas, Zona Fronteriza. Algunas Repercusiones de su Funcion Conectiva y Separativa (1600-1762)', in Aaron Grageda Bustamente (ed.), *Intercambios, Actores, Enfoques. Pasajes de la Historia Latinoamericana en una Perspectiva Global* (Hermosilla, Sonora: Universidad de Sonora, 2014), 133-152.

Crossley, John Newsome, *Hernando de los Rios Coronel and the Spanish Philippines in the Golden Age* (Surrey: Ashgate, 2011).

——(ed.), 'The 1621 Memorial: Memorial, and Relation for His Majesty from the Procurador General of the Philippines concerning what Needs to be Remedied, and of the Wealth That There Is in Them, and in the Maluku Islands.' (2011), http://www.csse.monash.edu.au/~jnc/Rios/1621Memorial.pdf.

Crossley, Pamela Kyle, *What Is Global History?* (Cambridge: Polity, 2008).

——(ed.), *Empire at the Margins: Culture, Ethnicity, and Frontier in Early Modern China* (Berkeley and Los Angeles: University of California Press, 2006).

Cruikshank, Bruce, 'Silver in the Provinces: A Critique of the Classic View of Philippine Economic History in the Seventeenth and Eighteenth Centuries', *Philippine Quarterly of Culture and Society* 36/3 (2008), 124-151.

——, *Spanish Franciscans in the Colonial Philippines, 1758-1898*, 5 vols (Hastings, NE: Cornhusker Press, 2005).

Cullen, Louis M., *A History of Japan, 1582-1941: Internal and External Worlds* (Cambridge and New York: Cambridge University Press, 2003).

Cummins, J., 'Two Missionary Methods in China: Mendicants and Jesuits', *Archivio Ibero-Americano* XXXVIII (1978), 33-108.

Cunningham, Charles H., *The Spanish Audiencia in the Spanish Colony as Illustrated by the Audiencia of Manila, 1583-1800* (Berkeley and Los Angeles: University

1600-1650', *Itinerario* 33/3 (2010), 72-94.
——, 'A Fake Embassy, the Lord of Taiwan and Tokugawa Japan', *Japanese Studies* 20/1 (2010), 23-41.
——, 'From Global Entrepot to Early Modern Domain: Hirado, 1609-1641', *Monumenta Nipponica* 65/1 (2010), 1-35.
——, 'Pirating in the Shogun's Waters: The Dutch East India Company and the "Santo Antonio" Incident', *Bulletin of Portuguese/Japanese Studies* 13 (2006), 65-80.
——, 'Unjust, Cruel and Barbarous Proceedings: Japanese Mercenaries and the Amboyna Incident of 1623', *Itinerario* 31 (2007), 15-34.
Cohen, Abner, 'Cultural Strategies in the Organization of Trading Diasporas', in Claude Meillassoux (ed.), *The Development of Indigenous Trade and Markets in West Africa* (Oxford and New York: Oxford University Press, 1971), 266-281.
Cohen, Paul A., *China Unbound: Evolving Perspectives on the Chinese Past* (New York: Routledge Curzon, 2003).
——, *Discovering History in China: American Historical Writing on the Recent Chinese Past* (New York: Columbia University Press, 1984).
Cohen, Warren I., *East Asia at the Center: Four Thousand Years of Engagement with the World* (New York: Colombia University Press, 2000).
Colla, Elisabetta, 'Shonin Carletti', in Lucio de Sousa (ed.), *The Portuguese Presence in Japan in the 16th/17th Centuries* (Lisbon: Museu Nacional de Arte Antiga, 2005).
Constantino, Renato, *A History of the Philippines: From the Spanish Colonization to the Second World War* (New York and London: Monthly Review Press, 1975).
Cook, Harold J., *Matters of Exchange: Commerce, Medicine, and Science in the Dutch Golden Age* (New Haven, CT: Yale University Press, 2007).
Cooper, J.P. (ed.), *The Decline of Spain and the Thirty Years War, 1609-48/59*, The New Cambridge Modern History 4 (Cambridge: Cambridge University Press, 1970).
Cooper, Michael, 'The Early Europeans and Tea: Essays on the History of Chanoyu', in Kumakura Isao and Paul Varley (eds), *Tea in Japan: Essays on the History of Chanoyu* (Honolulu: University of Hawaii Press, 1989), 101-134.
——, *Rodrigues the Interpreter: An Early Jesuit in Japan and China* (New York: Weatherhill, 1994).
——(ed.), *The Southern Barbarians: The First Europeans in Japan* (Tokyo: Kodansha,

Rovers, Silk, and Samurai: Maritime China in World History' conference, Emory University, Atlanta, GA, 27-29 October 2011.

——, 'The Butcher, the Baker, and the Carpenter: Chinese Sojourners in the Spanish Philippines and Their Impact on Southern Fujian (Sixteenth-Eighteenth Centuries)', *Journal of Economic and Social History of the Orient* 49/4 (2006), 509-534.

——, 'Chinese Books and Printing in the Early Spanish Philippines', in Wen-Chin Chang and Eric Tagliacozzo (eds), *Chinese Circulations: Capital, Commodities and Networks in Southeast Asia* (Durham, NC: Duke University Press 2011), 259-283.

Chin K.J., 'Merchants and Other Sojourners: The Hokkiens Overseas, 1570-1760', PhD dissertation (Hong Kong University, 1998).

Ching Leo, 'Japan in Asia', in William M. Tsutsui (ed.), *A Companion to Japanese History* (London: Blackwell, 2009).

Ching-Ho Ch'en, *The Chinese Community in the Sixteenth Century Philippines*, East Asian Cultural Studies 12 (Tokyo: The Centre for East Asian Cultural Studies, 1968).

Chuan Han-Sheng, 'The Chinese Silk and Trade with Spanish-America from the Late Ming to the Mid-Ch'ing Period (San Francisco 1975)', in Dennis O. Flynn, Arturo Giráldez, and James

Sobredo (eds), *European Entry into the Pacific: Spain and the Acapulco-Manila Galleons* (Aldershot: Ashgate, 2001), 241-260.

Cipolla, C.M., *Conquistadores, Piratas y Mercaderes. La Saga de la Plata Espanola* (Buenos Aires: Fondo de Cultura Economica de Argentina, 1998).

Clark, Hugh R., *Community, Trade, and Networks: Southern Fujian Province from the Third to the Thirteenth Century*, Cambridge Studies in Chinese History, Literature and Institutions (Cambridge and New York: Cambridge University Press, 2002).

Clossey, Luke, 'Merchants, Migrants, and Globalization in the Early Modern Pacific', *Journal of Global History* 1 (2006), 41-58.

——, *Salvation and Globalization in the Early Jesuit Missions* (Cambridge and New York: Cambridge University Press, 2008).

Clulow, Adam, *The Company and the Shogun: The Dutch Encounter with Tokugawa Japan* (New York: Columbia University Press, 2014).

——, 'European Maritime Violence and Territorial States in Early Modern Asia,

1 (1989), 51-64.
——, 'The First Chinese Diaspora in Southeast Asia in the Fifteenth Century', in Felipe Fernandez-Armesto (ed.), *The Global Opportunity* (Aldershot: Variorum, 1995), 105-120.
——, 'Maritime Trade and the Local Economy in Late Ming Fukien', in E.B.Vermeer (ed.), *Development and Decline of Fukien Province in the 17th and 18th Centuries* (Leiden: Brill, 1990), 83-125.
Chang Tien-Tse, 'Malacca and the Failure of the First Portuguese Mission to Peking', *Journal of Southeast Asian History* 3/2 (1962), 45-64.
——, *Sino-Portuguese Trade from 1514 to 1644: A Synthesis of Portuguese and Chinese Sources* (Leiden: Brill, 1933).
Chase-Dunn, Christopher, and E.N. Anderson, *The Historical Evolution of World-Systems* (London: Palgrave, 2005).
Chaudhuri, Kirti N., *Asia Before Europe: Economy and Civilisation of the Indian Ocean from the Rise of Islam to 1750* (Cambridge and New York: Cambridge University Press, 2000).
——, 'The English East India Company in the 17th and 18th Century: A Pre-modern Multinational Organization', in Patrick J.N. Tuck (ed.), *The East India Company, 1600-1858* (London and New York: Routledge, 1998), 82-99.
——, *The Trading World of Asia and the English East India Company, 1660-1760* (Cambridge and New York: Cambridge University Press, 1978).
Chaunu, Pierre, *Les Philippines et le Pacifique des Iberiques: XVIe, XVIIe, XVIIIe siecles* (Paris: S.E.V.P.E.N, 1960).
——, 'Manille et Macao face a la conjoncture des XVIe et XVIIe siecles', *Annales ESC* 3 (1962), 555-580.
Chen Chingho, *Historical Notes on Hoi-An (Faifo)* (Carbondale: Center for Vietnamese Studies, Southern Illinois University, 1973).
Chen Jie, *Fujian tong zhi lie zhuan xuan* (Taibei: Bank of Taiwan, 1964).
Cheng Wei-Chung, *War, Trade and Piracy in the China Seas, 1622-1683*, TANAP Monographs on the History of the Asian-European Interaction 16 (Leiden: Brill, 2013).
Cheong W.E., *The Hong Merchants of Canton: Chinese Merchants in Sino-Western Trade* (London and New York: Routledge, 1997).
Chia, Lucille, 'Beyond the Coast and into the Hills: The Impact on Zhangzhou of Maritime Trade and Migration, 16th-18th Centuries'. Presented at the 'Sea

(1543-1643) (Valladolid: University de Valladolid, 1995).

Camunez, Jose Luis Porras (ed.), *Domingo de Salazar. Sinodo de Manila de 1582*, Sinodos Americanos (Madrid: Centro de Estudios Historicos del Consejo Superior de Investigaciones Cientificas, 1988).

Cano, Gloria, 'Blair & Robertson's *The Philippine Islands, 1493-1898*: Scholarship or Imperialist Propaganda?', *The Philippine Studies* 56/1 (2008), 3-46.

——, *Retana Revisited: A New Historical Assessment* (Quezon City: Vee Press, 2008).

Carcel, Ricard Garcia, *La Construccion de las Historias de Espana* (Madrid: Marcial Pons Historia, 2004).

Carioti, Patrizia, 'Focusing on the Overseas Chinese in Seventeenth Century Nagasaki: The Role of the Tōtsūji in the Light of Early Tokugawa Foreign Policy', in Nagazumi Yoko (ed.), *Large and Broad: The Dutch Impact on Early Modern Asia: Essays in Honor of Leonard Blusse* (Tokyo: Tōyō Bunko, 2010), 62-75.

——, 'The International Role of the Overseas Chinese in Hirado (Nagasaki), during the First Decades of the XVII Century' (China, 2007).

——, *Zheng Chenggong* (Napoli: Istituto Universitario Orientale, 1995).

Carletti, Francesco, *Reise um die Welt 1594: Erlebnisse eines Florentiner Kaufmanns* (Tubingen: Erdmann, 1966).

Cao, Yonghe, *Zhongguo haiyangshi lunji* (Taibei: Lianjiang Chubanshe, 2000).

Caprio, Mark, and Matsuda Koichirō (eds), *Japan and the Pacific, 1540-1920* (Aldershot: Ashgate, 2006).

Chaiklin, Martha, 'The Merchant's Ark: Live Animal Gifts in Early Modern Dutch-Japanese Relations' (2012), http://worldhistoryconnected.press.illinois.edu/9.1/chaiklin.html.

Chan, Albert, *Chinese Books and Documents in the Jesuit Archives in Rome* (Armonk, NY: Sharpe, 2002).

Chan Hok-Lam, 'The Chien-wen, Yung-lo, Hung-his, Hsuan-te reigns, 1399-1435', in Denis Twitchett and Frederick W. Mote (eds), *The Cambridge History of China, Ming Dynasty, 1368-1644, Vol. 7, Part. 1* (Cambridge and New York: Cambridge University Press, 1988), 182-304.

Chang Pin-Tsun, 'Chinese Maritime Trade: The Case of Sixteenth-Century Fu-chien (Fukien)', PhD dissertation (Princeton University, 1983).

——, 'The Evolution of Chinese Thought on Maritime Foreign Trade from the Sixteenth to the Eighteenth Century', *International Journal of Maritime History*

and Los Angeles: University of California Press, 1995).

Bray, Francesca, *The Rice Economies: Technology and Development in Asian Societies* (Oxford: Basil Blackwell, 1986).

Brendecke, Arndt, *Imperium und Empirie. Funktionen des Wissens in der Spanischen Kolonialherrschaft* (Koln und Wien: Bohlau Verlag, 2009).

Brockey, Liam Matthew, *Journey to the East: The Jesuit Mission to China, 1579-1724* (Cambridge, MA: Belknap Press of Harvard University Press, 2008).

Brockliss, L.W.B., and J.H. Elliott (eds), *The World of the Favourite* (New Haven, CT: Yale University Press, 1999).

Brook, Timothy, 'At the Margin of Public Authority: The Ming State and Buddhism', in Roy Bin Wong, Theodore Huters, and Pauline Yu (eds), *Culture and State in Chinese History: Conventions, Accommodations, and Critiques* (Stanford, CA: Stanford University Press, 1997), 161-181.

——, *The Chinese State in Ming Society* (London and New York, 2004).

——, 'Europaelogy? On the Difficulty of Assembling a Knowledge of Europe in China', in M. Antoni J. Ucerler, SJ (ed.), *Christianity and Cultures: Japan & China in Comparison, 1543-1644* (Rome: Institutum Historicum Societatis Iesu, 2009), 269-294.

——, *Mr. Selden's Map of China: Decoding the Secrets of a Vanished Cartographer* (London: Bloomsbury Press, 2013).

——, *The Troubled Empire: China in the Yuan and Ming Dynasties* (Cambridge, MA: Belknap Press of Harvard University Press, 2010).

——, *Vermeer's Hat: The Seventeenth Century and the Dawn of the Global World* (London: Bloomsbury Press, 2008).

Brown, Philip C., 'Unification, Consolidation, and Tokugawa Rule', in William M. Tsutsui (ed.), *A Companion to Japanese History* (London: Blackwell, 2009).

Burbank, Jane, and Frederick Cooper, *Empires in World History: Power and the Politics of Difference* (Princeton, NJ: Princeton University Press, 2010).

Burke, Peter, *Cultural Hybridity* (Cambridge: Polity, 2009).

Burkholder, Mark A., and Lyman L. Johnson, *Colonial Latin America* (Oxford and New York: Oxford University Press, 2001).

Busquets, Anna, 'Los Frailes de Koxinga', in P.A. San Gines (ed.), *La Investigacion sobre Asia Pacifico en Espana* (Granada: Universidad de Granada Coleccion Espanola de Investigacion sobre Asia Pacifico, 2007), 393-422.

Cabezas, Antonio, *El Siglo Iberico de Japon. La Presencia Hispano-Portuguesa en Japon*

Boxer, Charles R., *The Christian Century in Japan, 1549-1650* (Berkeley and Los Angeles: University of California Press, 1951).

——, *The Church Militant and Iberian Expansion, 1440-1770*, The Johns Hopkins Symposia in Comparative History (Baltimore, MD: Johns Hopkins University Press, 1978).

——, *The Great Ship from Amacon: Annals of Macao and the Old Japan Trade, 1555-1640* (Lisbon: Centro de Estudos Historicos Ultramarinos, 1963).

——, 'Plata es Sangre: Sidelights on the Drain of Spanish-American Silver in the Far East 1500-1700', *Philippine Studies* 18/3 (1970), 457-478.

——, *A Portuguese Embassy to Japan (1644-1647). Translated from an Unpublished Portuguese MS., and Other Contemporary Sources, with Commentary and Appendices; The Embassy of Captain Goncalo de Siqueira de Souza to Japan in 1644-7* (Washington, DC: University Publications of America, 1979).

——, *Portuguese Merchants and Missionaries in Feudal Japan, 1543-1640* (Aldershot: Ashgate Variorum, 2002).

——, *The Portuguese Seaborne Empire, 1415-1825* (London: Hutchinson, 1977).

——, 'The Rise and Fall of Nicholas Iquan', *T'ien Hsia Monthly* 11 (1941), 401-439.

——, *Women in Iberian Expansion Overseas, 1415-1815: Some Facts, Fancies and Personalities* (Oxford and New York: Oxford University Press, 1975).

—— (ed.), *South China in the Sixteenth Century: Being the Narratives of Galeote Pereira, Fr. Gaspar da Cruz and Martin de Rada, D.E.S.A. (1550-75)* (Bangkok: Orchid Press 1953).

Boyajian, James C., *Portuguese Trade in Asia under the Habsburgs, 1580-1640* (Baltimore, MD: Johns Hopkins University Press, 1993).

Boyd-Bowman, Peter, 'Patterns of Spanish Emigration to the Indies until 1600', *Hispanic American Historical Review* 66/4 (1976), 580-604.

Braudel, Fernand, *Afterthoughts on Material Civilization and Capitalism*, The Johns Hopkins Symposia in Comparative History 7 (Baltimore, MD: Johns Hopkins University Press, 1977).

——, *Civilization and Capitalism, 15th-18th Century: The Perspective of the World* (New York: Harper & Row, 1984).

——, *Civilization and Capitalism, 15th-18th Century: The Wheels of Commerce* (London: Collins, 1982).

——, *The Mediterranean and the Mediterranean World in the Age of Philip II* (Berkeley

—— and Cynthia Vialle, *The Deshima Dagregisters, 1640-1650, Vol. 11*, Intercontinenta Series XXII (Leiden, 2001).

—— and Femme S. Gaastra (eds), *Companies and Trade: Essays on Overseas Trading Companies during the Ancien Régime* (Leiden: Leiden University Press, 1981).

Bonney, Richard, 'Early Modern Theories of State Finance', in Richard Bonney (ed.), *Economic Systems and State Finance* (Oxford: Clarendon Press, 1995), 163-230.

Boot, W.J., 'Maxims of Foreign Policy', in Felipe Fernandez-Armesto and Leonard Blusse (eds), *Shifting Communities and Identity Formation in Early Modern Asia*, Studies in Overseas History (Leiden: Research School CNWS, Leiden University, 2003).

Borah, Woodrow, *Early Colonial Trade and Navigation between Mexico and Peru* (Berkeley and Los Angeles: University of California Press, 1954).

——, *Silk Raising in Colonial Mexico* (Berkeley and Los Angeles: University of California Press, 1943).

Borao, Jose Eugenio, 'La Colonia de Japoneses en Manila, en el Marco de las Relaciones de Filipinas y Japon en los Siglos XVI y XVII', *Cuadernos CANELA* 17 (2005), 25-53.

——, 'The Massacre of 1603: Chinese Perception of the Spanish on the Philippines', *Itinerario* 23/1 (1998), 22-39.

——, *The Spanish Experience in Taiwan, 1626-1642: The Baroque Ending of a Renaissance Adventure* (Hong Kong: Hong Kong University Press, 2009).

Borja, Marciano R. de, *Basques in the Philippines* (Reno: University of Nevada Press, 2005).

Borschberg, Peter, *Hugo Grotius, the Portuguese, and Free Trade in the East Indies* (Singapore: NUS Press and KITLV, 2011).

——, *Security, Diplomacy and Commerce in Seventeenth-Century Southeast Asia* (London: Eurospan 2012).

——, *The Singapore and Melaka Straits: Violence, Security and Diplomacy in the 17th Century* (Singapore: NUS Press and KITLV, 2010).

Boscaro, Adriana, *101 Letters of Hideyoshi: The Private Correspondence of Toyotomi Hideyoshi* (Tokyo: Sophia University, 1975).

Bourne, Edward G., *Discovery, Conquest and Early History of the Philippine Islands* (Cambridge, MA: Harvard University Press, 1907).

Bowing, Robert, *The Religious Traditions of Japan* (Cambridge and New York: Cambridge University Press, 2005).

Bethencourt, Francisco, and Diogo Ramada Curto, *Portuguese Oceanic Expansion, 1400-1800* (Cambridge and New York: Cambridge University Press, 2007).

Bhattacharya, Bhaswati, 'Making Money at the Blessed Place of Manila: Americans in the Madras-Manila Trade in the Eighteenth Century', *Journal of Global History* 3/1 (2008), 1-20.

Biedermann, Zoltan, 'Portuguese Diplomacy in Asia in the Sixteenth Century: A Preliminary Overview', *Itinerario* 29/2 (2005), 13-37.

Bjork, Katharine, 'The Link That Kept the Philippines Spanish: Mexican Merchant Interests and the Manila Trade, 1571-1815', *Journal of World History* 9 (1998), 51-88.

Black, Jeremy, *A History of Diplomacy* (Chicago: University of Chicago Press, 2010).

Bleichmar, Daniela, et al. (eds), *Science in the Spanish and Portuguese Empires, 1500-1800* (Stanford: Stanford University Press, 2009).

Bloch, Marc, *Feudal Society*, Vol. 1 (London and New York: Routledge, 1989).

Blusse, Leonard, 'Amongst Feigned Friends and Declared Enemies', in Solvi Sogner (ed.), *Making Sense of Global History* (Oslo: Universitetsforlaget, 2001), 154-168.

——, 'Junks to Java: Chinese Shipping to Nanyang in the Second Half of the Eighteenth Century', in Wen-Chin Chang and Eric Tagliacozzo (eds), *Chinese Circulations: Capital, Commodities and Networks in Southeast Asia* (Durham, NC: Duke University Press, 2011), 221-258.

——, 'Kongkoan and Kongsi: Representations of Chinese Identity and Ethnicity in Early Modern Southeast Asia', in Felipe Fernandez-Armesto and Leonard Blusse (eds), *Shifting Communities and Identity Formation in Early Modern Asia* (Leiden: Research School CNWS, Leiden University, 2003), 93-106.

——, 'No Boats to China: The Dutch East India Company and the Changing Pattern of the China Sea Trade, 1639-1690', *Modern Asian Studies* 30/1 (1996), 51-76.

——, *Strange Company: Chinese Settlers, Mestizo Women and the Dutch in VOC Batavia* (Dordrecht: Foris Publications, 1986).

——, *Visible Cities: Canton, Nagasaki, and Batavia and the Coming of the Americans* (Cambridge, MA: Harvard University Press, 2008).

——, 'The VOC as Sorcerer's Apprentice: Stereotypes and Social Engineering on the China Coast', in Wilt L. Idema (ed.), *Leyden Studies in Sinology* (Leiden: Brill, 1981), 87-105.

——, *Empire and Information: Intelligence Gathering and Social Communication in India, 1780-1870* (Cambridge and New York: Cambridge University Press, 2003).

Bazant, Jan, *Evolution of the Textile Industry of Puebla, 1544-1845*, Comparative Studies in Society and History 7 (The Hague: Mouton, 1964).

Beasley, William G., *Japan Encounters the Barbarian: Japanese Travellers in America and Europe* (New Haven and London: Yale University Press, 1995).

Bellah, Robert N., *Tokugawa Religion: The Roots of Modern Japan* (New York: Free Press, 1985).

Bentley, Jerry H., *Old World Encounters: Cross-cultural Contacts and Exchanges in Pre-modern Times* (Oxford and New York: Oxford University Press, 1993).

——, Renate Bridenthal, and Karen Wigen (eds), *Seascapes: Maritime Histories, Littoral Cultures, and Transoceanic Exchanges* (Honolulu: University of Hawaii Press, 2007).

Benton, Lauren E., *Law and Colonial Cultures: Legal Regimes in World History, 1400-1900*, Studies in Comparative World History (Cambridge, MA: Harvard University Press, 2002).

——, *A Search for Sovereignty: Law and Geography in European Empires, 1400-1900* (Cambridge and New York: Cambridge University Press, 2010).

Berg, Maxine, 'In Pursuit of Luxury: Global History and British Consumer Goods in the Eighteenth Century', *Past and Present* 182/1 (2004), 85-142.

Bernal, Rafael, 'The Chinese Colony in Manila, 1570-1770', in Alonso Felix Jr. (ed.), *The Chinese in the Philippines, 1570-1770*, Vol. 1 (Manila: Solidaridad Pub, 1966).

Bernand, Henri, SJ, 'Les Debuts des Relations Diplomatiques entre le Japon et les Espagnols des Iles Philippines (1571-1594)', *Monumenta Nipponica* 1 (1938), 99-137.

——, *Les Iles Philippines du Grand Archipel de la Chine. Un Essai de Conquete Spirituelle de l'Extreme-Orient 1571-1641* (Tsientsin, 1936).

Berry, Mary Elizabeth, *Japan in Print: Information and Nation in the Early Modern Period*, Asia-Local Studies, Global Themes (Berkeley and Los Angeles: University of California Press, 2006).

——, 'Was Early Modern Japan Culturally Integrated?', in Victor Lieberman (ed.), *Beyond Binary Histories: Re-imagining Eurasia to c. 1830* (Ann Arbor: University of Michigan Press, 1999), 103-136.

Barbour, Richmond, *Before Orientalism: London's Theatre of the East, 1576-1626*, Cambridge Studies in Renaissance Literature and Culture 45 (Cambridge and New York: Cambridge University Press, 2003).

——(ed.), *The Third Voyage Journals: Writing and Performance in the London East India Company, 1607-10* (New York: Palgrave Macmillan, 2009).

Barker, Tom, 'Silver, Silk and Manila: Factors Leading to the Manila Galleon Trade' (2006), http://repository.library.csuci.edu/jspui/bitstream/10139/37/4/TBManilaGalleons.pdf.

Barreto, Luis Filipe, 'Macao: An Inter-culture Border in the Ming period', *Ming Qing Yanjiu* (2000).

——, *Macau. Poder e Saber. Seculos XVI e XVII* (Queluz de Baixo: Presenca, 2006).

Barreto, Luís Filipe (ed.), *Cidades Portuarias e Relacoes Interculturais* (Lisboa: Centro Cientifico e Cultural de Macau, 2011).

Barrett, Ward, 'World Bullion Flows, 1450-1800', in James D. Tracy (ed.), *The Rise of Merchant Empires: Long-Distance Trade in the Early Modern World, 1350-1750* (Cambridge and New York: Cambridge University Press, 1990), 224-255.

Barrientos Grandon, Javier, *El Gobierno de las Indias* (Madrid: Marcial Pons, 2004).

Barron, Maria Cristina, 'El Mestizaje y la Hispanizacion de Filipinas', *La presencia de novohispana en el Pacifico insular. Actas de Segundas Jornadas Internacionales* (Mexico: Universidad Iberoamericana, 1992), 99-116.

Bartholomae, David, and Anthony Petrosky, *Ways of Reading: An Anthology for Writers* (Bedford: St. Martin's, 2010).

Baskes, Jeremy, *Indians, Merchants, and Markets: A Reinterpretation of the Repartimiento and Spanish-Indian Economic Relations in Colonial Oaxaca, 1750-1821* (Stanford, CA: Stanford University Press, 2000).

Batchelor, Robert K., *London: The Selden Map and the Making of a Global City, 1549-1689* (Chicago: University of Chicago Press, 2014).

Batten, Bruce, 'Frontiers and Boundaries of Pre-modern Japan', *Journal of Historical Geography* 25/2 (1999), 166-182.

——, *To the Ends of Japan: Premodern Frontiers, Boundaries, and Interactions* (Honolulu: University of Hawaii Press, 2003).

Bauzon, Leslie E., *Deficit Government: Mexico and the Philippine Situado, 1606-1804* (Tokyo: The Centre for East Asian Cultural Studies, 1981).

Bayly, Christopher A., *The Birth of the Modern World, 1780-1914: Global Connections and Comparisons* (Malden: Blackwell, 2004).

Arnold, Lauren, *Princely Gifts and Papal Treasures: The Franciscan Mission to China and Its Influence on the Art of the West, 1250-1350* (San Francisco, CA: Desiderata Press, 1999).

Arrighi, Giovanni, Takeshi Hamashita, and Mark Selden (eds), *The Resurgence of East Asia: 500, 150 and 50 Year Perspectives* (London and New York: Routledge, 2003).

Asao Naohiro, 'The Sixteenth-Century Unification', in John W. Hall (ed.), *The Cambridge History of Japan: Early Modern Japan* (Cambridge and New York: Cambridge University Press, 1991), 40-96.

——, *Toyotomi, Tokugawa no seifu kenryoku* (Tokyo: Iwanami Shoten, 2004).

——et al. (eds), *Iwanami kōza nihon tsūshi kinsei 2*, Vol. 12 (Tokyo: Iwanami Shoten, 1994).

Aslanian, Sebouh David, *From the Indian Ocean to the Mediterranean: The Global Trade Networks of Armenian Merchants from New Julfa*, California World History Library 17 (Berkeley and Los Angeles: University of California Press, 2011).

Aspe, Armella de, 'Artes Asiaticas y Novohispanas', *El Galeon del Pacifico, Acapulco-Manila 1565-1815* (Mexico: Gobierno del Estado de Guerrero, 1992), 203-239.

Atobe, Makoto, 'Hideyoshi seiken no gaikō kōsō to chitsujokan', *Nihonshi kenkyūshi* 585 (2011), 56-83.

Attmann, Artur, *American Bullion in the European World Trade, 1600-1800*, Acta Regiae Societatis Scientiarum et Litterarum Gothoburgensis. Humaniora (Goteborg: Kungl, 1986).

Atwell, William, 'Ming China and the Emerging World Economy, c. 1470-1650', in Denis Twitchett and Frederick W. Mote (eds), *The Cambridge History of China: The Ming Dynasty, 1368-1644, Vol. 7, Part. 2* (Cambridge and New York: Cambridge University Press, 1998), 376-416.

Atwell, William S., 'Another Look at Silver Imports into China, ca. 1635-1644', *Journal of World History* 16/4 (2005), 467-491.

——, 'International Bullion Flows and the Chinese Economy circa 1530-1650', *Past and Present* 95 (1982), 68-90.

Auslin, Michael R., *Negotiating with Imperialism: The Unequal Treaties and the Culture of Japanese Diplomacy* (Cambridge, MA: Harvard University Press, 2004).

York: New York University Press, 2001), 107-124.

Andrade, Tonio, 'An Accidental Embassy: How Two Minor Dutch Administrators Inaugurated an Alliance with the Qing Dynasty of China, 1661-1662', *Itinerario* 35/1 (2011), 77-96.

——, 'A Chinese Farmer, Two African Boys, and a Warlord: Toward a Global Microhistory', *Journal of World History* 21/4 (2011), 573-591.

——, *How Taiwan Became Chinese: Dutch, Spanish, and Han Colonization in the Seventeenth Century* (New York: Columbia University Press, 2006).

——, *Lost Colony: The Untold Story of China's First Great Victory over the West* (Princeton, NJ: Princeton University Press, 2011).

Antony, Robert, *Like Froth Floating on the Sea: The World of Pirates and Seafarers in Late Imperial South China*, China Monograph Series 56 (Berkeley: Institute for East Asian Studies, 2003).

Arano Yasunori, *Higashi ajia no jidaisei* (Tokyo, 2005).

——, 'Kinsei nihon ni okeru "higashi ajia" no "hakken"', in Arano Yasunori, Kishi Toshihiko, and Kokaze Hidemasa (eds), *Higashi ajia no jidaisei* (Hiroshima: Keisuisha, 2005), 21-52.

——, 'Nihongata ka'i chitsujo no keisei', in Amino Yoshihiko and Asano Naohiro (eds), *Nihon no shakaishi. Rettō naigai no kōtsū to kokka* (Tokyo: Iwanami Shoten, 1987).

——, *Nihon no jidai shi 14: Edo bakufu to higashi Ajia* (Tokyo: Yoshikawa Kōbunkan, 2002).

——(ed.), *Ajia no naka no nihonshi 3: Kaijō no michi* (Tokyo: Tokyo Daigaku Shuppankai, 1992).

Arano Yasunori, Kishi Toshihiko, and Kokaze Hidemasa, *Higashi ajia no jidaisei* (Hiroshima: Keisuisha, 2005).

Ardash Bonialian, Mariano, *El Pacifico Hispanoamericano: Politica y Comercio Asiatico en el Imperio Espanol, 1680-1784: La Centralidad de lo Marginal* (Mexico D.F.: El Colegio de Mexico, Centro de Estudios Historicos, 2012).

Armitage, David, 'Is There a Pre-History of Globalization?', in Maura O'Connor and Deborah Cohen (eds), *Comparison and History: Europe in Cross-National Perspective* (London and New York: Routledge, 2004), 165-175.

——, 'Three Concepts of Atlantic History', in David Armitage and Michael J. Braddick (eds), *The British Atlantic World, 1500-1800* (Basingstoke: Palgrave Macmillan, 2002).

(Lanham, New York, Oxford: Rowman & Littlefield, 2005).

Abulafia, David, *The Great Sea: A Human History of the Mediterranean* (Oxford and New York: Oxford University Press, 2011).

Abu-Lughod, Janet L., *Before European Hegemony: The World System, A.D. 1250-1350* (Oxford and New York: Oxford University Press, 1989).

Adachi Nobuko, *Japanese Diasporas: Unsung Pasts, Conflicting Presents, Uncertain Futures* (London and New York: Routledge, 2006).

Adshead, S.A.M., *China in World History* (Basingstoke: Palgrave Macmillan, 2001).

Agoncillo, Teodoro A., and Oscar M. Alfonso, *A Short History of the Filipino People* (Manila: University of the Philippines, 1960).

Aguilar, Filomeno V., 'Manilamen and Seafaring: Engaging the Maritime World Beyond the Spanish Realm', *Journal of Global History* 7/3 (2012), 364-388.

Alatas, Syed Hussein, *The Myth of the Lazy Native: A Study of the Image of the Malays, Filipinos and Javanese from the 16th to the 20th Century and Its Function in the Ideology of Colonial Capitalism* (London: Frank Press, 1977).

Alfonso Mola, Marina, and Carlos Martinez-Shaw, 'La era de la plata espanola en extremo oriente', paper presented at Filipinas en el Imperio Espanol (15651820), Valladolid, Facultad de Filosofia y Letras, 17 to 21 October 2011.

Allsen, Thomas T., *Culture and Conquest in Mongol Eurasia* (Cambridge and New York: Cambridge University Press, 2001).

Almario, Virgilio (ed.), *Pacto de Sangre: Spanish Legacy in Filipinas* (Manila: Philippine-Spanish Friendship Day Committee, 2003).

Alonso, Luis, 'Financing the Empire: The Nature of the Tax System in the Philippines, 1565-1804', *Philippine Studies* 51/1 (2003), 63-95.

Alvarez, Luis Alonso, *El Costo del Imperio Asiatico. La Formacion Colonial de las Islas Filipinas Bajo Dominio Espanol, 1565-1800* (A Coruna: Instituto Mora (Mexico) y la Universidad de Coruna, 2009).

Alvarez-Taladriz, Jose Luis (ed.), *Sumario de las Cosas de Japon (1583); Adiciones del Sumario de Japon (1592)/Alejandro Valignano* (Tokyo: Sophia University, 1954).

—— (ed.), *Relaciones e Informaciones/San Martin de la Ascension y Fray Marcelo de Ribadeneira* (Osaka: Eikodo, 1973).

Andaya, Barbara Watson, 'Oceans Unbound: Transversing Asia across "Area Studies"', *Journal of Asian History* 65/4 (2006), 669-690.

Anderson, John L., 'Piracy and World History: An Economic Perspective on Maritime Predation', in C.R. Pennell (ed.), *Bandits at Sea: A Pirate Reader* (New

(Tokyo: Sanshūsha, 2005).

Navarrete, Fernandez Pedro, *Conservacion de Monarquias y Discursos Politicos sobre la Gran Consulta que el Consejo Hizo al Senor Rey Don Felipe Tercero* (Madrid, 1792).

Pastells, P. Pablo, *Historia General de Filipinas*, 9 vols (Barcelona, 1925-1936).

——, *Mision de la Compania de Jesus en Filipinas*, 3 vols (Barcelona, 1916).

Pellier, Jose, *El Comercio Impedido* (Madrid, 1640).

Perez Ferrando, Roberto (ed.), *G. San Antonio Y R. de Vivero. Relaciones de la Camboya y el Japon* (Madrid, 1988).

Pigafetta, Antonio, *The Philippines: Pigafetta's Story of Their Discovery by Magellan* (1534) (Gatineau, Quebec: Lévesque Publications, 1980).

Retana, W.E. (ed.), *Archivo del Bibliofilo Filipino. Recopilacion de Documentos Historicos, Cientificos, Literarios y Politicos y Estudios Bibliograficos*, 5 vols (Madrid, 1895-1905).

San Agustin, Gaspar de, *Conquistas de las Islas Filipinas, 1565-1615* (Madrid, 1698).

Thompson, Edward Maunde (ed.), *The Diary of Richard Cocks: Cape Merchant in the English Factory in Japan, 1615-1622 with Correspondence* (London: Hakluyt Society, 1883).

Tōkyō Daigaku Shiryōhensanjō (ed.), *Dainippon shiryō* 大日本史料 (Tokyo: Tōkyō Daigaku Shuppankai, 1901).

Torres-Lanzas, Pedro, *Catalogo General de los Documentos Relativos a las Islas Filipinas en el AGI*, 9 vols (por una Historia General de Filipinas, por P. Pablo Pastells, SJ, Barcelona, 1928).

Velarde, Pedro Murillo, *Historia de la Provincia de Filipina de la Compania de Jesus* (Manila, 1749).

Vivero, Rodrigo de, and G. San Antonio, *Relaciones de la Camboya y el Japon*. Edited by Roberto Ferrando (Madird, 1988).

Wade, Geoff (ed.), South East Asia in the Ming Shi-lu 明實錄, http://epress.nus.edu.sg/msl.

Zhang Xie (ed.), *Dongxiyangkao* 東西洋考, 12 vols (Beijing: Zhonghua Book Company, 1981).

Zheng Ruozeng, Chouhai tubian 籌海圖編 (1563).

二手文獻

Abinales, Patricio N., and Donna J. Amoroso, *State and Society in the Philippines*

Grau y Monfalcon, Juan, *A la muy Ilvstre y Siempre Leal Ciudad de Manila Cabesa de las Islas Philippines y a su Cabildo y Regimento* (Madrid, 1640).

——, *Justificacion de la Conservacion y Comercio de las Islas Philipinas* (Madrid, 1640).

Hayashi Akira et al. (eds), *Tsūkō ichiran* 通航一覽 (Osaka: Seibundō, 1967).

Hayashi Harukatsu and Hayashi Nobuatsu, *Kai hentai* 華夷變態, 3 vols (Tokyo: Tōyō Bunko, 1958).

Hayashi Razan, *Hayashi Razan bunshū* 林羅山文集 *in Dai Nihon shiryō* (Tokyo: Tōkyō Teikoku Daigaku, 1909)

Kawabuchi Kuzaemon, *Ruson oboegaki* 呂宋覚書 (Kaihyō Sōsho, 6, 1671).

Kondō Heijō (ed.), *Gaiban tsūsho* 外藩通書 (*Shinka Tsūkirui*, Vol. 17, Tokyo: Kondō Kappanjo, 1901).

Kuroita Katsumi (ed.), *Tokugawa jikki* 徳川実記 (*Shintei Zōho*, Vol. 10 Kokushi Taikei, Tokyo: Yoshikawa Kōbunkan, 1959-1967).

Ikeda Yōemon, Nyūdō Kōun, and Saigusa Hiroto (eds), *Genna Kōkaisho* (Nihon kagaku koten zenshu, 12, Tokyo: Asahi Shimbunsha, 1943).

Leon Pinelo, Antonio de, and Juan De Solorzano Pereira (eds), *Recopilacion de Leyes de los Reynos de las Indias* (Madrid, 1841).

Martinez de Zuniga, Joaquin, *Estadismo de las Islas Filipinas, o mis Viajes por este Pais* (1800), ed.

Wenceslao E. Retana, 2 vols (Madrid: Imprenta de la Viuda de M. Minuesa de los Rios, 1893).

Medina, Juan de, *Historia de los Sucesos de la Orden de N. Gran P. S. Agustin de Estas Islas Filipinas, Desde Que se Descubrieron y no Poblaron por los Espanoles. Con las Noticias Momorables* (1630) (Madrid, 1893).

Mendoza, Juan Gonzalez de, *History of the Great and Mighty Kingdom of China* (1588) (London: Hakluyt, 2008).

Morga, Antonio de, *Firipin Shotō shi* (Tokyo: Iwanami Shoten, 1966).

——, *Sucesos de las Islas Filipinas: Historical Events of the Philippine Islands* (published in Mexico in 1609 recently brought to light and annoted by Jose Rizal; Manila: National Historical Institute, 2008).

——, *Sucesos de las Islas Filipinas* (Paris: Libreria de Garnier Hermanos, 1890).

Murakami Naojirō (ed.), *Don Rodorigo Nippon kenbunroku, Bisukaino kinginjima tanken hōkoku* (Tokyo: Yushodo, 2005).

——, *Ikoku nikki shō* 異國日記抄, Ikoku ōfuku shokanshū 異国往復書翰集

Anadida por el Mvy r. p. Fray Domingo Gonzalez y Saca a Lvz de Orden de Nvestro Reverendissimo Padre Maestro General Fr. Antonio Cloche; el m. r. p. Pedro Martyr de Buenacasa, 2 vols (Zaragoca: D. Gascon, 1693).

Amati, Scipione, *Historia del Regno di Voxu del Giapone. Dell'antichita, Nobilta e Valore del suo Re Idate Masamune* (Roma: Giacomo Mascardi, 1615).

Ayer, Edward E. (ed.), *Cedulas reales despachadas a Manila* (Newberry Library: Manuscript Collection, 1700-1746).

Blair, Emma Helen, James Alexander Robertson (eds), *The Philippine Islands, 1493-1898: Explorations by Early Navigators, Descriptions of the Islands and Their Peoples, Their History and Records of the Catholic Missions, as Related in Contemporaneous Books and Manuscripts, Showing the Political, Economic, Commercial and Religious*, 55 vols (Cleveland: Arthur H. Clark Company, 1903-1909).

Blaeu, Willem Jansz, *Nova Totius Terrarum Orbis Geographica* (The Amsterdam Maritime Museum, 1644).

Borao, Jose Eugenio, et al., *Spaniards in Taiwan: Documents, Vol. 1: 1582-1641* and *Vol. 2: 1642-1682* (Taipei: SMC Publishing, 2001-2002).

Chirino, Pedro, SJ, *Relacion de las Islas Filipinas: The Philippines in 1600*, trans. Ramon Echevarria (Manila: Historical Conservation Society, 1969).

Colin, Francisco, *Historia de la Provincia de Philipinas de la Compania de Jesus. Segunda parte que comprehende los progresos de esta provincial de el ano de 1616 hasta el de 1716* (Manila, 1749).

——, *Labor Evangelica. Ministerios Apostolicos de los Obreros de la Compania de Jesus, Fundacion, y Progressos de su Provincia en las Islas Filipinas. Historiados por el Padre Francisco Colin.* Parte Primera Sacada de los Manuscritos del Padre Pedro Chirino, el Primero de la Compania que Passo de los Reynos de Espana a estas Islas, por Orden, y a Costa de la Catholica, y Real Magestad. Edited by Pablo Pastells, 3 vols (Barcelona: Impr. y litografia de Heinrich y compania, 1900-1902).

Dainihon shiryō (Tokyo: Tōkyō Teikoku Daigaku, 1909).

Delgado, Juan J., *Historia General, Sacro-Profano, Politica y Natural de las Islas del Poniente Llamadas Filipinas* (Manila: Imprenta de Eco de Filipinas de Dn. Juan de Atayde, 1892).

Giron, Avila, and Sakuma Tadashi (eds), *Nippon* Kokuōki 日本国王記 *Relacion del Reino de Nippon* (Tokyo: Iwanami Shoten, 1965).

參考文獻

第一手資料

未印刷文獻

AGI (Archivo General de Indias), Seville, Spain

Contaduria 1200-1206; 1609

Escribania: 403B

Filipinas: 1; 3; 6; 7; 8; 18A; 18B; 19; 21; 27; 29; 34; 35; 46; 74; 77; 76; 77; 79; 84; 163; 201; 263; 329;

330; 339

Mexico: 20; 24; 28

MP-Escritura: 30; 31

Patronato: 1; 24; 25; 46; 47; 53

AGS (Archivo General de Simancas)

AGS PTR. LEG. 89

AHN (Archivo Historico Nacional), Madrid, Spain

Diversos, Documentos de India, 329, 1637

ARSI (Archivum Romanum Societatis Iesu), Rome, Italy

Phil 1, 9; 11; 14; 15; 16

Sin_Jap 9; 31; 32

Tōyō Bunko, Tokyo, Japan

N.N. 'Manila Mal Governada' manuscript, between 1700 and 1768

'Filipinas y el Japon' (TB Archival Sources)

印刷文獻

Adams, William, *Memorials of the Empire of Japan, in the Sixteenth and Seventeenth Centuries: The Kingdom of Japonia: Letters of William Adams from 1611 to 1617.* Edited by Thomas Rundall, 2 vols (London: Hakluyt Society, 1850).

Aduarte, Diego, *Historia de la Provincia del Santo Rosario de Filipinos, Iapon, y China, de la Sagrada Orden de Predicadores.* Escrita por el ilvstrissimo Senor Don Fray Diego Aduarte.

十四劃

十五劃

十六劃

十七劃

十八劃

十九劃

十二劃

十三劃

九劃

六劃

七劃

八劃

三劃

四劃

五劃

十四劃

十五劃

十六劃

十七劃

十八劃

十九劃

二十劃

人物名

一劃

二劃

十一劃

十二劃

十三劃

八劃

九劃

十劃

六劃

七劃

索引（依照筆畫排列）

地名

二劃

三劃

四劃

五劃

Beyond
40
世界的啟迪

馬尼拉的誕生：大航海時代西班牙、中國、日本的交會

Spain, China, and Japan in Manila, 1571-1644

作者	碧兒姬・特倫—威納（Birgit Tremmel-Werner）
譯者	堯嘉寧
執行長	陳蕙慧
總編輯	張惠菁
責任編輯	張惠菁、宋繼昕
行銷總監	陳雅雯
行銷企劃	余一霞、林芳如
封面設計	莊謹銘
排版	宸遠彩藝
社長	郭重興
發行人兼出版總監	曾大福
出版	衛城出版／遠足文化事業股份有限公司
發行	遠足文化事業股份有限公司
地址	23141 新北市新店區民權路 108-2 號 9 樓
電話	02-22181417
傳真	02-22180727
客服專線	0800-221029
法律顧問	華洋法律事務所 蘇文生律師
印刷	呈靖彩藝有限公司
一版一刷	2022 年 09 月
定價	680 元
ISBN	9786267052457（紙本）
	9786267052402（EPUB）
	9786267052396（PDF）

歡迎團體訂購，另有優惠，請洽 02-22181417，分機 1124

ACRO POLIS
衛城出版
Email acropolismde@gmail.com
Facebook www.facebook.com/acrolispublish

馬尼拉的誕生：大航海時代西班牙、中國與日本如何在馬尼拉相遇，共同打造現代經濟體系 / 布姬.特倫威納(Birigit Tremml-Werner)著；堯嘉寧譯. -- 初版. -- 新北市：衛城出版：遠足文化事業股份有限公司發行, 2022.08
面；　公分. -- (Beyond ; 40)
譯自：Spain, China and Japan in Manila, 1571-1644 : local comparisons and global connections
ISBN 978-626-7052-45-7(平裝)

1. 亞洲史　2. 外交史　3. 航運史

730.1　　111009321